本丛书由

教育部人文社会科学重点研究基地
河南大学黄河文明与可持续发展研究中心、
河南大学黄河文明省部共建协同创新中心

资助出版

河南大学考古中原系列丛书
刘春迎　吴爱琴　主编

考古商丘

王良田　著

科学出版社
北京

内 容 简 介

商丘位于河南省东部，素有豫东门户之称，与安徽、山东、江苏毗邻，是河南省直辖市，辖六县二区，代管永城市。1986年12月8日被国务院公布为第二批国家历史文化名城。商丘现有世界文化遗产2处、全国重点文物保护单位15处。隋唐大运河通济渠在商丘古城南约2千米处自西向东蜿蜒流过，商丘古城地处睢阳区，从商汤都南亳至今，商丘已有3600余年的建城史。本书系统整理商丘地区历年来考古发掘资料，以求还原商丘古老的历史文化风貌。

本书适合历史、文物考古相关研究人员，以及文博爱好者阅读。

图书在版编目（CIP）数据

考古商丘/王良田著. —北京：科学出版社，2022.11
（河南大学考古中原系列丛书/刘春迎，吴爱琴主编）
ISBN 978-7-03-073820-2

Ⅰ.①考… Ⅱ.①王… Ⅲ.①考古发掘-研究-商丘
Ⅳ.①K872.613

中国版本图书馆 CIP 数据核字（2022）第 220358 号

责任编辑：张亚娜　郑佐一／责任校对：张亚丹
责任印制：赵　博／封面设计：图阅设计

科学出版社 出版
北京东黄城根北街16号
邮政编码：100717
http://www.sciencep.com
北京厚诚则铭印刷科技有限公司印刷
科学出版社发行　各地新华书店经销

*

2022年11月第 一 版　　开本：787×1092　1/16
2025年 3 月第三次印刷　印张：18
字数：390 000
定价：**158.00元**
（如有印装质量问题，我社负责调换）

序

黄河流域是中华民族的文化摇篮，河南则是摇篮里的一颗明珠，是中华民族和华夏文明的重要发祥地之一，素有"中原""中州"之称。河南境内群山起伏，河流纵横，平原辽阔，深得天时地利之便。黄河自陕晋边境折向东流，经河南中北部，东入华北平原。远古时期，这里气候温和，物产丰富，交通便利，我们的祖先很早就生息、繁衍、劳动在这方神奇的热土上；旧石器时代，东播西传，南来北往，中原沃野为必经之地；新石器时代，这里更是华夏文明的源头；夏商周时期，河南已成为三代文明的核心；两汉魏晋乃至隋唐，河南仍处全国的中枢地位；直到北宋定都开封，还展现了中原地区最后的辉煌。

皇天后土不仅在河南造就了数以千计彪炳青史的历史文化名人，更是为河南留下了极为丰富的遗迹和遗物，奠定了河南文物大省的历史地位。河南境内，地上地下文物古迹如群星散落，自中华人民共和国成立以来，国务院先后公布了八批全国重点文物保护单位，其中仅河南省就有378处，位于全国前列。从夏朝至清朝的4000余年间，先后有20多个朝代的200多位帝王建都或迁都于此，在河南境内共出现了200多座古代都城。建立朝代多、历时长、规模宏伟、影响大，并且如今依然是大中城市的重要古都有八座（北京、西安、郑州、洛阳、安阳、开封、南京、杭州），并称为"中国八大古都"，仅河南就有洛阳、开封、安阳、郑州四座，占据了半壁江山。

中国考古学，是在20世纪20年代之后发展起来的一门新兴科学。既受到中国传统金石学的影响，又吸收了欧洲田野考古的营养。而位于中原腹地的河南作为我国的文物大省，其考古发现和研究，堪称中国考古学的缩影。中华人民共和国成立之前在河南开展的考古工作，如渑池仰韶村、安阳殷墟、汲县山彪镇、辉县琉璃阁、永城造律台的发掘等，都有很多重要的发现，在中国考古学史上占有重要地位。中华人民共和国成立之后，河南的考古工作取得了更加令人瞩目的成就。2001年，由考古杂志社组织国内著名的考古学家评选出的"二十世纪中国百项考古大发现"，河南省共有17项入选，名列全国各省市之首；自1990年开始至今，国家文物局、中国文物报社和中国考古学会每年一度连续举办的"全国十大考古新发现"评选，截至目前，已经连续举办了30届，河南共有40多个项目入选，总数亦稳居全国第一。在河南洛阳、安阳等地，因为其考古地位特别重要，中国社会科学院还分别设立了洛阳工作站和安阳工作站，设立了新石器时代考古队、二里头遗址队、偃师商城队、汉魏故城遗址考古队、隋唐城遗址考古队等一批重要的社科院直属考古科研机构，开展考古发掘和科研工作。

黄河文明与可持续发展研究中心、黄河文明省部共建协同创新中心是经教育部批准、依托河南大学组成的两大国家级人文社科重点研究平台，是以黄河文明及沿岸地区经济社会可持续发展为研究对象的国家级综合性研究机构。为进一步探究黄河文明发祥及其历史演进，中心与河南大学历史文化学院联合开展了《考古中原》的研究和编撰工作。丛书分"河南大学考古中原系列丛书之古都系列"和"河南大学考古中原系列丛书之名城系列"。一期"河南大学考古中原系列丛书之古都系列"以河南境内的四座重要古都为依托，由《考古开封》《考古洛阳》《考古安阳》《考古郑州》组成；二期"河南大学考古中原系列丛书之名城系列"拟将成果扩大至河南境内的国家级历史文化名城和其他主要的文化名城，编著《考古南阳》《考古商丘》《考古新乡》《考古三门峡》等。目前一期四部书稿已于2019年年末由科学出版社出版，二期书稿亦将陆续付梓，有望于近期与广大读者见面。

郑州、洛阳、安阳和开封等地因历史悠久，文物遗迹丰富，均开展过大量、重要的考古工作，出版和发表过多部考古发掘报告和数量众多的考古发掘简报，围绕这些重要考古发现而发表的学术论文等科研成果更是不计其数。然而，以往的发掘报告和发掘简报都是"就遗址而遗址"，相关学术研究也往往是"就发现而发现"，材料和成果相对零散。该丛书的重点则是利用河南省四座著名的古都以及诸历史文化名城历年发现的重要考古资料，以时间轴为脉络，从石器时代开始，分上古人文始祖时期、夏商周、秦汉、隋唐、宋元直至明清，把历年来在一个特定地域内发现的考古资料汇集在一起，揭示出特定地域内不同时期文物遗存间的相互依存和发展演变关系，揭示当地历代重要城址和区域文明历史变迁的轨迹，并根据考古发现，结合文献记载，开展相关学术研究，归纳出各个时期、各个城市、各个地域的黄河文明特征与时代贡献，从而进一步阐述生活在中原地区黄河流域的先民们如何利用黄河这一特殊的地理环境创造出灿烂辉煌的流域文明。

"河南大学考古中原系列丛书之古都系列"主编为教育部人文社会科学重点研究基地河南大学黄河文明与可持续发展研究中心、河南大学黄河文明省部共建协同创新中心特聘研究员、河南大学历史文化学院教授刘春迎和河南大学文物馆馆长、研究员吴爱琴。他们二人在调至河南大学工作之前，都长期在开封文物战线上工作，特别是刘春迎教授，曾担任开封市文物工作队队长、开封市文物考古研究所所长等职，长期奋战在开封文物考古第一线，近年来先后有《北宋东京城研究》《考古开封》《揭秘开封城下城》《北宋开封城史话》等著作问世。系列丛书中的《考古开封》是在2006年河南大学出版社出版的同名著作的基础上，经补充完善后的修订版。丛书的另外几位作者，如《考古郑州》的任伟、刘彦锋，《考古洛阳》的吴业恒、史家珍，《考古安阳》的孔德铭，《考古新乡》的李慧萍，《考古商丘》的王良田等都长期在河南文物考古战线工作多年，既有丰富的田野考古工作经验，又有较深的学术造诣，由他们担纲执笔，确保了本丛书的专业性和权威性。

我相信，这部系列丛书的出版，将会对河南、黄河中游地区乃至全国的考古研究起到积极的促进作用。

中国社会科学院学部委员、中国社会科学院考古研究所原所长、
河南大学古代文明研究中心主任、研究员
王　巍
2022 年 11 月于河南大学

目 录

前言 ·· 1

第一章　石器时代的商丘 ·· 3
第一节　旧石器时代商丘的考古发现 ·· 3
第二节　遍布境内的新石器时代遗址 ·· 8
第三节　帝喾都亳——商丘最早的城 ·· 54
第四节　先商时期商丘的考古发现 ·· 59

第二章　商代商丘考古 ·· 62
第一节　商时期商丘的考古发现 ·· 62
第二节　南亳与北亳城——商朝第一个都城 ·································· 84

第三章　两周时期的商丘考古 ·· 91
第一节　宋国故城——商人最后的家园 ·· 91
第二节　两周时期的其他考古发现 ·· 102

第四章　秦汉两晋南北朝时期的商丘考古 ···································· 115
第一节　秦砀郡遗址 ·· 115
第二节　西汉梁国 ·· 116
第三节　东汉梁国 ·· 191
第四节　两汉时期的其他考古发现 ·· 195
第五节　三国至隋以前时期的商丘 ·· 212

第五章　隋唐宋时期的商丘考古 ·· 214
第一节　概述 ·· 214
第二节　通济渠遗址商丘段考古调查与发掘 ································ 215
第三节　唐宋商丘古城 ·· 231
第四节　张巡祠 ·· 231
第五节　八关斋 ·· 232

  第六节 永城侯岭唐代木船 ……………………………………………… 236

  第七节 圣寿寺塔 …………………………………………………………… 238

  第八节 崇法寺塔 …………………………………………………………… 239

  第九节 睢县犁岗宋代砖室墓 ……………………………………………… 240

  第十节 民权牛牧岗唐宋时期的文化遗存 ………………………………… 241

第六章 金元明清时期的商丘考古 ……………………………………………… 245

  第一节 虞城金代石棺墓 …………………………………………………… 245

  第二节 夏邑元代石塔 ……………………………………………………… 246

  第三节 睢阳古城与古睢水 ………………………………………………… 248

  第四节 明清归德府城 ……………………………………………………… 250

  第五节 明清黄河故道 ……………………………………………………… 265

  第六节 梁园区吴楼清代墓 ………………………………………………… 266

第七章 结语 …………………………………………………………………………… 268

前言

商丘位于河南省东部，素有豫东门户之称，东、南、北三面分别与安徽、山东、江苏毗邻，是河南省直辖市，辖六县二区，代管永城市，总面积1.07万余平方千米，常住人口900余万。1986年12月8日被国务院公布为第二批国家历史文化名城。现有世界文化遗产2处、全国重点文物保护单位15处。隋唐大运河通济渠在商丘古城南约2千米处自西向东蜿蜒流过，商丘古城地处睢阳区，从商汤都南亳至今，商丘已有3600余年的建城史。

商丘历史悠久，远古时期就有人类居住，已发现的新石器时代遗址遍布商丘全境。燧人氏在商丘钻木（一说击石）取火，从此人类摆脱了茹毛饮血的时代。帝喾高辛氏都亳，迁其子阏伯于商丘，为火正，观察火星运行以报农时，商丘有燧人氏陵、炎帝朱襄氏陵、帝喾高辛氏陵、阏伯观星授时的阏伯台。夏时期，商先公主要活动于今商丘一带，史书记载，商汤都南亳故址就在今商丘虞城县谷熟镇西约35里。

古城商丘不仅有丰富的人文史迹和传说故事，众多的考古发现，以实物形式证明了商丘灿烂的文化和悠久的历史。在永城、夏邑、柘城发现的象牙化石证明在古代商丘境内大象物种的存在，虞城马庄遗址第五层文化的发现证明商丘远在7000年前就有了高度的文明。帝喾都亳在睢阳高辛镇，商汤都南亳在虞城县谷熟西南35里，是商丘早期城市历史的记载。

西周初年，封殷纣王的庶兄微子启于宋（今商丘），建立宋公国，"奉其先祀"。现在已探明宋国都城位于今商丘古城下，周长12920米，面积10.2平方千米，是归德府城面积的十倍。"商丘"作为城市名称，从两周宋国时起始称睢阳，因地处睢水北岸而得名。睢阳城南临睢水，从城市初建时，即得益于睢水便利的漕运。西汉梁国都睢阳近200年时间，东汉梁国都睢阳约150年时间，一定程度上也是因为有睢水便利的交通。中美联合考古队的考古钻探、发掘成果证明，两汉睢阳城是在宋城的基础上修建使用的。

隋代大运河的开凿，为隋唐商丘城市的发展带来了空前的机遇，促进了商丘城市的大发展和大繁荣。唐朝时期商丘称"宋州"，城市称"宋城"，唐代宋城城市规模很大，清乾隆十九年《归德府志·建置略上》记载："唐建中（780—783年）时，亦为宣武军城，城有三。"宋城平面呈品字形，南一城，北二城。唐代著名诗人杜甫在《遣怀》一诗中描述了当时宋城的繁华，"昔我游宋中，惟梁孝王都……邑中九万家，高栋照通衢""邑中九万家",按照每户五口人计算,宋城城市人口达45万,当时这在全国是很大的。

唐代宋城是当时全国著名城市,商业繁盛,手工业发达。宋城"城市手工业中,缫丝、织棉、纺纱、刺绣是其主要的生产部门,宋州成了我国东方地区丝织业交易中心,特别是民间织的绢,质量居全国第一位,绢也是宋州向朝廷贡献的产品……宋州的地理位置决定了它在唐代国内商业贸易上的重要地位,如《通典》载,当时国内的交通路线以长安为中心,东经汴州、宋州,至山东半岛,西至岐州。水路方面,运河开通后,成为南北交通的大动脉。"[1]

北宋时期商丘称"应天府""南京",是北宋开国皇帝赵匡胤的发家龙兴之地,居陪都地位。南京城"城周十五里四十步",外有关城,关城"周二十五里八十三步"[2]。2008年底,在商丘古城南关大运河南北两岸,考古调查发现面积达41.3万平方米的隋唐宋时期的古码头遗址,从一个侧面证明了当时运河航运的发达和商丘古城的繁盛。

金至清代,商丘一直为归德府府治所在地。据康熙四十四年《商丘县志》记载,大运河商丘段在明朝嘉靖年间(1522—1566年)还在通航,商丘运河城市历史文化一直都处在连绵不断的传承发展中。为了进一步加强对大运河的保护,2006年春,商丘市人民政府公布大运河为商丘市第二批重点文物保护单位。

现存商丘古城(明清归德府城)始建于明弘治十六年(1503年)九月。明弘治十五年(1502年)六月黄河泛滥冲塌商丘古城,明弘治十六年(1503年)九月以旧城北墙为南墙重新修建商丘城。1995年中美联合考古队考古发现了明弘治十五年被黄河水冲坏的商丘古城,该城南墙东墙一部分修建在宋城南墙东墙上,这证明了商丘古城的历史延续性。商丘古城由城郭、城湖、城墙及城内建筑与街道等组成,古城平面呈外圆内方的古钱形,原有的城市格局保存基本完好。

归德府城墙为全国重点文物保护单位,与之相关的八关斋、文雅台、阏伯台、壮悔堂等为河南省重点文物保护单位,古城内保存有明清时期的四合院30余处,是商丘市重点文物保护单位。为进一步加强对商丘古城的保护,商丘市人民政府2006年颁布了《商丘古城保护管理办法》,《商丘古城保护条例》经河南省第十二届人民代表大会常务委员会第二十三次会议批准,已于2016年10月1日起实施。正在重新编制商丘古城保护规划,商丘市人民政府正在有计划地逐步恢复古城原貌,保护工作正走向正常化、科学化轨道。

---

[1] 李可亭等著:《商丘通史》,河南大学出版社,2000年,第111、112页。
[2] 河南商丘县志编纂委员会整理:《(清康熙四十四年)商丘县志》,中州古籍出版社,1989年。

第一章　石器时代的商丘

石器时代是人类发展进程中必经的一个历史阶段，是考古学家假定的一个时间区段，为考古学上的术语。石器时代并不代表那个时候的人类只会使用石器，近代田野考古发掘出土大量的文化实物遗存证明，早在几千年前，人类已经步入冶铸、稻作、制陶、纺织等文明时期。石器时代包括旧石器、中石器和新石器时代三个时期，是考古学对早期人类历史分期的第一个时代，即从出现人类到青铜器的出现。大约开始于距今二百万年前，结束于公元前2000年前。这个时代在地质年代上属于更新世早期至全新世时期[①]。

旧石器时代是指人类使用打制石器为主的时代，是人类以石器为主要劳动工具的早期。时间上是从距今260万年延续到1万多年以前，相当于地质年代的整个更新世。

中石器时代是指人类使用打制石器，也有用磨制石器的时代，年代在距今15000—10000年，以石片石器和细石器为代表工具，石器已小型化。此时人类会使用天然火烤熟猎物。

新石器时代是指人类使用磨制石器为主的时代，属于石器时代的后期，年代大约从距今10000年前开始，在中国结束时间是公元前2000多年前。在新石器时代的人类已经会使用陷阱捕捉猎物，已经能够制作陶器、纺织，不再只依赖大自然提供食物，开始从事农业和畜牧，将植物的果实加以播种，并把野生动物驯服以供食用。因此食物的来源变得稳定。正是有了农业与畜牧的经营也使人类由逐水草而居变为相对稳定的定居生活，节省下更多的时间和精力。在这样的基础上，人类生活得到了更进一步的改善，开始关注文化事业的发展，使人类开始出现文明。

第一节　旧石器时代商丘的考古发现

商丘地处河南最东部，属于黄淮冲积平原，在汉代以前，基本属于丘陵地区，汉代以后，特别是北宋以来，由于黄河的决口改道，泛滥淤积留下大量泥沙，彻底改变了商丘原来的地形地貌，大量历史遗存被深埋于茫茫黄沙之下，早期历史文化遗存很

---

① 中国社会科学院历史研究所编：《中国历史年表》，中国社会科学出版社，2002年。

难被发现,旧石器时代的则更少,只在永城、夏邑、柘城发现几个象牙个体的牙齿。这些发现虽然不多,但也证明了大象这一物种在商丘的历史存在,河南简称"豫",就是因为河南历史上曾经的大象物种的集中分布。另外,还有我国传说时代的"三皇"之一的燧人氏的陵墓遗址。

一、古象牙、犀牛牙化石的考古发现

1959年永城县酂城公社马六村出土纳马象牙1件(商0007号),残长60厘米,乳象牙1件(商0009号),残长18,宽11.8厘米。1976年,在夏邑县李集出土犀牛牙1枚(商0004号),高7厘米,宽5厘米。1977年柘城县张桥水闸出土犀牛牙3枚(商0002、00030005号),0002号宽6.5、高7厘米。0003号宽4、残长2.75厘米。0005号高5.37、残长4.1厘米。现藏于商丘博物馆(图1-1—图1-4)。

图1-1 永城出土纳马象牙

图1-2 永城出土乳象牙

图1-3 夏邑出土犀牛牙

图1-4 柘城出土犀牛牙

2019年3月29日,永城市永馨园北区建筑工地工人在施工时挖掘到一根完整象牙化石。3月30日,该市旅游服务中心文物工作队对象牙化石进行发掘。象牙化石的位置位于地下5米处,为砂浆土层。象牙长约3米,根部周长约60厘米,由于自然因素象牙表面侵蚀,断为3节,保存基本完整。

由于发掘现场未发现其他骨骼化石，初步鉴定该象牙化石为流水搬运沉积所致，推算其所属年代距今10万至12万年。现藏于永城市博物馆，并用专用密封袋保存。而永城出土的象牙化石，其大小、长度及完整性世所罕见。该象牙化石的发现，对研究豫东地区气候变迁及大型古生物演化史具有重要考古价值（图1-5）。

图1-5 永城出土象牙化石

二、燧皇陵遗址

燧人氏，又称燧皇，或简称燧人，有巢氏之子、华胥氏的丈夫、伏羲与女娲的父亲，名允婼，是中国上古神话中钻木（一说击石）取火的发明者、九皇时代的部落首领，与伏羲氏、神农氏合称为"三皇"（图1-6）。

图1-6 燧人氏像

相传燧人氏发明了钻木取火技术，教人熟食，从此人类摆脱了茹毛饮血的时代，《韩非子·五蠹》记载："上古之世，人民少而禽兽众，人民不胜禽兽虫蛇……民食果蓏（luǒ）蚌蛤，腥臊恶臭，而伤害腹胃，民多疾病。有圣人作，钻燧取火，以化腥臊，而民说之，使王天下，号之曰燧人氏。"关于他的神话，反映了中国原始时代从利用自然火，进化到人工取火的情况。《尚书大传》云："遂人为遂皇，伏羲为戏皇，神农为农皇也。遂人以火纪，火，太阳也。阳尊，故托遂皇于天。"中国的神话传说中，有很多以智慧、勇敢、毅力为人民造福的英雄，燧人，就是其中的一个。

燧皇陵遗址位于商丘市睢阳区古城西南约2千米处，商柘公路西侧，隔商柘公路与阏伯台东西相望。据清康熙四十四年（1705年）《商丘县志》记载："燧皇陵，在阏伯台西北，相传为燧人氏葬处。"清乾隆十九年《归德府志》记载："燧皇陵在阏伯台西北，相传为燧人氏葬处。俗云土色皆白，今殊不然。"

燧皇陵始建于何时，已不可考。据老人们回忆，它原有大殿、东西厢房、石像生等，古柏参天，郁郁葱葱，后毁于战火。2004年所在地政府筹集资金对燧皇陵进行了大规模修复扩建。维修后的燧皇陵占地4万多平方米，坐北朝南，三开间式石碑坊门楼挺拔伟岸，门额"燧皇陵"三字是由已故的中国历史博物馆馆长俞伟超题写，由门楼向北沿神道拾阶上，神道长约1千米。两边分列石人等石像生，生动逼真，方形墓冢高大巍峨，底边长10米，顶部边长约6米，高13.6米，松柏环绕周围。整个陵区显得幽静肃穆，千百年来，前来燧皇陵凭吊、祭拜者络绎不绝。至2004年12月，一期扩建工程顺利完工，建成了石牌坊、石像生、墓冢、神道、门前火文化广场等（图1-7—图1-10）。

| 钱伟长题字纪念碑 | 李德生题字碑 | 伍修权题字碑 |

图1-7 燧皇陵山门及陵园内碑刻

图 1-8　燧皇陵神道石碑坊

图 1-9　燧皇陵神道

图 1-10　燧皇陵墓碑及墓冢

陵园内保存有中华人民共和国开国少将李德生、科学家钱伟长亲笔题写的"华夏第一火种",无产阶级革命家伍修权等亲笔题写的"中华第一火种",以及国家文物局原局长、中华炎黄文化研究会常务副会长张文彬为燧皇陵的题词"华夏文明之光",中科院华夏文化纽带工程组委会专家委员王大有的题词"人类文明之火"等碑刻。

1992年黄河之游首游式取火种仪式在此举行,所取火种被国家旅游局命名为"中华第一火种"。1993年我国第七届全运会,在此点燃火种。2005年7月15日我国第十届全运会"华夏文明之火"采火仪式在此举行(图1-11、图1-12)。

图1-11 采火仪式一　　　　图1-12 采火仪式二

第二节　遍布境内的新石器时代遗址

一、商丘境内的仰韶文化遗存

(一)虞城县马庄遗址第五层遗存

虞城马庄遗址位于虞城县沙集乡东南约2千米的马庄村东南杏岗寺小学,遗址面积约1万—1.5万平方米,文化层厚约5米。1994年10月8日至11月28日,历时50天,由中国社会科学院考古研究所和美国哈佛大学皮保德博物馆联合组成的中美联合考古队对马庄遗址进行了考古发掘,发掘地点选择在小学北面的取土沟内,共开探方8个,分东西两区,两区相距约45米,其中东区开5米×5米探方7个,西区开4米×7米探方1个,发掘面积203平方米(图1-13)。

据这次发掘资料,马庄遗址文化层堆积上下共分为五层,第五层属仰韶文化层,出土陶片较多,其中泥质红陶占大多数,夹砂红陶大多掺杂蚌壳碎末,细泥红陶多施陶衣。器表纹饰有弦纹、线纹、附加堆纹、锥刺纹、指甲纹等,彩陶多饰口彩宽带纹。器形有鼎、钵、碗,在地层中发现两个柱子洞和大量红烧土块,有一些红烧土块表面较为平整,可能为居住面的遗存。

这次发掘在马庄遗址第五层遗存分为A、B、C、D四个小层,发现居住遗迹有灰

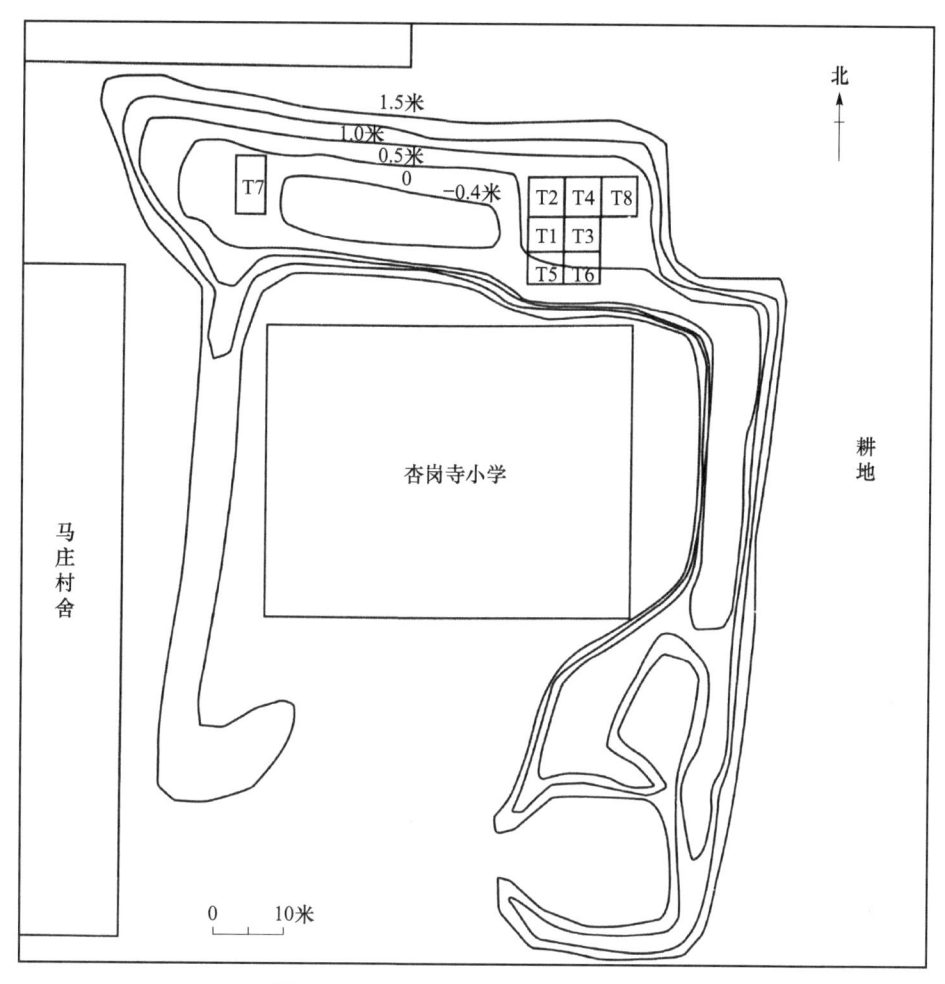

图 1-13 马庄遗址发掘地点位置示意图

坑 1 座和零星的柱洞,共清理墓葬 23 座(图 1-14),分布很规整,自北向南分为 4 排,头向均朝东,随葬器物大多是陶器,多则二三件,少则一件。器形有鼎、钵、平底觚、尊、圈足镂孔豆等,有的墓葬还随葬有穿孔石钺、玉饰和牙饰。(图 1-15—图 1-19),陶色有红陶、褐陶、灰陶和黑陶。"整个马庄第五层遗存的年代有可能在距今 7000—5000 年间这样一个范围。"①

商丘马庄遗址第五层遗存的发现,从实物的形式证明早在我国母系氏族社会时期商丘就有了人类居住,而且进入了定居的农业文明,例如在马庄遗址发现有居住遗址,有生产工具石铲、石锛,有生活用的陶鼎、钵等,有装饰用的玉饰和牙饰。发现有很有规律排列埋葬的墓葬,这一切都说明生活在马庄遗址的商丘先民,已经进入高度的文明。

---

① 中国社会科学院考古研究所、美国哈佛大学皮保德博物馆:《豫东考古发掘报告:"中国商丘地区早商文明探索"野外勘查与发掘》,科学出版社,2017 年,第 81 页。

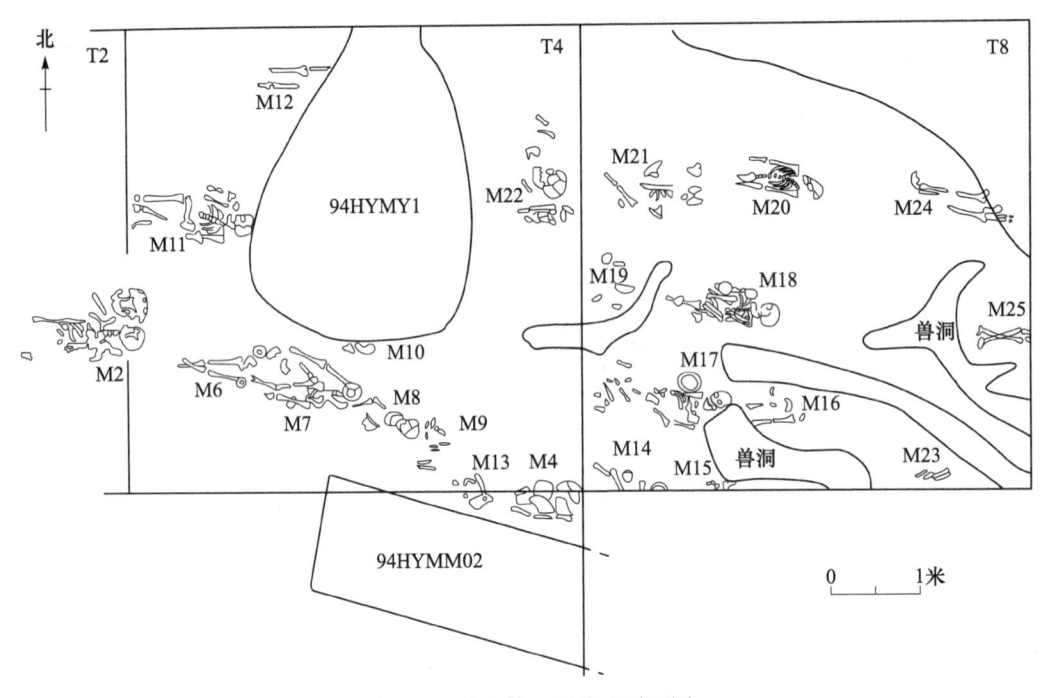

图 1-14　马庄第五层墓地平面图

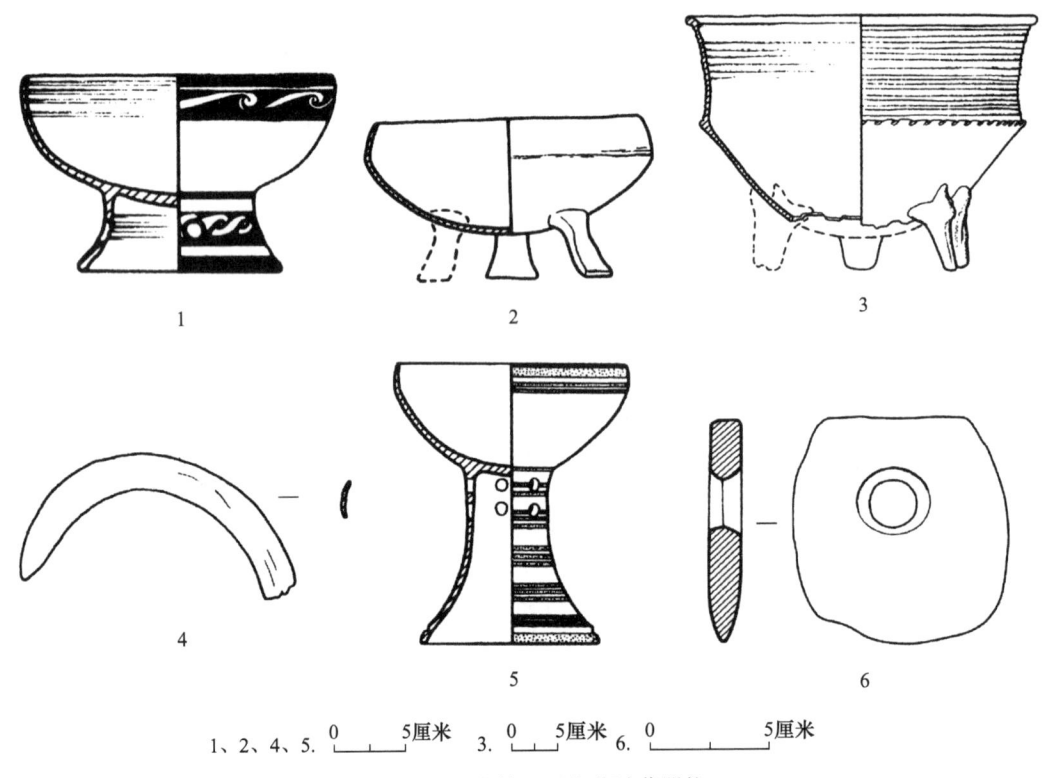

图 1-15　马庄第五层墓葬随葬器物
1、5. 陶豆（94HYMM6∶2、94HYMM2∶1）　2. 陶三足钵（94HYMM7∶1）
3. 陶釜形鼎（94HYMM4∶2）　4. 牙饰（94HYMM2∶2）　6. 石钺（94HYMM6∶1）

第一章 石器时代的商丘

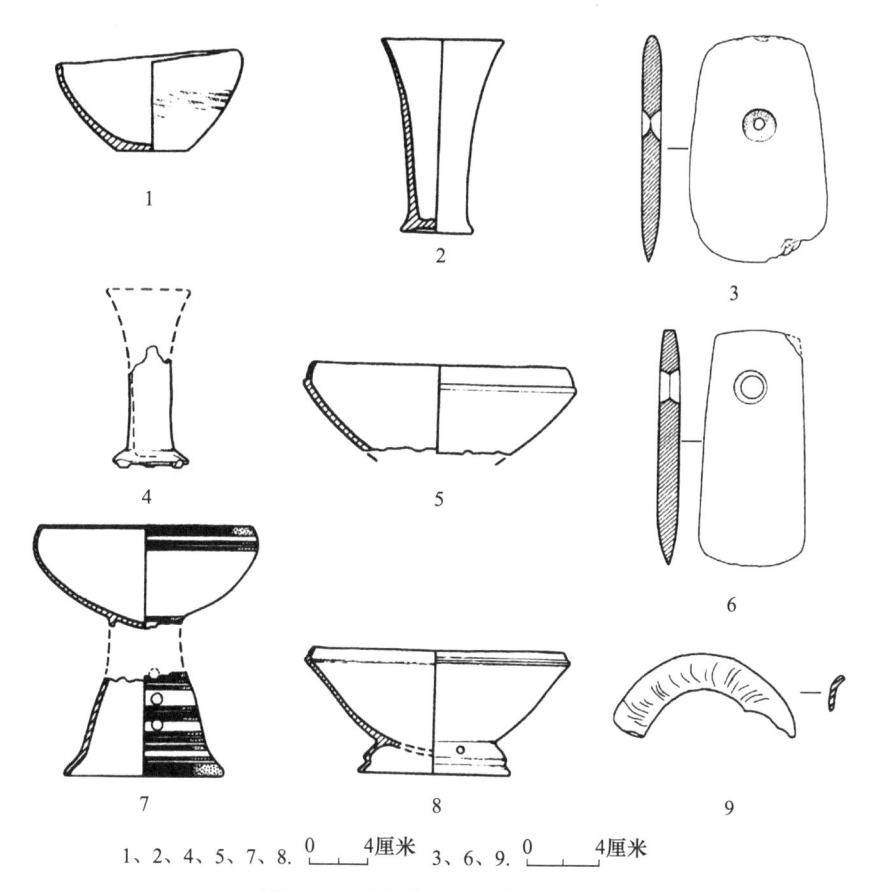

1、2、4、5、7、8. ┕━━┙4厘米　3、6、9. ┕━┙4厘米

图 1-16　马庄第五层墓葬随葬器物

1. 陶钵（94HYMM11：2）　2、4. 陶觚（94HYMM11：1、94HYMM14：1）　3、6. 石钺（94HYMM16：3、94HYMM13：1）　5、7、8. 陶豆（94HYMM14：2、94HYMM8：6、94HYMM8：2）　9. 牙饰（94HYMM8：3）

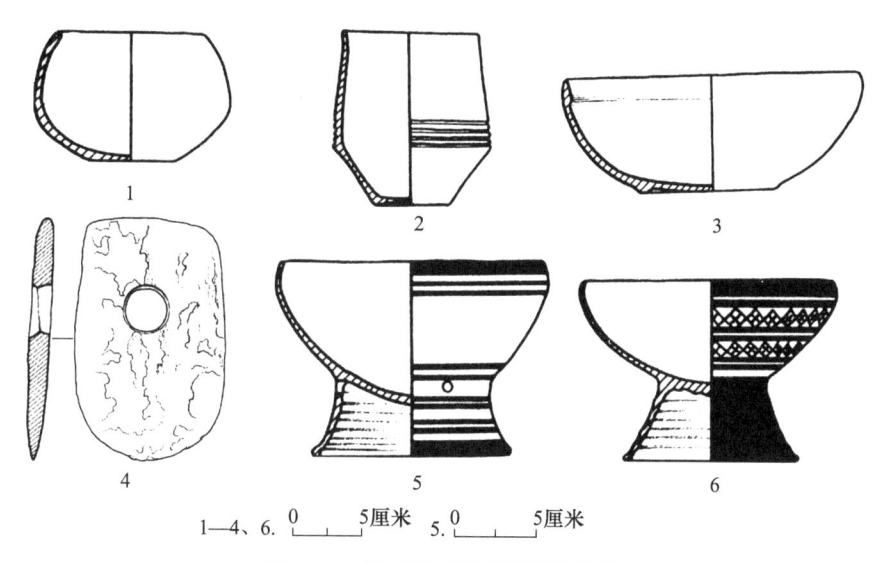

1—4、6. ┕━━┙5厘米　5. ┕━┙5厘米

图 1-17　马庄第五层墓葬随葬器物

1、3. 陶钵（94HYMM18：1、94HYMM21：1）　2. 陶尊形器（94HYMM18：2）
4. 石钺（94HYMM23：1）　5、6. 陶豆（94HYMM17：2、94HYMM25：1）

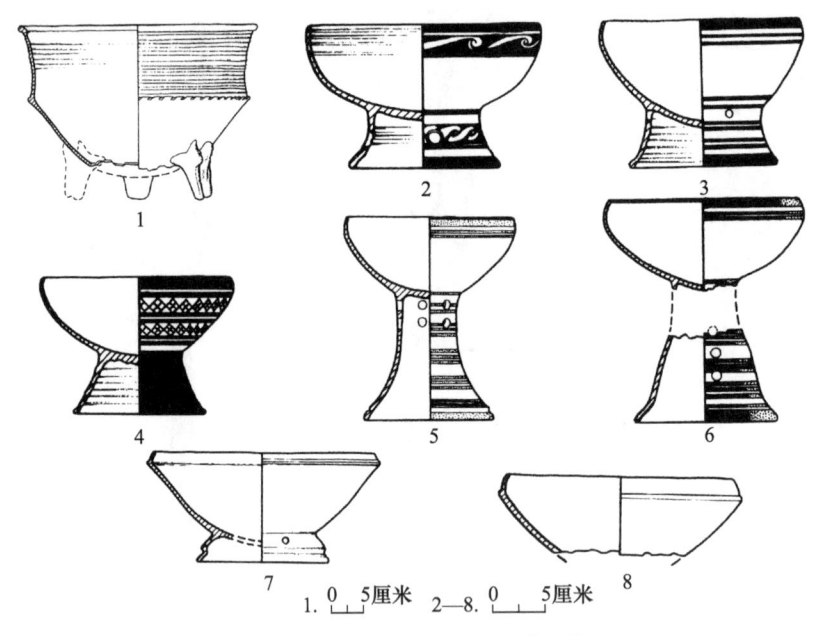

图 1-18 马庄第五层墓葬随葬器物

1. 釜形鼎（94HYMM4：2） 2—4. A 型豆（94HYMM6：2、94HYMM17：2、94HYMM25：1）
5、6. B 型豆（94HYMM2：1、94HYMM8：6） 7、8. C 型豆（94HYMM8：2、94HYMM14：2）

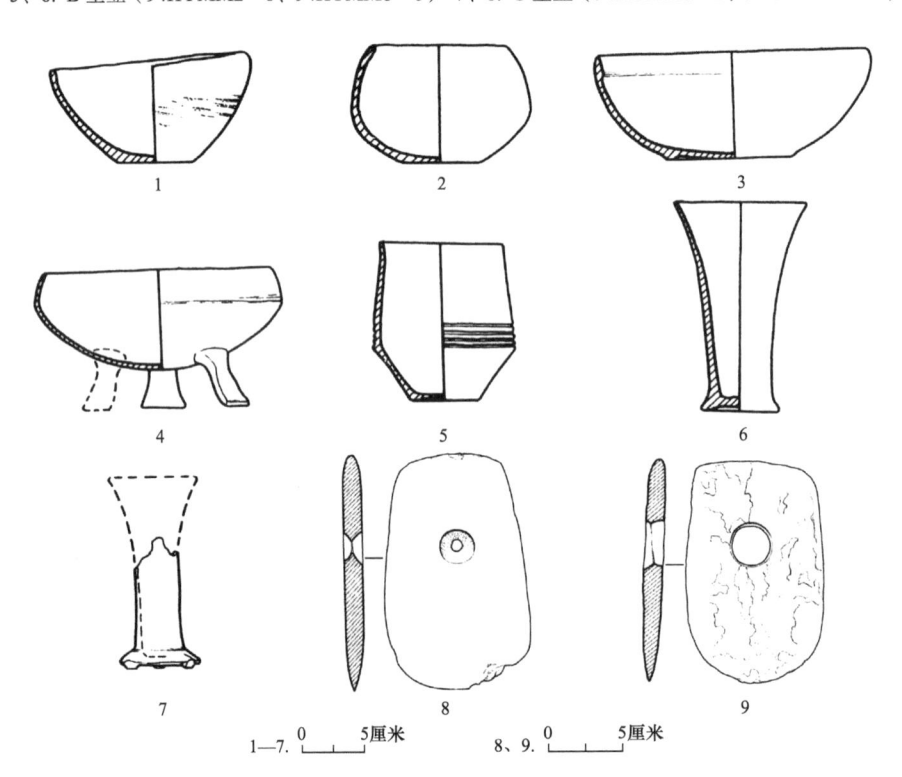

图 1-19 马庄第五层墓葬随葬器物

1—3. A 型陶钵（94HYMM11：2、94HYMM18：1、94HYMM21：1） 4. B 型陶钵（94HYMM7：1）
5. 陶尊形器（94HYMM18：2） 6. A 型陶瓠（94HYMM11：1） 7. B 型陶瓠（94HYMM14：1）
8、9. A 型石钺（94HYMM13：1、94HYMM23：1）

（二）睢县周龙岗遗址仰韶时期遗物

睢县周龙岗遗址位于睢县蓼堤乡周龙岗村。现为河南省重点文物保护单位，遗址南北长300米，东西宽200米，面积约6万平方米，文化原堆积厚约2米。1978年4月，中国社会科学院考古研究所河南二队和商丘地区文管会对周龙岗遗址进行了试掘，开探沟两条，揭露面积31平方米，发现龙山文化灰坑6座，残陶窑1座和部分龙山文化遗物及商代文化遗存；另外采集一些商文化遗物和两片仰韶文化彩陶片[①]。

（三）牛牧岗和潘庙遗址的仰韶文化遗存

牛牧岗遗址位于民权县西约23千米的双塔乡牛牧岗村北100米，遗址南北长约120米，东西宽约100米面积约1.2万平方米，遗址在慢坡的高岗上，最高处比周围高出2米。2007年9—12月，郑州大学历史学院考古系会同商丘市文物局、民权县文物局对牛牧岗遗址进行了钻探、发掘。开5米×5米探方15个，共揭露面积375平方米。在龙山文化和其他时代地层中发现一些仰韶文化时期遗物，主要分布于遗址东部。仰韶文化遗存较少，主要为陶片，比较分散，没有发现遗迹现象，陶质有泥质和夹细蚌两类，泥质陶占绝大多数，达94.34%，陶色以红色为主，占89.33%，有少量褐色、白色。器表以素面为主，钵的腹部饰有彩绘。器类中，钵的数量最多占66.65%，还有瓶、缸、罐、鼎、鬶、碗、盆等。"该遗址仰韶文化遗存时代较早，约相当于大河村仰韶文化一期甚至更早"，"为进一步认识豫东地区仰韶文化的面貌提供了重要的考古材料"[②]（图1-20）。

在睢阳区潘庙遗址没有发现早于龙山文化的地层，发现有马庄类型史前文化遗存残器4件，其中，红顶碗残片1件，泥质红褐陶。器足3件，分别为夹砂黄褐陶、夹蚌黄褐陶、夹细砂黄褐陶[③]。

（四）其他遗址的仰韶文化遗存

在民权县西南约22.5千米的尹店乡吴岗村南的吴岗遗址采集2片仰韶文化陶片。

商丘境内仰韶文化遗址的发现，从实物的形式证明早在我国母系氏族社会时期商丘就有了人类居住，而且进入了定居的农业文明，例如在马庄遗址发现有居住遗址，有生产工具石铲、石锛，有生活用的陶鼎、钵等，有装饰用的玉饰和牙饰。发现有很有规律排列埋葬的墓葬，这一切都说明生活在马庄遗址的仰韶人，已经进入高度的文明。

---

① 中国社会科学院考古研究所河南二队、商丘地区文管会：《1977年豫东考古纪要》，《考古》1981年第5期。
② 郑州大学历史学院考古系张国硕、赵俊杰：《民权牛牧岗与豫东考古》，科学出版社，2013年，第19页。
③ 中国社会科学院考古研究所、美国哈佛大学皮保德博物馆：《豫东考古发掘报告："中国商丘地区早商文明探索"野外勘察与发掘》，科学出版社，2017年，第247页。

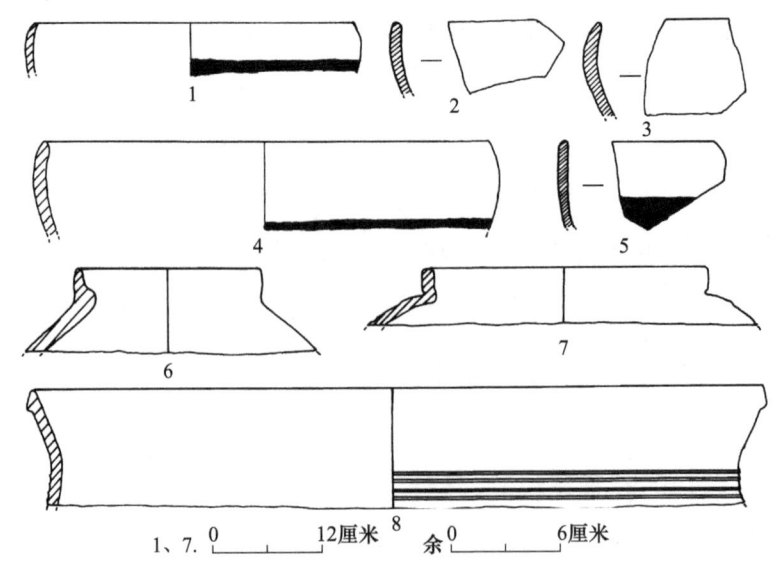

图 1-20　牛牧岗遗址仰韶文化陶器
（郑州大学历史学院考古系张国硕、赵俊杰：《民权牛牧岗与豫东考古》，科学出版社，2013 年，第 17—19 页）
1—5. 钵（IT0605⑥：29、H51：22、IT1301⑦：4、ⅡT0302⑥：21、IT1301③：16）
6. A 型罐（IT0806⑥：3）　7. B 型罐（H30：4）　8. 缸（IT0706⑩：29）

（五）清凉山遗址庙底沟二期的文化遗存

1988 年发掘夏邑清凉山遗址时，在几个探方的底部零星发现有相当于庙底沟二期的文化遗存，没有发现遗迹现象，发现的遗物主要是陶器，以泥质陶为主，约占全部陶器的 55%，夹砂夹蚌陶次之。陶色以红褐色为主，灰色、黑色次之，红色较少。纹饰以素面为主，其次为篮纹，磨光亦不少，绳纹、方格纹较少。器形有鼎、罐、鬶等（图 1-21）。

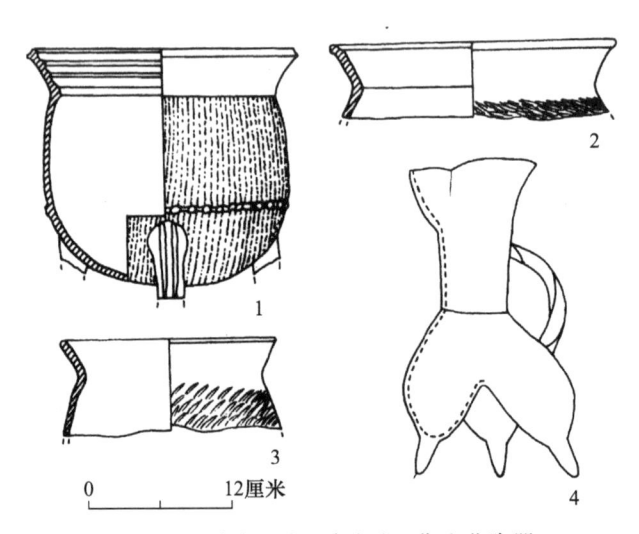

图 1-21　清凉山遗址庙底沟二期文化陶器
1. 鼎（T5⑪：50）　2、3. 罐（T4⑪：30、T5⑪：52）　4. 鬶（T6⑨：1）

二、商丘境内的龙山文化遗存

（一）永城造律台黑堌堆曹桥遗址龙山文化

开始于1928年10月的安阳殷墟考古发掘，到1937年6月抗战爆发前止，共发掘十五次，出土了大量都城建筑遗址和以甲骨文、青铜器为代表的丰富的文化遗存，系统地展现了中国商代晚期辉煌灿烂的青铜文明，确凿无疑地证明了中国商代晚期盘庚迁殷的都城就在此处，确立了殷商社会作为信史的科学地位。

为寻找商文化源头，1936年10月，河南古迹研究会李景聃一行三人，来到商丘永城进行考古调查，三人到商丘后，先去调查了永城芒山梁孝王洞（墓）内的石像，走遍芒砀、保安诸山，"见汉代石棺甚多"。从永城到商丘沿浍河（《水经注》上的涣水），调查了新桥西的曹桥、酂城造律台、高辛帝喾庙、帝喾陵、坞墙南亳遗迹、青岗寺等处，调查行程25日。找到3处秦汉以前的古文化遗址：商丘的青岗寺，永城酂城的造律台和新桥集北的曹桥。重点对永城造律台黑堌堆曹桥三处遗址进行了考古发掘。

酂城位于永城市西南20余千米，造律台位于酂城南门外的浍河北岸约0.5千米，报告称：造律台是一处高约7米，周围约400米，南北长75米，东西宽46米的土台子，形如龟，有龟形地之称。发掘时间是1936年11月29日至12月11日，围绕土台四周开10米×1米探沟12个，加上局部扩方，发掘面积154平方米。发现遗迹有2处灰坑（编号YCH01、YCH02）和薄厚不一的蚌壳、小螺蛳壳堆积。其中YCH01平面圆形，直壁平底，上口距地表2.4米，口径2.2米，底径2.35米，深2米。遗物只有龙山时期的高圈底、手制鼎、手制碗及轮制大口小底碗骨凿、陶轮、蚌刀等。YCH02平面椭圆形，直壁平底，上口距地表2.8米，口径南北长1.4米，东西长1.5米。底径南北长1.1米，东西长1.3米。深0.9米。遗物只有龙山时期的陶罐、网坠、骨锥等。出土遗物有陶器、石器、骨角牙器、蚌器。陶器，完整器不足10件，依据陶片可分器型有三足器之鼎、鬲、甗；圈足器之盘、豆；罐形器之罐、壶、瓮；盆、碗、杯、甑、陶轮、陶网坠、陶镞、泥刀形器，陶片。其中陶网坠最多，37件。石器，34件。其中石斧11件、石锛2件、石砸1件、石刀5件、石镞2件、长方形石器1件、手磨盘2件、磨棒2件、砺石3件。骨角牙器，骨器15件，骨凿4件、骨锥2件、骨鱼镖1件、骨镞5件。角器13件，角凿1件、角斧1件、角杵1件、角摩擦器10件。牙器3件。蚌器14件（其中6件有双孔，无刃）。蚌刀7件、长方形器（似凿）1件。

黑堌堆位于酂城西约2千米，东距浍河不足1.5千米。是一处堌堆形遗址，发掘时高约2米，南北长约50米、东西宽约34米。1936年12月11至14日，在堌堆东、南、西坡分别开10米×1米探沟各1个，工作3天半。出土遗物与造律台的完全相同，有陶器、石器、骨角牙器、蚌器。条纹鼎1件、甗箅1件、豆柄2件、条纹圈足罐1件、盆形器3件、碗2件、陶网坠7件。石器12件。其中石凿1件、石镞3件、石斧2件、石锛1件、石砸1件、石刀1件、砺石2件。骨角牙器12件。其中骨凿3、骨锥3、骨针1骨镞1，角杵1，角锥1，牙器2件。蚌器8件。其中双孔蚌刀3、无孔蚌刀4、蚌镞1。

曹桥位于永城新桥北约0.5千米，遗址在曹桥村南一块平地，调查时面积南北长约88、东西宽约45米。1936年12月12至13日发掘。开10米×1米探沟2条、5米×1米探沟2条。遗物有陶片石器和蚌壳。

通过这次发掘，对于商丘龙山时期的文化面貌有了初步认识，这为后来进行的王油坊一致的大规模考古发掘奠定了基础，开启了豫东商丘考古新纪元。

（二）永城王油坊遗址龙山文化

王油坊遗址位于永城市西30千米的酂城镇王油坊村东北角，遗址为高出周围地面的土丘，这类遗址在这一带分布比较密集，附近有造律台遗址、姜堌堆遗址、黑堌堆遗址、肖竹园、红云寺遗址，说明这一带在古代属于人烟比较稠密之地（图1-22）。

1936年前中央研究院史语所在豫东考古调查时发现该遗址，1977年3、4月，中

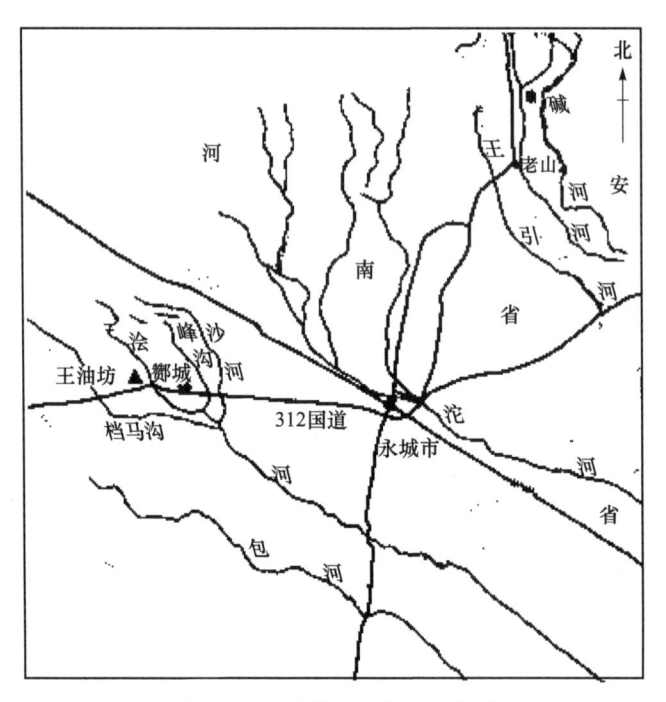

图1-22 王油坊遗址位置示意图

（中国社会科学院考古研究所河南二队、河南省商丘地区文物管理委员会：《河南永城王油坊遗址发掘报告》，《考古学集刊·5》，中国社会科学出版社，1987年，第79页）

国社会科学院考古研究所河南二队对遗址进行发掘。开探方 25 个、探沟 4 条，发掘面积 800 平方米。

王油坊遗址文化遗存主要是龙山文化时期的，分上、中、下三层，是三个紧密相连的发展阶段，下、中层相当于河南龙山文化中期，年代分别为公元前 2500 年、2400 年。上层相当于河南龙山文化晚期，年代为公元前 2300 年。考古发掘共清理出龙山房基 20 座、灰坑 44 个、石灰窑 3 座。

王油坊龙山文化先民居住的房屋有：下层房屋形状有方形和圆形两种，室内居住面皆为白灰面，房基内有埋人的现象。有半地穴式和地面建筑两种；中层房屋有圆形、方形两种，皆为地面建筑，居住面以敷白灰面居多，有居住面为烧土面及少数在夯土层上敷硬草泥土的；上层房屋形状以圆形为主，另有圆角方形的。皆为地面建筑，在筑好的地基上直接起墙。居住面多为黄草泥土，少数为白灰面。发现 1 座用长方形土坯建筑的圆形房屋，土坯为黑褐色草泥土，土坯筑法是：平砌一周三至四层土坯，然后再立砌土坯，作为墙的主体。发现一处四间相连的排房建筑（F16—F19），四间均为方形房基（图 1-23）。

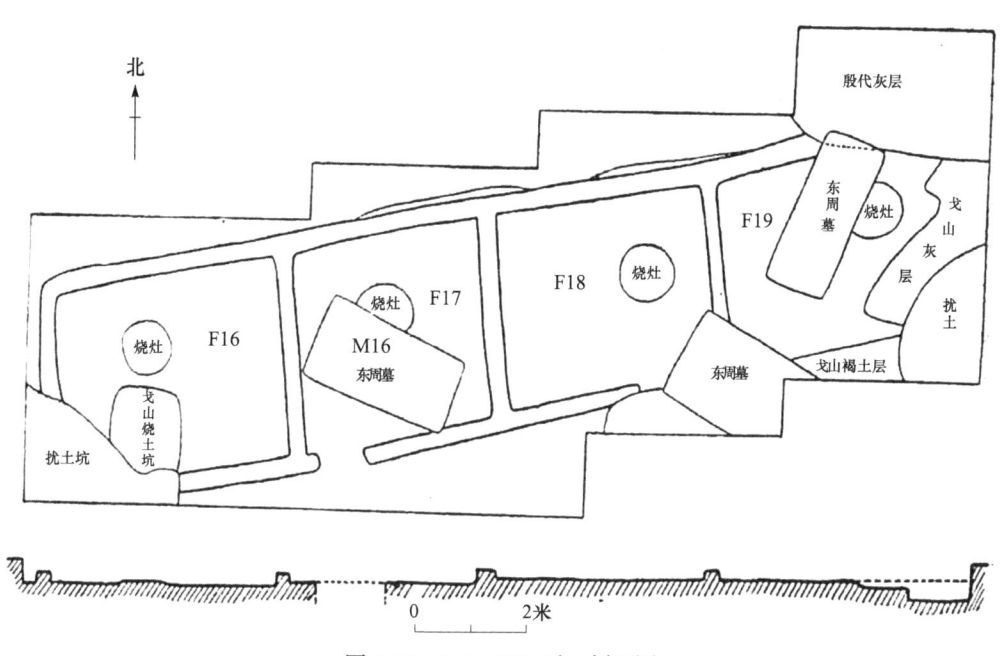

图 1-23　F16—F19 平、剖面图

王油坊龙山文化先民生活常用的是陶器，另有石器、骨角器、蚌器等，按照用途分为：生活用具、生产工具及少量装饰品。下层陶器以泥质灰陶为主，约占陶片总数的 70% 以上，夹蚌壳的棕褐陶也不少，篮纹为此层最主要纹饰，磨光陶的比例较中上层大，磨光亦较精致；中层陶器夹蚌壳陶减少，较大型的器物增多，纹饰仍以篮纹为

主，但比例下降，绳纹、方格纹的比例上升；上层陶器，夹蚌壳陶很少，纹饰以方格纹为主。深腹罐、鼎、碗中的大型器增多。"这三层文化遗存的共同特点是，陶器以泥质灰陶为主，夹砂陶极少，泥质陶几乎全为轮制，夹蚌陶为手制。器类以深腹罐和鼎（皆为炊具）为主，碗的数量也很多，这三类器物约占陶器总数的一半，而在上层所占比例更大。房基除在下层有少数半地穴式以外，一般皆为地面建筑，墙直接建于筑好的地基上，未见挖沟筑墙的现象。灰坑大多为口大底小的圆形坑，而袋形坑及长方形坑较少（图1-24—图1-26）。"①

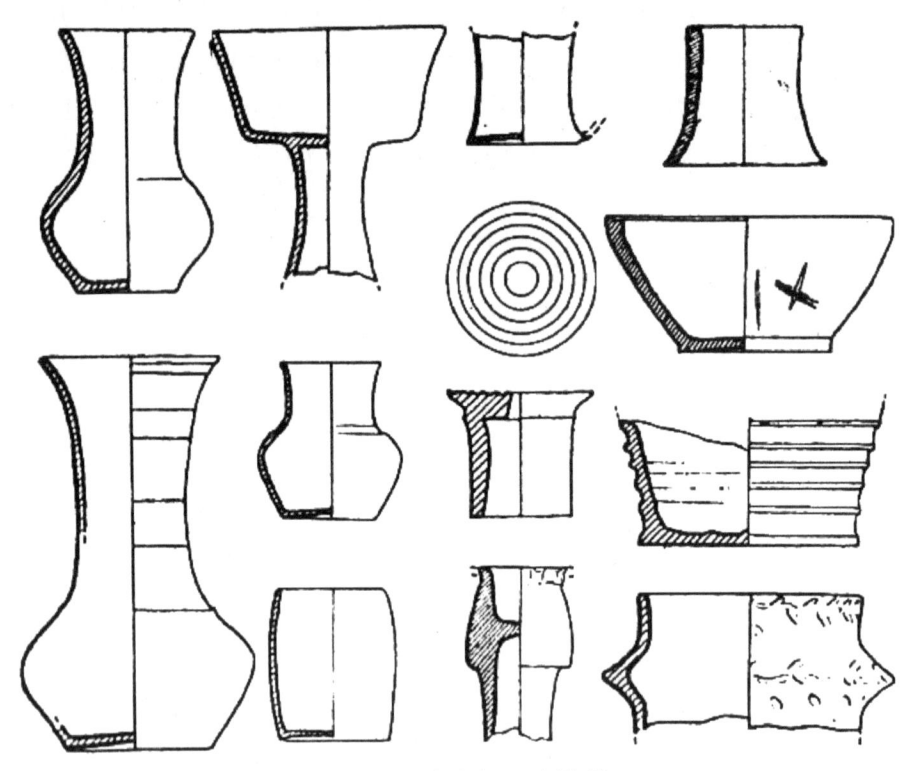

图1-24 王油坊遗址上层陶器

王油坊先民使用石器很少，而是大量使用蚌器、骨角器。特别是蚌刀、蚌镰最多，还有大量鹿角锄、捕鱼工具陶网坠。在他们生活留下的灰坑中出土大量螺壳、蚌壳、鱼骨（鉴定有鲤鱼青鱼、草鱼、鲫鱼等）和鹿角。其他动物骨骼有猪、狗、牛、龟甲等。这些发现证明当时的人们除农业生产之外，还从事狩猎、捕捞、养畜等生产活动（图1-27）。

"反映当时人们建筑技术的提高和居住条件的改善，这时已能烧制石灰。王油坊中

---

① 中国社会科学院考古研究所河南二队、河南省商丘地区文物管理委员会：《河南永城王油坊遗址发掘报告》，《考古学集刊·5》，中国社会科学出版社，1987年，第117页。

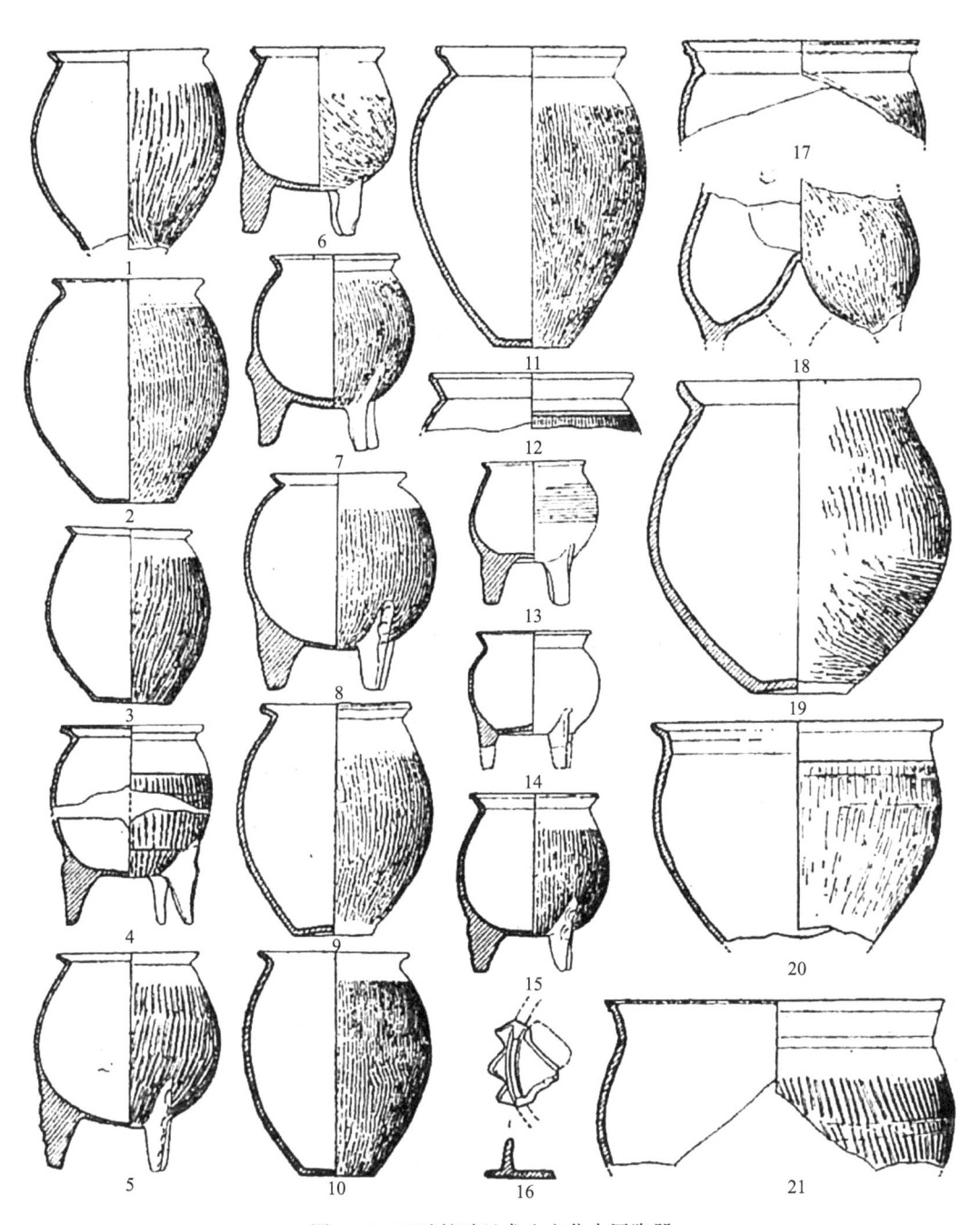

图 1-25　王油坊遗址龙山文化中层陶器

1、2. ⅠA、ⅠB 式深腹罐（T24③C：9、H39：5）　3. ⅢA 式深腹罐（T25⑤：9）　4. ⅠA 式鼎（H37：8）
5. Ⅲ式鼎（H38：11）　6. Ⅱ式鼎（T24③C：15）　7. ⅠB 式鼎（H38：15）8. Ⅳ式鼎（T29③：13）
9、10. ⅢB 式深腹罐（H38：20、17）　11、12. ⅠD、ⅠC 式深腹罐（H38：12、37）
13、14. Ⅴ式鼎（H38：19、H39：6）　15. ⅠC 式鼎（T24③C：10）　16. 箅（T25⑥：12）
17. Ⅰ式甗（H38：38）　18. 甑（T24③C：17）　19. Ⅱ式深腹罐（H15：1）　20. Ⅲ式甑（H34：10）
21. Ⅱ式甑（H34：8）

0　　10厘米

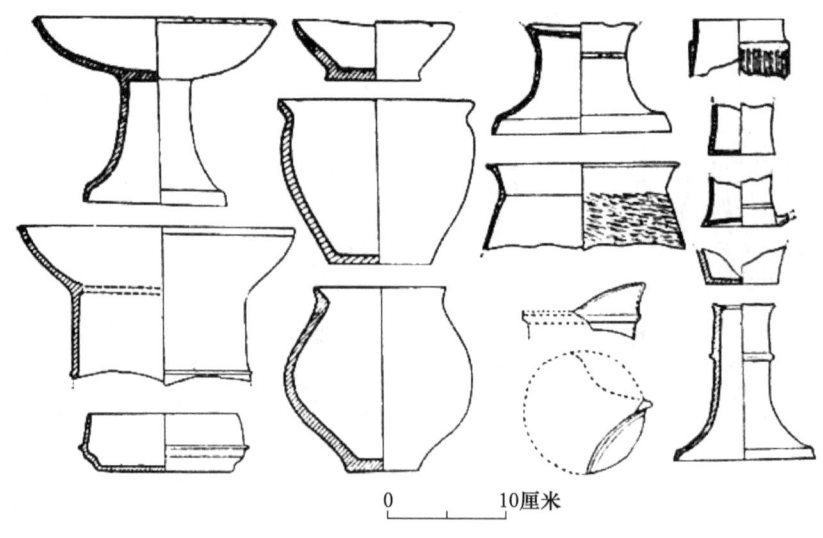

图1-26　王油坊遗址龙山文化下层陶器

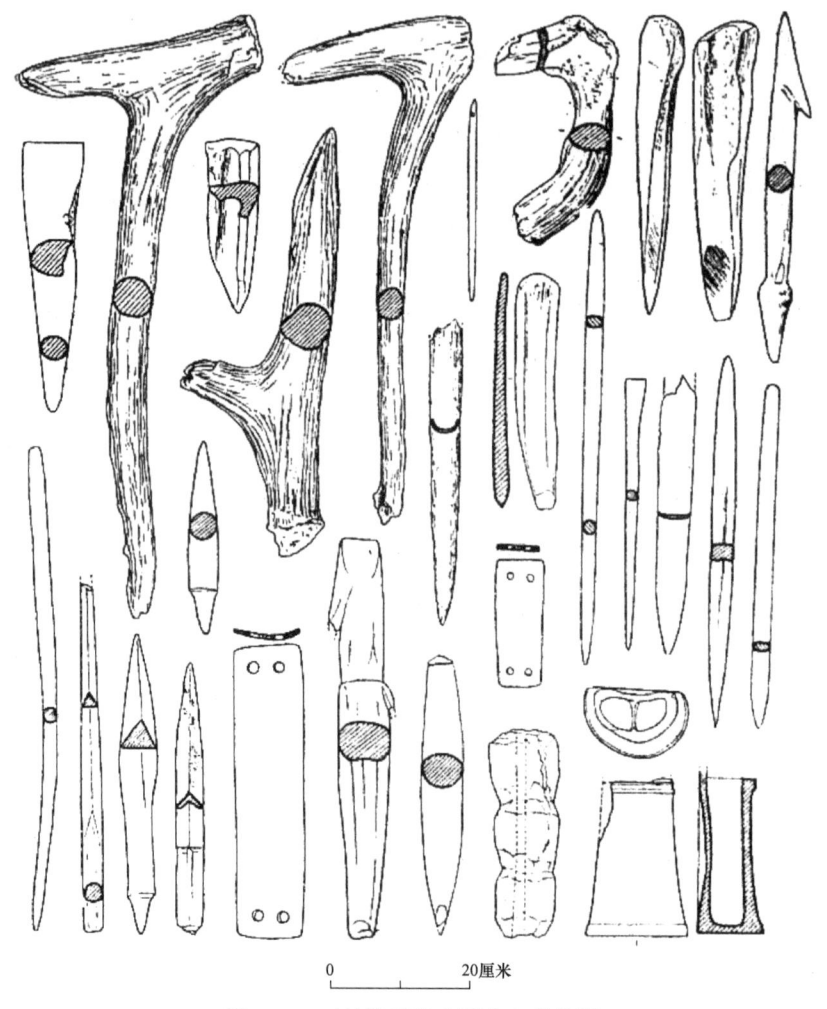

0　　20厘米

图1-27　王油坊遗址上层出土骨角器

层发现有装满石灰的圆坑和装在甑中的石灰膏,上层发现有烧制石灰的石灰窑,这在解决我国石灰起源的问题上是个很重要的资料,为使房基坚固,选用纯净致密的土铺筑房基,并逐步使用夯筑技术,还出现用土坯相间压缝的砌墙技术,这在我国建筑史上都是比较新鲜的资料。"①

在建筑方面,这时还出现了一个新现象,就是在房基内、墙基及墙内,室外墙根处,使用成人和儿童作奠基等祭祀活动,这既是当时一种礼俗,又反映当时社会关系的某种状况。

王油坊遗址考古发现的重要价值在于反映了那个时代商丘先民的社会经济和文化状态,彰显了当时已具有了比较高度的文明,王油坊的商丘先民已经掌握了烧制石灰技术和使用石灰修建房屋,掌握了土坯制造和使用土坯错缝建筑技术,这表明使用土坯建筑墙体在商丘使用了4000余年之久(20世纪七八十年代,豫东农村建筑土坯草房,使用的还是同样的技术)。

这次发掘的主要是龙山文化遗存,出土大量生活用具、生产工具等,分上、中、下年代紧密相连的三个文化层,经 ^{14}C 测定,年代距今 4500—4300 年②。

(三)夏邑清凉山遗址龙山文化

清凉山遗址位于夏邑县城西南 30 千米的魏庄西北,是一处堌堆形遗址,明代时曾在堌堆上建有一座规模较大的寺院——清凉寺,因此得名,现在在堌堆顶部还有几间新建的寺舍,偶有村名前去进香。遗址北有岳河故道,西南角有挡马沟流过,可见遗址上的村民还是傍水而居的,当时的环境一定是山清水秀(图1-28)。

清凉山遗址是 1977 年中国社会科学院考古研究所河南二队在豫东调查时发现的,1988 年 7 月,北京大学考古学系为了解商丘地区夏商时期的文化面貌,对该遗址进行复查,发现有龙山文化、岳石文化

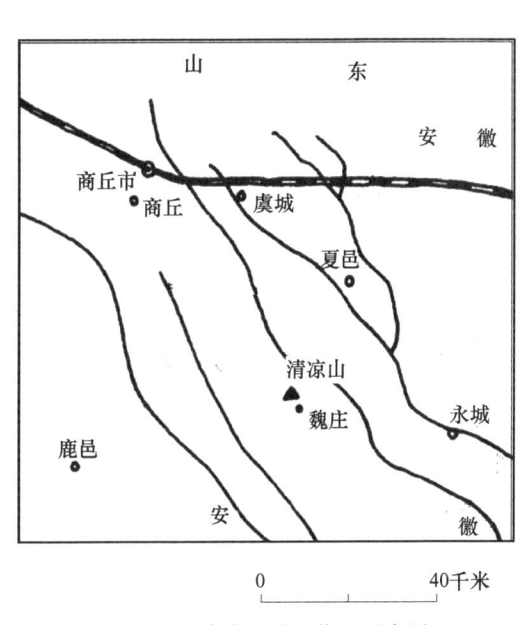

图 1-28 清凉山遗址位置示意图

---

① 中国社会科学院考古研究所河南二队、河南省商丘地区文物管理委员会:《河南永城王油坊遗址发掘报告》,《考古学集刊·5》,中国社会科学出版社,1987 年,第 118 页。
② 中国社会科学院考古研究所河南二队、商丘地区文物管理委员会:《河南永城王油坊遗址发掘报告》,《考古学集刊·5》,中国社会科学出版社,1987 年。

和商文化遗物。同年9至11月对该遗址进行了为期3个月的考古发掘，发掘面积150平方米，发现了丰富的包含有相当庙底沟二期文化和河南龙山文化、岳石文化及商文化在内的不同时期的文化遗存。

庙底沟二期文化的陶器（在遗址下层，这次发现年代最早的）器形有陶鼎、陶罐、陶鬶。

龙山文化的遗迹有灰坑、灰沟和残破的房基。遗物有陶器、石器、玉器、骨器、卜骨、蚌器。陶器分为生活用具、工具和装饰品，陶器类型有深腹罐、小口瓮、碗、鼎、甗（古人使用的炊具，下部3袋形足，盛水，上部形似罐或鬲，放置食物），还有平底盆、鬶（古人使用酒器）、豆、大器盖。其中以深腹罐为最多，占器物总数的一半。陶制工具和装饰品有陶拍、陶模、网坠、纺轮、陶珠、陶环等；石器有石镞、石刀、石铲、石锛；玉器有玉铲一件；骨器有骨锥、骨簪、骨镞、骨针、骨铲、骨削、骨钻、骨凿、指环等；卜骨一件；蚌器有镰、刀、铲、镞（图1-29—图1-36）。

那么清凉山遗址的先民们是如何生活的呢？从发掘成果看，这里的最早先民生活在相当于中原庙底沟二期时期（年代约为公元前2900—前2800年。庙底沟二期文化是从仰韶文化到龙山文化过渡阶段的遗存，属于中原地区龙山文化的早期），生活用具使用的是火候较低的加沙和泥质陶器，陶器颜色是着色不匀的红褐色，器物表面以素面磨光为主，也有较多饰横篮纹的，器形宽折扁足鼎、宽折沿鼓腹罐、细腰长颈高实足鬶。

龙山文化时期先民生活用具主要是陶器，陶器以泥质灰陶为主，也有黑色陶器。陶器多数为轮制，制作精致。器表除素面和磨光外，纹饰有篮纹方格纹和绳纹。器类以深腹罐为主，其次为鼎、小口瓮、大器盖、甗、子口缸、子口瓮、圈足盘、平底盆、碗、鬶等。夹沙陶器壁厚，多数为手制，器形不规整，火候低，这类器物较少。生产工具有石器、骨器和蚌器等。他们的生活遗迹主要有灰坑，有少量灰沟和残破房基。灰坑为椭圆形，居住的房屋为半地穴式圆角长方形建筑。

夏邑清凉山遗址的发掘，为了解这一地区新石器时代至夏商时期的文化面貌提供了丰富资料。清凉山遗址发现的相当于庙底沟二期的文化遗存虽然比较少，但从文化面貌看，其与豫中地区的庙底沟二期的文化和山东大汶口文化晚期遗存均有相似的文化因素；清凉山遗址发现的龙山文化遗存与以永城王油坊为代表的造律台类型（王油坊类型）同类遗存极为相似，因此这类遗存可以归入造律台类型他虽然属于中原龙山文化系统，但也含有相当数量与山东龙山文化相同的因素。

（四）夏邑三里堌堆遗址龙山文化

三里堌堆，原名渣头堌。据《夏邑县志》（明嘉靖二十四年本）记载了"渣头堌在

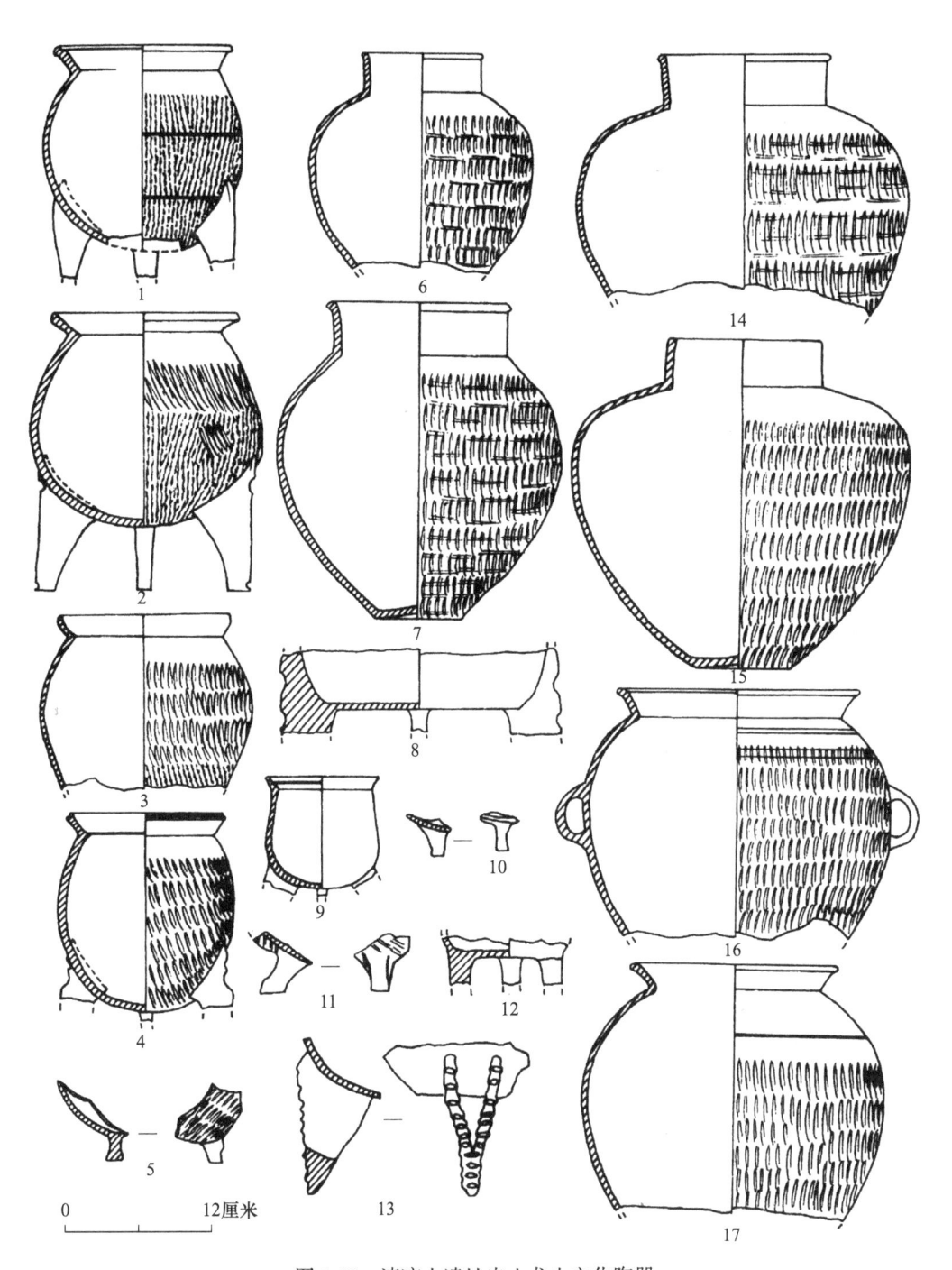

图 1-29 清凉山遗址出土龙山文化陶器

1、2. Aa Ⅰ、Ⅱ式鼎（H25：20、T2⑦：55） 3、4. Ab Ⅰ、Ⅱ式鼎（H48：5、F6：3）
5、10、11. B型鼎（G2：39、H73：15、H18：9） 6、7. A Ⅰ式小口瓮（T4⑨：34、T4⑧：56）
8. Ac型鼎（T7⑥：35） 9. Ad型鼎（H25：86） 12. C型鼎（T2⑦：54） 13. D型鼎（H35：3）
14、15. A Ⅱ、Ⅲ式小口瓮（T4⑩：32、G2：18） 16、17. B Ⅰ、Ⅱ式小口瓮（H25：29、H75：7）

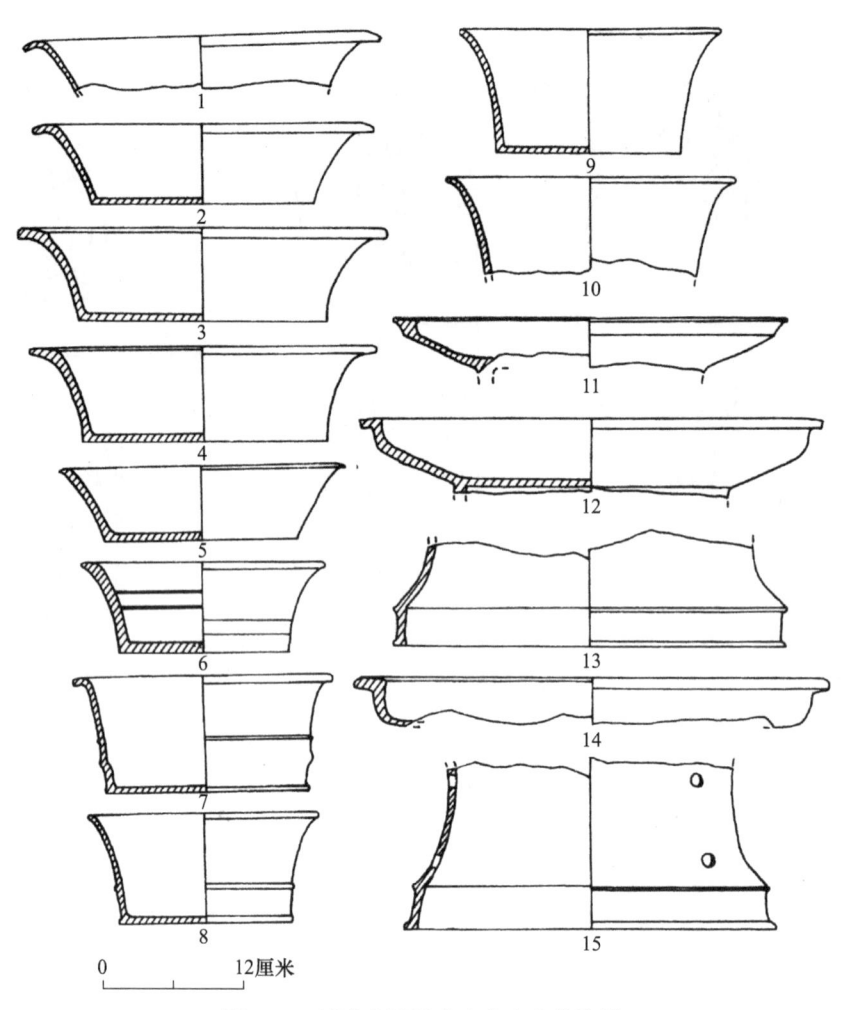

图 1-30　清凉山遗址出土龙山文化陶器

1、2. AaⅠ、AaⅡ式平底盆（T1⑪∶87、T1⑨A∶4）　3、4. AaⅢ式平底盆（G4∶2、F9∶2）
5、6. Ab 型平底盆（H55∶4、T2⑨∶48）　7. BⅠ式平底盆（T7⑥∶39）
8、9. BⅡ式平底盆（T4⑩∶47、T7⑥∶36）　10. BⅢ式平底盆（H25∶45）
11. Ⅰ式圈足盘（T2⑩∶42）　12、13. Ⅱ式圈足盘（H25∶83、H25∶36）
14、15. Ⅲ式圈足盘（T1⑨∶103、H56∶1）

县西南五华里"，为夏邑十八堌之一。因地处三里庄村后，故群众称之为"三里堌堆"，堌南北长170米，东西宽约120米，高出地面约4米，原顶部遍生荆棘，现已全开荒成为耕地，整个堌堆上各个时代的砖瓦碎陶片比比皆是，土质为黑色黏土。

在文物调查中，对该遗址进行了钻探，探出其南北长170米，东西宽约120米。北京大学、郑州大学和河南省文物考古研究所联合对该遗址进行了调查。1989年1—6月，河南省文物考古研究所对该遗址进行了考古发掘，揭露面积100平方米。获得龙山文化资料较少，陶器纹饰有方格纹、篮纹。器型有罐鼎、豆、盘等，时代属于龙山

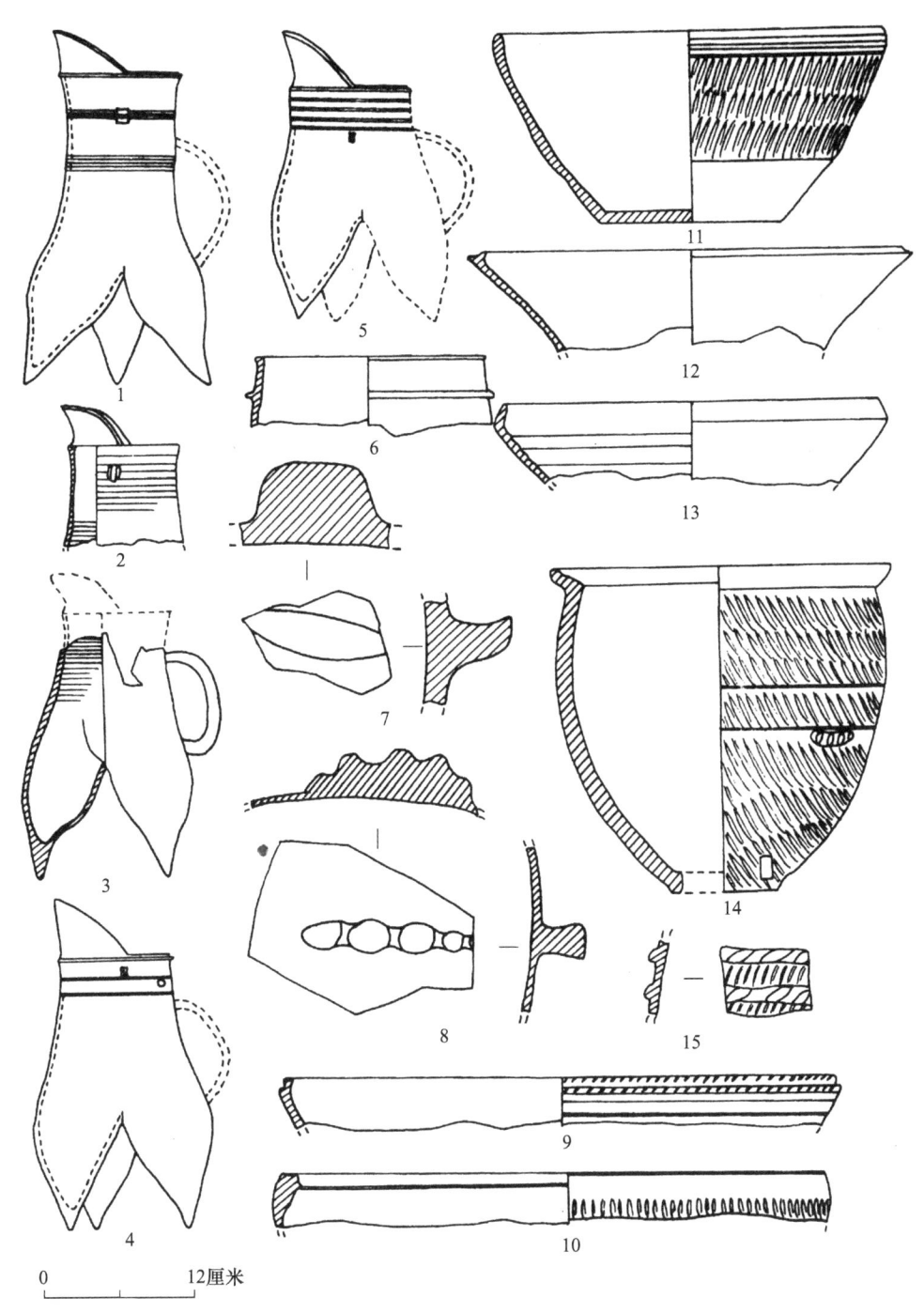

图 1-31　清凉山遗址出土龙山文化陶器

1. Ⅰ式鬹（T4⑨:39） 2、3. Ⅱ式鬹（H73:12、H73:13） 4、5. Ⅲ、Ⅳ式鬹（T1⑪:78、G3:1）
6. 尊形器（T2⑩:133） 7、8. 器耳（F9:12、F9:14） 9、10. 刻槽盆（T4⑧:73、T4⑦:93）
11—13. 敛口盆（T4⑦:84、H18:8、H75:8） 14. 甑（T1⑨A:2） 15. 箍状堆纹陶片（F9:16）

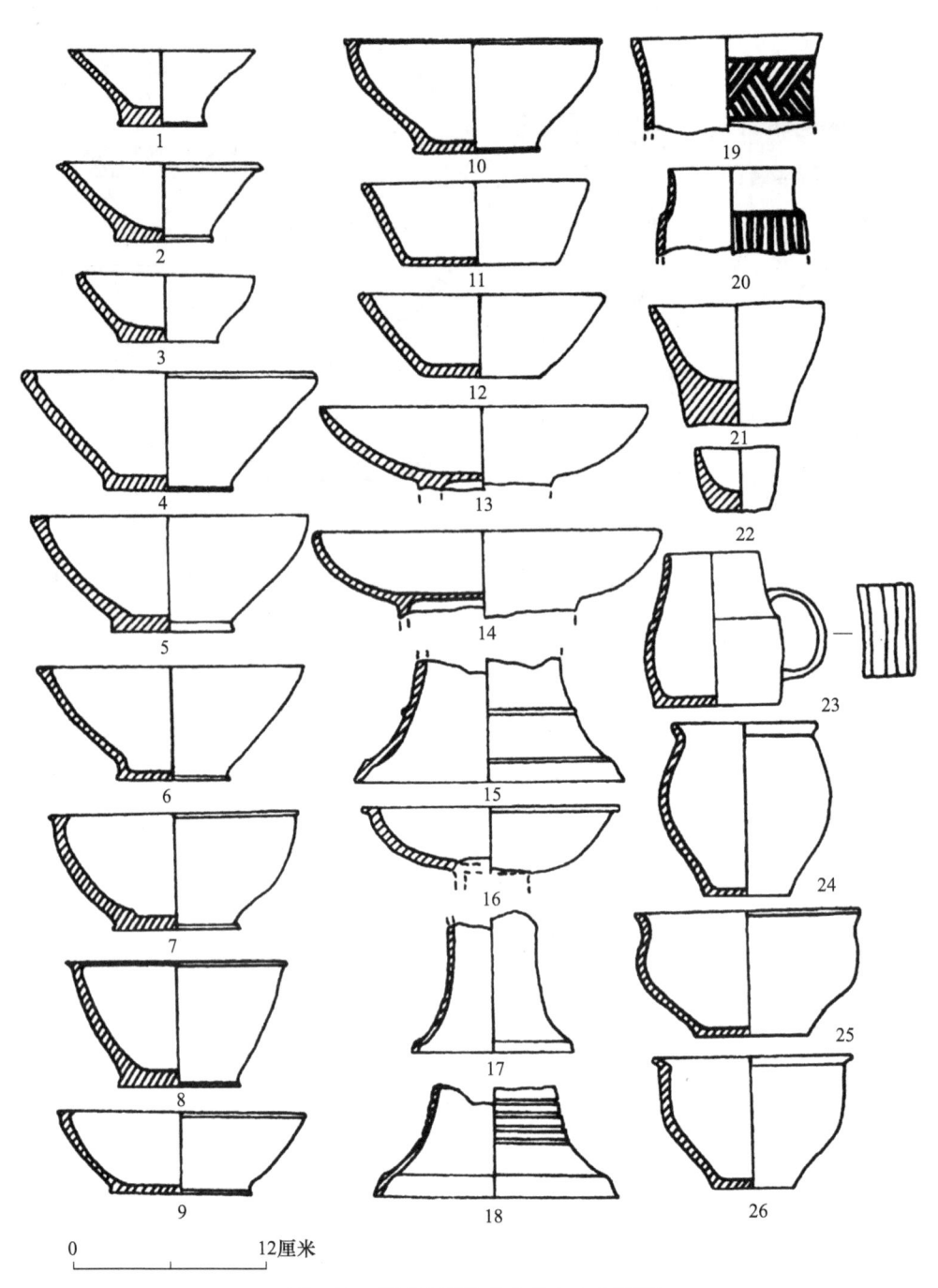

图 1-32　清凉山遗址出土龙山文化陶器

1、2. Ⅰ式碗（T4⑨：55、H25：16）　3、4. Ⅱ式碗（H25：88、H75：11）　5、6. Ⅲ式碗（T1⑩：120、T4⑧：79）　7、8. Ⅳ式碗（H18：11、T6⑦：41）　9、10. Ⅴ式碗（T4⑦：87、T4⑦：99）　11、12. Ⅰ、Ⅱ式平底钵（T4⑨：50、H25：92）　13—18. 豆（T4⑨：53、T4⑨：45、H25：42、T1⑨：114、T4⑧：75、T4⑦：86）　19、20、23. A、B、C型杯（T2⑦：114、H75：9、H25：82）　21、22. 小杯（F9：9、T1⑨A：12）　24—26. 素面小罐（H73：11、F8：7、H18：6）

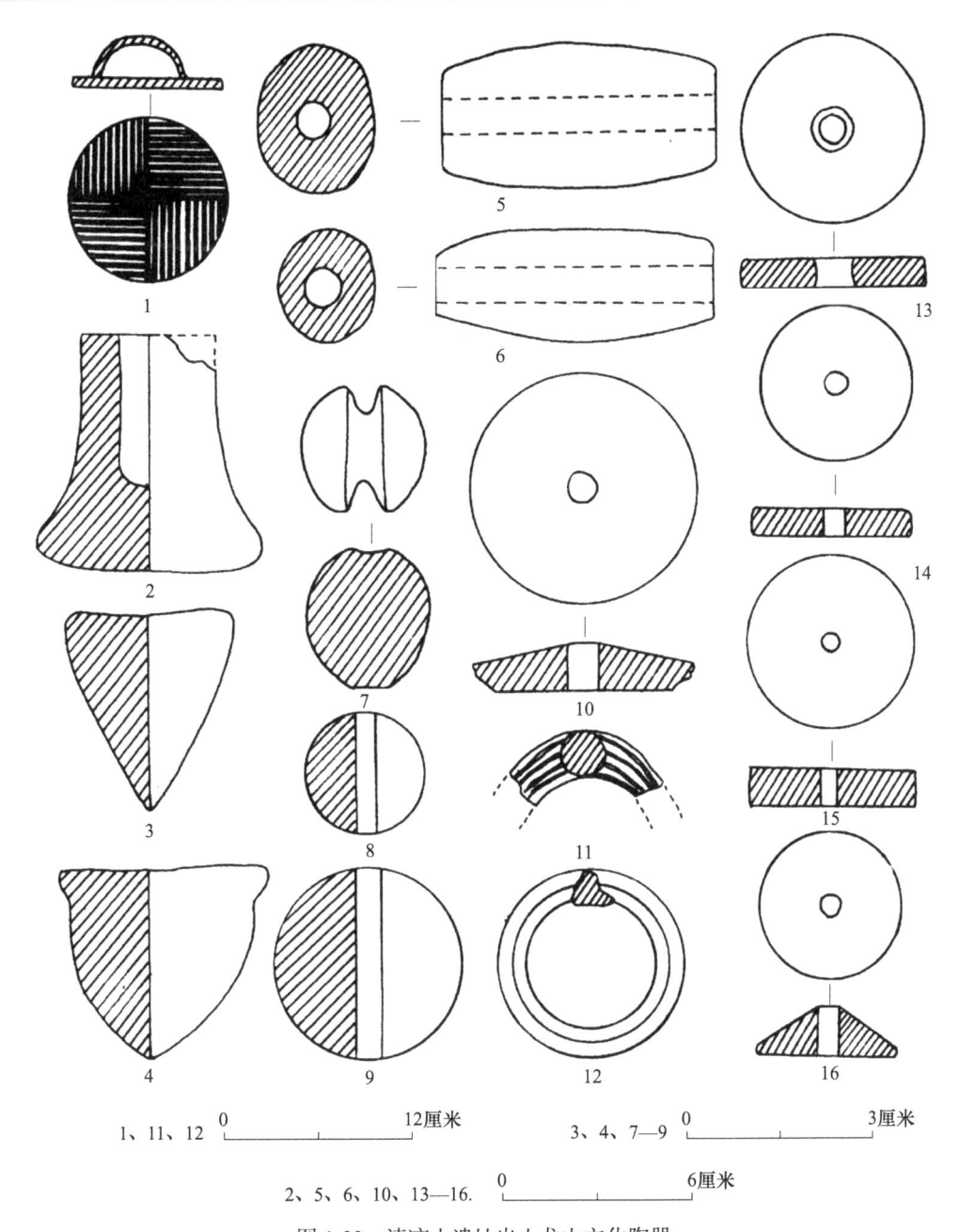

图 1-33　清凉山遗址出土龙山文化陶器

1. 陶拍（T4⑦：88）2. 陶垫（T5⑨：43）3、4. 陶模（T7④：15、T1⑨：58）5、6. B 型网坠（H25：11、T5⑨：42）7. A 型网坠（H25：1）8、9. 陶珠（H18：1、T7③：14）10、16. B 型纺轮（T4⑨：18、H25：5）11、12. 陶环（H68：19、H68：18）13—15. A 型纺轮（H68：4、H55：1、T4⑦：12）

文化晚期[①]。2001 年被公布为"商丘市第一批重点文物保护单位"。2006 年 8 月，三里堌堆遗址被河南省政府确定为省第四批文物保护单位。

[①] 张志清：《夏邑三里堌堆新石器时代至汉代遗址》，《中国考古学年鉴·1990 年》，文物出版社，1991 年，第 242 页。

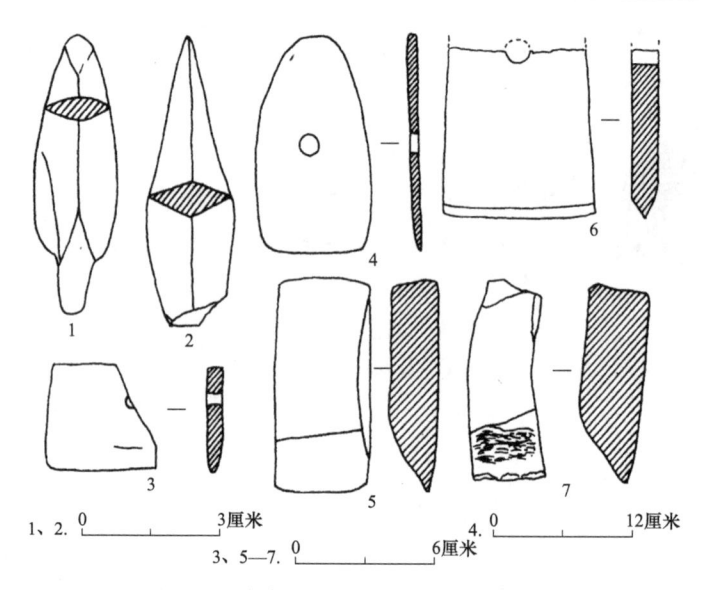

图 1-34　清凉山遗址出土龙山文化石玉器

1、2. 石镞（T5⑨：38、T5⑨：44）　3. 石刀（F6：1）　4. 石铲（H63：2）
5、7. 石锛（H25：8、G2：1）　6. 玉铲（T1⑪：63）

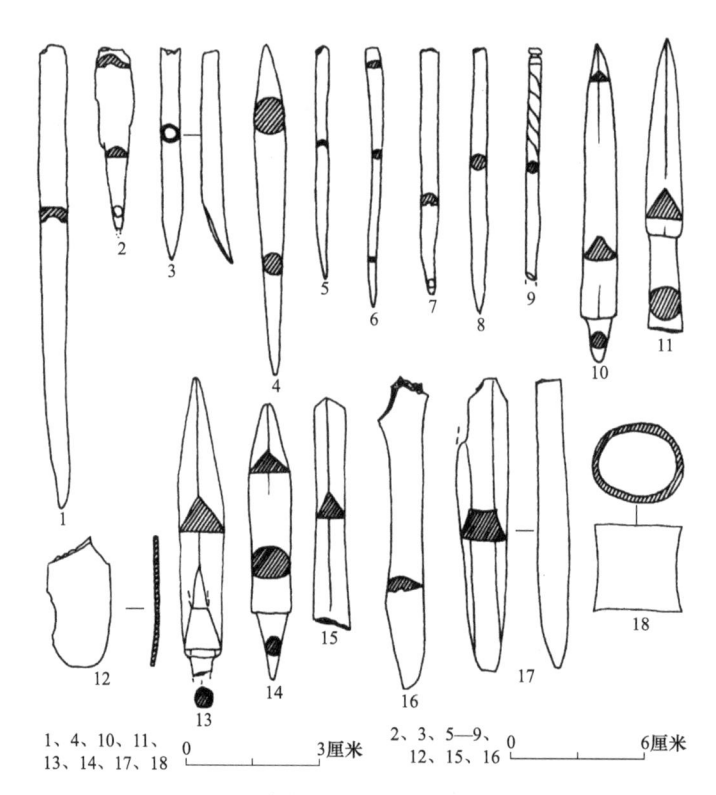

图 1-35　清凉山遗址出土龙山文化骨器

1、2. A型骨锥（T4⑨：13、T5⑨：45）　3、4. B型骨锥（H25：13、T1⑩：62）5—7. A型骨簪（T4⑨：14、T2⑩29、G2：4）　8、9. B型骨簪（H25：6、H68：2）　10、11、13. A型骨镞（H53：1、T1⑩：61、G4：1）　12. 骨铲（H77：3）　14. B型骨镞（T5⑨：40）　15. 料骨（H18：2）　16. 骨削（T5⑨：46）　17. 骨凿（H48：1）　18. 指环（T1⑨：59）

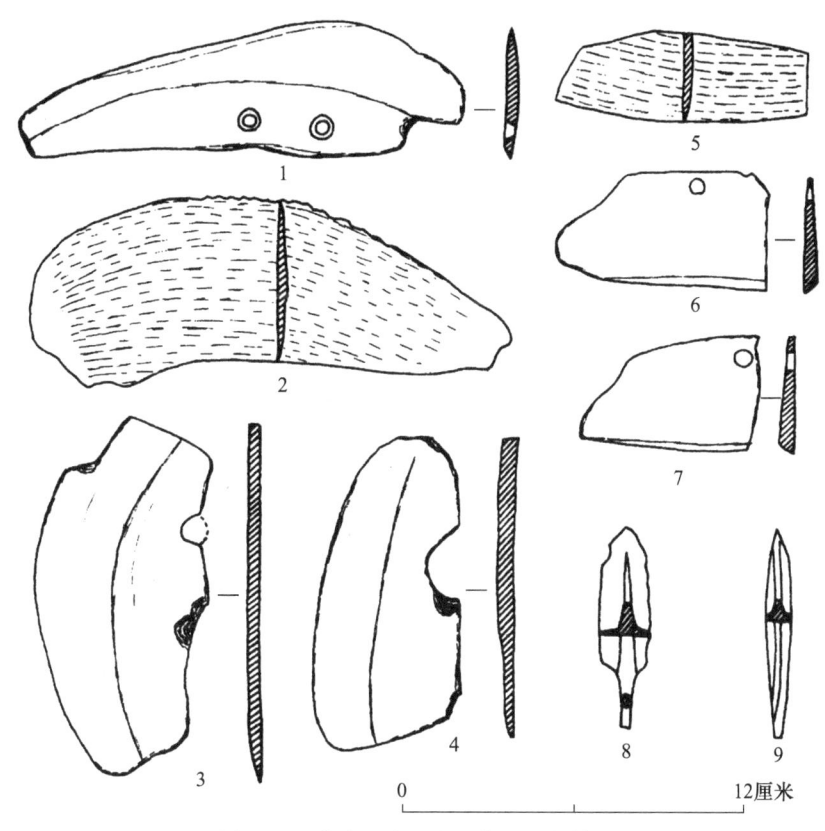

图 1-36 清凉山遗址出土龙山文化蚌器

1、2. A、B 型蚌镰（G2∶2、F9∶1） 3、4. 蚌铲（T1⑪∶66、T1⑪∶64） 5. A 型蚌刀（H25∶7）
6、7. B 型蚌刀（T2⑧∶26、T1⑨A∶51） 8、9. 蚌镞（G4∶3、T2⑧∶23）

（五）柘城山台寺遗址龙山文化

山台寺遗址，又名李庄遗址，面积 2.18 万平方米。位于柘城县申桥乡李庄村北，1971 年发现，1985 年正式定名为李庄遗址，2006 年被国务院公布为全国重点文物保护单位。遗址原为高出地面的堌堆，顶部建有寺庙（图 1-37）。

1995 年 4 月至 1997 年 6 月中国社会科学院考古研究所与美国哈佛大学联合对该遗址进行了考古发掘，发掘面积 398 平方米，发掘成果显示，李庄遗址主要为河南龙山文化晚期和岳石文化遗存。李庄遗址文化层厚约 4 米，文化内涵有东周、商代晚期、岳石文化、龙山文化，尤以龙山文化遗存最为丰厚[①]。

龙山文化遗迹中有较大夯土台基；房址有圆形、方形和长方形多种。其中夯土台基发现 2 座：编号为第一号（DJ1）、第二号（DJ2）。

[①] 中国社会科学院考古研究所、美国哈佛大学皮保德博物馆：《豫东考古发掘报告："中国商丘地区早商文明探索"野外勘查与发掘》，科学出版社，2018 年。

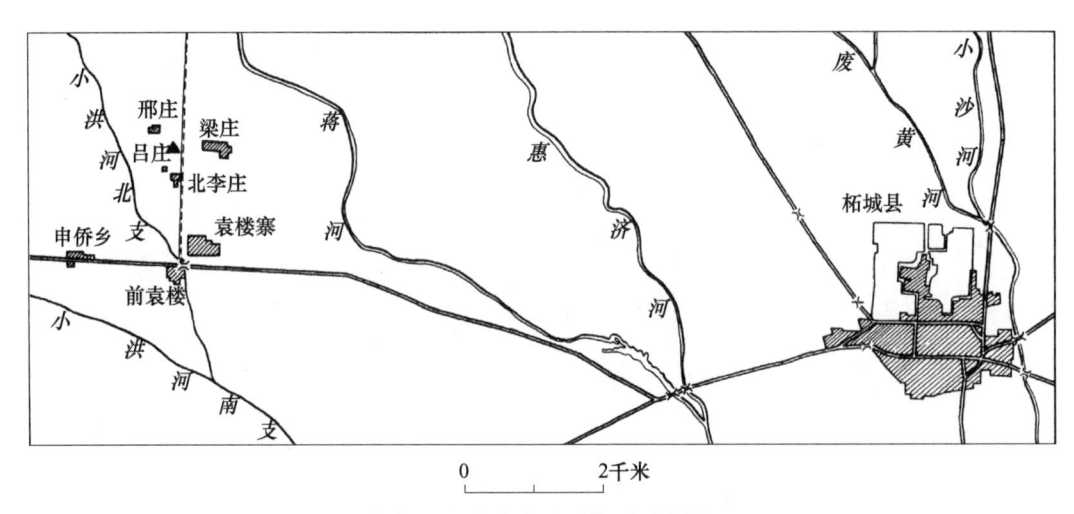

图 1-37　山台寺遗址位置示意图

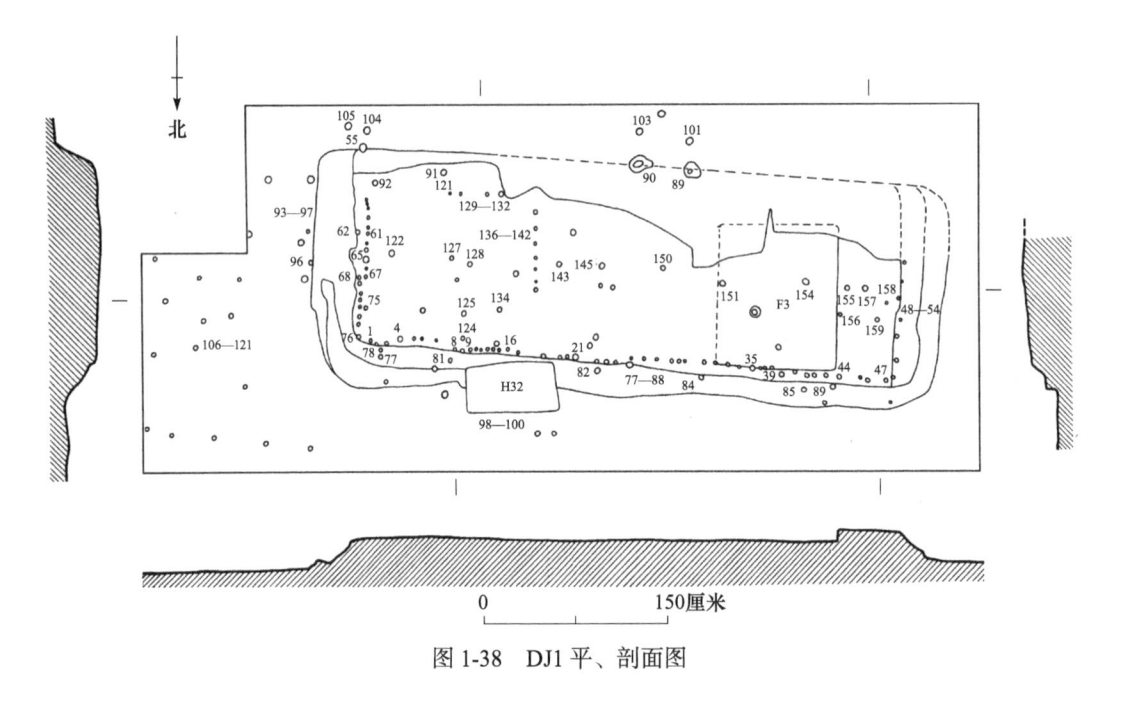

第一号（DJ1）位于北区的 T3 等几个探方内，平面呈长方形锥体，剖面呈梯形。台面东西长 15.5 米，南北宽约 5 米，面积约 72 平方米底长 18 米，宽约 7 米，方向 93°。夯土台基现存高度约 1 米，坡长也在 1 米左右。台基平面东、西、北三面边沿都发现有密集的柱洞，表明台基上原有建筑，台基的时代为山台寺龙山文化第一期第一段的遗存（图 1-38）。

图 1-38　DJ1 平、剖面图

第二号（DJ2）位于南区的 T2 等几个探方内，北距第一号台基十余米，台基东西长 16 米、南北宽 5 米。第二号台基与第一号台基的形状相同，面积相当，地层关系、距地表深度基本相同，据此推测是同一个时期的建筑（图 1-39）。

图 1-39　DJ2 平、剖面图

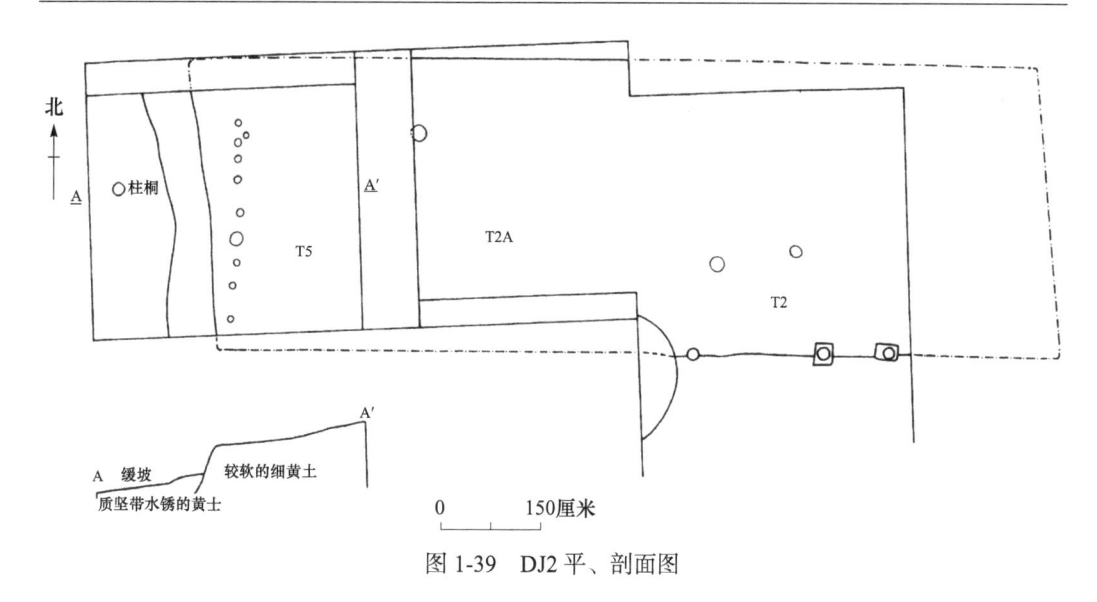

其中以 F2 的五间排房最为壮观。是由 6 间相邻的居室组成的一组排房式的建筑群。位于北区的 T3 等 5 个探方内，东西全长 22 米、南北进深 4—4.8 米，方向正南北（图 1-40）。李庄遗址龙山文化修筑住房的步骤和技术，大致来说，需要经过挖槽奠基，立柱筑墙、整修地坪等几个阶段。在建房屋前先开挖基槽，在槽内垫土，打夯砸实。房基夯实后再筑墙，先挖墙基槽，也有少数在房基上起墙的。屋墙都用木柱为骨架，夯土筑墙。平槽后，以版筑法起墙，在墙两侧立木板形成墙体土槽，仍以立柱垫土夯砸筑成木骨夯土墙，每板宽同墙厚，高约 5 厘米，长度不明。墙内的木骨大都是原木，或在下端砍尖，长短粗细也不相同，直径多在 8—12 厘米。版筑的墙体，表面很不平整，就在内外两面涂草拌泥使墙面整齐光洁草拌泥墙面通常厚 4 厘米左右。室内地面的修整是在夯土房基的基础上用草拌泥涂抹居住面，最后一道工序是在居住面和墙根上抹一层白灰面和墙裙，白灰面厚 0.1—0.2 厘米。这在很多居室中都有发现。

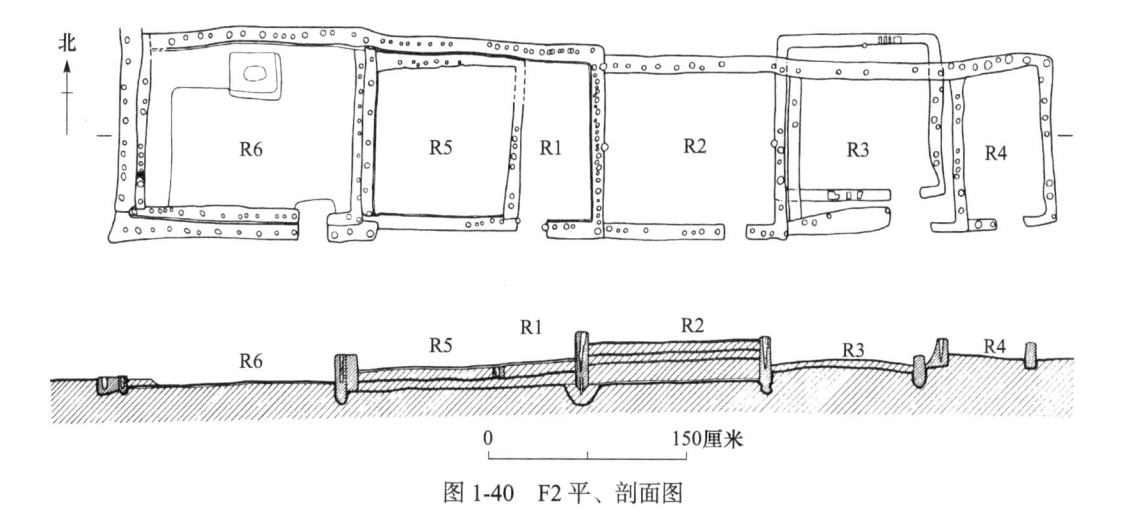

图 1-40　F2 平、剖面图

李庄遗址一个比较重要的发现是在一座五连间排房房基南约 30 米处发现一座圆形祭祀坑，编号 H39，位于 T2 西北角，牛坑的平面形状呈长圆形，东西长 3.8 米，南北宽 3.3 米，深 80 厘米，坑底作锅底状在坑内共清理出互相叠压的 9 个牛骨架和一个鹿的上颌骨（图 1-41、图 1-42）。此坑的年代属于李庄遗址龙山文化第三期第五段的遗存。

　　这是迄今所见龙山文化时期埋牛最多的特例。用牛祭祖是商民族的习俗，殷商考古的遗址里常有祭牛的遗迹，牛是大牢（"牢"是关牲畜的圈栏，古时人们把祭祀燕享时用的牲畜叫作"牢"，祭祀时并用牛、羊、猪三牲的叫作"大牢"，也称"太牢"。太牢用于隆重的祭祀，按照古礼规定，一般只有天子、诸侯才能用太牢）。一个祭祀坑埋九头牛，表明祭祀的重要与祭祀者的地位非同一般，龙山文化遗址的这个发现是没有先例的，它或许说明龙山文化的一支与其他地方的龙山文化的发展平行，在豫东发展出来由山台寺可以代表的一支特殊的晚期龙山或岳石文化，它就是殷商文明的前身[①]。

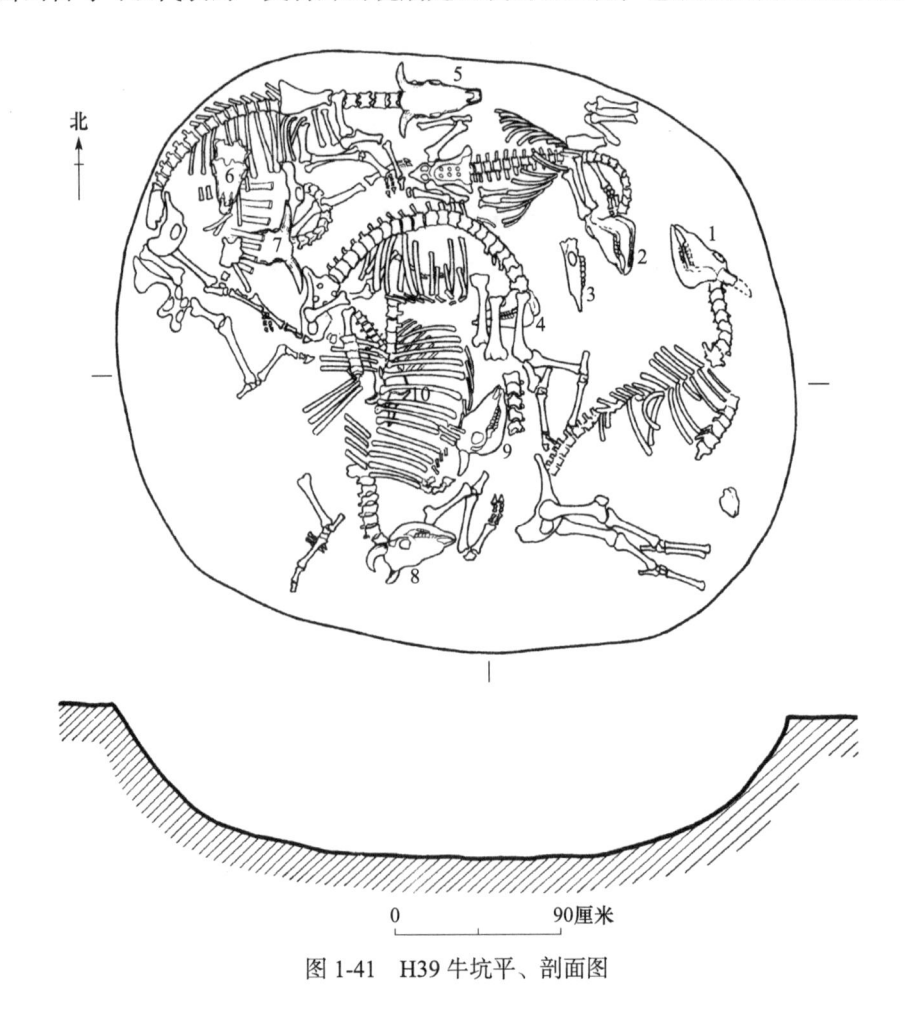

图 1-41　H39 牛坑平、剖面图

---

① 张长寿、张光直：《河南商丘地区殷商文明调查发掘初步报告》，《考古》1997 年第 4 期。

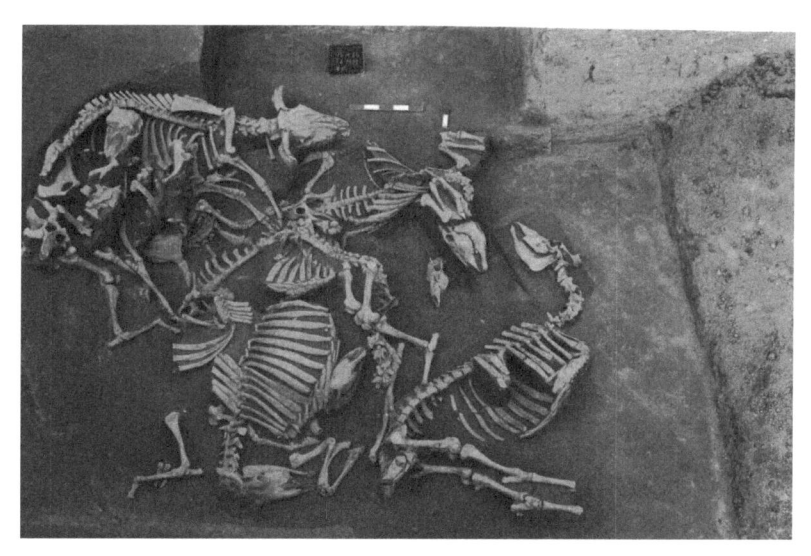

图 1-42　牛坑照片

清理水井一座,编号 H36。井口为圆形,直径 1.7 米,自井口向下井壁逐渐缩小,至井深 3.8 米处见地下水,井壁直径 1.2 米,再向下钻探至井底深 2.4 米,实际井深 4.2 米,井底为黄白色生土。在井口东面发现一排 9 根铺地木条,在井口的四角上,各有一个柱洞,表明井口之上原先或许盖有锥形井亭之类的建筑(图 1-43)。时代属于李庄遗址龙山文化第一期第二段的遗存。

另外还发现灰坑 68 座,形制有方形、圆形和不规则形等几种;不完整的木栅栏遗址一座,它是由 23 个小柱洞连成一段弧线,中间有一宽约 2.5 米的豁口。还清理残窑一座,灶址 2 处。墓葬 8 座,其中成人墓 3 座。M3 位于 T1 内,长方形竖穴,南北长 2.7 米,头端宽 90 厘米,脚端 70 厘米,墓深 75 厘米(图 1-44)。葬具为木棺,用原木制成,长约 2.2 米,宽约 60 厘米,残高 25 厘米。仰身直肢葬,头向南,方向 190°,无随葬品。时代属于李庄遗址龙山文化第三期第五段。

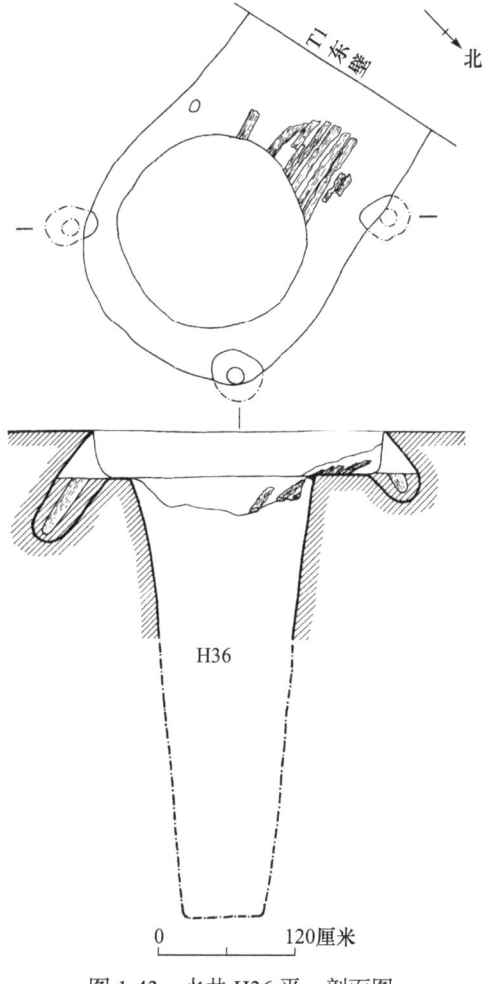

图 1-43　水井 H36 平、剖面图

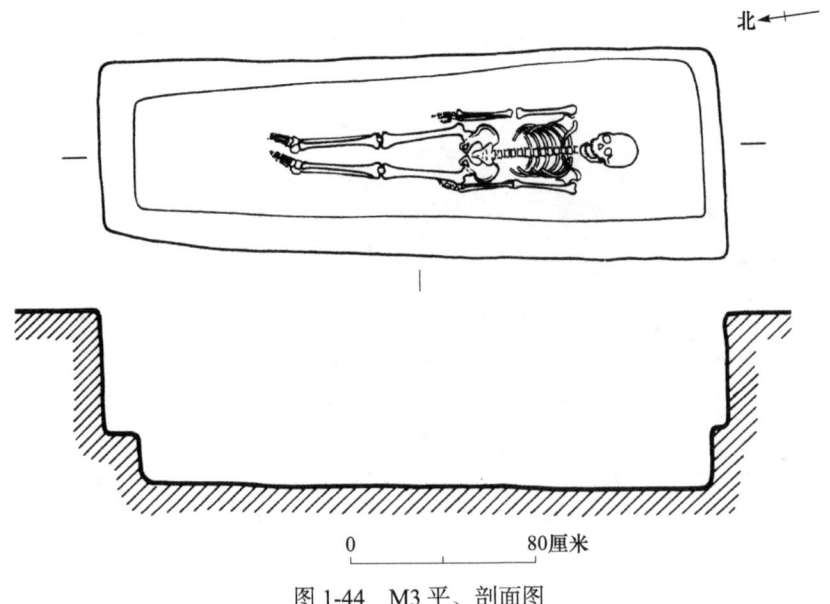

图 1-44　M3 平、剖面图

山台寺遗址龙山文化遗物有陶器、玉石器、骨角器、蚌器4类。陶器又分为陶容器；陶质工具、乐器与装饰品；陶容器265件，种类较多，计有鼎、甗、甑、釜、鬲、鬶、盉、深腹罐、子母口罐、小口高领罐、双耳罐、缸、盂、盆、刻槽器、钵、碗、豆、壶、高柄杯、觚、器盖（图1-45—图1-49）。

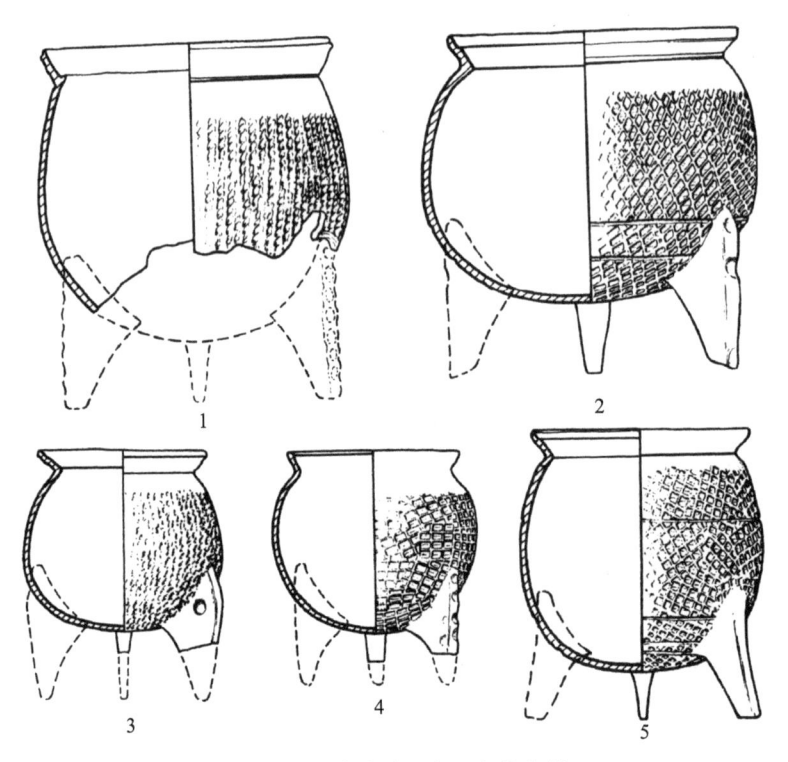

图 1-45　山台寺遗址龙山文化陶鼎

第一章 石器时代的商丘

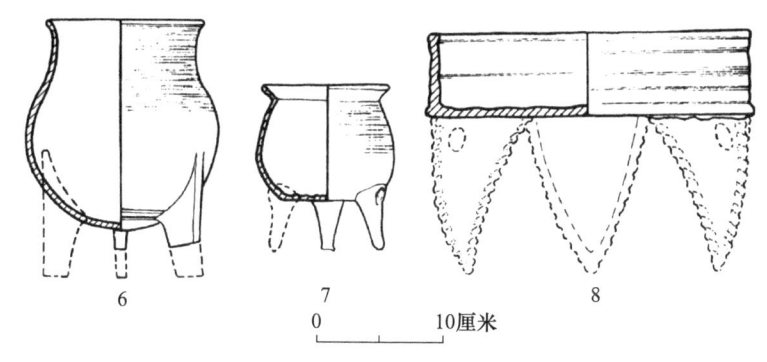

图 1-45 山台寺遗址龙山文化陶鼎（续）

1、2. AⅣ式鼎（H43：53、H75：44） 3. AⅢ式鼎（H76：40） 4、5. AⅤ式鼎（H77：47、T2⑤G：2） 6. C型鼎（T4③H：28） 7. B型鼎（T1⑥F：2） 8. D型鼎（H51：1）

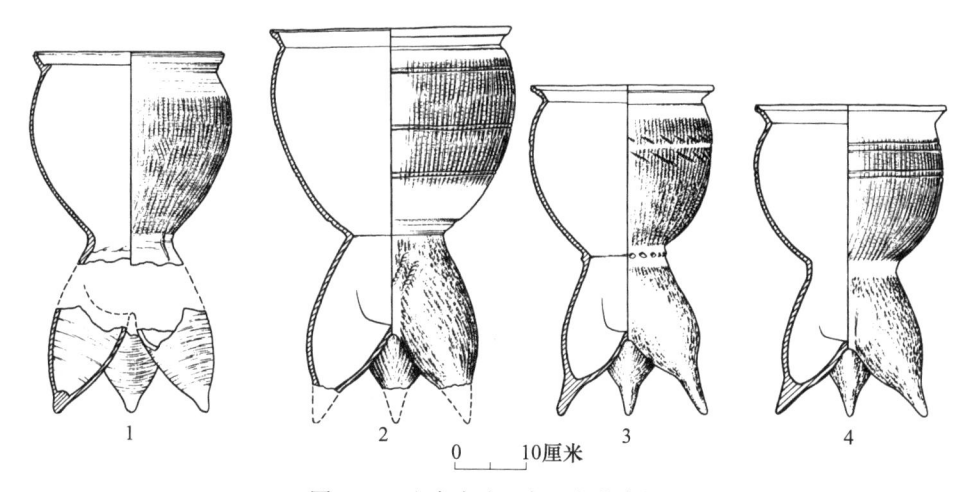

图 1-46 山台寺遗址龙山文化陶鬲

1. AⅡ式（H34：3） 2. AⅢ式（H25：4） 3、4. AⅣ式（H16：3、H43：54）

陶质工具、乐器与装饰品 118 件。工具有陶拍、陶垫、纺轮、纺锤、网坠、支垫陶球和圆陶片（图 1-50）。乐器有铃和埙（图 1-51）。

玉石器 152 件。器形有斧、锛、凿、钺、刀、镞、刮削器、研磨器、钻、纺轮、环，其中石镞约占总数的三分之二（图 1-52—图 1-54）。

骨角器 117 件。有属于生产工具的斧、铲、凿、镞、镖、梭、刀柄，生活用器的笄、匕和装饰品（图 1-55、图 1-56）。

蚌器 26 件。有铲、刀、镰、锯、镞、锥、环等（图 1-57）。

李庄遗址新石器时代文化遗存丰富，对于探索和研究豫东地区新石器时期文化发展序列提供了珍贵的实物资料，具有很重要的学术价值，在很小的发掘范围内（不足 400 平方米）清理出大型夯土台基、圆形、方形、长方形不同形式的建筑，主要是还有 5 间连建的排房、祭祀牛坑、带有亭子的水井，这些发现表明这里应该是当时一处非常重要的聚落遗址，居住者的身份也非同一般，是寻找先商城址的重要线索。

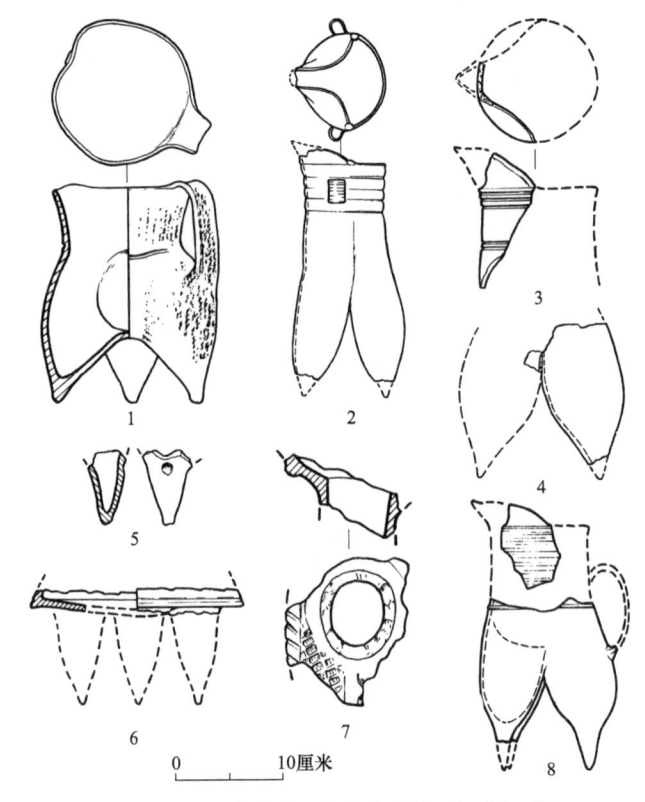

图 1-47　山台寺遗址龙山文化陶鬲、鬶、斝

1. 鬲（H77∶53）　2—4、8. 鬶（H6∶6、H43∶32、T2⑤E∶1、H43∶39）
5—7. 斝（H77∶61、H31∶9、H77∶60）

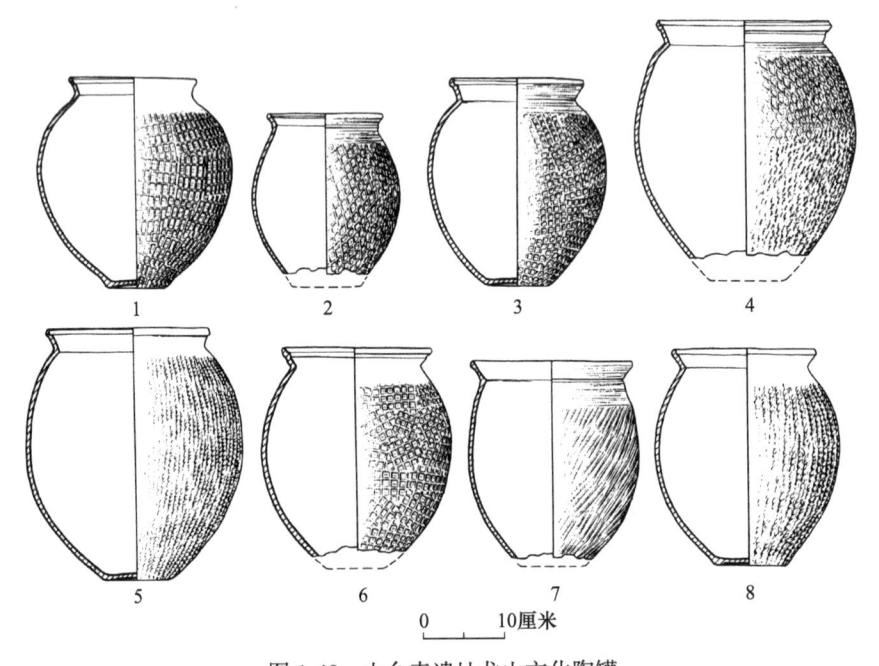

图 1-48　山台寺遗址龙山文化陶罐

1—8. X式（H21∶1、H12∶12、H58∶20、H6∶5、H43∶60、H11∶13、H2∶20、T6③B∶1）

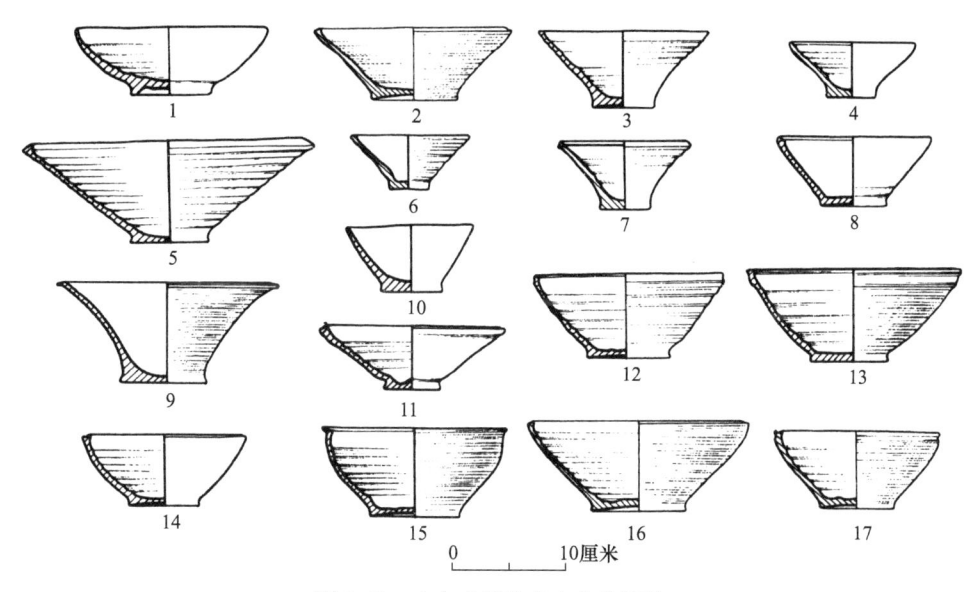

图 1-49 山台寺遗址龙山文化陶碗

1. A 型（H47∶2） 2、4—6. BⅠ式（T8③D∶16、H75∶40、H36∶3、T4③J∶6）
3、7、9. BⅡ式（T3B⑥A∶2、T1⑥E∶21、F2R2∶32） 8、10. BⅢ式（T2⑤A∶1、F2R5∶7）
11. CⅠ式（H10∶7） 12—14. CⅡ式（H76∶15、T7③D∶11、H2∶19）
15—17. CⅢ式（H58∶18、H77∶57、H59∶6）

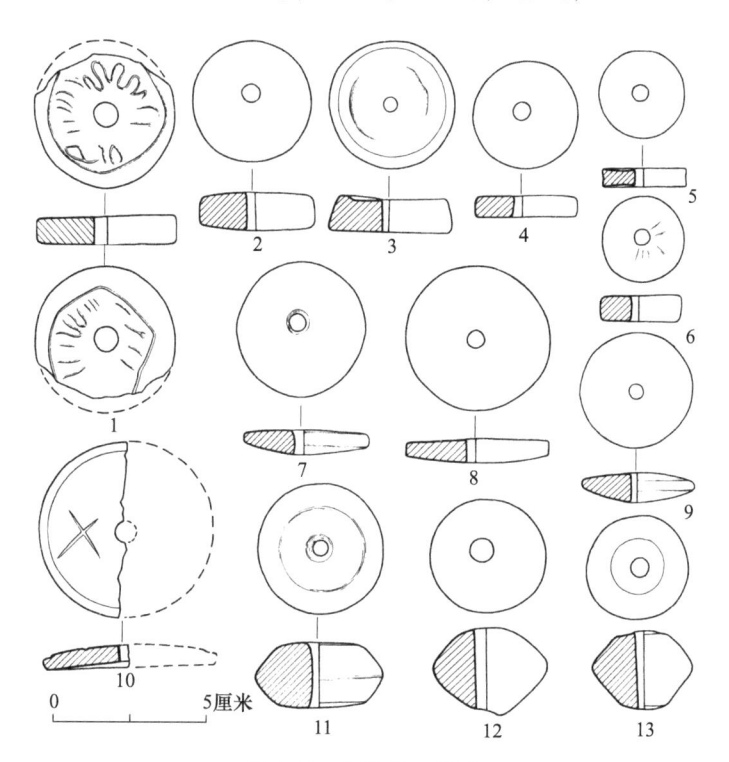

图 1-50 陶纺轮、纺锤

1. BⅢ式纺轮（T3⑤B∶10） 2. CⅠ式纺轮（T3⑤B∶3） 3—6. CⅡ式纺轮（H2∶14、H77∶2、T1⑥G∶6、
T1⑦B∶5） 7、9. DⅠ式纺轮（H20∶1、T3③H∶3） 8. DⅡ式纺轮（T7③D∶14）
10. DⅢ式纺轮（T7③H∶1） 11. Ⅰ式纺锤（T1⑥E∶4） 12、13. Ⅱ式纺锤（H43∶21、H77∶15）

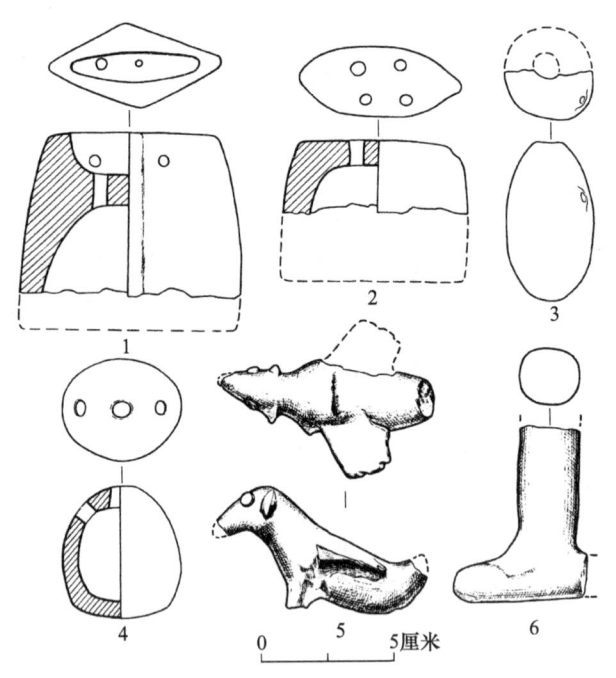

图 1-51　陶铃、陶埙、陶附饰
1、2. 陶铃（H8：4、H77：26）3、4. 陶埙（H34：1、T5④B：5）5、6. 陶附饰（T3⑤B：6、T7③D：15）

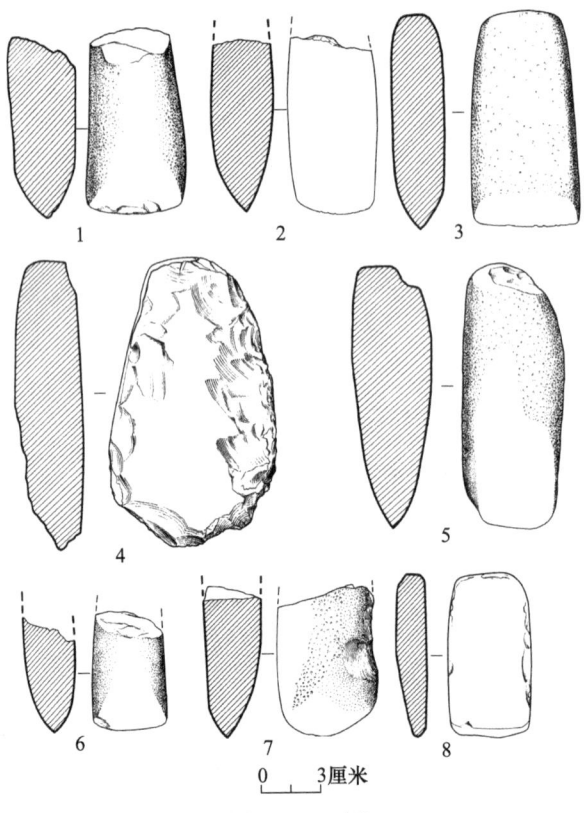

图 1-52　石斧
1—7. Ⅰ式（T7③B：5、F2R5：6、F2R6：6、H5：2、F2R6：55、H75：31、T7③H：7）8. Ⅱ式（T4③F：2）

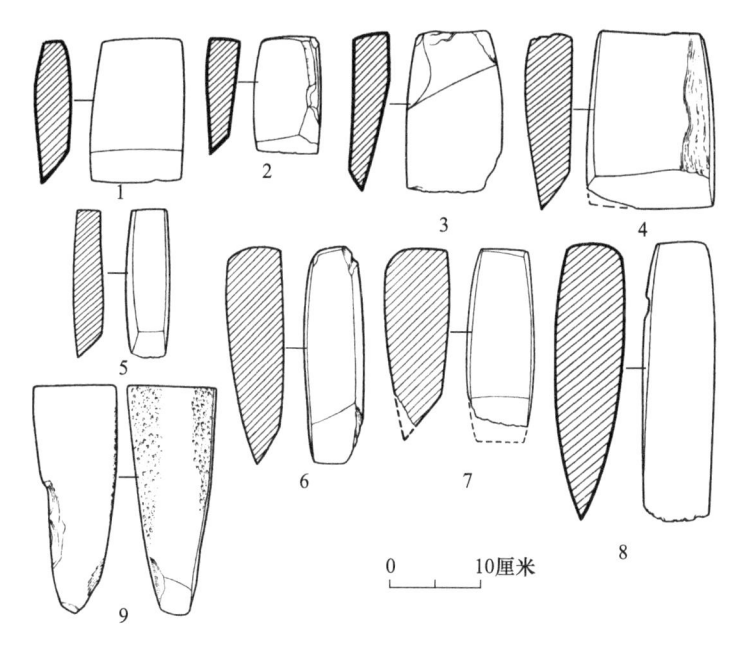

图 1-53 石锛、石凿

1—4. AⅢ式小石锛（T1⑥E：6、T4③A：8、T4③H：10、T2⑥A：10） 5—7. Ⅰ式凿（T7③A：8、T3③E：3、T7③H：12） 8. Ⅱ式凿（T4③J：6） 9. Ⅲ式凿（T1⑤A：16）

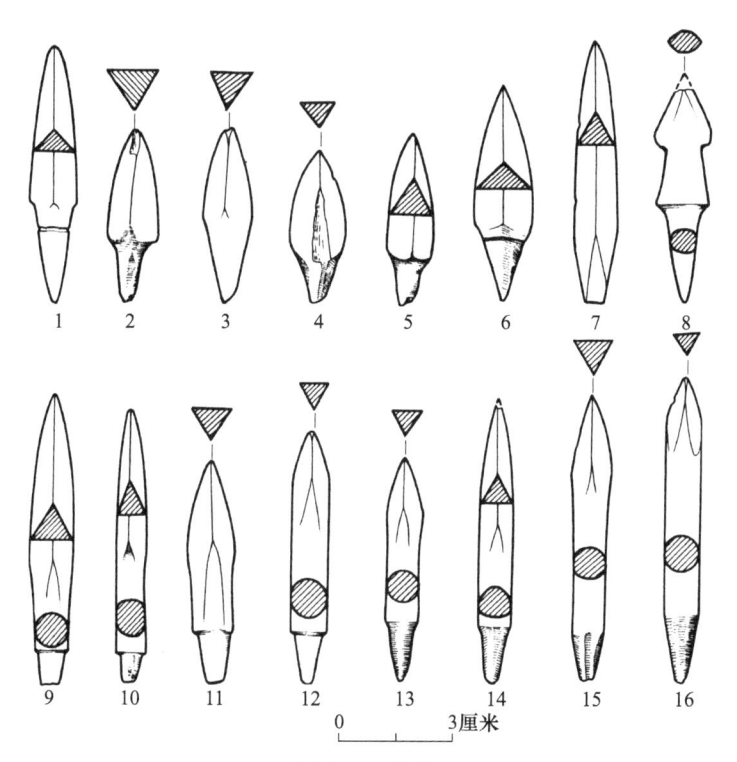

图 1-54 石镞

1、2. CⅠ式（F2R5：48、T8③D：3） 3—7. CⅡ式（T2④D：11、H5：10、T4⑤A：15、T7③1：10、T4⑤A：2） 8. E型镞（T3A③D：3） 9—12. DⅠ式（F2R2：6、T5⑥F：1、T4③F：5、F2R2：27） 13—16. DⅡ式（T3③E：3、T3③J：13、T4③J：21、T8④A：1）

· 40 ·　考古商丘

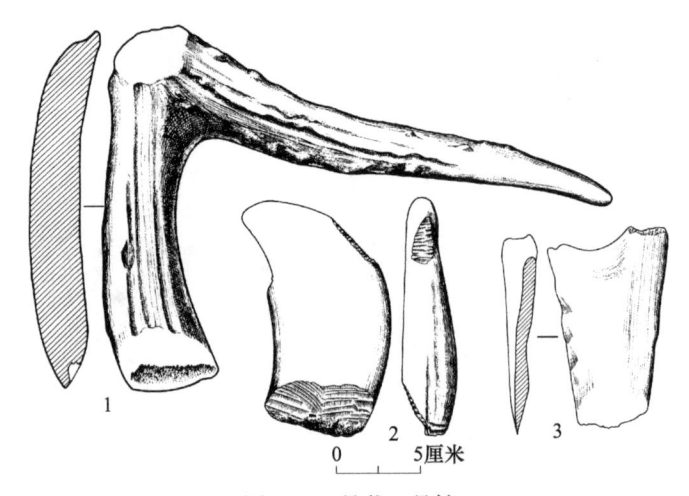

图 1-55　骨斧、骨铲
1、2. 斧（H55∶2、H76∶1）　3. 铲（T8③D∶6）

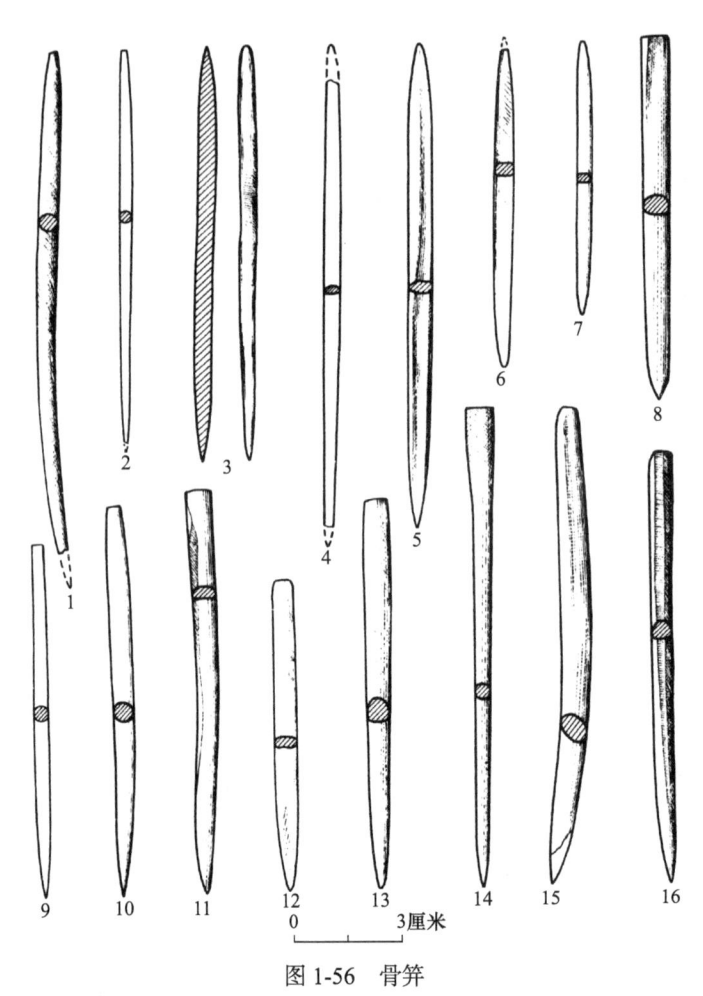

图 1-56　骨笄
1—7. Ⅰ式（T1⑤A∶8、H77∶18、H76∶25、T4③H∶11、H58∶5、T1⑦A∶6、T4③F∶17）
8—16. Ⅱ式（T5③A∶4、T2⑥A∶5、H12∶1、T1⑥C∶2、T3⑤A∶1、T7③1∶8、H46∶1、H5∶1、H61∶4）

图 1-57 蚌器

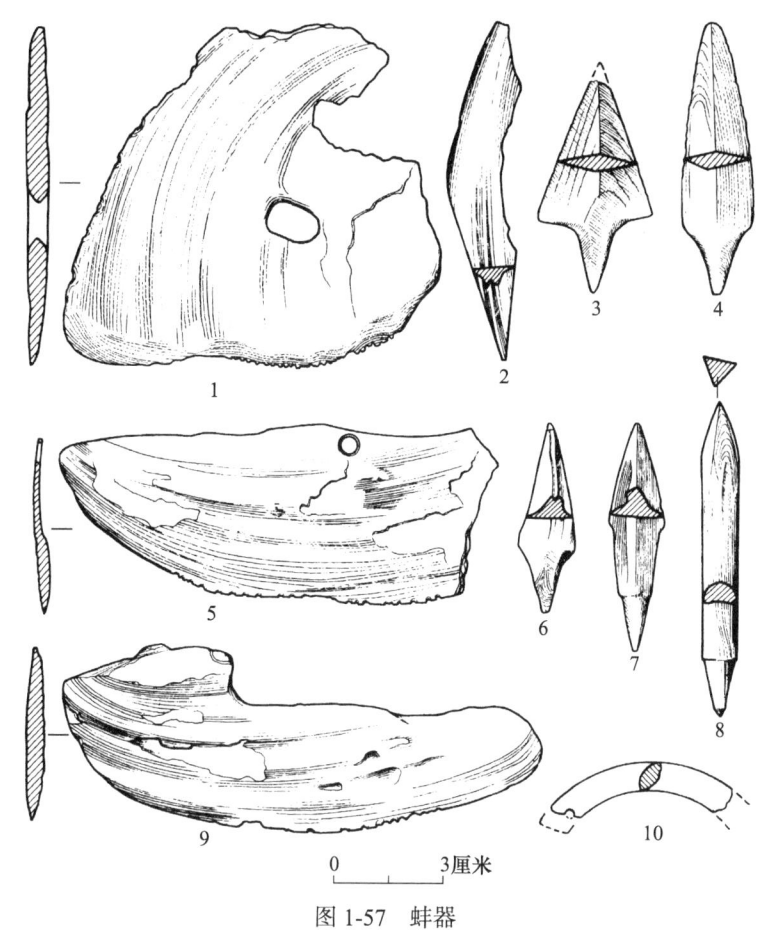

1. 锯（H22:2） 2. 锥（T4A③H:5） 3、4. Ⅰ式镞（T3A⑤B:3、T4A③G:3）
5、9. 镰（T3A⑤B:2、F2R4:1） 6、7. Ⅱ式镞（T3A⑤B:4、T3A⑤B:1）
8. Ⅲ式镞（T4③H:19） 10. 环（T3⑤B:5）

（六）民权牛牧岗遗址龙山文化

2007 年 9 至 12 月，郑州大学历史学院考古系在民权牛牧岗遗址考古调查，发现有丰富的龙山文化遗迹和遗物。

遗迹：遗迹有灰坑 7 个和房基 5 座。灰坑，依据口部平面形状的不同，可分为圆形、椭圆形、圆角长方形、不规则形四种。较大的坑口径 300 厘米以上，深 100 厘米，较小的坑口径多在 50—150 厘米，深 50—150 厘米，坑壁未见明显加工痕迹，坑底一般较平。房基，保存状况较差，多被其他遗迹打破，均为地面建筑，分为圆形和方形两种。

遗物：以陶器为主，还有石器、骨器、蚌器、鹿角器等。陶器分为泥质和夹砂两类，种类较多，计有：深腹罐、圆腹罐、大口罐、高领瓮、大口瓮、小口瓮、平口瓮、子母口瓮、甑、鬲、圈足盘、缸、子母口缸、杯、平底盆、折腹盆、敛口盆、小盆、鼎足、甗、豆、碗、器盖等，还有陶纺轮、网坠、陶拍。石器有石镞，骨器有笄、针、镞、锥，蚌镰，鹿角（图1-58—图1-61）。

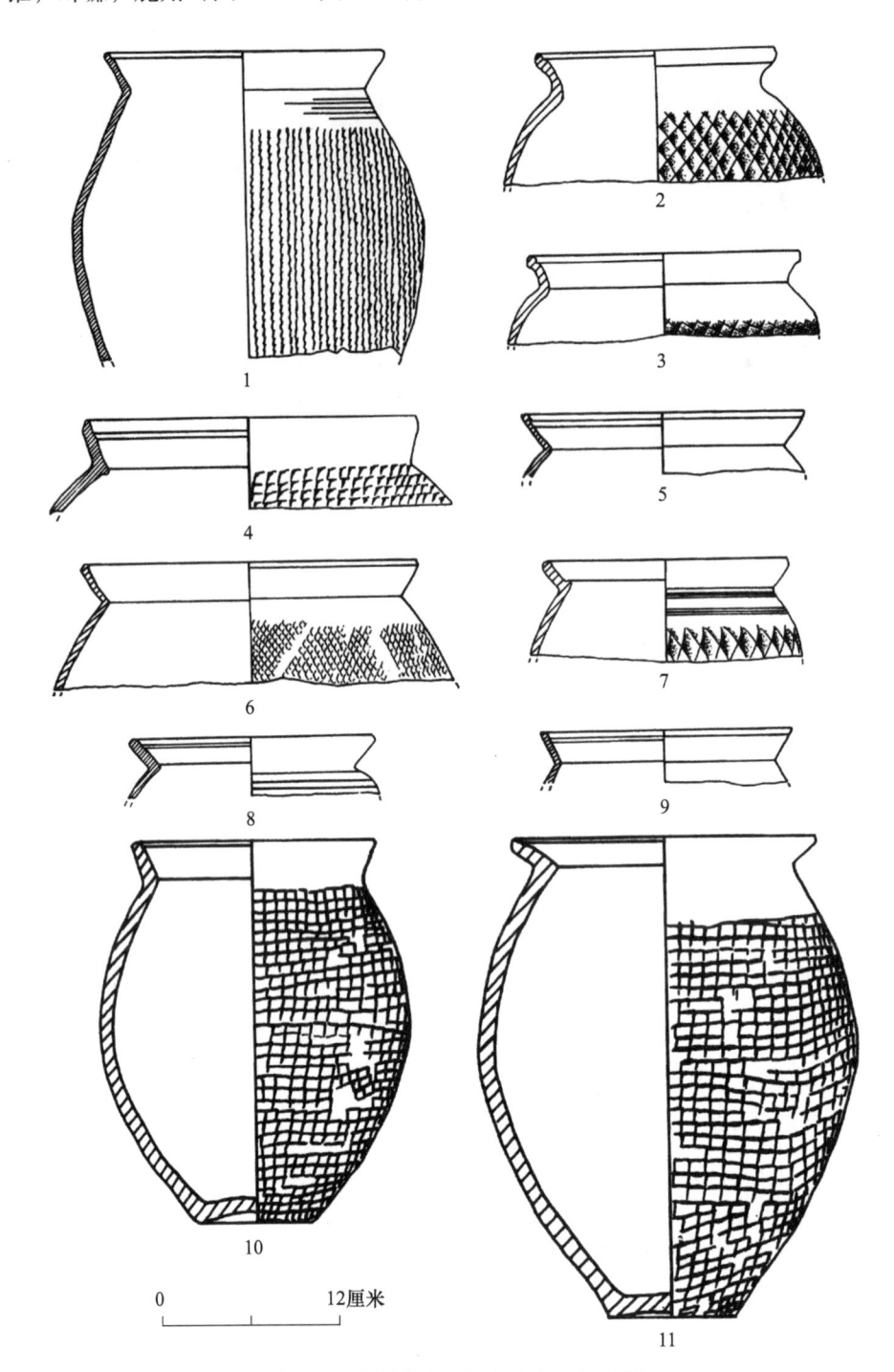

图1-58 牛牧岗遗址龙山文化陶深腹罐

1—3、11. AbⅠ式（H49∶5、H51∶16、H39∶33、F5∶3） 4、6、8、10. AaⅠ式（H39∶32、H34∶42、ⅠT1006⑧∶9、F4∶1） 5、9. AaⅡ式（H39∶31、ⅣT1201⑥∶5） 7. AbⅡ式（ⅡT0302⑥∶13）

第一章　石器时代的商丘

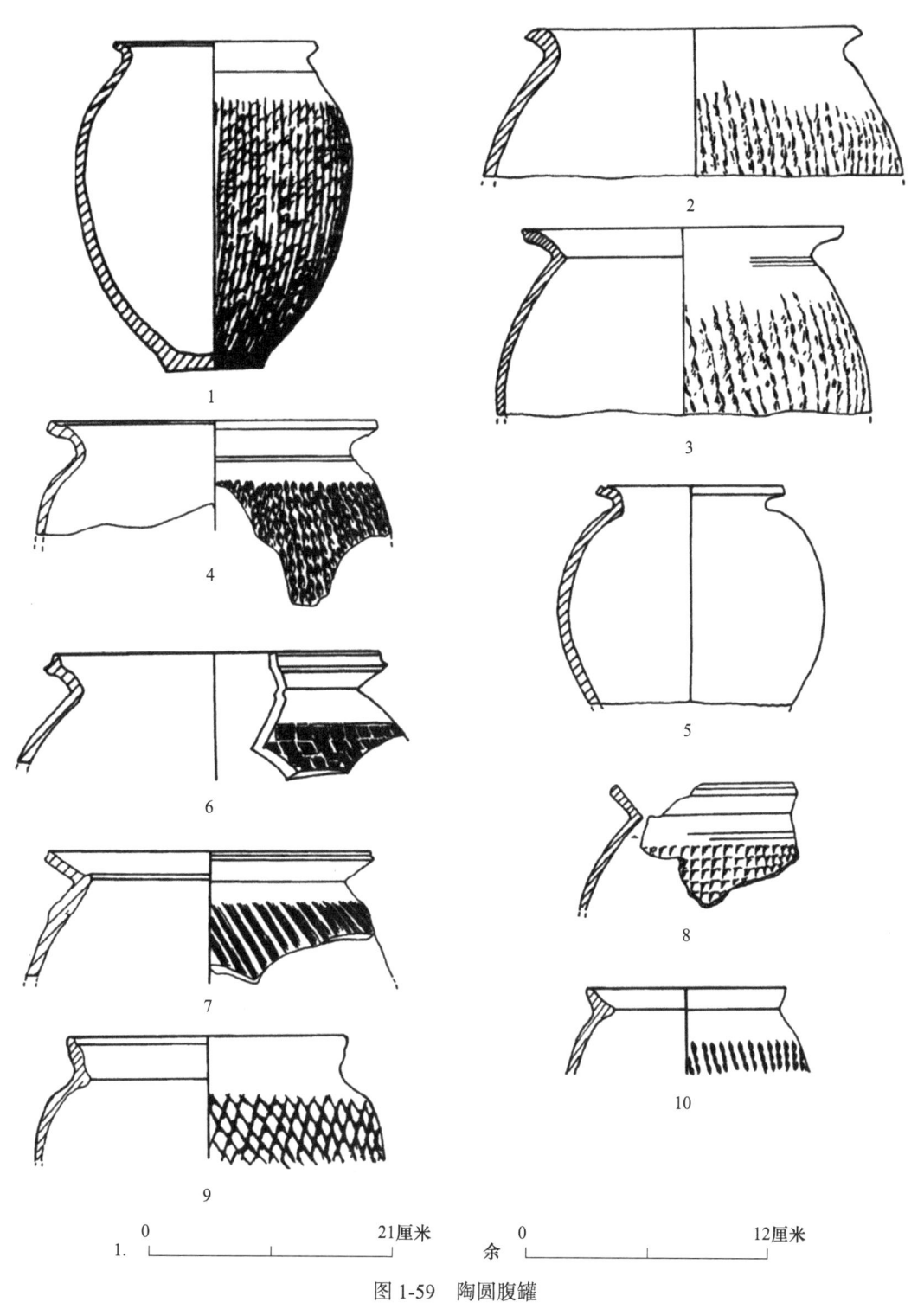

图 1-59　陶圆腹罐

1、3、9. Ba 型（IT1201⑥：24、IT0706⑩：3、H39：2）　2、10. Bb 型（IT0706⑩：5、H51：2）
4、8. Aa 型（IT0706⑩：11、H39：8）　5—7. Ab 型（F3：1、IT0605⑦：3、IT1301⑨：1）

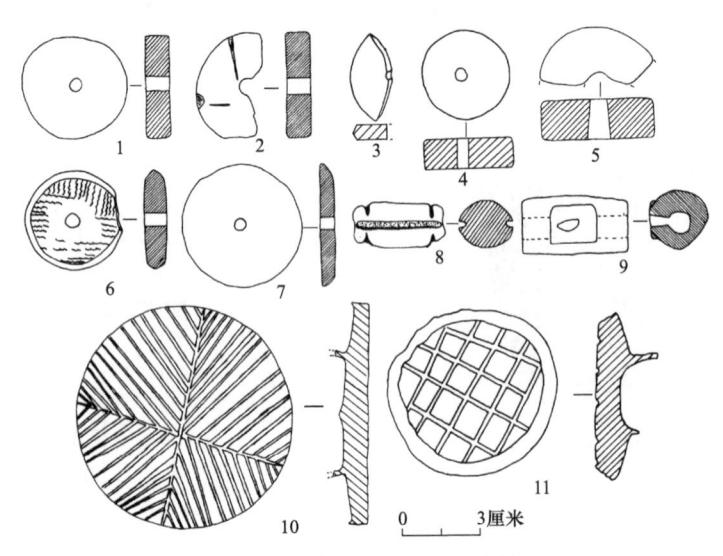

图 1-60　陶纺轮、网坠、陶拍

1、2、4. B 型纺轮（ⅡT0301③：34、ⅣT1201⑥：16、H34：43）　3、6. C 型纺轮（ⅠT0906⑤：5、H45：11）
5. A 型纺轮（ⅣT1201④：38）　7. D 型纺轮（M3 填土：37）　8、9. 网坠（H1：2、ⅠT0906④：5）
10、11. 陶拍（ⅠT0605④：16、H39：53）

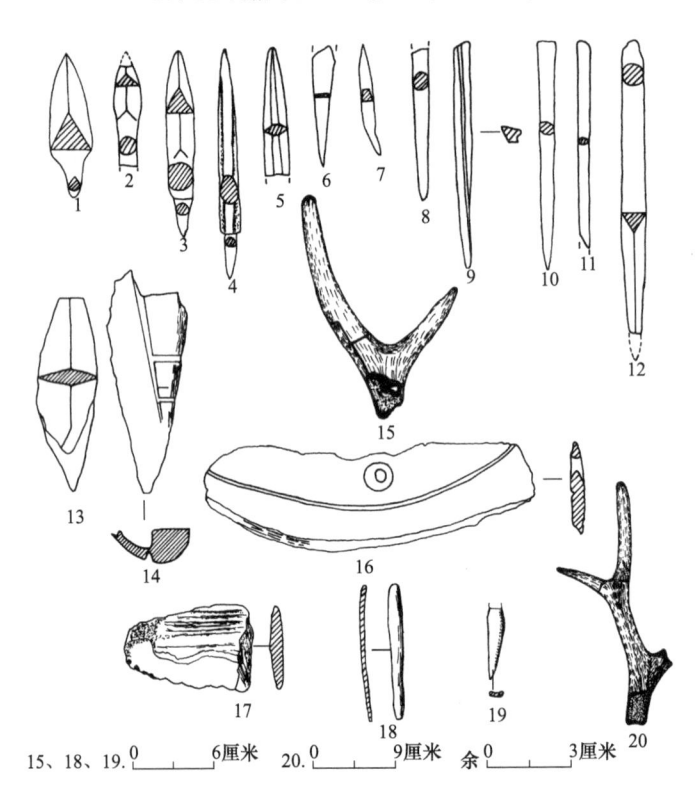

图 1-61　石骨蚌器

1、2. 石镞（ⅠT0906⑨：20、H38：19）　3、4. 骨镞（H48：7、F6：1）　5、19. 骨锥（ⅠT1201④：17、
M7 填土：29）　6、7. 骨针（F1：2、ⅠT1301⑤：26）　8—12、18. 骨笄（ⅠT1301⑥：7、H50：1、
ⅠT1301④：2、H34：44、H39：54、H23：7）　13、14. 骨料（ⅡT0302②：1、H45：12）
15、20. 鹿角（ⅠT1006⑧：15、ⅡT0301⑥：16）　16、17. 蚌镰（ⅣT1201⑥：15、ⅡT0302②：2）

（七）睢阳区潘庙遗址龙山文化

潘庙遗址位于睢阳区商丘古城南约20千米的高辛乡潘庙村西南，是中美联合考古队"豫东计划"课题组为探讨商文化源头在商丘地区选定发掘的第一个地点，1994年4月5日开始，5月17日结束。开5米×5米探方8个，发掘面积200平方米。龙山遗存是潘庙遗址主要堆积之一，这次发掘没有发现遗迹，遗物多数出自地层，主要是陶片，纹饰有方格纹、篮纹、绳纹。能识别的器型有小口瓮、深腹罐、平底盆、刻槽盆盖碗及陶鬻6种（图1-62）。

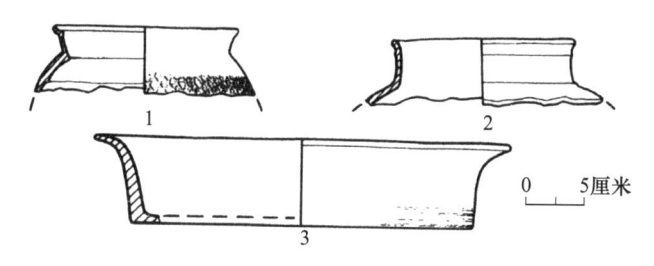

图1-62　潘庙遗址龙山文化陶器
（中国社会科学院考古研究所、美国哈佛大学皮保德博物馆：《豫东考古发掘报告："中国商丘地区早商文明探索"野外勘查与发掘》，科学出版社，2018年，第248页）
1. 深腹罐（94HSPT8⑬：1）　2. 小口瓮（94HSPH8：1）　3. 平底盆（94HSPM20：02）

三、商丘境内的岳石文化遗存

在商丘境内的夏邑县清凉山遗址、三里堌堆遗址、柘城县李庄遗址等多处发现岳石文化遗存，其中尤以清凉山遗址岳石文化遗存最典型，可以分为早晚两期，文化面貌与山东安邱堌堆遗址岳石文化遗存相似。下面分别介绍。

（一）夏邑清凉山、三里堌堆遗址的岳石文化

夏邑清凉山遗址发现岳石文化遗存，分为遗迹和遗物，主要遗迹为灰坑，发现11个，多为椭圆形，也有少量圆形和不规则形。发现属于第一期的房基1座，只残存有两处红烧土面和一个小坑。遗物分为陶器、石器、骨角器、卜骨、蚌器、铜器。

陶器分为生活用具、陶质工具及其他。清凉山岳石文化出土陶器较多，但完整器较少，第一期泥质陶多于夹砂陶，约占60%，陶色多不纯正，器表以素面为大宗，磨光次之，有少量绳纹和旋纹、篮纹、方格纹等，器类以盆形小盂、甗、各类夹砂罐、尊形器为主，豆、器盖、鼎次之。第二期陶器以夹砂陶为主，约占60%，泥质陶次之，约占40%。陶色以灰陶为主，纹饰仍以素面和磨光为主，绳纹数量大增。陶器种类方面，鼎的数量大增。主要器形有：尊形器、器盖、豆、圈足盘、盂、盆、罐、三足盘、瓮、鼎、甗、陶网坠、纺轮、埙（图1-63—图1-67）。

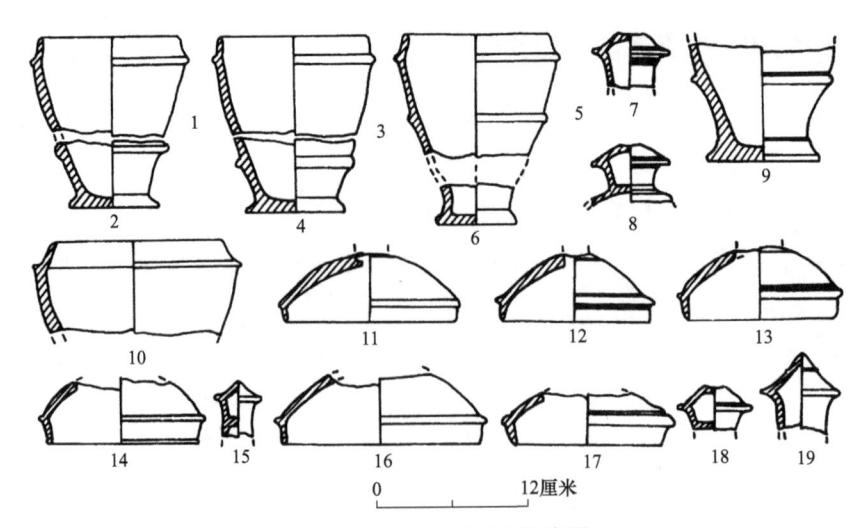

图 1-63　清凉山岳石文化陶器

1—4. Ⅰ式尊形器（H32∶5、H32∶6、H20∶3、H47∶2）　5、6、9. Ⅱ式尊形器（H32∶3、H32∶4、T1⑦∶312）　10. Ⅲ式尊形器（T5⑥∶132）　11、12. Ⅰ式器盖（H32∶15、XQO∶1）　13、16. Ⅱ式器盖（T5⑧∶96、H32∶16）　14、17. Ⅲ式器盖（XQO∶2、T1⑥∶223）　7、8、18. A型盖钮（T5⑧∶223、T5⑦∶133、T1⑥∶201）　15、19. B型盖钮（T1⑥∶222、T6⑤∶50）

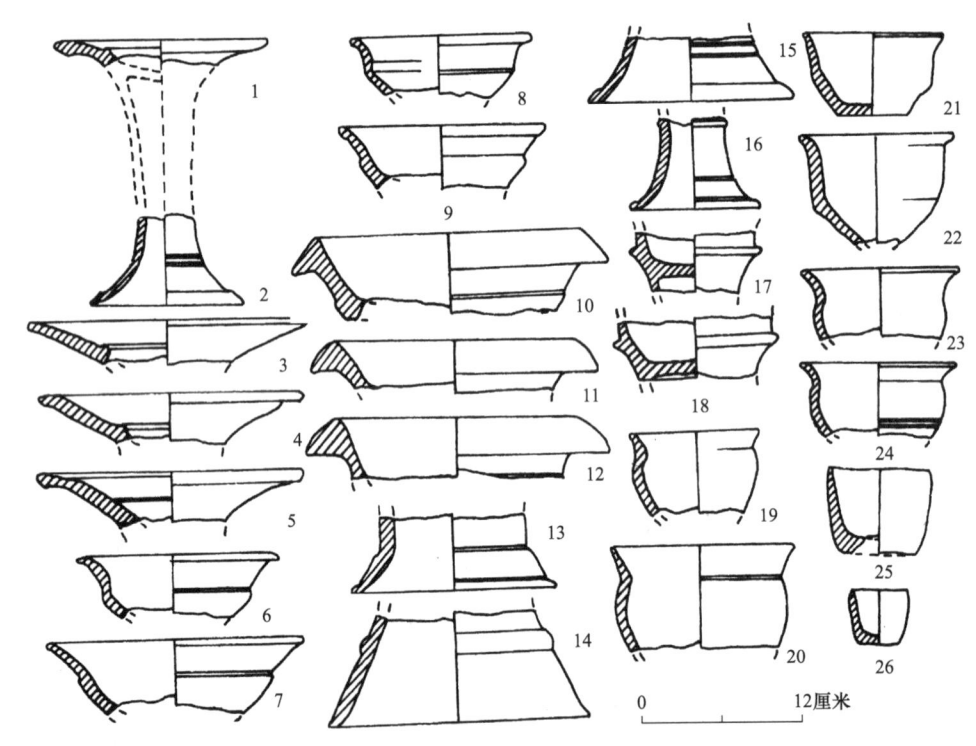

图 1-64　清凉山岳石文化陶器

1—3. AⅠ式豆（T5⑧∶104、T5⑦∶130、XQO∶3）　4、5. AⅡ、Ⅲ式豆（T5⑥∶138、T1⑥∶219）　6、7. BaⅠ式豆（T5⑧∶102、XQO∶4）　8、9. BaⅡ式豆（T5⑥∶142、T1⑥∶221）　10—12. 圈足盘（H30∶3、T6④∶74、XQO∶6）　13、14. A型豆（T6④∶78、T5⑥∶144）　15、16. B型豆（T1⑦∶140、XQO∶7）　17、18. Bb型豆（T5⑦∶131、XQO∶5）　19、20. AⅠ、Ⅱ式盂（H47∶6、H43∶19）　21、22. BⅠ、Ⅱ式盂（T6④∶72、H43∶18）　23、24. CⅠ、Ⅱ式盂（T1⑦∶139、T5⑥∶145）　25、26. 小杯（T1⑥∶116、T1⑥∶144）

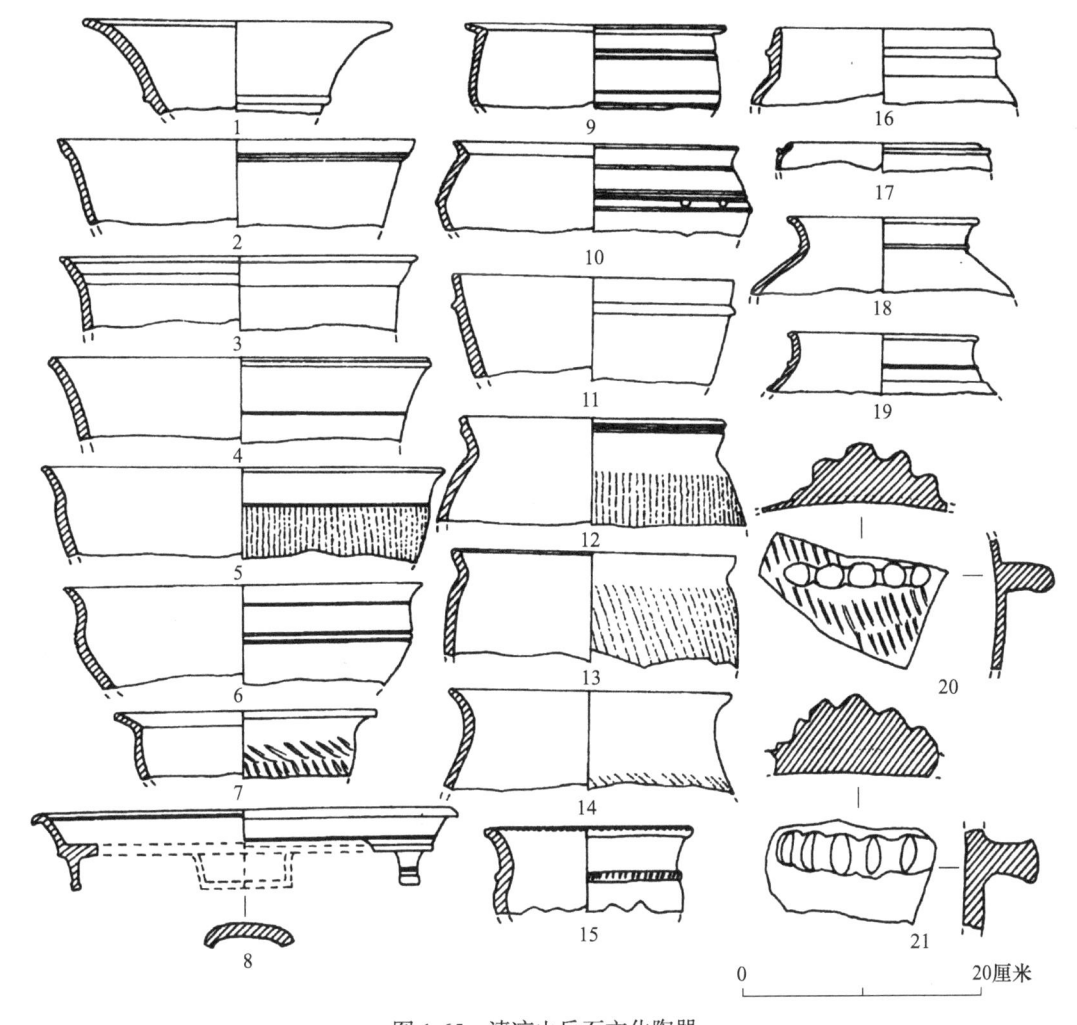

图 1-65　清凉山岳石文化陶器

1. 双腹盆（T1⑦：155）　2—4. 大口斜腹盆（T1⑧：137、T1⑦：156、H43：4）　5. 绳纹盆（H43：6）
6. 细泥鼓腹盆（T6③：85）　7. 斜篮纹盆（T6⑥：46）　8. 三足盘（H43：12）　9、10. Ⅰ、Ⅱ式罍（T1⑦：157、T1⑥：207）　11. 樽口罐（H43：5）　12—14. 绳纹罐（T1⑧：132、T1⑥：178、T1⑥：176）　15. 花边口沿罐（H32：13）　16. A 型子口瓮（H43：20）　17. B 型子口瓮（T1⑦：128）　18、19. 小口瓮（H32：9、T1⑥：212）　20、21. 器耳（T1⑧：158、T6③：48）

石器数量较多，制法以磨制为主，多数为局部磨光，整体磨光的较少。种类有石锛、纺轮、半月形双孔石刀、石镞、石凿、石铲、砺石等（图 1-68）。

骨角器发现数量较多，有锥、簪、镞、网坠等（图 1-69）。

卜骨发现 3 件，均属于第一期，均用牛肩胛骨制成，多去脊，均残。标本 H33：2，有钻有灼，背有兆纹，多为圆钻，有的地方两面钻，钻直径 1 厘米左右。标本 T5⑧：32，有圆钻，钻孔排列密，钻直径为 1.6 厘米（图 1-70）。

蚌器和铜器　蚌器发现较多，用蚌壳切割磨制而成，有蚌镰、蚌刀和蚌饰品。铜器有铜镞（图 1-71）。

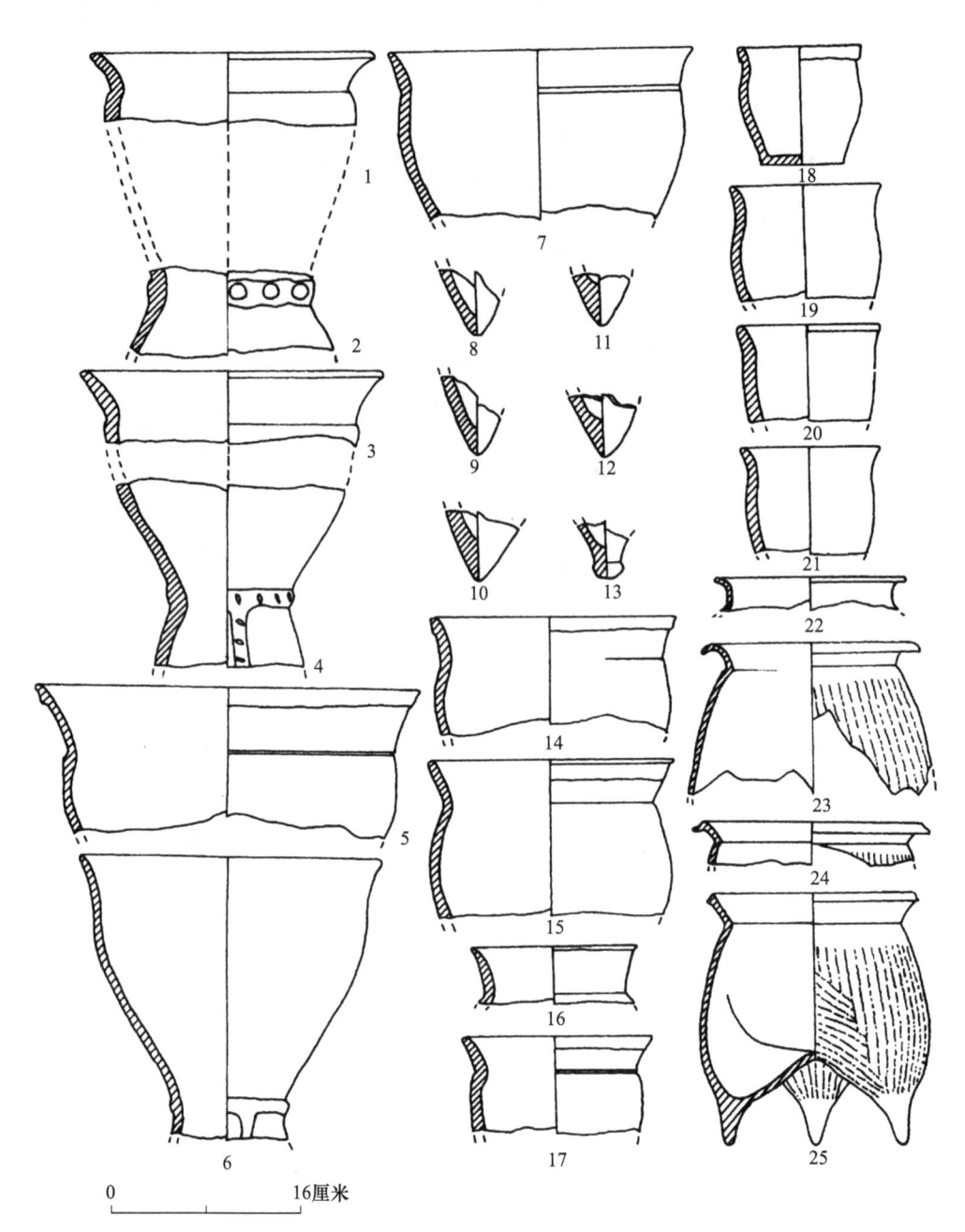

图 1-66 清凉山岳石文化陶器

1、2. AⅠ式甗（T5⑦:124、T6⑤:59） 3、4. AⅡ式甗（T6③:97、T6③:107） 5. AⅢ式甗（T1⑥:164）
6、7. BⅠ、BⅡ式甗（H43:21、T6③:94） 8、9. AⅠ式甗足（T5⑦:122、H30:14）
10. AⅡ式甗足（T5⑥:156） 11、12. AⅢ式甗足（T1⑥:167、T6③:56） 13. B型甗足（T5⑧:118）
14、15. AⅠ、Ⅱ式夹砂中口罐（T5⑧:168、T1⑥:161） 16、17. BⅠ、Ⅱ式夹砂中口罐（T1⑧:126、T6③:108） 18. A型夹砂小口罐（H30:12） 19、20、21. B型夹砂小口罐（T1⑦:138、T5⑦:126、T1⑥:205） 22、23. AⅠ、Ⅱ式鬲（T1⑥:218、T1⑥:216）
24、25. Ba、Bb型鬲（T1⑥:227、T1⑥:220）

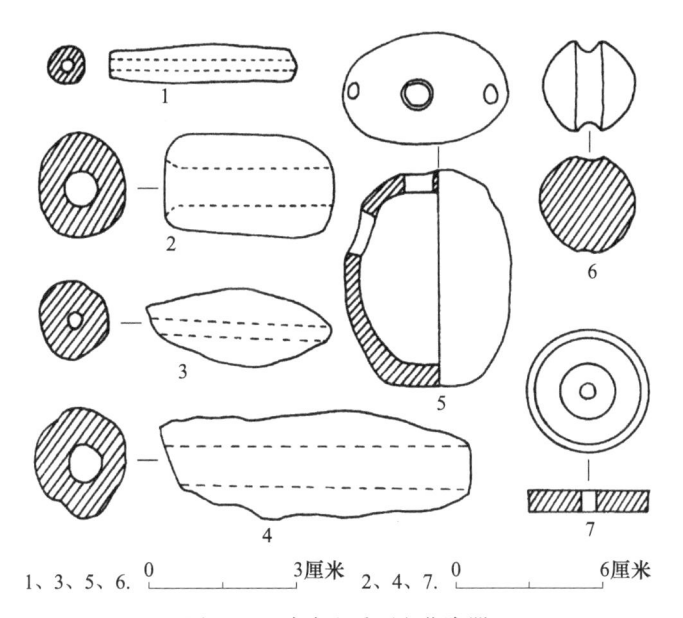

图 1-67　清凉山岳石文化陶器

1、2. Ba 型网坠（H20∶1、T6③∶14）　3、4. Bb 型网坠（T1⑥∶69、H33∶1）
5. 陶埙（T6③∶13）　6. A 型网坠（H43∶3）　7. 纺轮（T6⑤∶19）

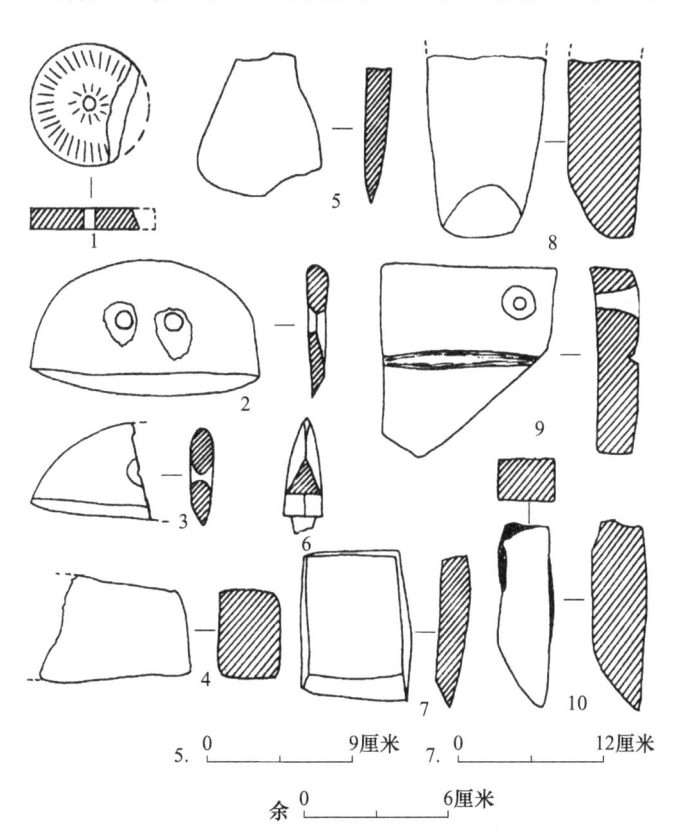

图 1-68　清凉山岳石文化石器

1. 纺轮（T6⑤∶20）　2、3. 半月形双孔石刀（T1⑥∶46、XQ0∶11）　4、9. 砺石（T5⑧∶37、T1⑥∶101）
5. 石铲（T5⑦∶51）　6. 石镞（H43∶1）　7、10. 石凿（H34∶2、H32∶1）　8. 石锛（T6⑥∶21）

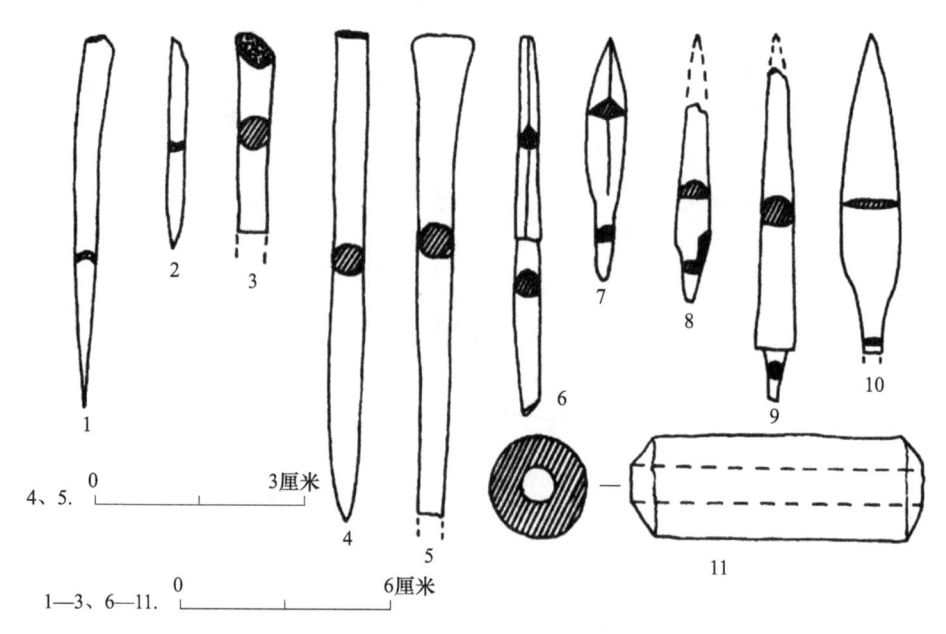

图 1-69　清凉山岳石文化骨器
1、2. A 型骨锥（T6④：17、T1⑦：50）　3. B 型骨锥（T5⑦：31）　4、5. 骨簪（T6④：16、H30：1）
6、7. A、B 型骨镞（T6④：18、T1⑦：52）　8、9. C 型骨镞（T1⑧：55、H43：2）　10. D 型骨镞
（T6③：15）　11. 网坠（T1⑥：40）

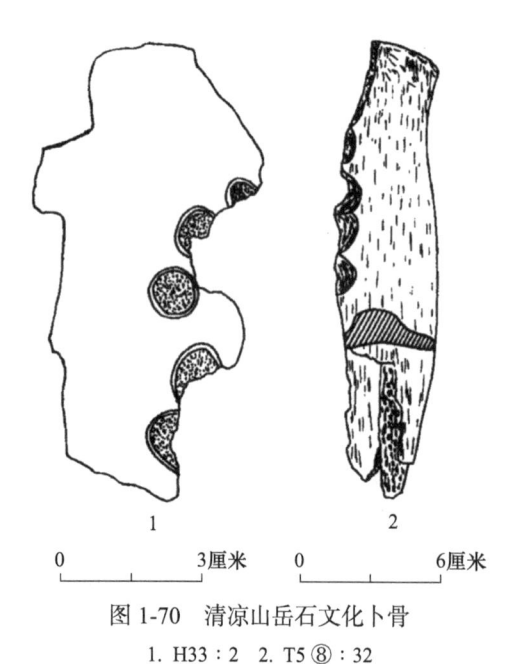

图 1-70　清凉山岳石文化卜骨
1. H33：2　2. T5⑧：32

夏邑清凉山遗址岳石文化的发现具有重要意义，在柘城李庄遗址也发现有岳石文化的遗迹和遗物，说明原本是东夷文化的岳石文化在夏代至商初西渐到了今商丘境内，清凉山遗址的岳石文化遗存的文化面貌与鲁西南地区的比较接近，而与胶东半岛的较为疏远，再加上该遗址龙山文化所具有的相当数量的山东龙山文化相同的因素。以考古资料证明了这一地区是东夷文明与中原文化交互融合的文化的遗存，清凉山遗址的考古发现正是夷夏文明交融见证。

1989 年上半年，河南省文物考古研究所在商丘地方文物部门的配合下，对三里堌堆遗址进行了小规模考古发掘，揭露面积 100 平方米，出土遗迹遗物主要是商代的，"岳石期获得资料较少，没有复原器物，根据陶片辨认有甗、罐等器类，其特征与鲁西南安丘堌堆的岳石文化比较接近"[①]。

[①] 张志清：《夏邑三里堌堆新石器时代至汉代遗址》，《中国考古学年鉴·1990 年》，文物出版社，第 242 页。

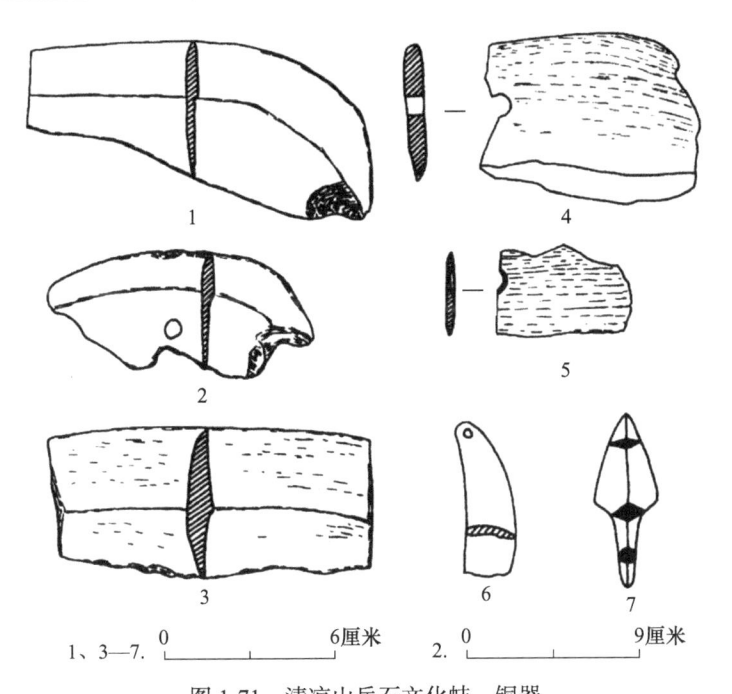

图 1-71　清凉山岳石文化蚌、铜器
1、2. A、B 型蚌镰（T1⑧:56、T1⑥:43）3. A 型蚌刀（T1⑥:39）
4、5. B 型蚌刀（T1⑦:49、T5⑧:35）6. 蚌饰品（T5⑧:36）7. 铜镞（T1⑥:47）

（二）睢阳区潘庙遗址岳石文化

"岳石文化是潘庙遗址的主题堆积……文化遗存堆积丰富"[1]，遗迹有灰坑 2 座（编号 94HSPH3、H4），平面均为不规则圆形，其中 H3，直壁平底，口径 1.4、深 0.7 米，出土岳石文化碎陶片，器型有甗、罐两类。H4，口径 2.43 米，坑壁向下斜内收，平底，深 1.4、底径 2 米。出土陶片，可辨器型有：甗、平底罐、盂等。

遗物出土于地层、灰坑，从东周墓填土中拣选一部分。有陶器、石器、骨器、蚌器等，所有陶器均是残片，可辨器型有：鼎、甗、罐、盆、尊形器、豆、盂、器盖等。石器 1 件、骨器 2 件、蚌镰 2 件（图 1-72、图 1-73）。

（三）民权吴岗遗址的岳石文化

2008 年 11 月 4 日郑州大学历史学院考古系师生对民权吴岗遗址进行考古调查，采集到的文化遗物主要是陶片，分属于仰韶时代文化、龙山文化、岳石文化、早商文化、晚商文化、东周时期文化。其中采集到的岳石文化遗物较少，几件陶片和 1 件双孔蚌刀，陶片有夹砂和泥质两类，可分为灰陶和褐陶，器类有尊形器和罐（图 1-74）。

---

[1] 中国社会科学院考古研究所、美国哈佛大学皮保德博物馆：《豫东考古发掘报告："中国商丘地区早商文明探索"野外勘查与发掘》，科学出版社，2018 年，第 249 页。

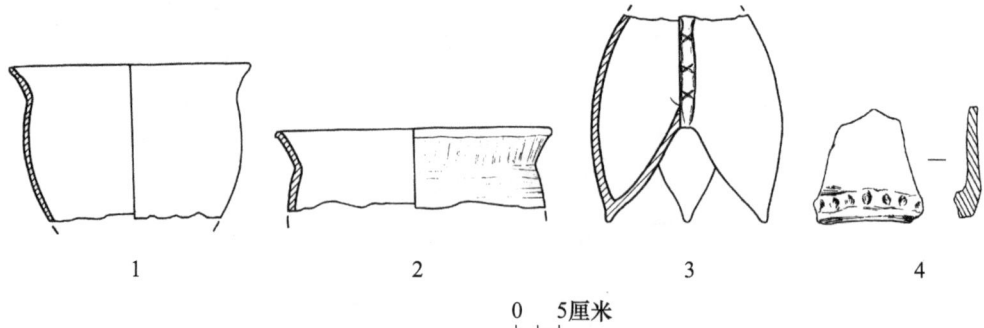

图 1-72　潘庙遗址出土岳石文化陶甗

1、2. 甗口（94HSPT8⑫：1、94HSPM16：017） 3、4. 甗腰（94HSPT6⑫B：4、94HSPM4：01）

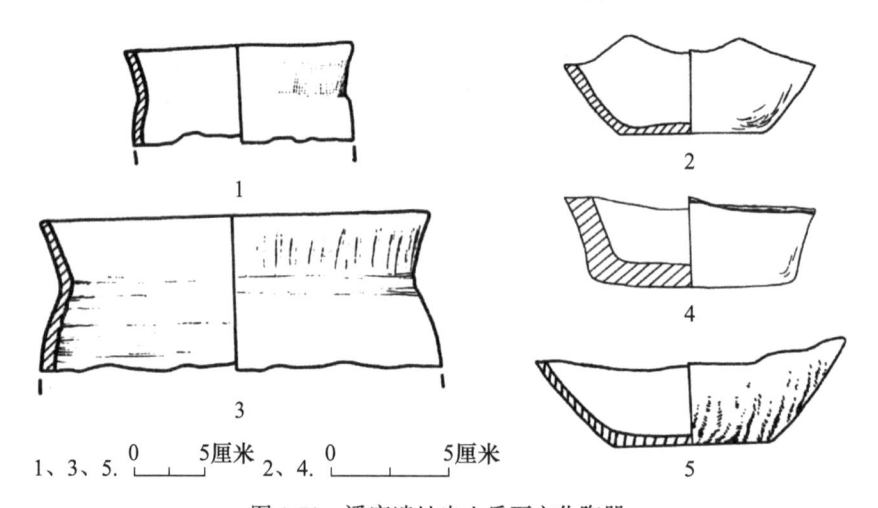

图 1-73　潘庙遗址出土岳石文化陶器

（中国社会科学院考古研究所、美国哈佛大学皮保德博物馆：《豫东考古发掘报告："中国商丘地区早商文明探索"野外勘查与发掘》，科学出版社，2018 年，第 249—256 页）

1、3. 罐口（94HSPM16：019、94HSPT3⑥：1） 2. A 型罐底（94HSPH4：6）
4. 敞口缸（94HSPH4：5） 5. B 型罐底（94HSPT6⑫B：11）

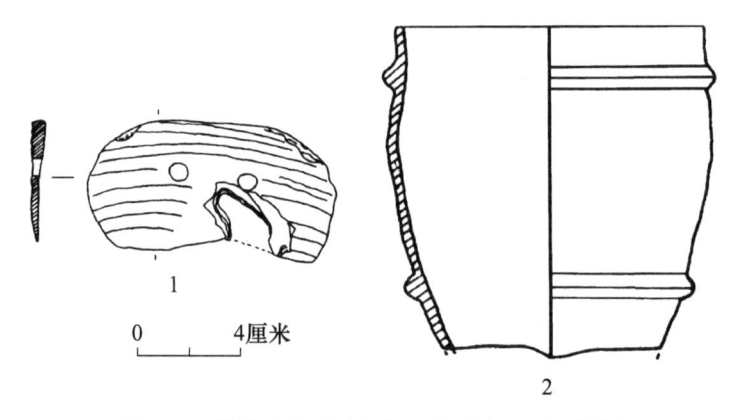

图 1-74　吴岗遗址岳石文化遗物（蚌刀、尊形器）

（郑州大学历史学院考古系张国硕、赵俊杰：《民权牛牧岗与豫东考古》，科学出版社，2013 年，第 117 页）

1. 蚌刀（08MYW：16） 2. 尊形器（08MYW：15）

（四）柘城李庄遗址岳石文化

柘城李庄遗址位于柘城县10千米的申桥乡北2.5千米李庄和吕庄自然村北侧，是一处堌堆遗址，原是一处高于四周地面的土台子，台上建有"山台寺"寺院，所以又称"山台寺遗址"。遗址东西长80米、南北长90米，面积约7000平方米，遗址在20世纪六七十年代发现后，先后有中国社会科学院考古研究所、河南省文物考古研究院、郑州大学历史学院考古系等单位来此调查、复查，1990年中国社会科学院考古研究所再次调查，并选定该遗址作为中美联合考古队的发掘项目，1995年春至1997年春，中美联合考古队在此进行发掘，历时2年半，共开探方（沟）12个，发掘面积398平方米。

其中北区T4、T6、T7探访内有岳石文化小片地层，T8南壁附近发现一个岳石文化灰坑，坑口形状略称圆形，东西长1.75米、南北宽1.4米，深0.3米。

出土岳石文化遗物主要是陶片。陶质以砂质和粗泥质为主，陶胎普遍显厚，火候都不高，陶色以浅橙色较多，也有少量灰陶和深灰陶，绝大部分陶器为素面，有少量附加堆纹和绳纹。器型有甗、盆、罐、尊、杯、盒等（图1-75）。

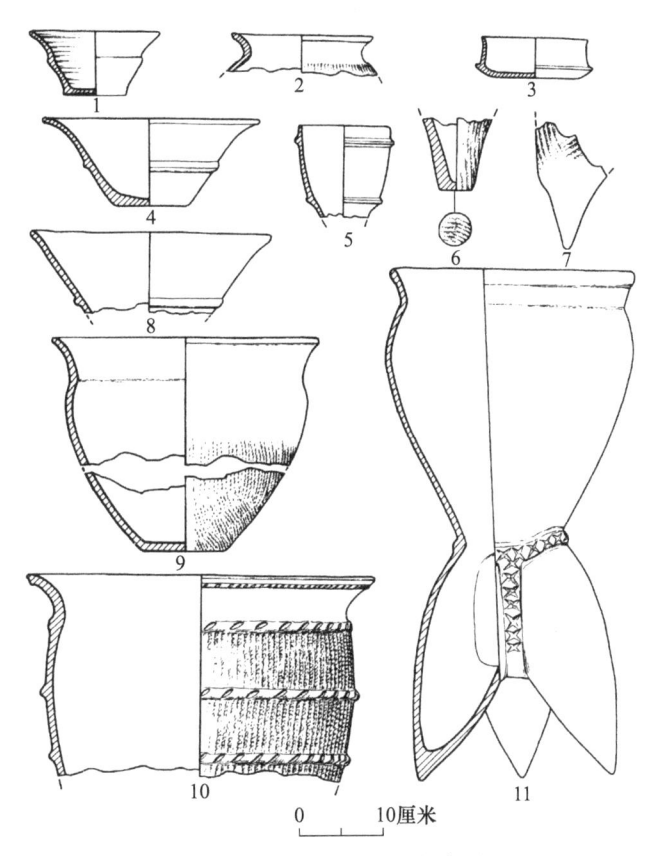

图1-75 山台寺岳石文化陶器

1. 钵（T7②C：12） 2. 罐（T7②C：9） 3. 盒（H60：1） 4、8、9. 盆（T4②C：1、T7②C：11、T6②C：1） 5. 尊（H60：2） 6. 杯（H60：3） 7. 鬲（H60：4） 10. 缸（H60：5） 11. 甗（T7②C：10）

第三节　帝喾都亳——商丘最早的城

一、商丘早期城市产生的历史文化背景

商丘是一座历史悠久的城市，早在我国古史传说时代就有了人类居住，并创造了高度的文明，这为商丘早期城市的产生创造了历史文化条件。传说我国远古三皇之首的燧人氏就曾在商丘一带活动，死后葬于商丘。

著名史学家郭沫若先生主编的《中国史稿》[①]中说："人工取火的发明，对于远古人类的生活无疑起了极为重大的作用，引起后人极大的重视，所以在传说里把长期生活实践中所发明的取火方法，集中到所谓'圣人'——燧人氏的身上了。这样的传说固然夹杂着后代的生活内容，蒙上了神秘的外衣，但它依然反映着朴素的远古人类生活的史实背景。"赵朴初先生曾作诗道："燧人取火非常业，世界从此日日新。"恩格斯说："就世界的解放作用而言，摩擦生火还是超过了蒸汽机。因为摩擦生火第一次使得人支配了一种自然力，从而最后与动物界分开。"

人工取火技术的发明对人类具有划时代的意义，人类从此摆脱了对自然火的依赖，火的发明并用于饮食，大大改变了生食对人类体质的伤害，增强了人类体质，延长了人类寿命，改变了人类文明史。

我国上古五帝之第三位的炎帝也活动在商丘一带，留下了炎帝陵等文化遗迹。《春秋·古乐》高诱注曰："朱襄氏，古天子，炎帝之别号也。"炎帝生活的时代为伏羲氏之后，黄帝之前。《周易·系辞下传》说："包牺氏没，神农氏作。神农氏没，黄帝、尧、舜氏作。"炎帝和黄帝是前后相承的关系；《汉书·律历志》载："（黄帝）与炎帝之后战于坂泉，遂王天下。"

商丘炎帝朱襄氏陵位于柘城县城东 7.5 千米大仵乡朱贡寺西北隅的朱贡寺遗址上。北距商柘公路 2 千米。1976 年文物普查时发现，属朱贡寺村管辖。遗址南北长 100 米，东西宽 80 米，总面积约 8000 平方米。遗址中北部有一土丘，为朱襄氏陵。陵前有现代碑刻一通，陵南 20 米处有现代碑刻四通。遗址最南部，现有明代植皂角树一棵，根深叶茂，长势良好（图 1-76）。

中国汉文字的鼻祖，传说中黄帝的史官——仓颉，也曾活动于商丘一带，死后葬于今商丘市虞城县王集乡堌堆坡村。

虞城县仓颉墓位于县西北 17 千米王集乡堌堆坡村。墓冢封土为圆丘形，底边周长

[①] 郭沫若主编：《中国史稿·第一册》，人民出版社，1976 年，第 21 页。

75米,高4米,沿封土堆一周筑有高1米的砖砌挡土墙。墓前石碑上刻有"古仓颉墓"四个大字,墓前有祠、大殿3间,为清康熙四年(1665年)虞城知县程本节所建,殿内塑有仓颉像(图1-77)。

图1-76 柘城炎帝陵

图1-77 虞城仓颉墓

据《虞城县志》记载:"舜帝子商均墓,位于城西南三里许,望若峻岭,土多沙,碎石,遇大雨间或濯出五铢钱,樵牧恒拾之……旧有祠宇一所,今废,清康熙四十一年(1702年),知县程本节亲笔撰文,在坟前立大小石碑两通……清雍正十年(1732年),建社稷商均坛,每年春秋致祭,后废。"《史记集解》引皇甫谧曰:"娥皇无子,女英生商均。"正义引谯周云:"以虞封舜子,今宋州虞城县。"《括地志》云:"虞国,舜后所封邑县。"《汉书·律历志》云:"……商均封虞,在梁国,今虞城县也。"《括地志》云:"宋州虞城县城,舜后所封也。"

据以上记载,商均,是舜帝的儿子,舜妻女英所生,受封于虞,商均袭其父虞舜国号，称虞国，商均卒后葬于此地，商均原名叫均，因受封此地为商族，故称商均，是虞城始封之祖。

二、帝喾都亳

（一）关于帝喾

帝喾高辛氏，姬姓，名喾，又名"夔"，又名俊，是我国历史上的"五帝"之一，《史记·五帝本纪》："帝喾高辛者，黄帝之曾孙也。高辛父曰蟜极，蟜极父曰玄嚣，玄嚣父曰黄帝。自玄嚣至蟜极皆不得在位，至高辛即帝位。"

帝喾之名初见于春秋时期的史料中。《史记·祭法》之"殷人帝喾"，殷墟甲骨卜辞记载，商人高祖夔，据王国维考定，"夔"为"帝喾"之名，因形讹而成"俊"

《史记·五帝本纪》载："（帝喾）生而神灵，自言其名"。十五岁时，因辅佐颛顼帝有功，被封于高辛（今商丘市睢阳区高辛镇）。因他兴起于高辛，史称之为高辛氏。高辛为地名，因以为号。《帝王世纪》："帝喾高辛氏，姬姓也，有圣德，年十五而佐颛顼，四十登位，都亳，以人事纪官。"

（二）关于帝喾陵

清康熙四十四年（1705年）《商丘县志》载："帝喾陵在城南高辛里，帝喾都亳，故葬此——有宋太宗（祖）开宝元年（公元968年）《诏祀帝王陵寝碑》可考。"

商丘古城南24千米睢阳区高辛镇西北约0.5千米有帝喾陵。陵墓封土堆呈覆斗形，底边南北长233米，东西宽130米，高约20米。俗称朝廷坟。帝喾祠修建于汉。陵前原有帝喾祠、沐浴室、更衣亭、禅门等古建筑，院内有大量碑刻。20世纪六七十年代中遭到破坏，现仅存明代碑刻一通（图1-78）。

根据元代至顺二年（1331年）元苑湑《帝喾庙碑》记述："睢阳城南24.5千米有冈阜，实古高辛之墟，上有古城，城北有古丘，丘之阳有帝喾祠。祠有二碑；其一宋开宝六年；其二金崇庆元年，闻诸故老，刻石尚多，皆毁于金季。"清乾隆十九（1754年）年《归德府志·祀典略下》载："帝喾庙在府城南高辛里。宋开宝六年（973年）建，元天历间修，明正统七年知州顾琳重修。"

根据魏曹植《帝喾庙赞》："祖自轩辕，玄嚣之裔。生言其名，木德治世。抚宁天地，神圣灵宾。教坛四海，明并日月。"由此可见三国之前已建有帝喾庙。

相传赵匡胤不得志时，去北方投奔郭威，路过帝喾陵，抽签问卜，当有天子命。后来他果然在任归德军节度使（驻所在今商丘）而发迹。赵匡胤登基后，因商丘是西周时的宋国，又是后来的宋州，而定国号为"宋"。

图1-78 帝喾陵

（三）帝喾都亳地望

元代苑溟《帝喾庙碑》中讲"睢阳南四十五里有冈阜……实古高辛之墟。上有古城，城北有古丘，丘之阳有帝喾之祠。"这些描述与今高辛镇的文化遗存基本相符。所谓"岗阜""古城"即是指今高辛镇，高辛镇是一座古老的乡镇，历史上一直称高辛，镇中心与四周相比特别凸起。"城北有古丘"应是指高辛镇西北侧的潘庙古文化遗址，遗址区原为高出附近地面数米的堌堆，即"丘"。

潘庙遗址面积1.5万平方米，文化层厚约4米。1994年春，中美联合考古队在潘庙遗址进行了考古发掘[1]。发现有马庄类型史前文化、龙山文化、岳石文化、东周墓葬和汉代文化层、墓葬。潘庙遗址龙山文化的发现为在高辛探寻帝喾都亳地提供了线索。

从史书记载看，帝喾被封于"高辛"，都亳。这个亳应该在高辛，也就是帝喾都亳的地望在高辛。商汤建国后都南亳。据唐代人李泰《括地志》记载，汤都南亳的地望在今虞城谷熟其西南三十五里，高辛镇正位于谷熟西南，其间距不超过五十里，也就是说高辛镇在南亳地望范围内。《史记·殷本纪》："汤始居亳，从先王居。"帝喾是商人的祖先，《礼记·祭法》上讲"殷人禘（古代的一种祭祀）喾"。总之，帝喾之亳都很可能在今睢阳区高辛镇一带，帝喾亳都是传说商丘最早的城，我们有理由相信随着考古工作的不断深入，帝喾亳都考古会有新的突破。

（四）与帝喾有关的历史文化遗存

商丘境内与帝喾有关的历史文化遗存除上述的高辛镇遗址、帝喾陵外还有阏伯台。

---

[1] 中国社会科学院考古研究所、美国哈佛大学皮保德博物馆：《豫东考古发掘报告："中国商丘地区早商文明探索"野外勘查与发掘》，科学出版社，2017年，第247页。

阏伯台，又称火星台，火神台。位于商丘古城西南 2 千米商柘公路东侧，河南省重点文物保护单位。

阏伯台平面呈不规则圆形，台高 35 米，底边周长 270 米。经考古钻探为夯土筑成，台上有阏伯庙，阏伯台是后人为纪念阏伯在此观星授时而建，故称阏伯台，又称观星台。是我国现存最古老的观星台（图 1-79）。

图 1-79　阏伯台全景

2002 年来自北京天文台、南京紫金山天文台等科研院所的全国著名的专家学者齐聚商丘，对阏伯台进行认真考察论证，与会专家一致认为阏伯台是我国现存最古老的天文台。

阏伯为帝喾长子，被帝喾高辛氏封于商丘，为火正，职责是观察火星运行位置安排农时。在阏伯生活的时代，还没有后代的历法，人们靠观察"大火星"（又称商星、辰星，即现在早晨出现于东方的启明星）的运行位置安排农事，所以观星授时是我国的早期历法。《左传·昭公元年》记载："昔高辛氏有二子，伯曰阏伯，季曰实沈，居于旷林，不相能也，日寻干戈，以相征讨，后帝不臧（善、好之意），迁阏伯于商丘，主辰，商人是因，故辰为商星。"《左传·襄公九年》载"陶唐氏之火正阏伯居商丘……相土因之"晋杜预注："商丘在宋地。"

阏伯台上有一组完整的清代建筑，称阏伯庙。庙由拜殿、大殿、东西配殿、钟鼓楼等，庙建于何时已不可考，元代重建，明、清两代都进行过维修。传说每年正月初七日是阏伯的生日，在阏伯生日这天，四方民众都来为阏伯焚香祭祀，逐步形成庙会，现在庙会时间持续很长，从每年正月初一开始至正月底结束。火神台庙会，已经发展成为豫东地区的大型庙会。

第四节　先商时期商丘的考古发现

一、民权县牛牧岗遗址的下七垣文化

2008年秋，郑州大学历史学院考古系师生对牛牧岗遗址进行发掘，因发掘面积有限，在牛牧岗遗址没有发现下七垣文化遗迹，遗物主要是陶器，有泥质和夹砂两类，陶色以灰色为主，纹饰主要是细绳纹，还有附加堆纹、花边等。器型有鬲、罐、盆等（图1-80）。

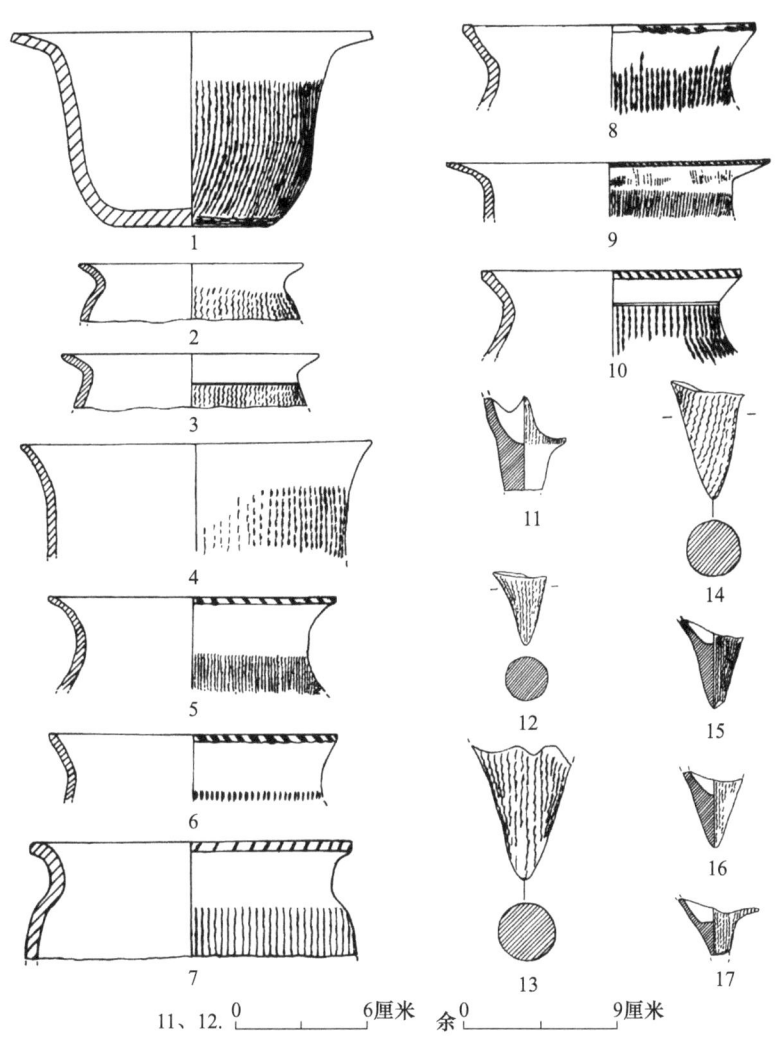

图1-80　下七垣文化陶器

（郑州大学历史学院考古系张国硕、赵俊杰：《民权牛牧岗与豫东考古》，科学出版社，2013年，第56—58页）
1. 盆（M3填土：9）2、3. 鬲（ⅠT1301③：2、ⅡT0301②：4）4—10. 罐（ⅡT0301⑤：9、ⅠT1301采：2、M5填土：15、ⅠT0906⑧：2、ⅡT0301⑤：10、M4填土：6、ⅡT0301③：9）11—17. 鬲足（M5填土：6、ⅠT1301⑤：3、ⅠT0706⑧：2、ⅠT1006⑥：1、M8填土：2、ⅡT0302采：8、M5填土：5）

"民权县牛牧岗遗址发现的下七垣文化遗存的整体特征与豫北、冀南地区下七垣文化晚期特征相似……除具有典型七垣文化的特征外,还具有不少外来因素,如有不少器物口沿部饰有花边,这是二里头文化的典型特征,说明该地区的下七垣文化是受二里头文化影响的。"① 此外,在民权李岗遗址、睢县周龙岗遗址分别采集到下七垣遗址陶片。

二、其他先商文化的考古发现

2002年11月7日至12月6日,郑州大学历史学院考古系为进一步了解商丘地区夏商时期考古学文化的面貌与特征,特别是先商文化和岳石文化在该地区的分布状况,同时结合学术界久讼不决的"南亳"问题的考察,在陈旭教授的指导下,作为研究生田野考古实习,对商丘地区以往调查或试掘过、且面积较大有调查价值的24处新石器至夏商时期的遗址进行了重点复查,调查结果表明,24处遗址中包含先商文化遗存5处。先商文化遗物采集自民权县李岗、吴岗、牛牧岗,睢县周龙岗,柘城史堌堆。这些遗址均为商丘西部的惠济河流域,采集的陶片数量较少,可辨器形有:橄榄形罐、鬲、大口尊等(图1-81)。

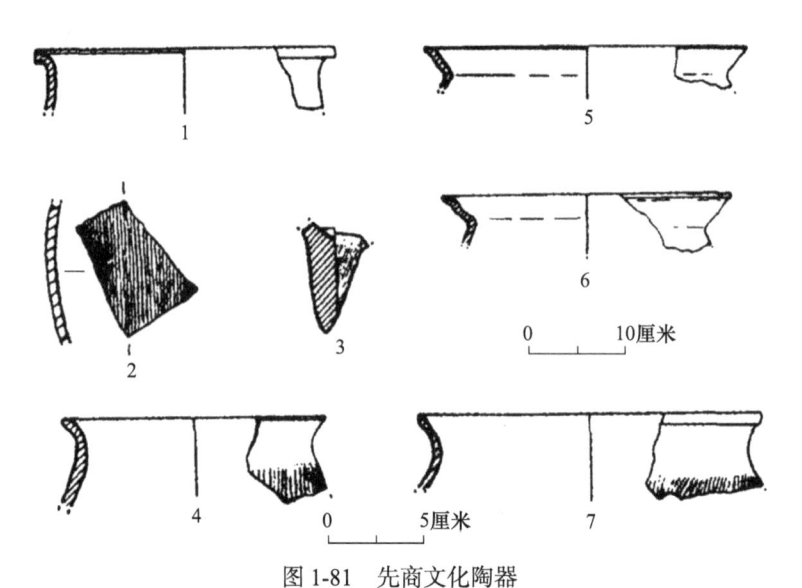

图1-81 先商文化陶器
1、2. 橄榄形罐(02MYL采:01、02MYL采:02) 3. 鬲足(02MSN采:02) 4、7. 鬲(02MYLTG1⑤:、02SLZ采:01) 5、6. 大口尊(02ZLS采:01、02MYW采:12)

《天津市新收集的商周青铜器》②一文报告了一件商代青铜爵,爵通高19.7、长17、器深9.3、足高5.7厘米(图1-82)。"这件素面爵形制异于通常所见商代的爵,它的主

---
① 郑州大学历史学院考古系张国硕、赵俊杰:《民权牛牧岗与豫东考古》,科学出版社,2013年,第57页。
② 天津市文化局文物组:《天津市新收集的商周青铜器》,《文物》1964年第9期。

要特点是：口部无立柱；鋬耳中分两股，略如篆书的'⊃⊂'字形，鋬亦较通常为大，可容纳三指；器身为狭长椭圆形（围 10.5 厘米），流口略呈腰圆嘴形，内腹窄浅，底部平坦；周壁分成两段，鋬下之壁外凸，成'覆盂'状（形似圈足而深，深 3.1 厘米，为器深的三分之一），且有四个等距离的孔，其意义同于新石器时代的五孔陶器座，这当为燃火时出烟所用；'覆盂'下连铸三足，足略外侈；足高与通高的比例亦较通常为小（据所见传世及辉县、小屯出土的爵，足与器高的比例大多为 1∶2，少则 1∶2.6，最多为 1∶1.5，此爵为 1∶3.4）；通体合范铸成，胎薄。这

图 1-82　素面青铜爵

种平底胎薄的爵，传世品稀见，即郑州白家庄、辉县琉璃阁、安阳小屯所出，亦为数甚少。我们发现的这件素面爵，虽无确实的出土记录，但与郑州、辉县、安阳诸器比较，其形制更为朴素，原始，为目前所仅见。初步估计，此爵当为早商文化作品，其时代可早于辉县琉璃阁之器。这件爵，系由河南商丘地区运津的。按商丘在商代称商、商于（此字原报告有误，作者注），是早商时代的王都，其后一直是商民族活动的中心地区。"

第二章　商代商丘考古

据史书记载，商丘是先商民族的祖居地，其宗庙在焉，西周建立平定武庚等三监叛乱之后，封殷纣王的庶兄微子启于宋（今商丘），"奉其先祀"。新中国成立以来，考古工作者在商丘发现很多商文化遗存，其中比较集中的考古发现是1976—1977年的豫东考古调查。"中国社会科学院考古研究所河南二队，为了解豫东原始社会末期和商代早期文化的有关问题，会同河南省商丘地区文物管理委员会，于1976年底到1977年，先后三次在商丘地区各县调查古代文化遗址，调查结果表明，古代文化遗存相当丰富，三次调查发现龙山文化遗址17处，殷商遗址15处，周代遗址15处，其他时代遗址的墓葬14处，另外在睢县周龙岗采集彩陶两块。"[①]之后北京大学、郑州大学、河南省文物考古研究院、中国社会科学院考古研究所与美国哈佛大学联合组建考古队等单位在商丘为寻找先商文化进行大量考古调查和发掘，调查发现一批殷商文化遗存，尤其是中美联合考古队在商丘进行了长达10年的考古调查和发掘，宋国故城的发现发掘，为在商丘寻找商城提供了重要线索。郑州大学历史文化学院在商丘多年的考古调查、发掘，发现、发掘一批重要的商文化资料。

第一节　商时期商丘的考古发现

商丘不仅在石器时代就有了高度的文明，在有夏一代，商丘是先商部族的主要活动区域，很多典籍记载商人屡迁，前八后五，是说商人在商汤建国前有八次迁都，商朝时期有五次迁都，王国维在《观堂集林》中列举了先商时期八次迁都都是围绕旧都商丘进行的，就是因为商丘是商人的祖居地，"宗庙在焉"，所以才有后来的西周建国，封微子于宋，"奉其先祀"。新中国成立后，随着经济建设的开展和全国三次文物普查以及1976—1977年中国社会科学院考古研究所河南一队、二队在商丘地方文物部门的配合下在商丘开展的第一次大规模田野考古调查，在商丘境内发现数十处古文化遗址，其中有近50处遗址包含有殷商时期的文化遗存。

[①] 中国社会科学院考古研究所河南二队，商丘地区文物管理委员会：《1977年豫东考古纪要》，《考古》1981年第5期。

目前在商丘境内发现的殷商遗址主要有（表2-1）：虞城县魏堌堆、马庄、王集、营郭遗址、杜集遗址；永城造律台、黑堌堆、姜堌堆、费侯亭遗址、肖竹园、李大庄、前陈营遗址；民权县东山子、牛牧岗、吴岗、李岗遗址；柘城县李庄遗址、力士岗、柘城旧北门、郭村岗、北王庄、吕岗、李安楼、史堌堆、老君堂、大毛、孟庄（心门寺）遗址；睢县周龙岗、乔寨、犁岗遗址；夏邑县清凉山遗址、三里堌堆遗址、马头遗址、蔡楼遗址、吴家寺遗址；睢阳区潘庙遗址、坞墙遗址、降龙堌堆发现有商文化遗址[①]。

表2-1 商丘市商文化遗存统计表

序号	名称	位置	保护单位级别	时代	已往工作	其他
1	东山子遗址	民权县人和乡东山子村西北	县	商	1977年调查	
2	牛牧岗遗址	民权县双塔乡牛牧岗村北	市	先、早、晚商	1977年、2002年郑大调查	
3	李岗遗址	民权县尹店乡李岗村东南	省	商、早、晚商	1977年调查、2002年郑大调查	
4	吴岗遗址	民权县尹店乡吴岗村南	省	商、先、早、晚商	1977年调查、2002年郑大调查	
5	周龙岗遗址	睢县蓼堤乡周龙岗村北	省	二里岗上至晚商	1977年调查、2002年郑大调查	
6	乔寨遗址	睢县周堂镇乔寨村南	省	二里岗上至晚商	1977年调查、2002年郑大调查	
7	犁岗遗址	睢县平岗镇犁岗村与岗下坡村之间	县	商	1977年调查、2002年郑大调查	
8	力士岗遗址	柘城县岗王乡力士岗村东南岗王乡北王庄村东北角		商	1997年调查	
9	大宅遗址	柘城县铁关乡大宅村北	县	商		
10	老君堂遗址	柘城县远襄乡老君堂村东	县	商		
11	史固堆遗址	柘城县老王集乡史固堆村东		先商、晚商	2002年郑大调查	
12	李安楼遗址	柘城县远襄镇李安楼村西南	县	商		
13	吕岗遗址	柘城县张桥乡吕岗村		商晚		
14	北王庄遗址	柘城县伯岗乡北王村东北角	县	商		
15	郭村岗遗址	柘城新县城北部	县	商		
16	柘城故城	柘城县城关镇旧北门村南	县	晚商	1977年调查、2002年郑大调查	
17	孟庄商代遗址	柘城县岗王乡孟庄村北隅	省	商中、晚	1961年发现、1976年调查、1977年发掘	铜礼器

① 郑州大学历史学院考古系：《豫东商丘地区考古调查简报》，《华夏考古》2005年第2期。

续表

序号	名称	位置	保护单位级别	时代	已往工作	其他
18	坞墙遗址	睢阳区坞墙乡老集西		晚商	1977年5月开探沟105m²	
19	潘庙遗址	睢阳区高辛镇潘庙村西	县	晚商	1994年发掘	
20	降龙堌堆遗址	睢阳区娄店乡周庄村西	县	商		
21	李庄遗址	柘城县申桥乡李庄村北200米	国	晚商	1995—1997年发掘中美联合考古队	12个探沟发掘面积398平方米
22	古王集遗址	虞城县古王集乡王集村西街	县	晚商		
23	马庄遗址	虞城县沙集乡马庄村南杏岗寺小学北水塘内	县	商晚	1994年10、11月中美联合考古队发掘	203平方米
24	杜集东大寺遗址	虞城县杜集镇杜集村东	县	晚商	1976、1977年调查2002年郑大发掘	
25	魏堌堆遗址	虞城县店集乡魏堌堆村北	县	晚商	2002年郑大发掘	
26	营廓遗址	虞城县营廓镇营廓村	省	晚商	1975年发现、1977年调查	
27	蔡楼遗址	夏邑县胡桥乡东南蔡楼村东南	省	商	2002年郑大发掘	
28	三里堌堆遗址	夏邑县何营乡三里庄村北	市	二里岗上至晚商	1989年发掘	
29	马头遗址	夏邑县马头镇马头南村东侧	省	早、中、晚商	2002年郑大发掘	
30	吴家寺遗址	夏邑县桑堌乡吴庄村	省	早、中、晚商		
31	清凉山遗址	夏邑县马头镇魏庄村北	省	殷墟一、二期	1988年北大发掘	150平方米
32	前陈营遗址	永城市顺和乡前陈营村村民陈坤房东5米		商		
33	李大庄遗址	永城市顺和乡大庄村东		商		
34	肖竹园遗址	永城市酂城镇肖竹园村南		晚商		
35	费侯亭遗址	永城市新桥乡张寨村西南	县	商		
36	造律台遗址	永城市酂城镇镇政府南300米处	省	晚商	1936年调查、1997年调查	
37	黑堌堆遗址	永城龙岗王楼村北300米	省		1977年调查	
38	江堌堆遗址	永城酂城钱夏庄东南600米			1977年调查	
39	大毛遗址	柘城县安平镇大毛村中北		商至战国	1978年发现	
40	唐庄遗址	柘城县伯岗乡唐庄村西北		商		
41	尚寨遗址	柘城县远襄镇李安楼村西南		商		

续表

序号	名称	位置	保护单位级别	时代	已往工作	其他
42	王楼遗址	柘城县牛城乡王楼村西北		商		
43	买臣寺遗址	柘城县起台乡买臣寺村西南		商至汉		
44	白庄遗址	柘城县城东北（北旧湖东南角）		商、汉		
45	小曹庄遗址	柘城县陈青集镇小曹庄村西		商、汉		

从商丘地区目前发现的商文化遗存看，可归纳出如下两个特点：一是分布范围广泛。遗存遍布全区各县市。从表2-1看目前发现包含有商代文化遗存的遗址近50处，除宁陵，梁园区外商丘各县市区均有商文化遗存发现。二是商文化延续时间长。不仅发现有早商、中商和晚商的文化遗存，还发现有先商的文化遗存，天津博物馆藏有一件与二里头出土器相似的铜爵，据说原来出土于商丘地区[①]。先商文化遗存在商丘的发现为探寻商丘地区的先商文化以及商汤南亳提供了线索，我们相信随着考古工作的不断深入，南亳故城会有现世于商丘的那一天。下面选择几处典型遗址的考古发现，进行详细介绍。

一、柘城孟庄遗址的商文化

孟庄遗址，又称心闷寺遗址，据光绪《柘城县志》记载，土岗上曾有唐代和清嘉庆年间两度重修的"心闷寺"。位于河南省柘城县岗王乡孟庄村北侧，蒋河南岸，1961年文物普查时发现，1976年被公布为县级文物保护单位；1986年公布为省级文物保护单位（图2-1）。

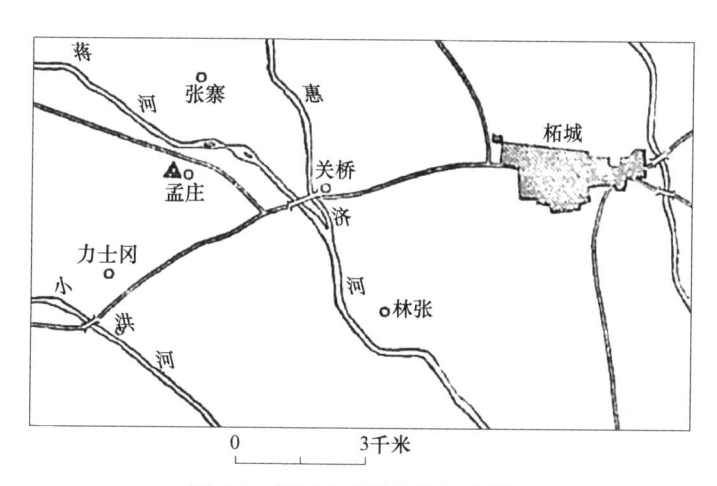

图 2-1 柘城李庄遗址位置示意图

[①]《天津市新收集的商周青铜器》，《文物》1964年第9期。

遗址平面呈长方形，南北长 280 米，东西宽 110 米，面积约 30000 平方米。柘城至太康的公路从遗址中部穿过，将遗址分成南北两部分。1976 年冬，中国社会科学院考古研究所河南一队在商丘地区文管会、柘城县文物部门配合下对遗址进行考古调查，于 1977 年 5 月，由中国社会科学院考古研究所河南一队和商丘地区文管会联合在遗址北部进行了考古发掘，发掘面积为 400 平方米，发现了丰富的商代二里岗上层时期的文化遗存。

1977 年的考古发掘发现了商代窑址 1 座；冶铸作坊 1 处；窖穴 22 座；房基 8 座；墓葬 7 座；灰坑 3 个；发现 1 处规模较大的夯土台基，残存面积约 250 平方米。在孟庄村和公路之间钻探发现两处夯土台基和异常密集的灰坑，以上现象表明这个商代遗址范围较大而内涵丰富，当属于商代的一个重要居住地。

孟庄遗址共发现房基 9 座，分三类。第一类，2 座。这类房址是先在地面上夯筑一个台子，然后在夯土台上建造泥墙房屋，其中 F1—F3 保存完整（位于第二地点）。夯土台平面呈长方形，台底略大，底东西残长 14.1、南北宽 7 米，台面东西长 13.4，南北宽 5.2 米，面积 69.68 平方米（图 2-2、图 2-3），夯土台除西边外，东南北三面为斜坡，当散水使用。在夯土台上是三间为一组的排房建筑，三间房屋紧密相连，两间之间共用一个墙壁，房房之间室内无相通的门道，中间一间（F2）面积大而高，两侧两间（F1、F3）面积小而低，是东西对称的偏房，或称耳房，排房坐北朝南，以中间房东壁为准，方向南偏西 3°。F2 南北宽 3.3、东西长 5.4—5.8 米，面积约 18.48 平方米；F1 北壁长 3.2、南壁长 2.7、东壁长 2.6、西壁长 2.45 米，面积 7.45 平方米；F3 房内东西长 2.6、南北宽 2.3—2.7 米面积 6.5 平方米。其他还有平地建筑的方形和圆形房址。第二类，计有 4 座，这类房子的墙壁也用黑色草泥土，逐层往上垛成，但房下无夯土台基，因遭后期破坏没有发现完整的房基。第三类，圆形房子 1 座。房子建立在生土

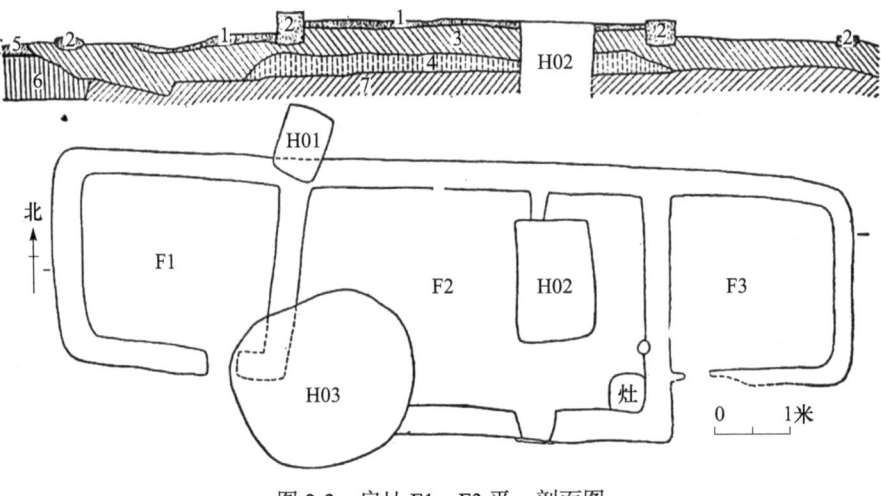

图 2-2 房址 F1—F3 平、剖面图

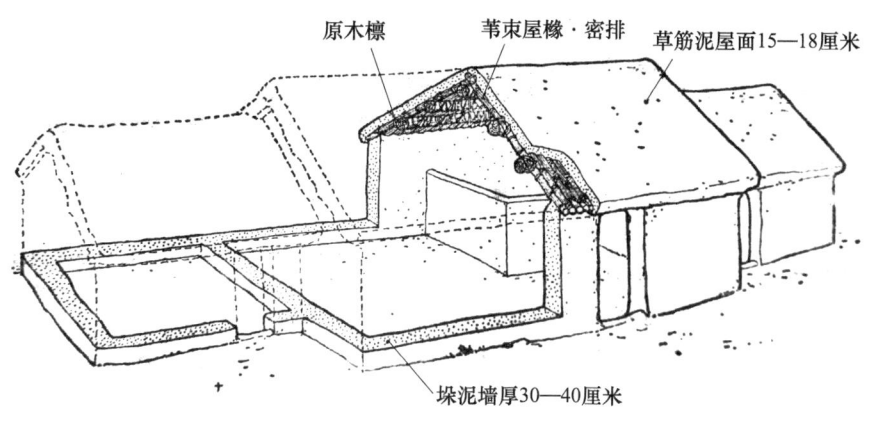

图 2-3　F1—F3 复原透视图
（考古研究所杨鸿勋同志复原绘制）

上，平面圆形，直径约 2.6 米，房内偏西南方有一圆形灶坑。[①]

根据解剖房基了解，其建筑方法是在夯土台上挖掘墙基槽，基槽挖成后，用黑色草泥土沿墙基槽网上垛成墙壁，泥墙内外壁面经过修平（20 世纪七八十年代柘城农村土房也是使用这种方法建造的），墙内壁面抹一层厚 1 厘米的草泥土，表面用火烧成红色或红褐色，然后再涂抹一层黄色泥浆。

在遗址第二地点发现一座冶铸作坊基址和一座陶窑（图 2-4、图 2-5），作坊基址出土很多铸铜碎泥范和一些坩埚残片。基址房屋平面为长方形南北长 3.6、东西宽 2.4 米。面积 6.24 平方米。陶窑由火膛、窑箅、和窑室组成，陶窑南侧有一个圆形土坑，土坑是烧火活动和堆放燃料的"场地"。

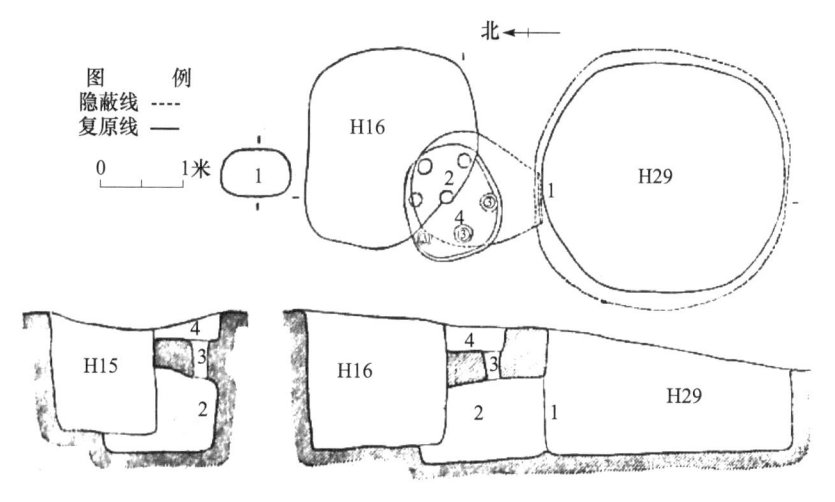

图 2-4　窑址平、剖面图

[①] 中国社会科学院考古研究所河南一队、商丘地区文物管理委员会：《河南柘城孟庄商代遗址》，《考古学报》1982 年第 1 期。

图 2-5 陶窑复原图

商代孟庄人使用的生产工具和武器有（图2-6、图2-7）：砍伐和切削工具，包含石斧、石锛、石凿、铜刀；农业生产工具，包含骨铲、蚌铲、石刀、蚌刀、石镰、蚌镰、角锄、角器；手工业生产的工具，包含冶铸工具坩埚和泥范、铜斝、铜爵内模；制陶工具陶压锤；制骨工具小磨石；纺织和缝纫工具石、陶纺轮、骨针、骨锥、角锥；渔猎生产的工具石镞、骨角镞、石网坠、陶网坠；武器铜镞、石钺。

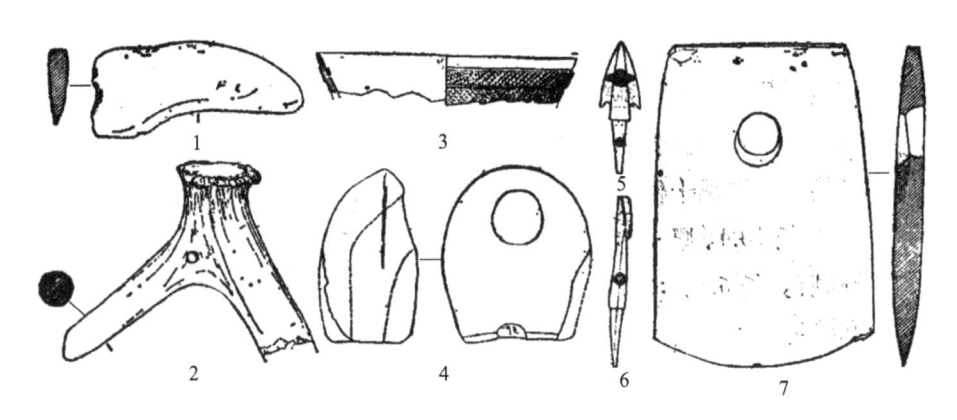

图 2-6 生产工具和武器之一
1. I式石镰（T3③：4） 2. 角器（H10：7） 3. 坩埚残片（T1：1） 4. 陶压锤（H3：1）
5. 铜镞（H20：5） 6. 制铜工具（T2②：5） 7. 石钺（F1：4）

使用的生活用具（图2-8—图2-10）：①陶器，颜色以灰色为主，炊器类有鬲、甗、鼎、甑圆底深腹罐；食器类有簋、豆、斝、觚、杯、钵、碗、壶、平底盘、圈足盘、小口尊、圜底小罐罐、浅腹盆；贮器类有尊、大口尊、深腹盆、瓮、缸；②釉陶，器形有尊1种；③青铜器皿，器形有铜爵；④骨质生活用具有骨匕；⑤编织生活用具有草鞋底（残存鞋底中段，系用四经一纬绳子穿编而成，鞋底的编织材料是树皮），蒲席（残存30厘米×20厘米，系三根经带和三根纬带平直相交，与平纹右织法同，绳子，直径约1厘米，是用两股线拧成。

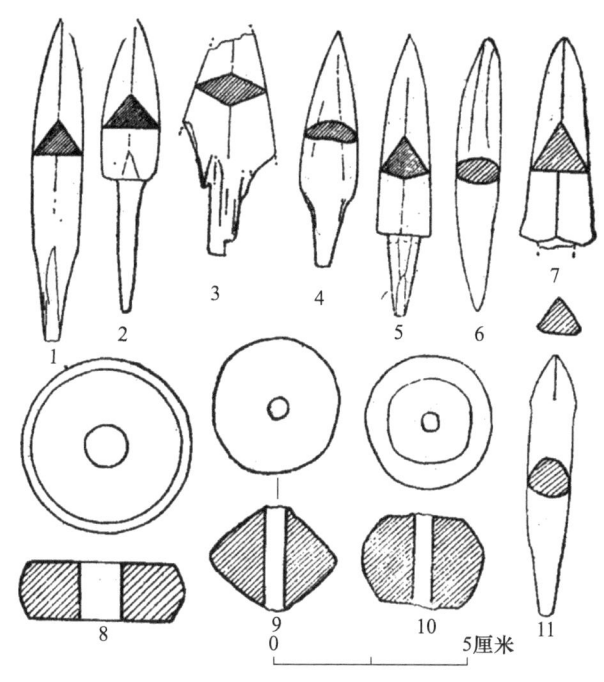

图 2-7 生产工具和武器之二

1—6、11. 骨镞（F4：1、T1①：13、T4②：1、H23：10、H30：15、H15：2、T1③：6）
7. 石镞（H9：④） 8—10. 陶纺轮（T1①：16、T1①：7、T1①：15）

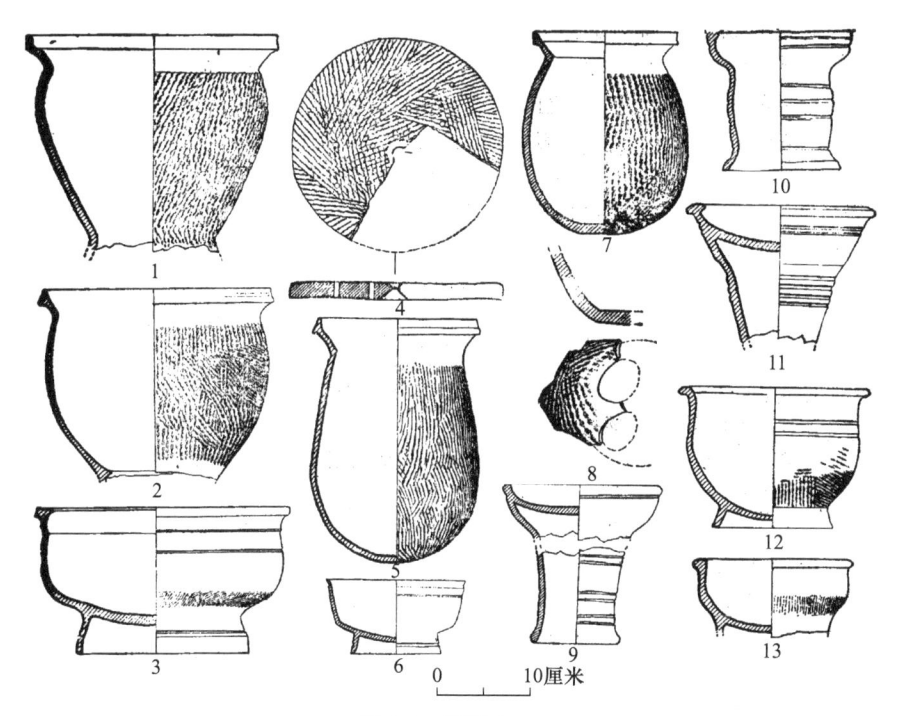

图 2-8 陶器之一

1、2. 甗（H22、H7） 3. Ⅲ式簋（H24：2） 4. 甗箅（H10：8） 5、7. Ⅰ、Ⅱ式圜底罐（H23：13、H8：11）
6. Ⅳ式簋（T6②：5） 8. Ⅳ式甑（H33） 9. Ⅰ式豆（T1①：1） 10. 豆座（H10） 11. Ⅱ式豆（T2③：8）
12. Ⅰ式簋（T2③：3） 13. Ⅱ式簋（H7：2）

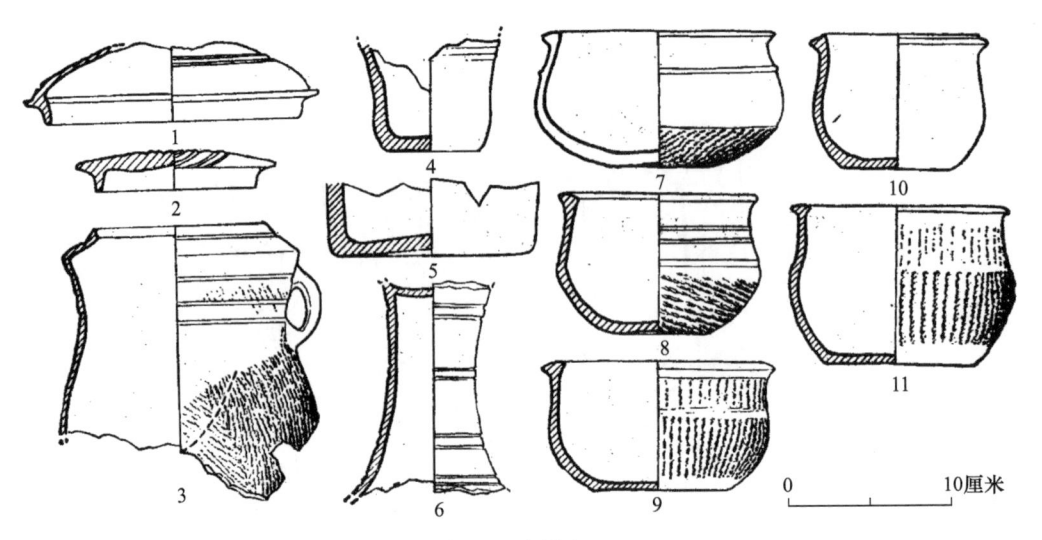

图 2-9　陶器之二

1. 器盖（H30）　2. 器盖（H25∶20）　3. 斝（T10③∶17）　4. Ⅰ式杯（T2③∶19）　5. Ⅱ式杯（T3③∶20）
6. 觚（H7）　7. Ⅰ式钵（T2①∶2）　8. Ⅱ式钵（F1∶7）　9. Ⅲ式钵（H32∶3）　10. Ⅴ式钵（H7∶10）
11. Ⅳ式钵（H7∶7）

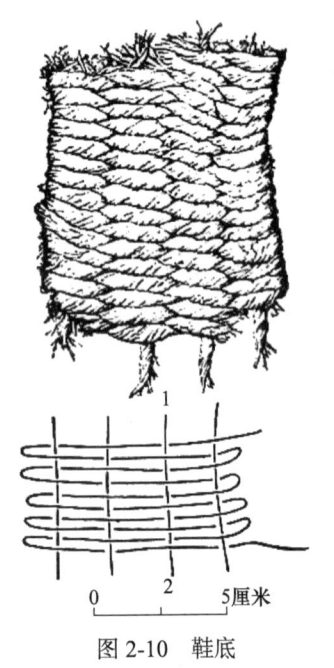

图 2-10　鞋底

使用的装饰品：发髻饰物玉笄、骨笄，佩戴饰物玉璧、玉玦。

埋葬方式：土葬，墓坑为平面长方形，葬式为单人仰身直肢，没有发现葬具，存在在死者身上有撒朱砂的习俗。

在一处商代三间相连的排房建筑，房基下发现有一具人骨架，证实当时建造房屋时使用活人奠基的现象在我国至少在商代前期已经存在。

在遗址上发现两处夯土台基，一处在第二地点：台顶东西长13.4米，南北宽5.2米，面积69.68平方米，在台基上发掘三间为一组的排房基址；另一处位于第一地点和古河道之间，台址平面长方形，东西长28，西端宽12，东端残宽3.5—5.6米，残存面积约250平方米，估计原来面积约336平方米，台子筑于生土地面上。在台南缘中部夯土中，"发现一具人骨架，距地表深1.1米，向下约0.3米到出土，编号M4。俯身直肢，双手卷曲朝上，掌心骨被压在胸骨下。头向西，方向270°。女性，约17—18岁。胳膊和手腕骨上均残有二或三道捆绑绳痕，下肢骨上的捆绑绳痕比较模糊，由此估计死者是建房时被用来奠基的牺牲。"[①]

[①] 中国社会科学院考古研究所河南一队、商丘地区文物管理委员会：《河南柘城孟庄商代遗址》，《考古学报》1982年第1期。

上述现象表明，孟庄商代遗址范围较大而且内涵非常丰富。属于商代的一个重要居住地。发现两处夯土台基和异常密集的灰坑。尤其是在一台基内发现有人祭，出土有青铜器礼器，冶铸作坊基址，又表明，这是一处级别很高的商人聚居地，在这里居住有级别较高的商代贵族。

孟庄遗址最重要的考古发现是发现了商代卜骨、陶文（图2-11）、鞋底等，特别是鞋底的发现，是我国迄今发现年代最早的鞋子实物，表明当时的人们在商代前期或更早的时候就有穿鞋的习惯了。该遗址大量商文化遗存的发现，是商丘地区关于商文化的典型遗存，是商丘是商文化重要分布区域的佐证，是研究商文化的重要材料。

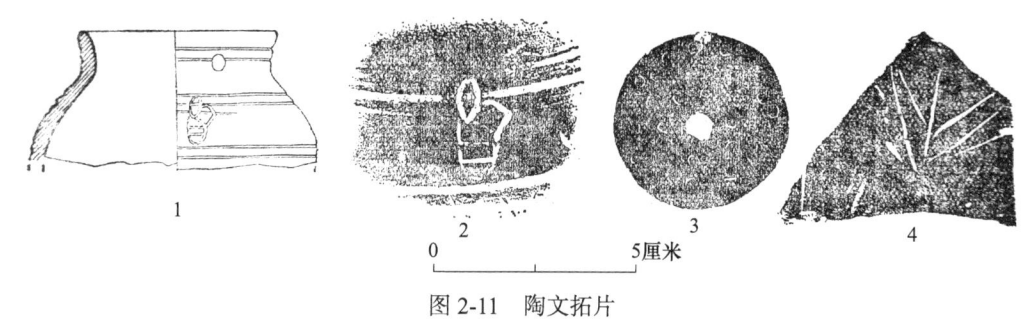

图2-11 陶文拓片

1、2. 残陶罐及刻文（T1①） 3. 陶纺轮（T1③：7）刻文 4. 植物图案（H25）

二、夏邑清凉山遗址的商文化

1988年7月北京大学考古学系为了解豫东商丘夏商时期的文化面貌，由李伯谦教授带队对夏邑清凉山遗址进行考古调查，同年9—11月对清凉山遗址进行考古发掘，发现该遗址除包括龙山文化遗物外，还有岳石文化和商文化遗存。商文化遗迹有灰坑、房基和灰沟。

灰坑29个，属于第一期的有2个，均为圆形；属于第二期的有12个，除1个形状不明外，多为椭圆形，圆形次之，还有个别为不规则形；属于第三期的有15个，除4个形状不明外，以椭圆形为最多，其次为圆形（图2-12）。

房基仅见于第二期和第三期。第二期发现3座（编号：F2、F3、F5），均为地面建筑。F2残存部分墙基、灶膛和居住地面。墙基用黄胶泥土

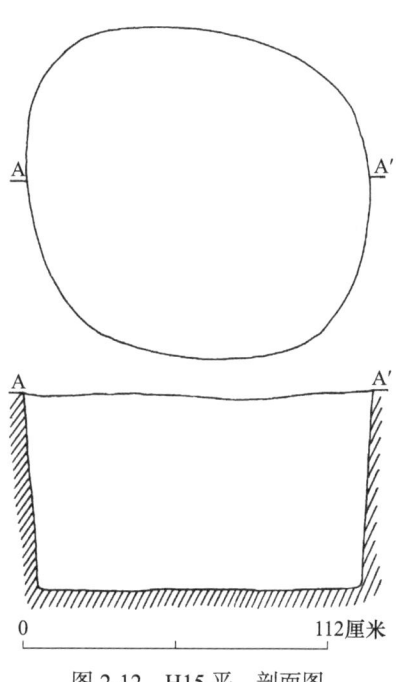

图2-12 H15平、剖面图

夹砂礓石夯筑，仅残存北部一段，长260厘米、厚60厘米、高10厘米。灶膛保存较完整，略呈长方形，长110厘米，宽80厘米，灶壁用草拌泥堆砌，有烧火口和烟道。灶膛中间有一直径17厘米、深5厘米的圆形灶坑。灶之西、南为居住面，较为平整，其上有一层颗粒状谷物。F3被F2打破，灶膛位置与F2基本相同，略呈方形，长120厘米、宽110厘。米灶壁用草拌黄泥砌筑。灶膛中部有一直径12、深4厘米的灶坑灶膛北、东为墙基，残高14厘米，系沼泽泥土夯筑，色黑而硬。东墙基上有3个直径12厘米左右的圆形柱洞，灶南为居住面。F5方形地面建筑。残破较很，居住面为黄土铺设，似经夯实，较平整，其上发现有4个柱洞，柱洞周围填土经夯打。居住面西北部有一个直径25厘米的灶坑，房基南部有散水，呈北高南低的斜坡状，在散水下发现一具较完整的狗骨架，四肢呈捆绑状，可能为建房时举行奠基仪式时所埋。

第三期发现3处房基（编号F1、F4、F7）。F1圆形半地穴式，居住面平整，上面铺垫一层硬黄土，壁上抹有草拌泥，房基直径285厘米，深50厘米左右。F4、F7平行分布，均为半地穴式长方形，破坏严重，F4壁较整齐，填土疏松。F7壁亦齐整，上抹有一层细土草拌泥，近底处有一周红黑烧土印痕。东壁偏北处有一处红烧土面。

灰沟1条（编号G1），东北西南走向，距地表深340厘米，长290厘米、口宽75厘米、深30厘米，底弧内收，底宽50厘米。

清凉山遗址出土遗物有陶器、石器、玉器、骨器、卜甲和卜骨、蚌器六类。陶器分为陶质生活用具、陶质工具及其他。该遗址出土商文化陶质生活用具数量较多，但完整器少，三期均以泥质陶为主，纹饰以绳纹为主，器型以鬲甗类为主。第一期纹饰以绳纹为主，尤以细绳纹最多，第二、三期泥质陶数量逐步增加，中绳纹逐步增加，到三期以中绳纹为主。陶质生活用具以鬲和甗为主，约占总数40%；其次为盆、罐、豆、瓮、簋、敛口钵、坩埚、印文硬陶尊、大口尊（图2-13—图2-17）。陶质工具发现较多，主要有陶网坠、纺轮（图2-18）。

石器数量较多，制法以磨制为主，多为局部磨光，种类有：石斧、石镞、石刀、石镰、石凿、石铲、砺石等；玉器发现玉凿1件（图2-19）。骨器也较多，器型有：骨锥、骨簪、骨镞、骨匕、骨钻（图2-20）；卜甲2片、卜骨13片（图2-21）；蚌器有蚌镰、蚌刀、蚌锥（图2-22）。

清凉山遗址的商文化遗存可分为三期……第一期和第二期相当于殷墟文化第二期，第三期约相当于殷墟文化第三期。属于一期的灰坑H27出土木炭经 ^{14}C 测定，其年代数据为距今3540±70年（未经树轮校正）……与殷墟同时期遗存相比……差别亦较为明显，如在陶质方面，清凉山遗址的灰陶在整个陶器群中的比例小于殷墟，而其褐陶的数量却远远多于殷墟。此外在器类方面，清凉山的鬲、甗在整个陶器群中的比例明

第二章　商代商丘考古

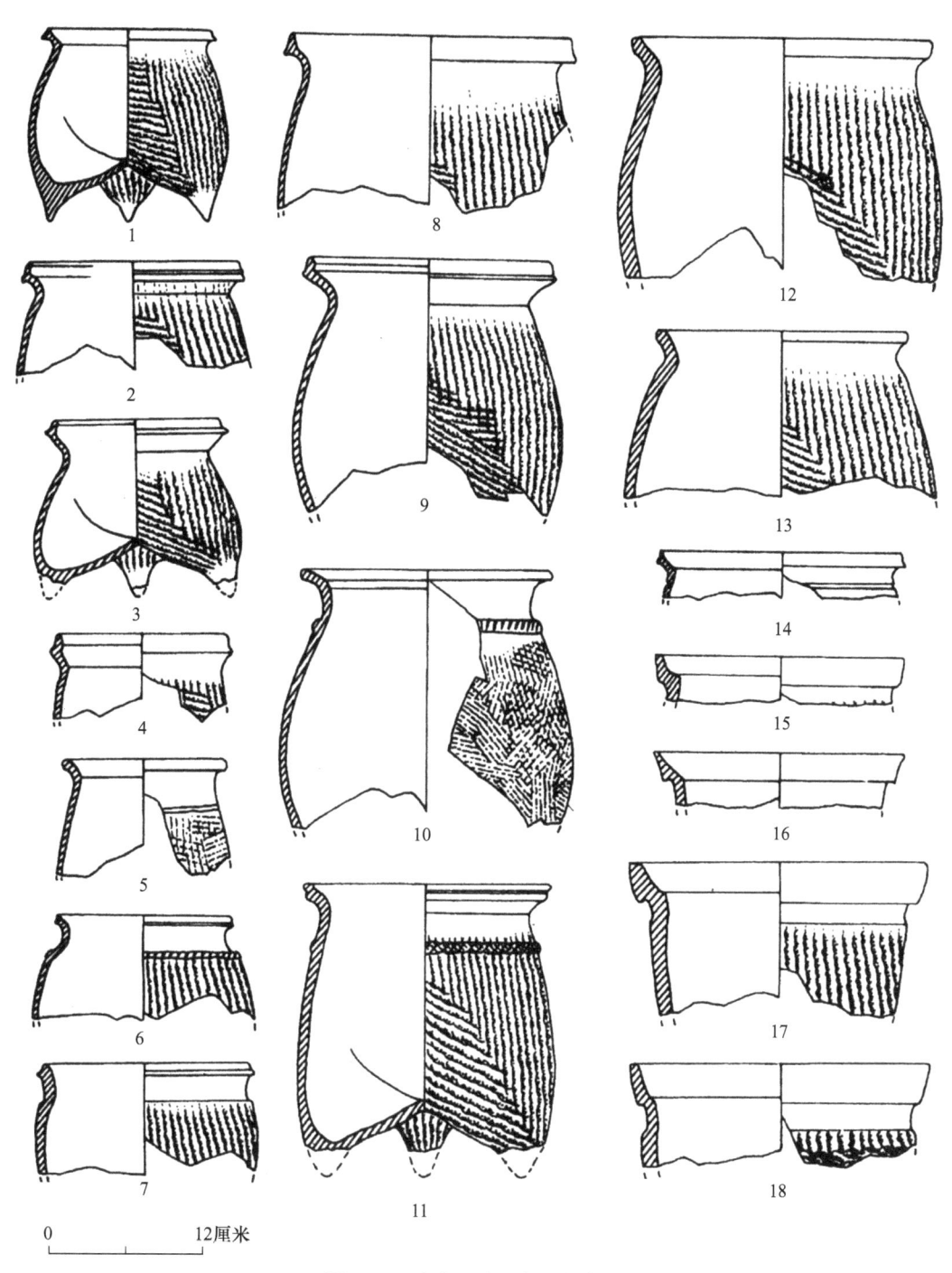

图 2-13　清凉山遗址商文化陶鬲
1. AⅠ式（H27∶5）　2. AⅢ式（T1⑤∶231）　3. AⅤ式（H78∶2）　4. AⅥ式（T2③∶85）
5. BaⅡ式（H1∶5）　6. CⅡ式（T1④∶258）　7. CⅢ式（H3∶5）　8. AⅡ式（H27∶4）　9. AⅣ式（H41∶5）
10. BaⅠ式（T1③∶270）　11. BbⅠ式（H3∶4）　12. BbⅡ式（T1②∶296）　13. BbⅢ式（T5②∶199）
14. CⅠ式（T1④A∶229）　15. DⅢ式（H2∶3）　16. DⅠ式（T2⑥∶71）　17. DⅡ式（T1②∶304）
18. DⅡ式（T4②∶135）

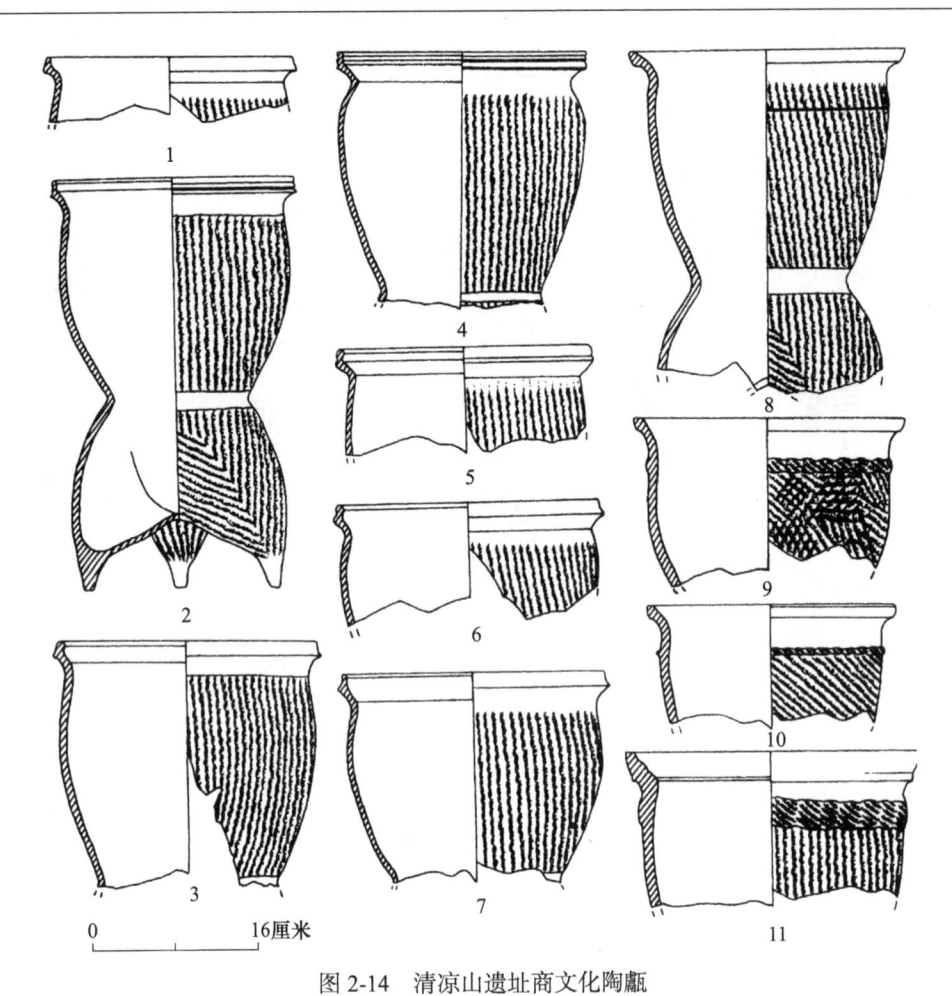

图 2-14 清凉山遗址商文化陶瓿
1. AⅠ式（T2⑥：72） 2—4. AⅡ式（H21：306、T1⑤：245、H38：8）
5、6. AⅢ式（H52：12、H26：31） 7. AⅣ式（F7：7） 8. BⅠ式（H6：15）
9、10. BⅡ式（H3：9、H3：10） 11. C型（T5②：201）

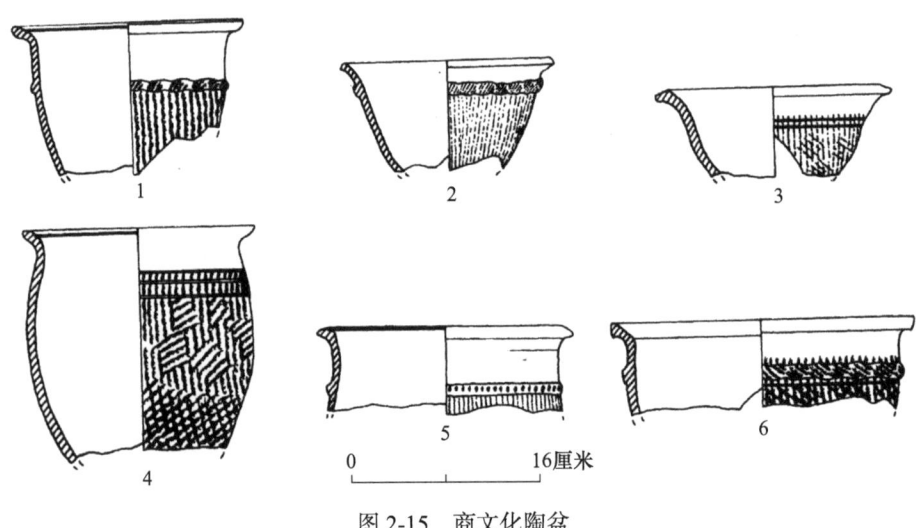

图 2-15 商文化陶盆

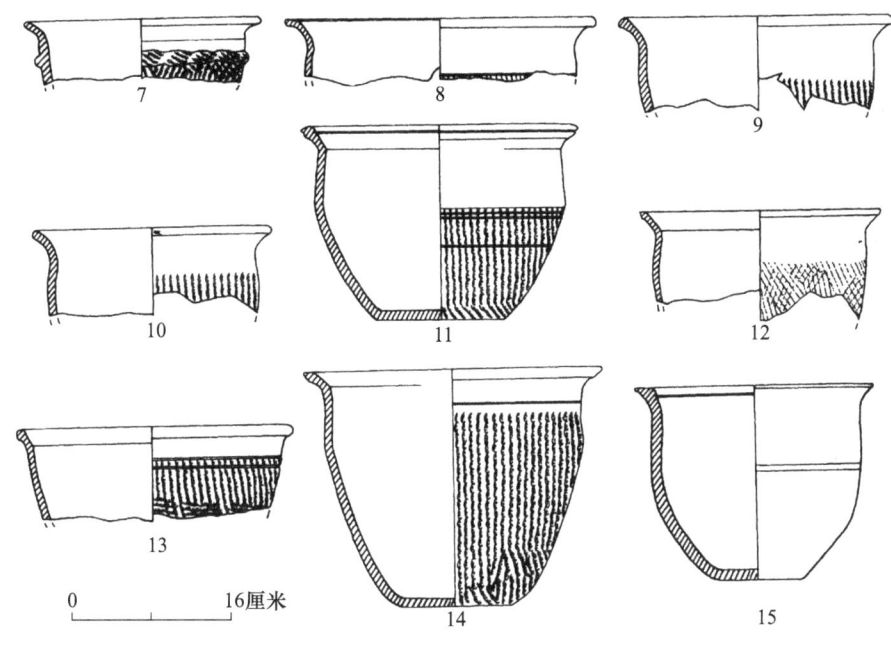

图 2-15 商文化陶盆（续）

1、6. AaⅠ式（T1⑤：249、T4⑥：104） 2. AaⅢ式（H7：2） 3. AbⅢ式（T5③：197）
4、5. Ac 型（T1④：264、F1：15） 7. AaⅡ式（T4⑤：115） 8. AbⅠ式（H41：11）
9、10. AbⅡ式（T5④：184、T1④：263） 11. BⅠ式（H52：23）
12、14. BⅡ式（T5⑤：185、H52：27） 13. BⅢ式（H59：4） 15. C 型（T1④：265）

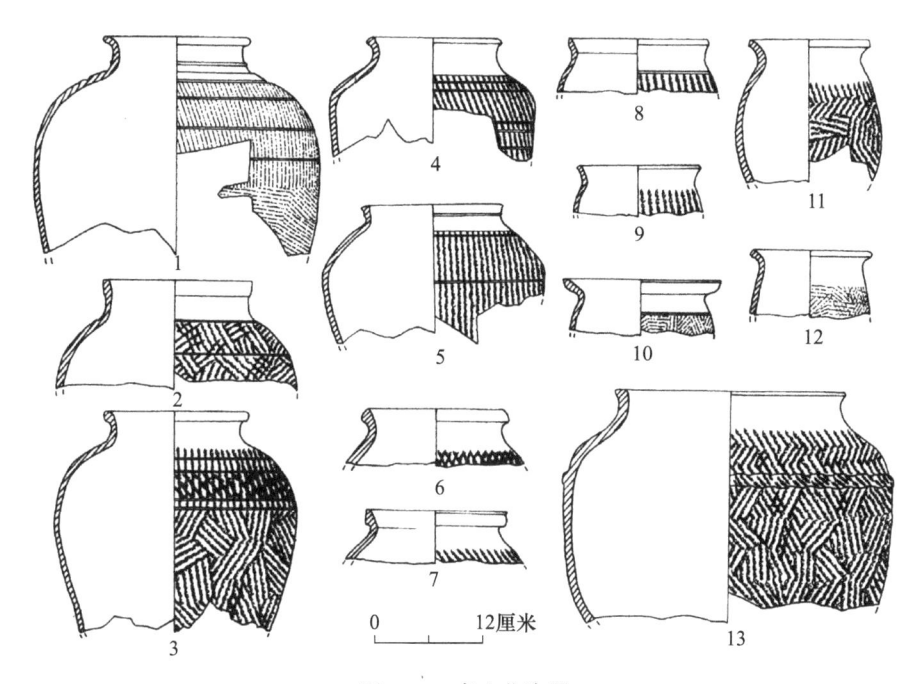

图 2-16 商文化陶器

1. Ⅰ式小口瓮（H29：3） 2、3. Ⅱ式小口瓮（T4⑥：103、H21：5） 4、5. Ⅲ式小口瓮（H52：19、H52：20）
6、7. Ⅳ式小口瓮（T1②：291、T2②：122） 8、9. A 型罐（T1⑤：230、H3：8） 10. B 型罐（H3：30）
11、12. C 型罐（H26：50、H3：28） 13. 大口瓮（H3：32）

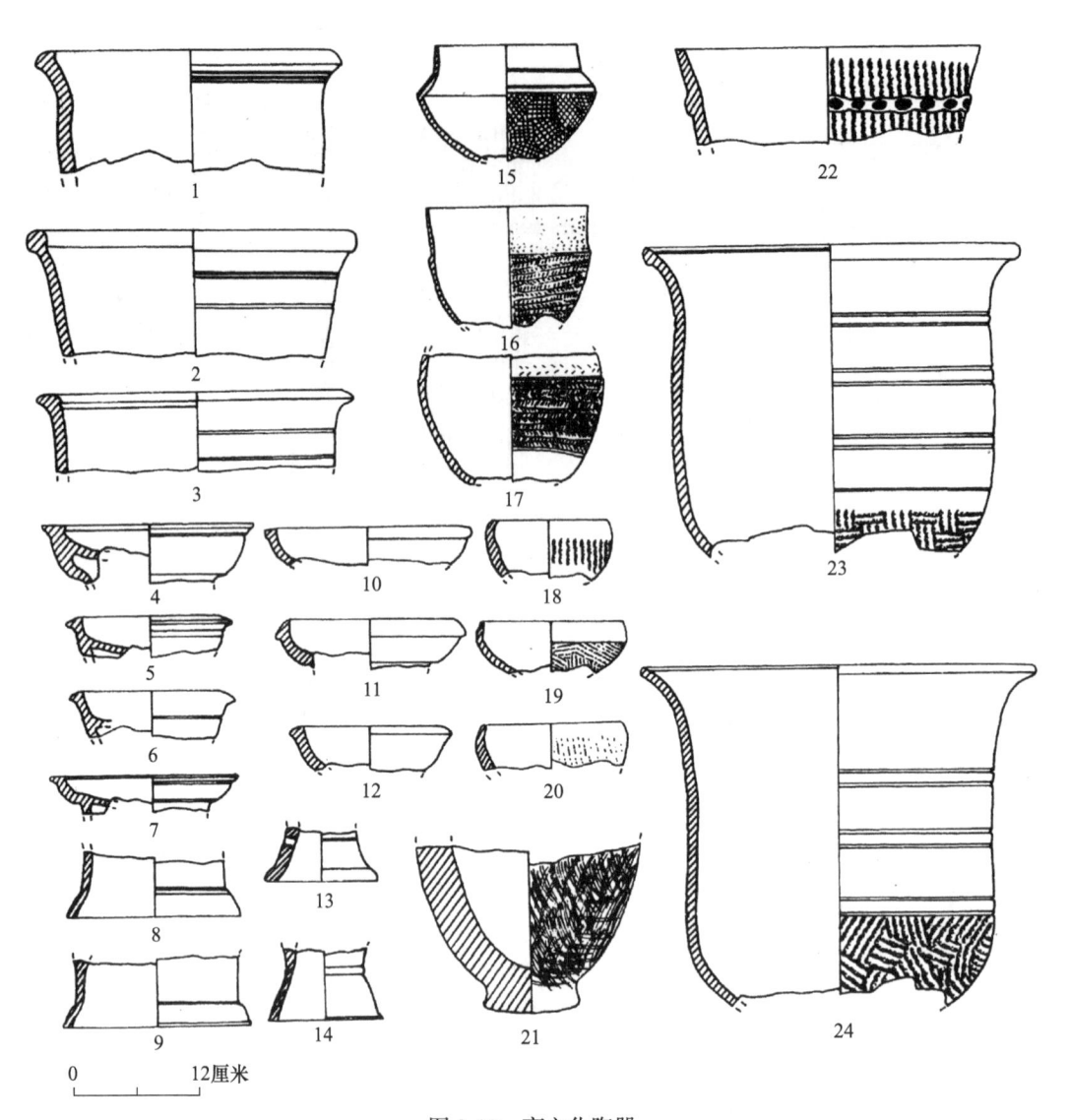

图 2-17　商文化陶器

（北京大学考古系、商丘地区文管会：《河南夏邑清凉山遗址发掘报告》，《考古学研究·四》，科学出版社，2000年，第505—510页）

1—3. 簋（T4⑤：118、T2③：103、T2②：125） 4. AⅠ式豆（H29：4） 5. AⅡ式豆（T1④A：254） 6. AⅢ式豆（T2③：101） 7. Bb型豆（T5④：189） 8、9. A型豆圈足（H42：14、H7：3） 10. BaⅠ式豆（T5②：217） 11. BaⅡ式豆（H14：4） 12. BaⅢ式豆（T1②：286） 13、14. B型豆圈足（T2②：127、F1：19） 15—17. 印纹硬陶尊（H42：16、G1：5、T6②：117） 18—20. 敛口钵（H21：8、H59：6、T4②：132） 21、22. 坩埚（T1⑤：243、H42：12） 23、24. 大口尊（H52：21、H52：22）

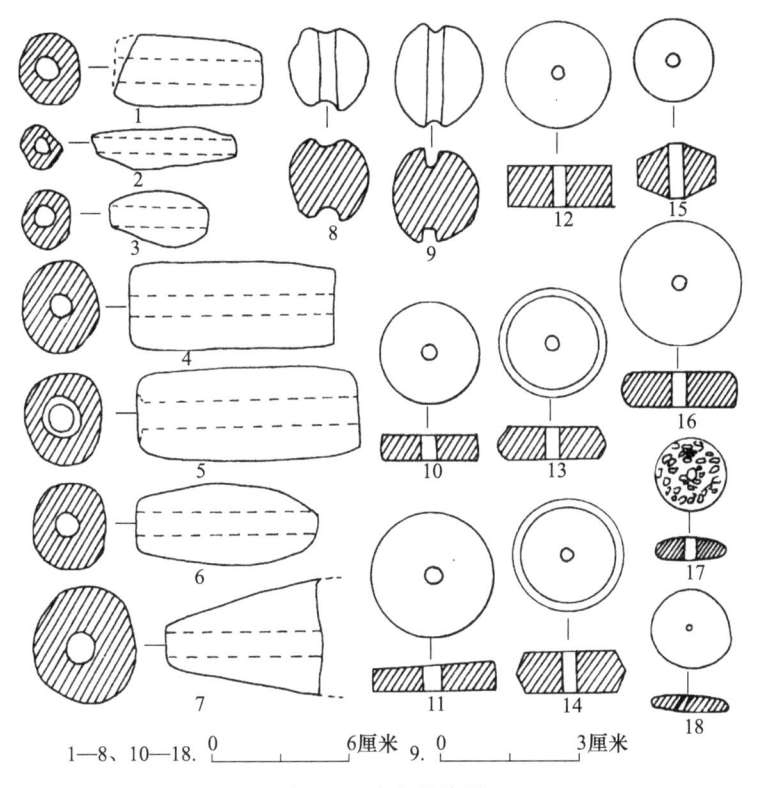

图 2-18　商文化陶器

1、4、5. Ba 型网坠（H27：1、H5：1、T7②：4）　2、3. Bc 型网坠（T1⑤：32、H26：15）
6、7. Bb 型网坠（H38：1、F5：1）　8、9. A 型网坠（T5⑤：27、T1④：21）
10—12. A 型纺轮（H26：7、T1⑤：38、T7②：5）　13、14. B 型纺轮（T1②：10、T1③：11）
15. C 型纺轮（T4⑥：9）　16. D 型纺轮（H26：20）　17、18. E 型纺轮（T1⑤：34、H3：1）

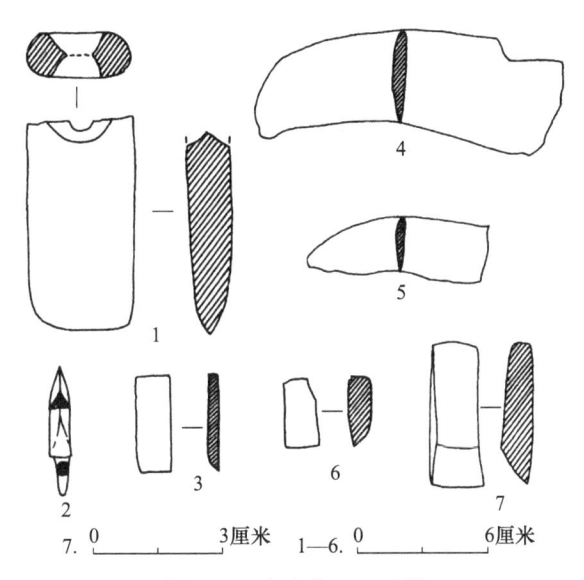

图 2-19　商文化玉、石器

1. 石斧（T4④：4）　2. 石镞（F5：11）　3、6. 石凿（T4⑥：7、T4⑥：8）
4、5. 石镰（T4⑤：5、H9：2）　7. 玉凿（T2③：6）

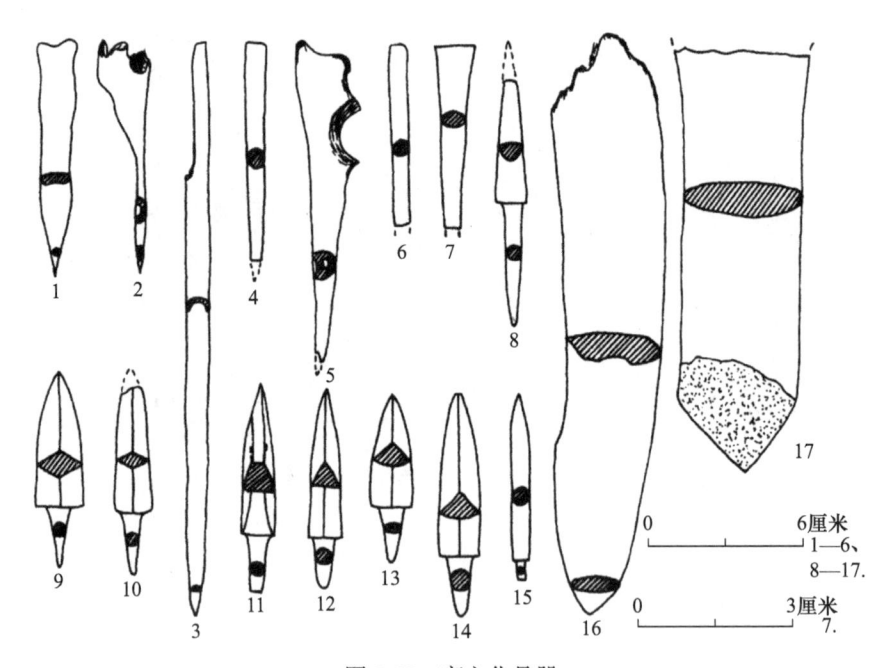

图 2-20　商文化骨器
1—3. A 型骨锥（F7∶3、T2③∶39、T2③∶12）　4、5. B 型骨锥（H26∶6、T5③∶53）
6、7. 骨簪（T1⑤∶35、H16∶5）　8. Aa 型骨镞（H8∶1）　9、10. Ab 型骨镞（H42∶5、T1②∶9）
11. Ac 型骨镞（F7∶2）　12—14. Ad 型骨镞（H52∶3、H52∶4、H59∶1）　15. B 型骨镞（T1②∶8）
16、17. 骨匕（F7∶4、F7∶5）

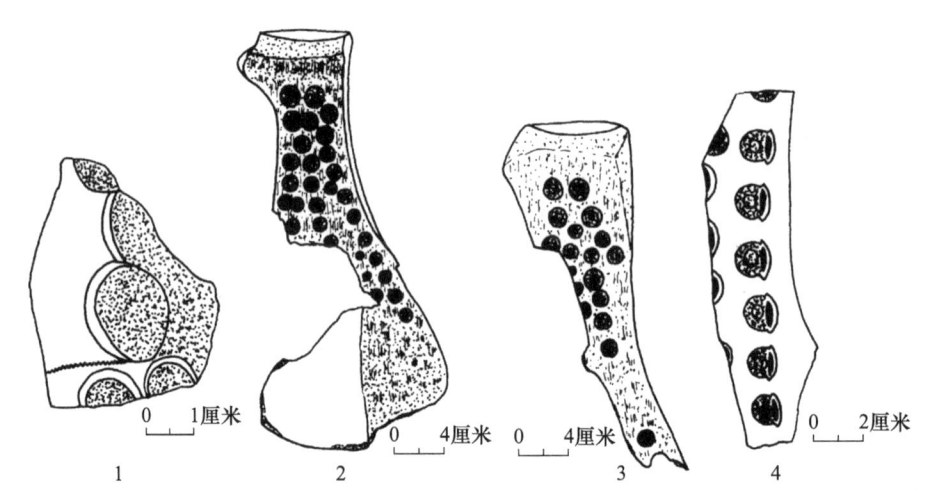

图 2-21　商文化甲骨
1. 卜甲（F5∶7）　2—4. 卜骨（H52∶2、H16∶3、T5④∶18）

显高于殷墟，而殷墟常见的簋、甑、豆、壶等在清凉山少见或不见，这些差异当为地域不同所致。[①]

[①] 北京大学考古系、商丘地区文管会：《河南夏邑清凉山遗址发掘报告》，《考古学研究·四》，科学出版社，2000 年，第 519 页。

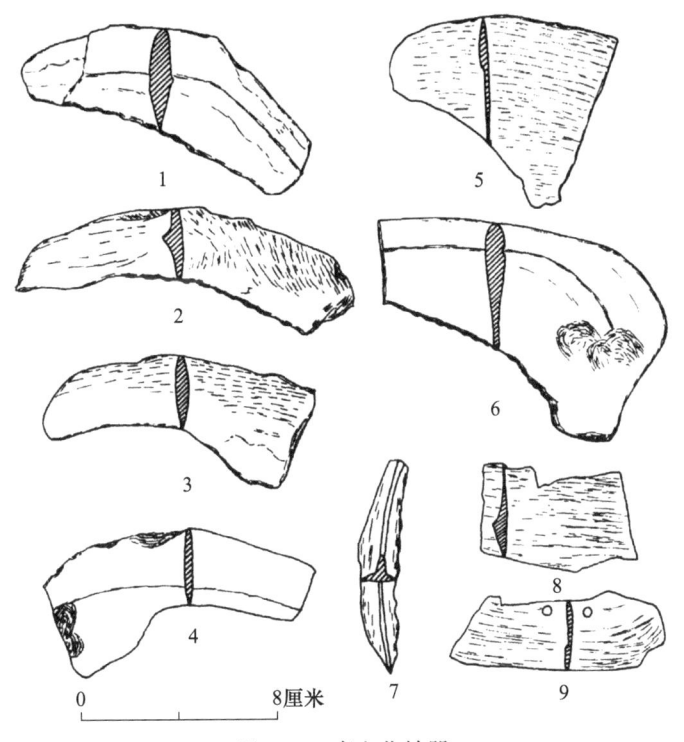

图 2-22 商文化蚌器

1、2、6. B 型蚌镰（H71：1、T5②：6、T1⑤：30） 3、4、5. A 型蚌镰（H42：1、H26：4、T2⑤：16） 7. 蚌锥（H1：1） 8、9. 蚌刀（G1：2、T7②：18）

三、夏邑三里堌堆遗址的商文化

1989 年 1—6 月，河南省文物考古研究所（院）对夏邑三里堌堆遗址进行考古发掘，该遗址为椭圆形堌堆堆积，遗址面积约 7000 平方米，文化层厚约 5 米，发掘面积 100 平方米，发现主要遗存是商代的，另外有龙文化晚期、岳石文化、春秋、汉文化遗存。这次发掘发现商代房基 4 座，有版筑墙和木骨泥墙，居住面有黄土硬面和烧土面。发现 63 座灰坑中大部分是商代的，商代晚期的居多，有圆形、方形、不规则形几种。"出土物以商代陶片为最多，有鬲、甗、簋、尊、罐、盆、瓮、豆、甑、器盖等器型，初步可划分为三期。其时代大致在郑州二里岗至殷墟四期之间，文化面貌与郑州安阳等地的商文化比较接近，但又具有地方特征。"[①]

四、民权牛牧岗商文化

2008 年底，郑州大学历史学院考古系发掘牛牧岗遗址，发现有二里岗文化和殷墟

---

① 张志清：《夏邑县三里堌堆新石器时代至汉代文化遗址》，《中国考古学年鉴》，1990 年，第 242 页。

期文化遗存。二里岗文化遗存较少，没有发现遗迹，遗物均为陶器。陶器陶质分为泥质和夹砂两类，其中炊器夹砂者比例较大，盛储器泥质比例较大，陶胎均匀，火候较高，陶色以浅灰色为主，另有深灰色和褐色，纹饰以中粗绳纹为主，竖直行，少见交错绳纹，印痕深，纹理清晰。器类中，鬲、罐数量占全部器类的81.48%，另有盆、大口尊。

"属于二里岗时期的文化遗存与郑州二里岗商文化面貌相近，时代为二里岗上层偏晚阶段，即上层二期或白家庄期。例如鬲和甗为宽方唇，口沿处呈倒钩状，唇面内凹，颈部内收，腹下部外撇，形体较瘦高，足根较细长且外撇，饰粗绳纹；盆多为浅腹；大口尊腹瘦长，口径大于肩颈等特征均是白家庄期商文化的典型特征。"[①]（图2-23）

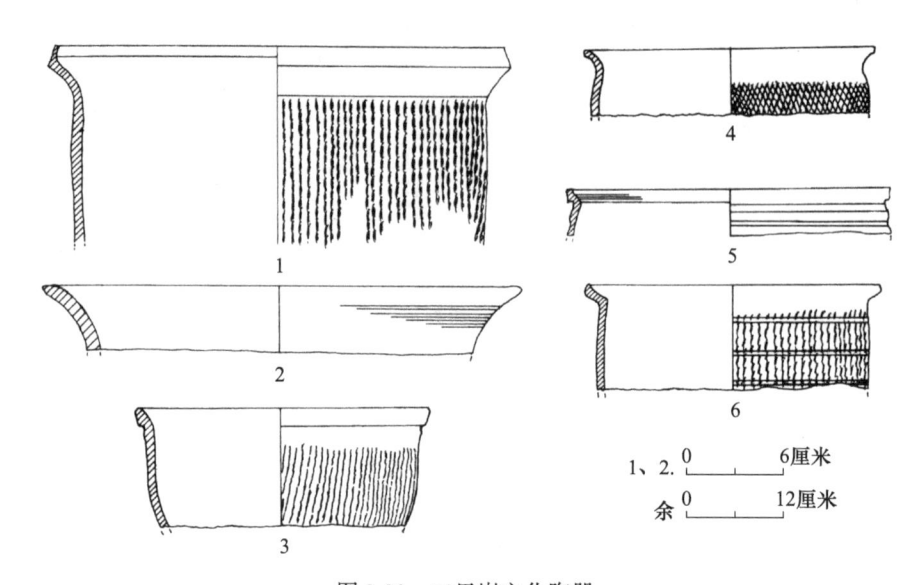

图2-23 二里岗文化陶器
（郑州大学历史学院考古系张国硕、赵俊杰：《民权牛牧岗与豫东考古》，科学出版社，2013年，第61页）
1. C型盆（ⅡT0301③：8） 2. 大口尊（ⅣT1201④：18） 3、4. A型盆（ⅠT1301⑤：2、ⅡT0302采：7）
5、6. B型盆（ⅠT1201④：2、ⅡT0302④：5）

民权牛牧岗发现殷墟时期遗迹有房基1座（图2-24），遗物有陶器和蚌器。房基平面为圆角长方形，长约2.8米、宽约2.4米，墙基宽30、深15厘米。门道位于东墙中部，宽度不详，方向90°。在墙基发现有柱洞，推测墙体为"木骨泥墙"。房内居住面为纯净的黄土，局面北部有一圆形灶坑，推测为烧灶或保存火种之用。遗物陶器陶质有泥质和夹细沙两类，炊器夹砂者比例较大，占92.86%，鬲、甗多为夹砂，盛储器泥质比例较大，陶胎均匀，火候较高。陶色有浅灰、深灰、褐色、红褐色四种，纹饰以粗绳纹和中绳纹为主。器类中，鬲的数量最多，另外有簋、罐、甗等（图2-25、图2-26）。

---

① 郑州大学历史学院考古系张国硕、赵俊杰：《民权牛牧岗与豫东考古》，科学出版社，2013年。

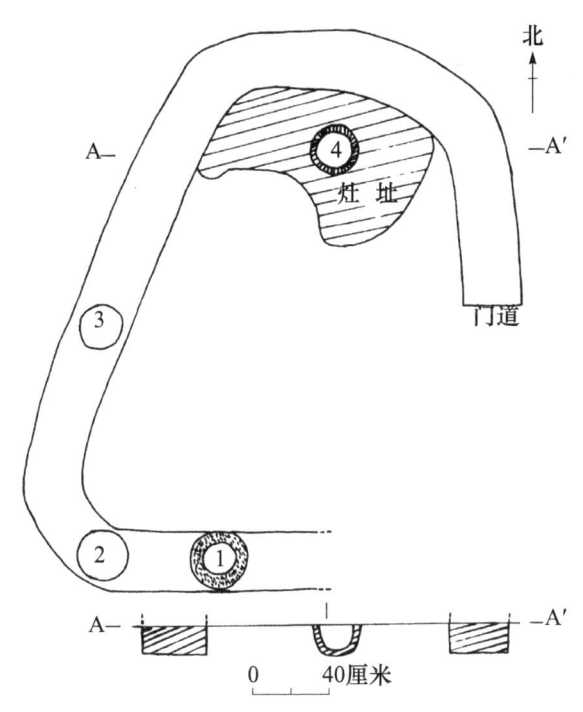

图 2-24　房基 F5 平、剖面图

（郑州大学历史学院考古系张国硕、赵俊杰：《民权牛牧岗与豫东考古》，科学出版社，2013 年，第 62 页）

1—3. 柱洞　4. 灶

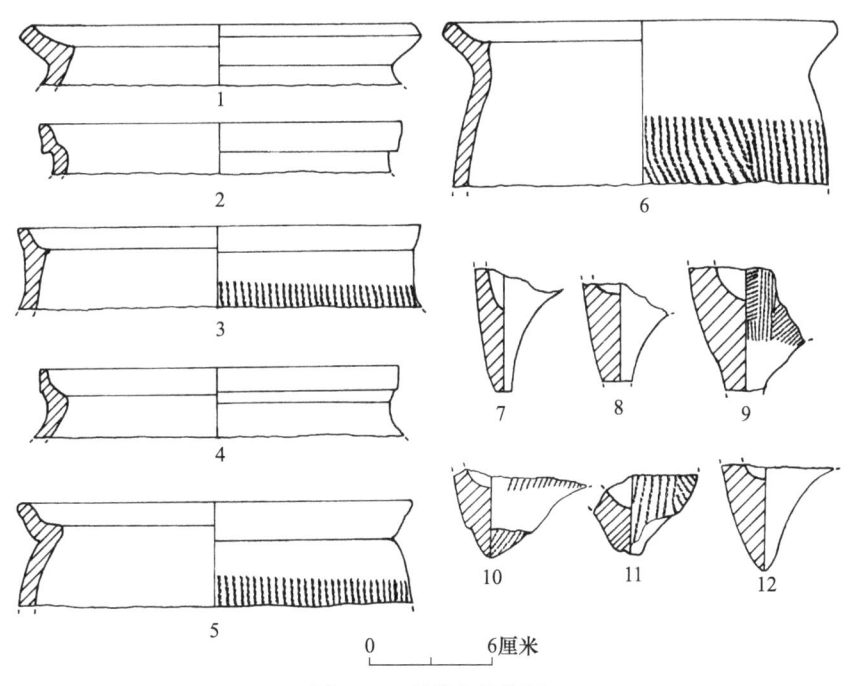

图 2-25　殷墟文化陶鬲

1、4. Ⅱ式鬲（ⅡT0301⑤：3、ⅡT0302⑤：12）　2、3. Ⅰ式鬲（ⅠT1301④：1、ⅠT0905⑥：2）

5、6. Ⅲ式鬲（ⅡT0301⑤：1、ⅡT0302③：1）　7、12. Ⅰ式鬲足（F5：6、F5：7）

8、9. Ⅱ式鬲足（ⅡT0301⑤：22、ⅡT0302⑤：18）　10、11. Ⅲ式鬲足（ⅡT0302⑤：19、ⅡT0301⑤：23）

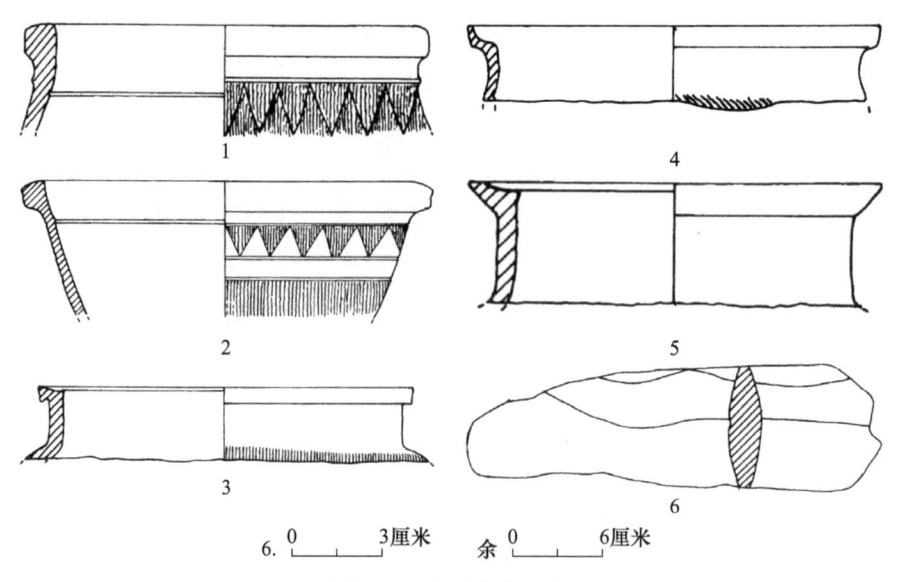

图 2-26 殷墟文化遗物

（郑州大学历史学院考古系张国硕、赵俊杰：《民权牛牧岗与豫东考古》，科学出版社，2013年，第64、65页）
1、2. 陶簋（ⅣT1201④：37、ⅡT0302④：18） 3、5. 陶罐（ⅠT1301③：1、ⅡT0302采：3） 4. 陶甗（ⅡT0302⑤：1） 6. 蚌刀（ⅡT0302⑤：2）

五、柘城山台寺遗址的商文化

1995 至 1997 年中美联合考古队发掘了柘城山台寺遗址，除埋藏丰富的龙山文化外，还发现局部堆积较厚的商文化层，这次发掘限于面积，发现商文化遗迹有两个灰坑，遗物主要是陶片。

遗物陶器为残片，陶质有泥质和夹砂两种，陶色多数为灰色，纹饰主要是绳纹，还有少量附加堆纹和旋纹器型有鬲、甗、盆、罐、罍、豆、钵。另有骨匕和龟甲各一件（图 2-27、图 2-28）。

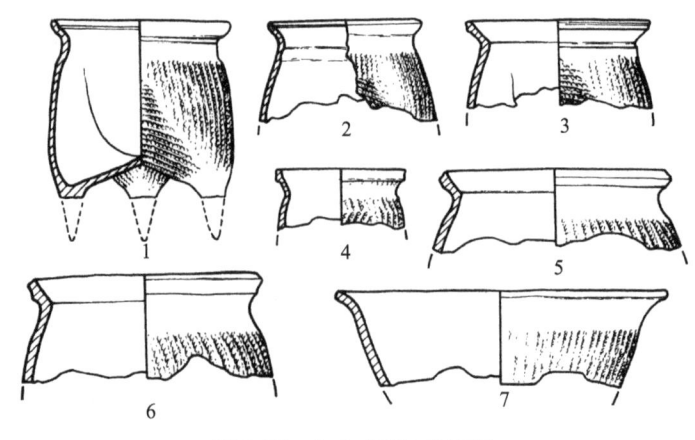

图 2-27 山台寺商文化陶器

第二章　商代商丘考古

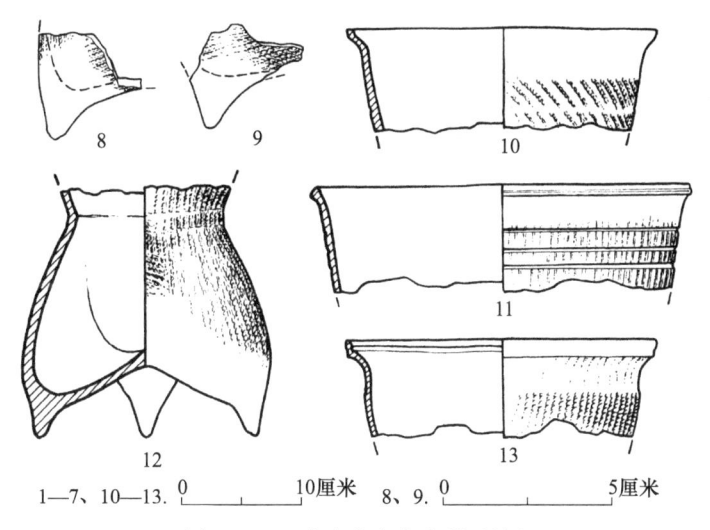

图 2-27　山台寺商文化陶器（续）

1—6、8、9. 鬲（H57∶9、T8②B∶12、T8②B∶11、H57∶5、H57∶4、H57∶3、T8②B∶10、T8②B∶9）
7、10—13. 甗（残）（T8②B∶2、H57∶6、T8②B∶4、T4②B∶2、T4②B∶1）

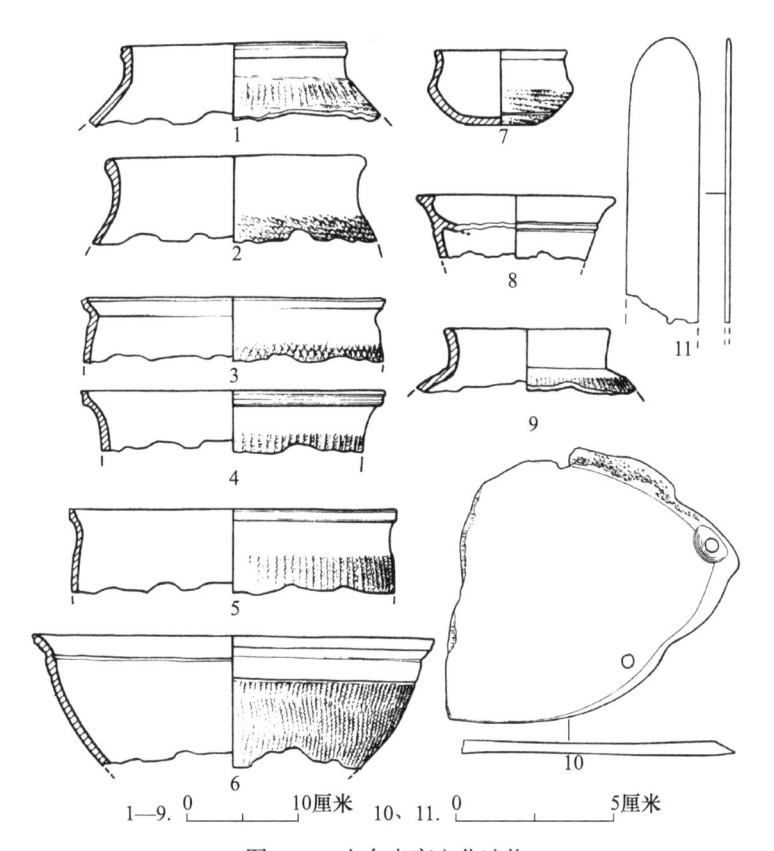

图 2-28　山台寺商文化遗物

（中国社会科学院考古研究所、美国哈佛大学皮保德博物馆：《豫东考古发掘报告：
"中国商丘地区早商文明探索"野外勘查与发掘》，科学出版社，2018年，第230、231页）

1、2. 陶罐（T8②B∶8、T8②B∶7）3—6. 陶盆（T8②B∶6、H57∶7、T8②B∶5、H57∶10）7. 陶钵（T8②B∶3）8. 陶豆（T3A②B∶1）9. 陶罍（T8②B∶13）10. 龟甲（尾甲）（H57∶2）11. 骨匕（H57∶1）

第二节 南亳与北亳城——商朝第一个都城

一、南亳、北亳说

（一）南亳谷熟说

南亳是商汤建国后的第一个都城，是商人宗邑所在。北亳，即景亳，是宋襄公会诸侯处。南亳与北亳城是商丘历史时代最早的城。《史记·殷本纪》"汤始居亳，从先王居"，《太平御览》卷一五五引《帝王世纪》中说："殷有三亳：二亳在梁国，一亳在河南"。

西晋皇甫谧首创南亳谷熟说，《史记·殷本纪·集解》引皇甫云："梁国谷熟为南亳，即汤都也。"北魏郦道元《水经注·睢水》沿用皇甫谧说："睢水又东迳亳城北，南亳也，即汤都矣。"唐人魏王李泰撰《括地志》把南亳地点讲得更具体"宋州谷熟县西南三十五里南亳故城，即南亳，汤都也"（《史记·殷本纪·正义》引），这个讲法一定会有所依据。《括地志》"谷熟西南三十里有南亳故城。书所称三亳者，蒙县之亳曰北亳，汤所兴；谷熟之亳曰南亳，汤所都；偃师之亳曰西亳，汤所迁也。"

晋人杜预在《春秋释地》中说"宋、商、商丘三名一地，梁国睢阳县也"，国学大师王国维《观堂集林·说商》卷十二中说："商之国号，本于地名——古之宋国，实名商丘，丘者虚也。"考古学家张光直研究认为，商人从契到汤十四位先王大部分时间都商丘，今虞城县谷熟镇即汤都南亳也。他在《中国青铜时代：夏、商、周三代都制与文化异同》一文中指出："从微子封商以续殷祀这一点来看，说商人先祖宗庙一直在商丘的说法是有道理的。"陈梦家在《殷墟卜辞综述》第八章第八节"乙辛时代所征的人方、盂方"一文中认为，征人方途径的"商"，是今商丘附近；"亳"，是"今商丘县南谷熟集一带"[①]。

"董作宾根据甲骨文中帝辛十年到十一年征人方途中记下来的卜辞，判定了商与亳这两个重要城市的位置后提出了这样一个说法：'商者，实即……大邑商……亦即今之商丘，概为殷人之古都，先王之宗庙在焉，故于征人方之始，先至于商而行告庙之礼也'。"[②]

我国近代著名考古学家董作宾通过甲骨文的研究认为"商丘"是商人的"圣都"。先商和商代的历史总共有13次迁都，但"商丘"始终是"宗庙"所在，是"圣都"，

---

① 陈梦家：《殷墟卜辞综述》，科学出版社，1956年，第306页。
② 张光直：《中国青铜时代》，生活·读书·新知三联书店，1999年，第45页。

而其他的则为俗都。

"殷人以其故都大邑商所在地为中央,称中商,由是而区分四土,分东土、南土、西土、北土。"① 据此张光直认为"这个说法,包含好几个重要的成分。如果大邑商是中商——那么它便是固定不变的,是商人的恒变的宇宙的不变的核心,在这里有先王的宗庙。当王都迁去安阳之后,王举行大事如征人方,要行告庙之礼,要不远千里而来,在大邑商的宗庙举行祭告。——如果果然如此,那么商王的都制便是如上所述的以圣俗分离,圣都为核心。俗都为围绕核心行走的卫星的这样架势为特征的制度。先王宗庙,甚至建立朝代之圣物仪仗之奠,以及为立国之象征若干的重器,可能都放在圣都商丘,亘殷商一代不变"②。此外,史学大家郭沫若、日本学者岛邦南等也认为汤都南亳在商丘。

(二)北亳蒙县说

《括地志》上讲"蒙县之亳曰北亳",《后汉书·郡国志》注引《帝王世纪》"蒙有北亳,即景亳,汤所盟处"。《水经·汳水注》:"汳水又东迳大蒙城北,自古不闻有二蒙,疑即蒙亳也,所谓景薄为北亳矣"。

清乾隆十九年《归德府志·古迹》引《地理今释》"今河南归德府商丘北四十里有大蒙城。"清康熙四十四年《商丘县志·古迹》:"蒙城,在城东北四十里,亦曰大蒙城。《国语》楚申无宇曰:'宋有肃蒙。'又有蒙泽在城东北三十五里——秦置蒙县,汉因之属梁国。"(图2-29)

图2-29 蒙墙寺遗址碑

---

① 董作宾:《殷历谱·下编卷·日谱》,国立中央研究院历史语言研究所专刊,1945年4月。
② 张光直:《中国青铜时代:夏、商、周三代都制与三代文化异同》,生活·读书·新知三联书店,1999年,第45、46页。

二、与南亳、北亳相关的考古资料

根据史料记载南亳故城今虞城县谷熟镇西南三十五里,中心大致范围应该在今虞城县坞墙周围一带。我们认为史书记载的谷熟西南三十五里不是一个绝对数字,今天寻找南亳故城应该把范围面扩大一些,可以在睢阳区高辛镇以东、虞城县谷熟镇以南至与安徽亳州交界处,夏邑县桑堌镇以西这个范围去寻找。目前在这一范围有坞墙遗址、高辛潘庙遗址、桑堌吴家寺遗址。坞墙遗址位于坞墙集中部,遗址原为一凸起的台地,1976—1977年中国社会科学院考古研究所河南二队和商丘地区文管会为"了解豫东原始社会末期和商代早期文化的有关问题"在商丘地区进行了三次调查,在调查的基础上,1977年春对坞墙遗址进行了考古发掘,开探沟、探方4个,揭露面积106平方米,发现有东周、殷商、二里头文化一期和河南龙山文化晚期的地层和文物(图2-30—图2-32)。

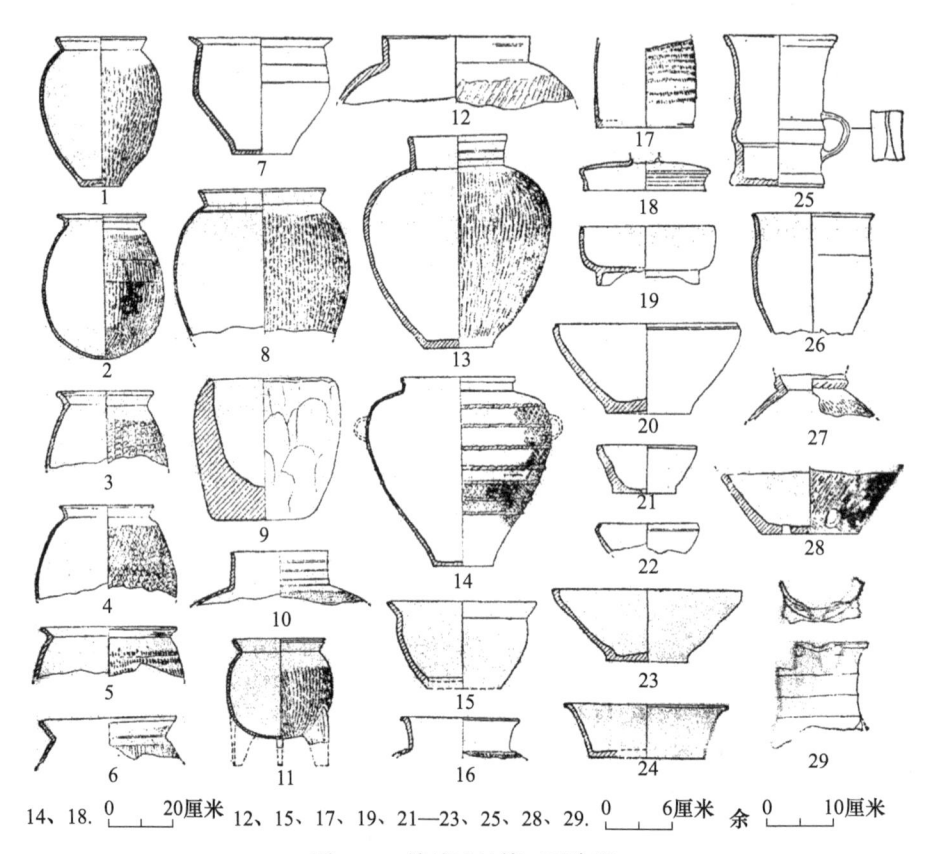

图2-30 坞墙遗址第五层陶器

1、8. Ⅰ式深腹罐(T1⑤:1、T1⑤:2) 2. Ⅱ式深腹罐(H3:1) 3、4. Ⅲ式深腹罐(H6:1、H7:1) 5、6. Ⅳ式深腹罐(H5:2、H5:1) 7. 大口罐(H4:1) 9. 小杯(H3:4) 10、13. Ⅰ式高领罐(H9:1、H5:3) 11. 鼎(T1⑤:3) 12. 直口圆腹罐(H8:1) 14. 大口瓮(H6:3) 15. 素面小罐(H5:5) 16. Ⅱ式高领罐(H5:4) 17. 筒形杯(H9:2) 18. 器盖(H6:4) 19. 圈足盘(T4⑤:1) 20、21、23. 碗(H5:7、H5:13、H4:4) 22. Ⅰ式钵(H4:3) 24. 平底盆(T1⑤:4) 25. 单耳杯(H3:3) 26. 夹砂深腹罐(H5:12) 27. 瓤(H5:6) 28. 甑(H5:8) 29. 鬶(H5:9)

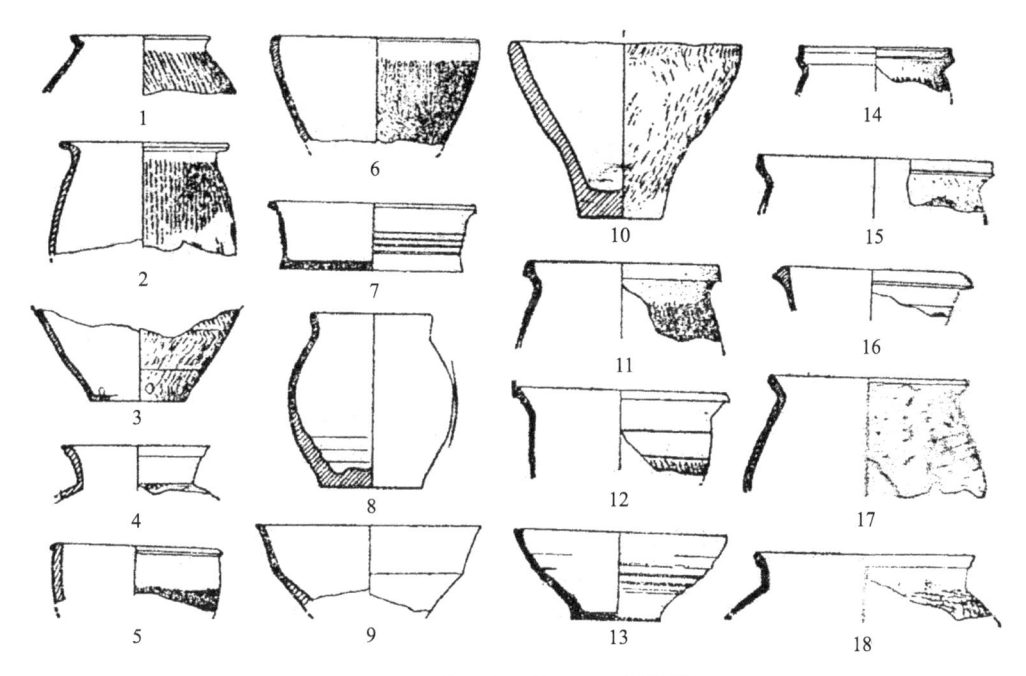

图 2-31 坞墙遗址第三、四层陶器

1. Ⅱ式深腹罐（T1④:2） 2. Ⅰ式深腹罐（T1④:1） 3. 甗（T1④:7） 4. 高领罐（T1④:4）
5. 碗（T1④:6） 6. 盆（T1④:5） 7. 平底盆（采:7） 8. 素面小罐（T1③:3） 9. Ⅱ式钵（H4:2）
10. 夹砂深腹碗（H3:2） 11、14、15.（T1③:1、T1③:5、T1③:4） 12. 盆（T1③:2）
13. 碗（T1③:8） 16. 簋（T1③:6） 17. 深腹罐（T1③:7） 18. 大口罐（T1③:3）

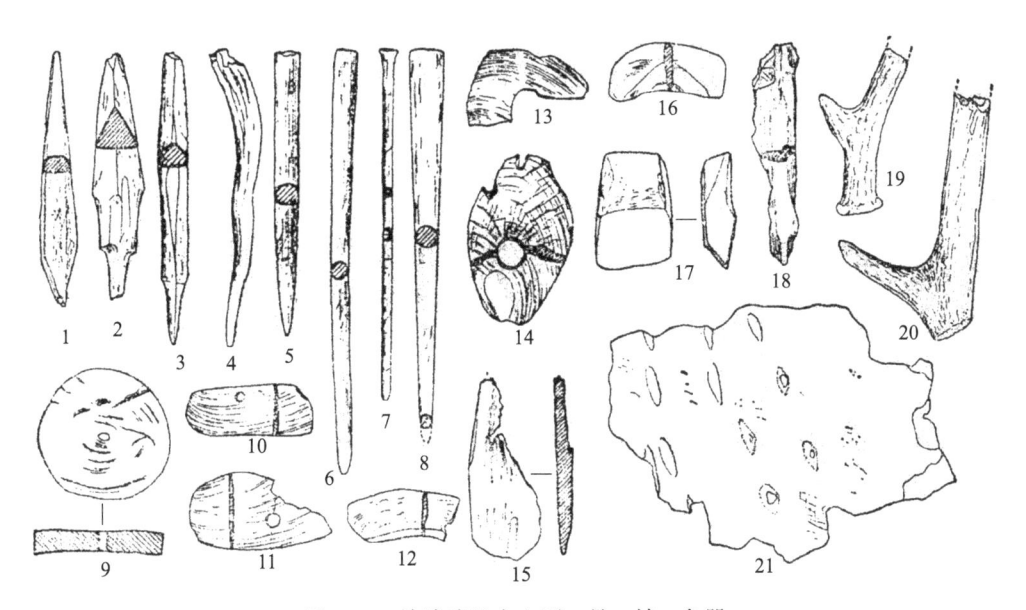

图 2-32 坞墙遗址出土石、骨、蚌、角器

1—3. 骨镞（T4⑤:3、采:2、采:3） 4、19、20. 角器（采:4、采:6、采:5） 5. 骨锥（H6:9）
6—8. 骨簪（H3:6、H6:8、H3:5） 9. 纺轮（T4⑤:2） 10—14、16. 蚌刀（H6:11、H6:12、H5:10、
   H6:13、H4:5、H5:11） 15. 骨铲（H6:6） 17. 有段石砟（H6:5） 18. 骨凿（H6:10）
21. 卜骨（T1③:10）（21 为第三层文化，余为第五层文化）

发掘者认为坞墙遗址第五文化层与永城王油坊遗址同期的文化面貌基本相同，应属同一类型文化。在高辛潘庙遗址发现有岳石文化地层和大量遗物；桑堌吴家寺遗址发现有龙山文化和商文化的地层和丰富的文化遗物。商丘地区的龙山文化晚期遗存和岳石文化遗存的大量发现对在商丘地区寻找先商或早商文化是有着很重要的意义。比较典型的有柘城李庄遗址、永城王油坊遗址、夏邑清凉山遗址。

今夏邑县西南十五里有个叫桑堌镇的地方，有"成汤祷雨台"遗址，即传说中的商汤祷雨处。商汤灭夏建立商朝定都于亳（今虞城谷熟集西南三十五里一带），亳东距桑堌不足30里。桑堌古称"桑林社"。"早在上古时期，这里是一片茂密的森林（桑林），内有大桑树一株，枝繁叶茂，参天而立，状若华盖，独秀林中，亦谓此树乃天地精华所聚。商汤即位后，连续七年大旱，禾苗枯焦。万民哀嚎遍野，成汤心急如焚，于是命人在桑树旁筑有一坛（即祷雨台），坛上堆满柴薪，祭盆中烈火熊熊，汤自扮为祭天的牺牲，剪其发，磨其手，负白茅，昂然登上祭坛，步上柴堆，向天祈雨，祷曰：'余一人有罪，无及万夫，万夫有罪，在余一人，无以一人之不敏，使上帝鬼神伤民之命。'霎时柴薪尽燃，汤置身于火焰万丈的烈火中，大汗淋漓，身如铸铁。突然狂风骤起，浓云密布，大雨倾盆而至，旱象迅速解除，万民欢悦。《淮南子·主术训》载：'汤之时七年旱，一身祷桑林之祭。'即此。其后，商殷及宋国奉为圣地，而立神以祀之，'相奉商林'者也。"[①]

西周至春秋战国时期，宋国的桑林社是宋国国家的象征。《墨子·明鬼下》："燕之有祖，当齐之社稷，宋之有桑林，楚之有云梦也，此男女所属而观也"。在今桑堌镇东南约1里处有一处大型古文化遗址——吴家寺遗址，是河南重点文物保护单位，考古调查发现吴家寺遗址文化层堆积厚，文物遗存丰富，遗址上层暴露大量汉代空心砖墓、石椁墓，其下有新石器、商周时期的文化遗存。20世纪80年代在吴家寺遗址出土一批西汉前期画像石，在全国来说也是最早的画像石之一。其中有两类画像石值得注意：其一是在凸字形高台上竖立一杆，用绸带系璧于竖杆上；其二是在凸字形台上植常青树，树上立一鸟。璧是祭天的重器，高台是商民族特有的建筑形式，用绸带系于高台立杆上，应与祭祀有关，这里是传说中的汤祷雨处，那么我们有理由认为，吴家寺遗址汉画像石上的绸带系于璧于高台上的内容是反映商汤以璧祭天祷雨历史内容。另外，高台上的常青树应是扶桑树，树上小鸟是燕子，这类画像内容正是反映的天命玄鸟降而生商的历史故事（图2-33—图2-35）。

---

① 张帆：《鸟图腾信仰与孔子祖籍文化渊源考》，《夏邑县文史资料·第二辑》，政协夏邑县文史资料研究委员会，1997年。

图 2-33 吴家寺遗址

图 2-34 玄鸟扶桑画像　　　　　图 2-35 绶带穿璧画像

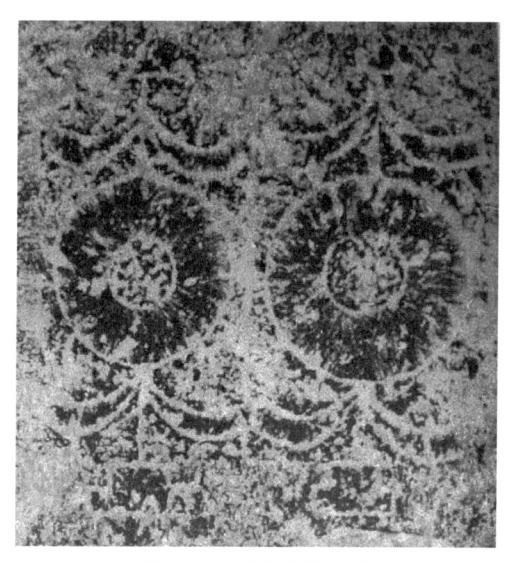

桑堌原名"桑林堌",是商民族的神社——"桑林社"所在地,是商汤祷雨的地方。民国九年《夏邑县志》载"县西二十五里桑堌集,即古之桑林,商王祷雨处,旧有台,今废"。《吕氏春秋》:"周封汤后于宋,以奉桑林。"桑林西距汤都南亳只有30余里。《尸子》(辑本)卷上:"汤之救旱也,乘素车白马,着布衣,身缨白茅,以身为牲,祷于桑林之野。"

《帝王世纪·集校》第四:"汤自伐桀后,大旱七年,殷史卜曰'当以人祷',汤曰:'吾所请雨者民也,若必以人祷,吾请自当。'"《文选·思玄赋》注引《淮南子》:

"汤时，大旱七年，卜，用人祀天。汤曰：'我本卜祭为民，岂乎自当之'，乃使人积薪，剪发及爪，自洁，居柴上，将自焚以祭天。火将燃，即降大雨。"从上述史书记载来看，商汤灭夏建立商王朝不久，即遭遇七年大旱，为救民于旱灾，商汤命人在桑林社筑高台，架起柴堆，以自己为牺牲，向上天求雨，最终感动上天，普降大雨，商汤这种不惜牺牲生命为民求雨的精神受万民敬仰。商汤为什么在桑林祷雨呢？原因有两个：其一，桑林社是商民族的神社，桑树应是商民族神社的社树，立社不仅封土为坛，还要种与土相适的树，这树是社的标志，商汤祭天求雨的仪式，肯定要在桑林社举行；其二，桑树（扶桑）具有神性，是人间通向天国的凭借。

从上述文献记载、考古发现情况可以认定，商汤祷雨的桑林社就在今夏邑桑堌镇，在桑堌南500米的吴庄遗址发现的西汉时期的玄鸟扶桑、绶带穿璧画像，应是玄鸟生商、商汤在桑林社祭天祷雨的历史史实在汉代画像中的真实反映。扶桑生植于"丘""岗"之上，树上有玄鸟将落或飞翔，其意为"天命玄鸟，降而生商"，玉璧悬挂于竖直的架上，上、下饰绶带，悬璧架立于高岗上，其意为"商汤祷雨，以璧祭天"。

第三章 两周时期的商丘考古

周代是我国三代文明形成的中间期，也是文化集大成的时期，特别是春秋战国时期的百家争鸣，产生了我国历史上著名的几大思想家——儒家、道家、墨家、名家等等，这几大家的代表人物都与商丘有关，儒家学派的代表人物孔子祖籍夏邑，夏邑县城北 6 千米王公楼村有后人为纪念当年孔子还乡祭祖的——孔子还乡祠，孔子周游列国多次到宋国寻根祭祖，寻找殷礼，宋国文化对孔子儒家思想的形成产生过重要影响。老子、庄子合称老庄，是道家思想的主要代表人物。老子生活的鹿邑，当时属于宋国的辖域。庄子的出生地是西汉蒙县（今梁园区北约 12 千米的蒙墙寺），他曾做过蒙漆园吏，死后葬于今民权县顺河乡青莲寺村，村内有庄子井、庄子胡同，村南有庄子墓。墨家墨翟、名家惠施都是今商丘人，所以近年有学者提出以商丘为中心周围不足百里的"圣人文化圈"现象是有道理的，这也说明商丘在我国古代思想发展史上占有非常重要的地位。

梁园区李庄乡蒙墙寺村的蒙墙寺遗址已公布为商丘市文物保护单位。中美联合考古队于 20 世纪 90 年代调查发现周代宋国故城遗址、在古城南 24 千米高辛镇潘庙遗址发现大量战国墓地，还有其他周代考古发现，一并介绍。

第一节 宋国故城——商人最后的家园

一、宋国故城的考古发现

宋国故城是我国历史上两周时期的宋国都城遗址，20 世纪 90 年代，中美联合考古队调查发现，深埋于地下。2006 年被国务院公布为全国重点文物保护单位。

宋国故城（发掘报告称之为"老南关古城"）是中美联合考古队在 1991 年至 1996 年考古调查的基础上，1996 年 5 月 2 日中美联合考古队最先在古宋乡王营至胡楼一带钻探时发现了宋国故城西墙中段。直到 1997 年春钻探确定了城墙的基本形制、方位和规模。

宋国故城位于今商丘古城下，平面近似平行四边形。方向北偏东 24°（依据东、西墙测量），东西稍长。东墙在商丘古城东，北起东园前街，南至周台村东，南北长 2805

米；北墙在商丘古城北，西起自董瓦房东至睢阳区东园前街117号民宅，东西长3555米；南墙在老南关，东起周台，西至郑庄，东西长3550米；西墙南起郑庄，北至董瓦房，南北3010米，周长12920米，面积10.5平方千米，面积比商丘古城大近10倍。城墙为夯土筑成，城墙底部宽25—27米，顶部宽12—15米，高约10米。

城址平面形状很特别（图3-1），从平面图我们可以看出，四面城墙都很直，但城墙走向不是正南北，城不是正方形亦非长方形，东墙西墙走向偏东北和西南，而南墙和北墙则偏东南和西北，东南角和西北角为钝角，西南角和东北角为锐角，这种城墙的定位方式值得研究和探讨。

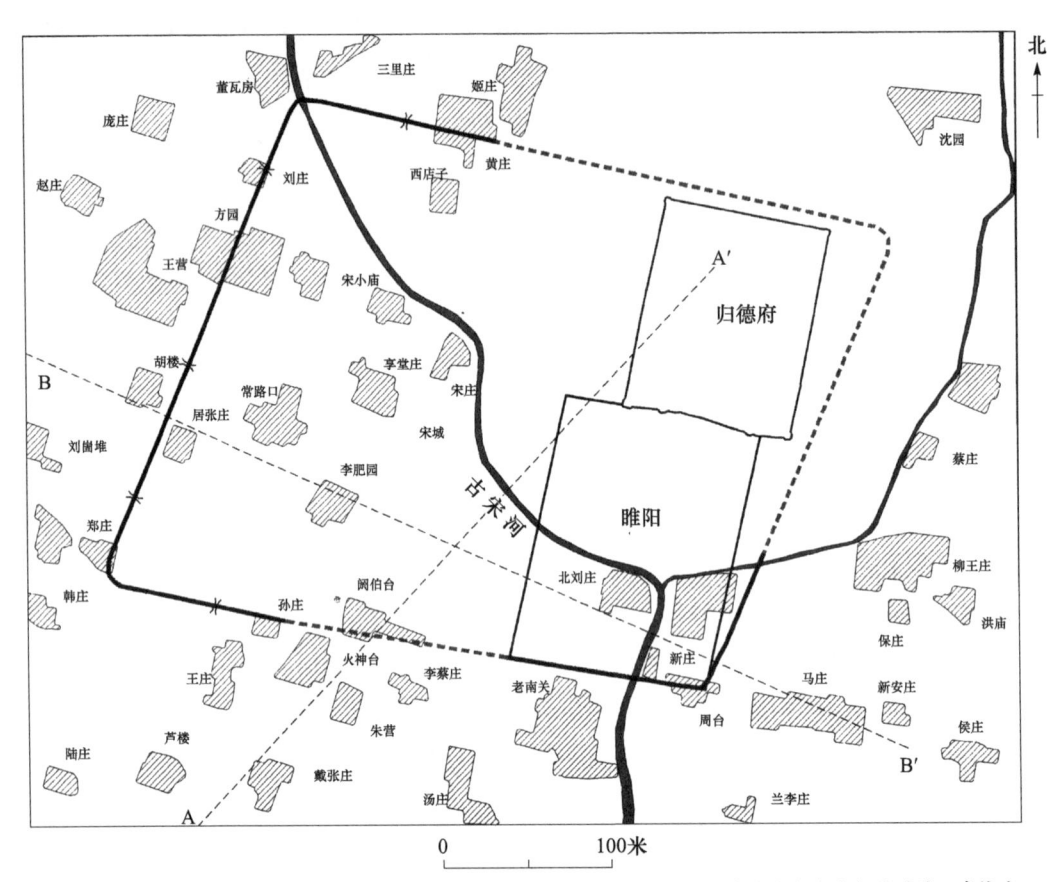

A-A′、B-B′地层剖面位置（见图3-2）；图中显示各时期古城相对位置，宋城之实线为保存完好的城墙，虚线为破坏严重，保存较差，夯土埋藏深，甚至缺乏明显的遗留。宋城西墙南段和南墙西段Ⅰ至ⅩⅣ为钻探横剖面位置

图3-1　老南关古城遗址位置示意图

（中国社会科学院考古研究所、美国哈佛大学皮保德博物馆：《豫东考古发掘报告："中国商丘地区早商文明探索"野外勘查与发掘》，科学出版社，2018年，第321页）

"总体来看，西部城墙保存较好，而由于后期建城东部很多地方没能保存下来或保存很差。西墙大部、南墙和北墙的西段都保存很好，城墙顶部距离地表浅处有的不到1米，宽度大部在12—15米。为横穿南墙西段的钻探剖面，根据地层分析可知，城内和

城外东周时期的古地面一般距地表 10 米左右，而城墙夯土的底部则一般深在 11.5—12 米，由此可见，城墙有 1—2 米深的基槽。此外，深孔钻探结果确证有城壕或城湖的存在（图 3-2）。我们可以对这一东周城址建筑的土方工程量作个保守的估计，假设平均高 10 米，顶宽为 15 米，底宽 25 米，整个城墙的土方工程量则为 2.58 百万立方米"[1]

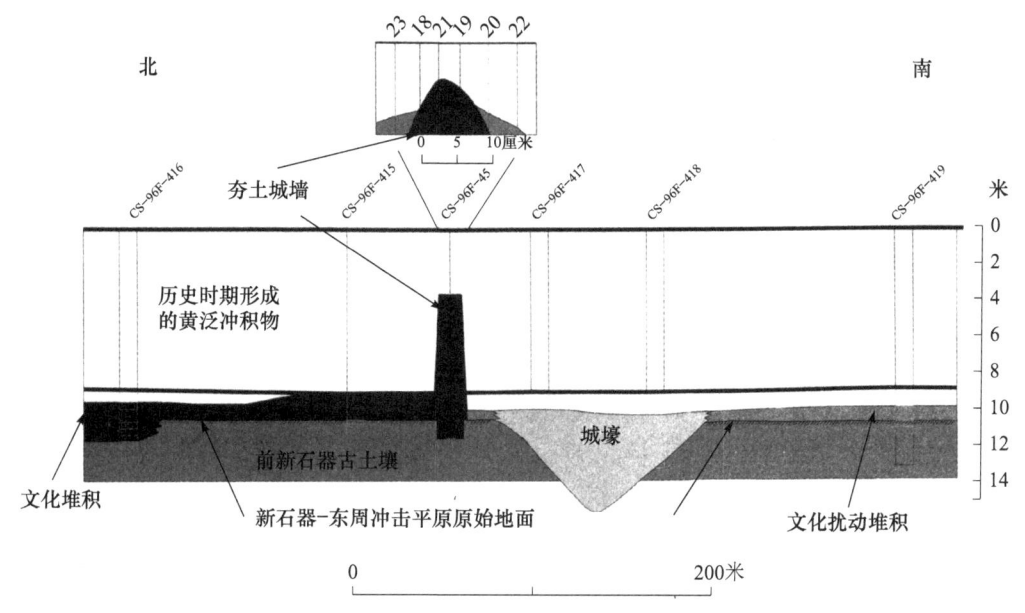

图 3-2 老南关古城址宋城南墙西段钻探剖面图

二、宋国故城城墙

（一）城墙基本情况

宋国故城西墙南起郑庄，北至董瓦房村，全长 3010 米，其中郑庄至胡楼村东，方园村南至董瓦房村两段保存较好，胡楼村东至方园村南约 330 米长的一段钻探没有发现城墙。西墙顶部距地表一般在 3 米左右，深者 5—6 米、浅处不足 1 米。从郑庄到刘庄南西墙夯土呈深褐灰花色，土质较硬；从刘庄到董房东南，城墙土色为黄花，近于生土，土质亦较硬（图 3-3）。

北墙西起董瓦房村东南与西墙交接处，东到东园前街 117 号民宅东 40 米与东墙北端交接处，全长 3555 米。这段城墙顶部距地表 2—3 米，深者达 7.2 米，土质土色与刘庄以南的西墙相同。

东墙北起东园前街 117 号民宅东 40 米与北墙交接处，南到周台村东，与晚期睢阳

---

[1] 中国社会科学院考古研究所、美国哈佛大学皮保德博物馆：《豫东考古发掘报告："中国商丘地区早商文明探索"野外勘查与发掘》，科学出版社，2018 年，第 322、323 页。

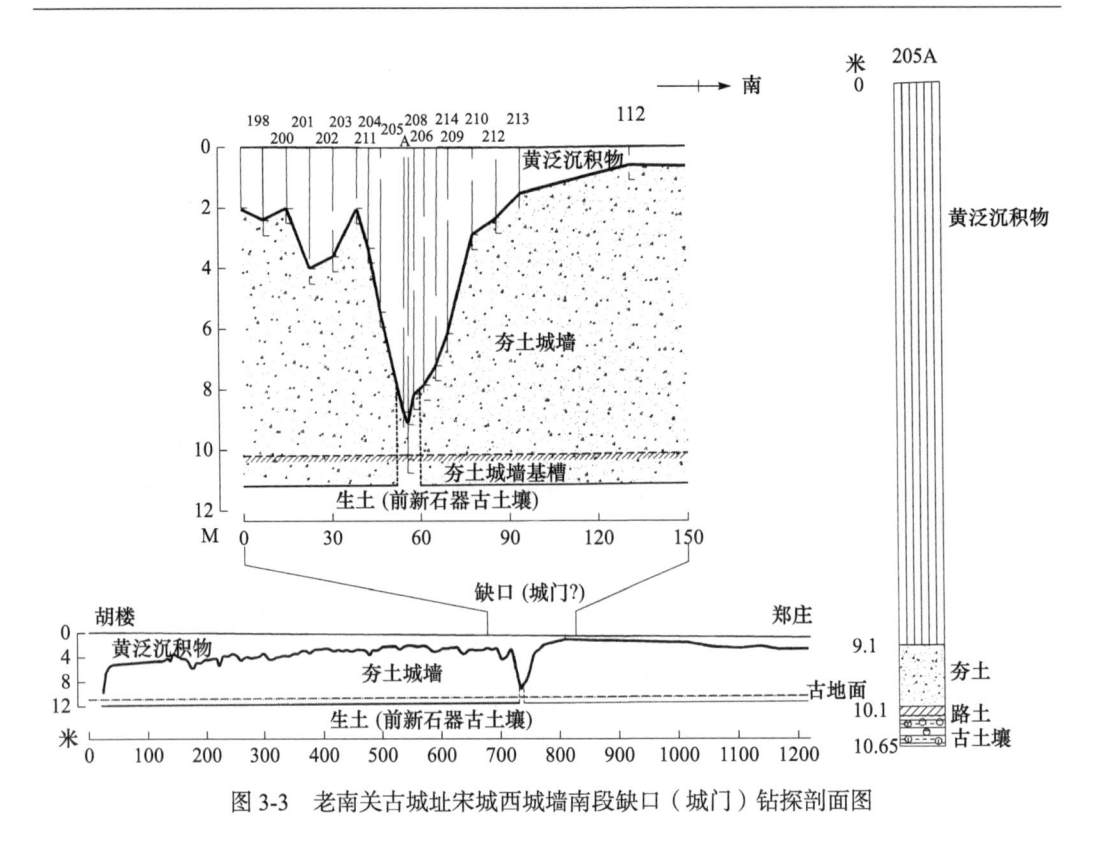

图 3-3　老南关古城址宋城西城墙南段缺口（城门）钻探剖面图

城东南角相重合，全长 2805 米。东墙夯土保存很差，分布断断续续，主要发现离东南角较近的睢阳城墙之下，多半离地表 7—8 米，深者达 10 米，夯土为青灰色或黄花色夹细沙土质较硬。

南墙东起周台村村东与东墙交汇处，西到郑庄村南，全长 3550 米，南墙西段保存较好，从郑庄村南向东到孙庄村东长 1100 米，距地表深多在 2—3 米左右，浅处仅几十厘米（多在地面低处），孙庄村东至老南关村西北地长 1300 米长的一段没有钻探到城墙，由老南关村西北地到周台村的一段城墙压在晚期睢阳城城墙下，探明长度为 1150 米，距地表深 3.5—9.5 米，土质较硬，土色为深灰色。

（二）城墙的结构

为了弄清楚宋国故城城墙的结构，中美联合考古队在孙庄村西的南墙西段、郑庄村南的西墙南段、西墙中段偏北处开挖了四条探沟（编号分别为 T1、T2、T3、T4）从四处探沟解剖看，城墙由三部分不同土色的夯土构成，且都有明显的增补接缝。

第一部分浅灰花色夯土是在第二、第三部分夯土基础上，加宽增高修筑利用的，该部分夯土现存厚度（结合钻探提供的）约 9.6、顶部宽 5—6 米。第一部分夯土内含料礓石较多，夯土明显且厚薄不一，最厚者达 18—20 厘米、薄者为 8—10 厘米、一般在 12—15 厘米。夯窝为圆形平底，窝径约 9 厘米（图 3-4）。随后发掘揭露部分的墙的宽度为 21 米左右, 面按外侧坡度估计、其底部宽度当在 25 米至 27 米之间。

第二部分夯土的土色呈黄褐花, 含料礓石略少。其南侧呈斜直边, 第一部分夯土附在其外侧; 北侧呈曲尺状, 附着于第三部分夯土之外侧, 第二部分夯土现存部分上宽下窄, 夯层厚薄不一, 一般在 10—14 厘米之间; 夯窝有圆形弧底, 窝径在 4 厘米左右, 亦有圆形平底, 窝径约 7 厘米。

图 3-4　城墙夯窝

第三部分夯土土色呈深褐色, 质粘, 含料礓石极少, 这部分夯土主要为红黄枯土和呈块状的黑土, 掺和夯砸面成。这部分夯土的北边略呈坡状, 南边则呈阶梯状。夯层厚一般在 8 厘米左右, 夯窝直径多为 4 厘米, 有成组的夯窝, 这可能与木棍束集成捆做夯具有关。T2 的第三部分夯土当为初始建筑的主体城墙, 现存厚度约 5.9 米, 在距地表 6.4 米处, 它的宽度为 11.5 米, 顶部宽约 2 米。

（三）城门

目前, 宋国故城城门（报告称之为城墙缺口）共发现 5 处, 西墙 3 个, 南墙 1 个, 北墙 1 个。

西墙南门, 位于郑庄村北十字路口北面新建砖窑下, 距故城西南角 490 米左右, 呈上部大（大于 30 米）, 下部小（小于 8 米）的 V 形, 缺口内被晚期黄河泥沙所充填, 缺口中心黄泛泥沙之下为较松散夹杂有晚期泥沙的夯土块、其下又压有一层路土、路土下则为生土, 这种地层关系说明此缺口应是西墙的一个城门。

西墙中门, 位于胡楼村东北丁字路北, 王营村东之丁字路以南, 距西南角约 1500 米, 处于西墙中心位置, 宽 330 米, 这里原应是城门, 后来被破坏形成如此宽的缺口。

西墙北门, 位于刘庄村北路口与民房交界处, 离城墙西北角 480 米, 缺口上宽 20 米左右, 向下逐渐变小, 地层堆积情况类似南缺口, 缺口坐落的位置和距离与西南门相似, 故此缺口可能是西墙之北门。

南墙西门, 位于孙庄西北, 西距故城西南角 650 米左右, 缺口宽 12 米, 两侧为土质坚硬的夯土, 缺口内有多孔探至 11.6 米不见夯土, 个别孔 6.2 米见青灰土, 7.6 米见夯土块, 8.9 米见灰土夹夯土块, 其坐落位置恰好在南墙西段, 因此有可能是城门缺口。

北墙西门, 位于黄庄西地, 西距故城西北角 650 米, 与南墙西门南北对应, 缺口上宽 53 米，下口宽 24.8 米，应是城门被破坏后留下的缺口。其他城门的位置有待于将来钻探调查。

（四）文献记载的城门情况

清康熙四十四年《商丘县志·城池》记载："府城，春秋宋国城也，其城东门曰杨门，（《礼记·檀弓》：元公入自杨门，《左传·昭公二十一年》：'宋元公以华向之机，公自杨门见公徒，下而巡之。'汉时东门曰杨门），又东北曰蒙门（《左传·襄公二十七年》：'宋公及诸侯之大夫盟于蒙门之外。'是也），南门曰卢门，东南门曰垤泽门，西北门曰曹门，北门曰桐门，又外城门曰桑林门。"

《北征记》："城方三十七里，南临□水（即睢水），凡二十四门……"《左传·桓十四年》："宋代郑，取大宫之椽，归为卢门之椽。"又昭二十一年："华氏居卢门，从南里判，"杜预注："睢阳有卢门亭。"

《括地志》："宋东城南门曰泽门。"

《左传·襄公十七年》："宋皇国父为平公筑台，筑者讴：'泽门之皙，实兴战役者也，鲁君所呼门当在此。'"

《左传·成公十八年》："郑伯侵宋及曹门外。"

《左传·襄公十年》："楚及郑围宋，门于桐门。"

《左传·昭公二十五年》："宋乐太心居桐门，称桐门右师。"

《左传·哀公二十六年》："宋景公元无子，畜公孙周之子得与启，景公卒，启立。得梦启北首而寝于卢门之外，已为鸟而集于其上，加于南门，尾加于桐门。"

《左传·昭公二十一年》："宋城旧郛，乃桑树之门而守之，又耏（音 er）门或宋郊外门，宋武公时，耏班御皇父充石，获长狄缘斯，宋公以门赏耏班，使食其征，谓之耏门。"

上述所列文献如《左传》《括地志》《礼记》分别记载了宋国故城城门的名称。《商丘县志》讲"府城，春秋宋国城也"，这就是说归德府城就是两周宋国都城所在地，《史记·宋微子世家》上说微子"国于宋"，晋人杜预在《春秋释地》中讲"宋、商、商丘三名一地，梁国睢阳县也"，王国维在《观堂集林·说商》中讲"其说是也，始以地名为国号，继以为天下之号"。

（五）护城河（城壕或城湖）

宋国故城南墙西段城墙外深孔钻探结果确证有城壕或城湖的存在。根据《河南商丘县东周城址勘察简报《考古》1998 年 12 期报告 23 页图二宋城南墙段钻探横剖测量，这一部分护城河横剖面近 V 形，底部很窄，直斜坡，口宽约 120.8 米，深 4 米（见图 3-2）。

（六）城址的年代

为了解城墙的结构和年代，1997年秋季，中美联合考古队选择在郑庄和孙庄村西之间的南墙西段开探方T1，距城南西南角郑庄200米，对城墙进行解剖发掘，发现这段城墙由三部分不同颜色的夯土组成（图3-5），第一部分浅褐灰花色夯土是在第二、第三部分夯土基础上，加宽增高修筑利用的。第二部分夯土土色呈黄褐花色。第三部分夯土土色呈深褐花色，质黏，含料礓石极少。这部分当为初始建筑的主体城墙。郑庄水渠剖面上量到的城墙夯层厚度在11—13、夯窝多为圆形，直径7厘米左右。夯土颜色以深灰花、深褐灰花为主，也有浅黄灰花色。

1998年在郑庄村南的西墙南段，稍往南就是城墙西南角。开探方T2，解剖表明此段城墙亦是由A、B、C三块夯土组成的，呈叠压和包贴状。A块夯土处于最最上端和最外侧，贴在B块夯土外侧。B块夯土顶部略呈台阶状，压在C块夯土顶部，C块夯土位于最下部（图3-6）。

1998年发掘的探方T3位于城墙西墙中段，王营村东200米处。发掘结合钻探知，根据土色土质城墙夯土也分为A、B、C三块，A块夯土在外上侧，C块夯土最早，在最下部（图3-7）。

2000年发掘探方T4位于郑庄村东南，与T1同在南墙西段，西距城墙西南角50米。探沟剖面显示，城墙也是有A、B、C（与Ⅰ、Ⅱ、Ⅲ对应）三块夯土组成（图3-8）。A块夯土为城墙的上部，下面压着B块和C块夯土。"综合上述情况，表明T4的三块夯土代表城墙在不同时期的状况。C块夯土是城墙的主体，它起建最早，现存宽度为13.5米，B1和B2夯土是在C块夯土城墙若干年后加补修筑的，但和其他几个探沟所见的B块夯土不同，他是从两端加宽墙体，使底部更稳固。又经过若干年后，到A块夯土修补时期，将城墙顶部铲平，使C块夯土和B1、B2夯土都处于同一平面上，再加高修筑，就形成现在这样的状态。"[1]

"试掘结果可以归结以下诸点：1）根据各探沟剖面揭示，古城的城墙夯土都是由三块夯土组成，它们互相之间的关系是A块压住B块，B块压住C块。表明C块是最初建时的夯土，B块、A块都是后来修补的。2）A块夯土是三者中年代最晚者……这些器物都具战国陶器和汉代建筑器材的特点，表明A块夯土最晚的年代应属汉代。3）B块夯土的年代应早于A块夯土，B块夯土内的出土物有鬲口沿、陶豆豆盘等东周时期的典型器形，因此可以推测B块夯土应是东周时期的。4）C块夯土的年代最早，

---

[1] 中国社会科学院考古研究所、美国哈佛大学皮保德博物馆：《豫东考古发掘报告："中国商丘地区早商文明探索"野外勘查与发掘》，科学出版社，2017年，第333页。

· 98 ·　考古商丘

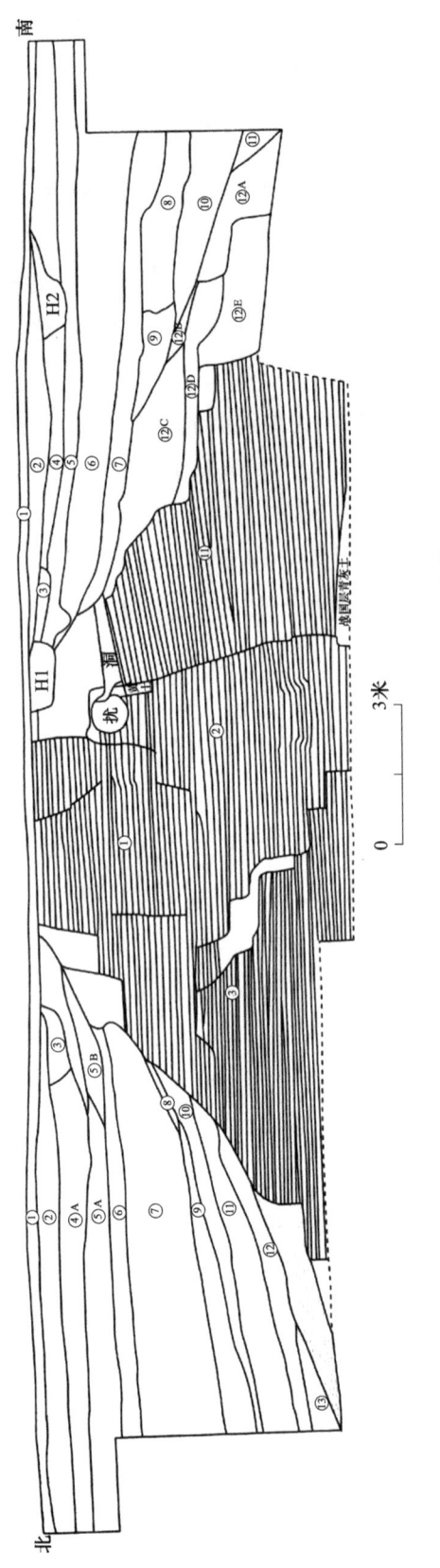

图中夯土①、②、③分别对应城墙墙体A、B、C夯块

图 3-5　老南关古城 T1 东壁剖面图

(中国社会科学院考古研究所、美国哈佛大学皮保德博物馆:《豫东考古发掘报告:"中国商丘地区早商文明探索"野外勘查与发掘》,科学出版社,2017 年,第 327 页)

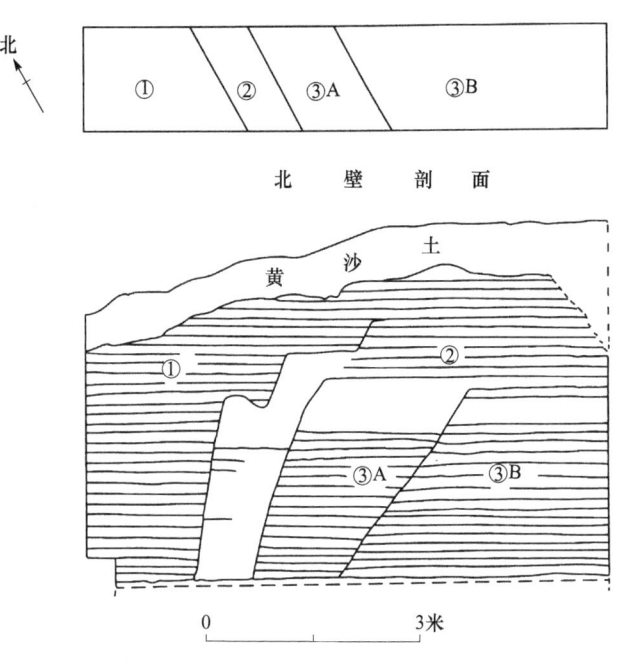

北

① ② ③A ③B

北 壁 剖 面

黄 沙 土

① ②

③A ③B

0　　　3米

注：图中夯土①、②、③分别对应城墙墙体A、B、C夯块

图 3-6　老南关古城 T2 解剖沟平、剖面图

（中国社会科学院考古研究所、美国哈佛大学皮保德博物馆：《豫东考古发掘报告："中国商丘地区早商文明探索"野外勘查与发掘》，科学出版社，2017 年，第 331 页）

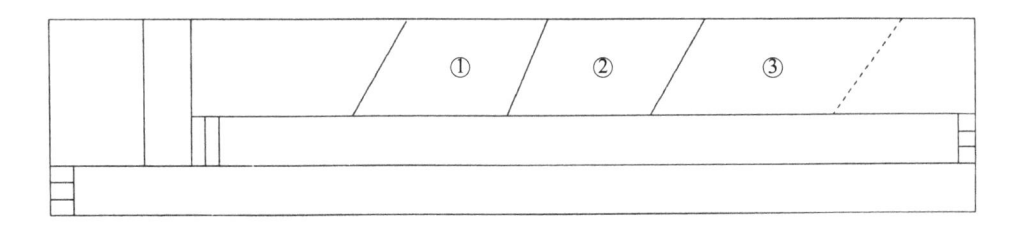

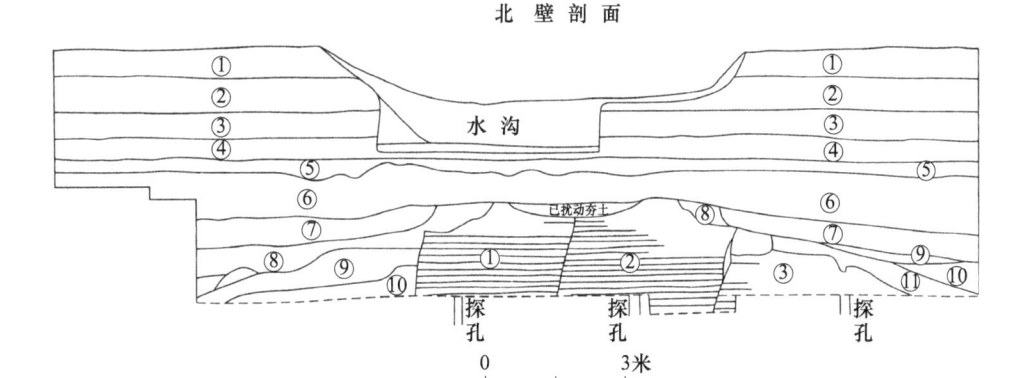

① ② ③

北 壁 剖 面

① ①
② ②
③ ③
④ 水 沟 ④
⑤ ⑤
⑥ 已扰动夯土 ⑥
⑦ ⑧ ⑦
⑧ ① ② ③ ⑨
⑨ ⑩ ⑩ ⑩

探孔　探孔　　　探孔

0　　　3米

注：图中夯土①、②、③分别对应城墙墙体A、B、C夯块

图 3-7　老南关古城 T3 解剖沟平、剖面图

（中国社会科学院考古研究所、美国哈佛大学皮保德博物馆：《豫东考古发掘报告："中国商丘地区早商文明探索"野外勘查与发掘》，科学出版社，2017 年，第 332 页）

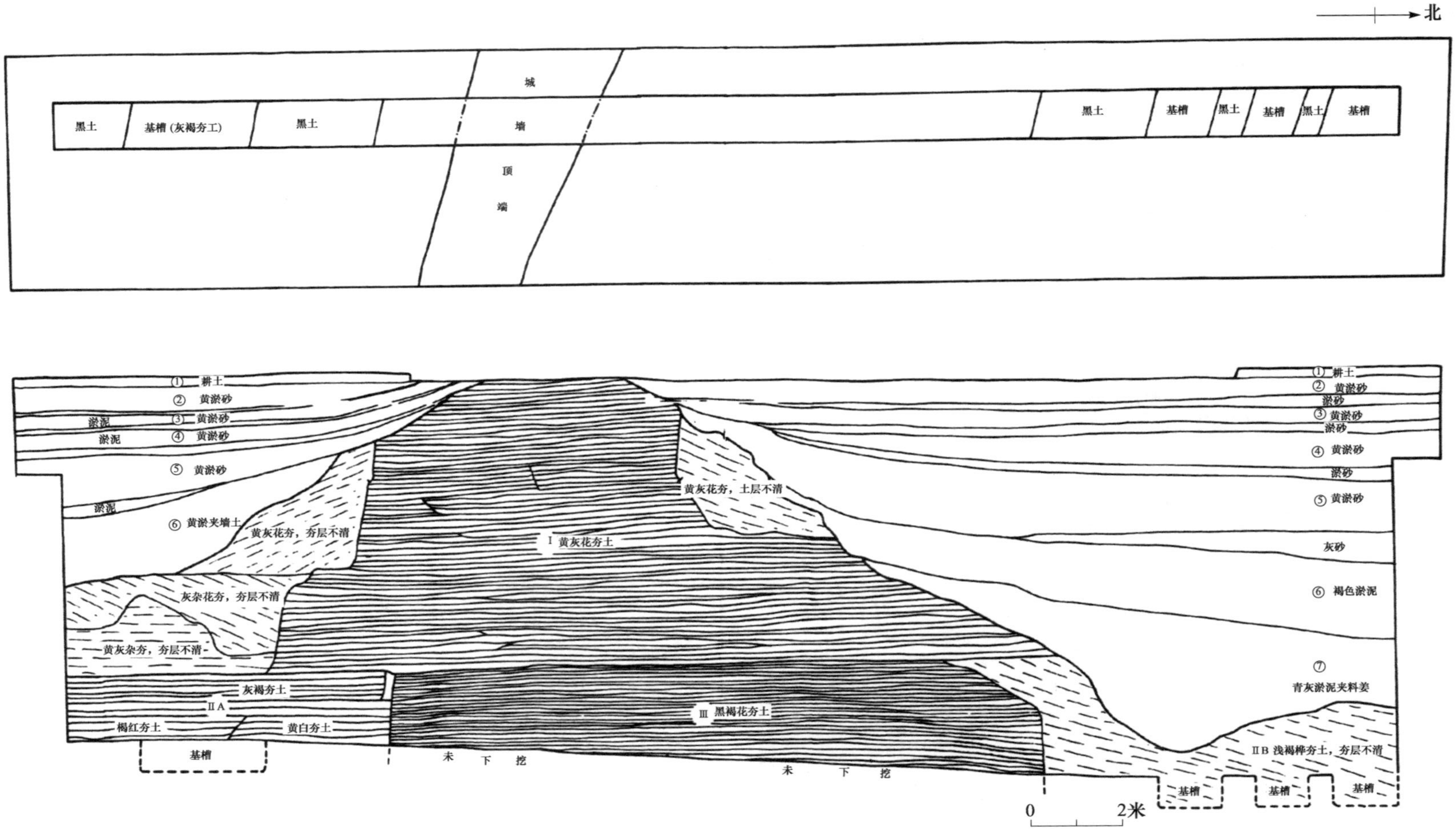

图 3-8 老南关古城 T4 平、剖面图

（中国社会科学院考古研究所、美国哈佛大学皮保德博物馆：《豫东考古发掘报告："中国商丘地区早商文明探索"野外勘查与发掘》，科学出版社，2017 年，第 335 页）

应是古城址初建时的遗存。"①

"在试掘的四条探沟中，都发现城墙至少由三块（A、B、C）颜色、质地、包含物有别的夯土组成，并且它们都有增补时的先后依次叠压关系，C块处于最靠下，其次是B块，A块未直接叠压C块，它是叠压B块，B块又直接叠压C块。A块夯土是三者中年代最晚者，其中的包含物最晚可到汉代，B块夯土内的出土物有鬲口沿、陶豆豆盘等春秋时期的典型器物，推测B块夯土应是东周时期的。C块夯土的年代早……根据历史文献，春秋的宋城与商有历史渊源关系。那么宋城城址的始建年代会早到何时？探沟剖面揭示的C块夯土的建筑年代是我们探索这个问题的关键，由于C块夯土位于最底部埋葬很深，试掘的四条探沟所揭示的第Ⅲ块夯土非常有限，我们还不能准确判定它的具体建造和使用年代。C块夯土中包含的陶片虽然很少，但是这些陶片的时代，晚于当地的龙山文化，似乎与二里头文化的年代相接近，除有极个别遗物会到商代，再没有比这更晚的遗物，因此我们不能排除它的始建年代可以到商代或者更早。"②

据目前考古资料，该城始建于商代或者早期，使用于西周、东周（春秋战国）时期，直到公元前286年宋国被楚、齐、魏三家灭亡。西汉梁国迁都睢阳时及其以后沿用了宋国故城城墙，作为汉代梁国都城城墙，考古发现的城墙周长与史书记载的梁孝王筑城30里相吻合。

史书记载，西周初年封微子于宋，"奉其先祀"，说明周灭商，灭国不灭族，封微子于宋地祭祀先祖，使商民族香火延续，从这个意义上讲，宋国故城便成了商人最后的城堡，公元前286年齐楚魏灭宋，三分其地，商族至此灭亡矣。宋国故城的考古发现具有重要意义，为研究和探讨两周时期的列国都城提供了宝贵材料，报告认为他的始建年代在商末周初，这为寻找商丘地区的商代城址提供了重要线索。

三、侯庄夯土台基址

夯土台基址位于睢阳区古城东南约1千米的庄村，西北距宋城1.5千米，1995年秋中美联合考古队在此进行地质钻探时发现，1996年春对夯土台调查钻探。"经钻探，发现该夯土台东西长约百米，南北宽80米，总面积8000平方米左右，这个夯土台子大部分被压在村子下，只有北部边缘在村外。从钻探提供的情况来看，夯土台后边显得很破碎，保存情况欠佳，夯土台顶面最浅处距地表约2米，深者则有6米多，夯土

---

① 中国社会科学院考古研究所、美国哈佛大学皮保德博物馆：《豫东考古发掘报告："中国商丘地区早商文明探索"野外勘查与发掘》，科学出版社，2017年，第334页。
② 中国社会科学院考古研究所、美国哈佛大学皮保德博物馆：《豫东考古发掘报告："中国商丘地区早商文明探索"野外勘查与发掘》，科学出版社，2018年，第342、343页。

为黄花土,质量较好。从探孔中提供的夯土层中所包含的有限陶片来看,时代似不会晚于东周,有少数陶片时代还显得更早……从初步钻探提供的情况来看,其年代大体与城址的年代相近,因此,它有可能是与城址同时的一个建筑基址,基于城址曾有多次修补利用的情况,故该基址也不排除被后来汉代继续沿用的可能。"①

第二节 两周时期的其他考古发现

一、民权牛牧岗遗址的春秋战国文化

2007年9—12月郑州大学历史学院考古系对民权双塔乡牛牧岗遗址进行考古发掘,其中发现多处春秋时期的遗迹和丰富的遗物。遗迹有灰坑7座,按坑口平面形状可分为近圆形、椭圆形、长方形、圆角长方形、不规则形5种。遗物均为陶器,种类齐全,数量繁多。分泥质和夹砂两类,以泥质为主,部分夹砂。灰陶居多,还有褐陶。器表除素面外,多见绳纹,另有弦纹、方格纹等。器类有鬲、盆、豆、罐、圈足盘、壶等(图3-9—图3-12)。

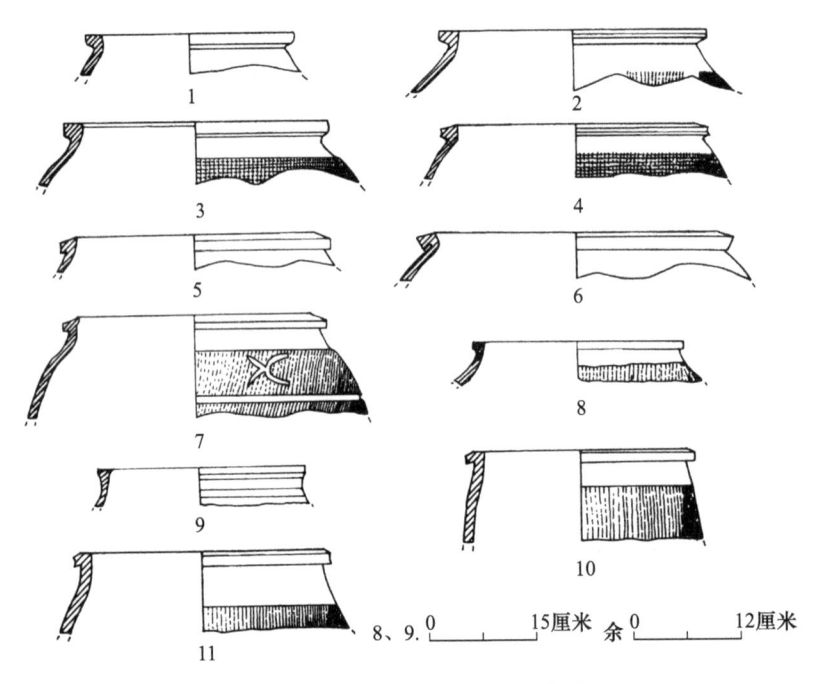

图3-9 春秋文化A型和B型陶鬲

1—3. AI式(IT1301⑤:13、IT1301④:26、H38:4) 4—7. AII式(M4填土:12、IT0905⑧:6、IT0705⑤:1、IT1301⑤:10) 8、9. BI式(M3填土:10、IT0805⑧:10) 10、11. BII式(ⅣT1201⑤:9、IT1201⑤:13)

---

① 中美联合考古队:《河南商丘县东周城址勘查简报》,《考古》1998年第12期。

图 3-10 春秋文化陶盆

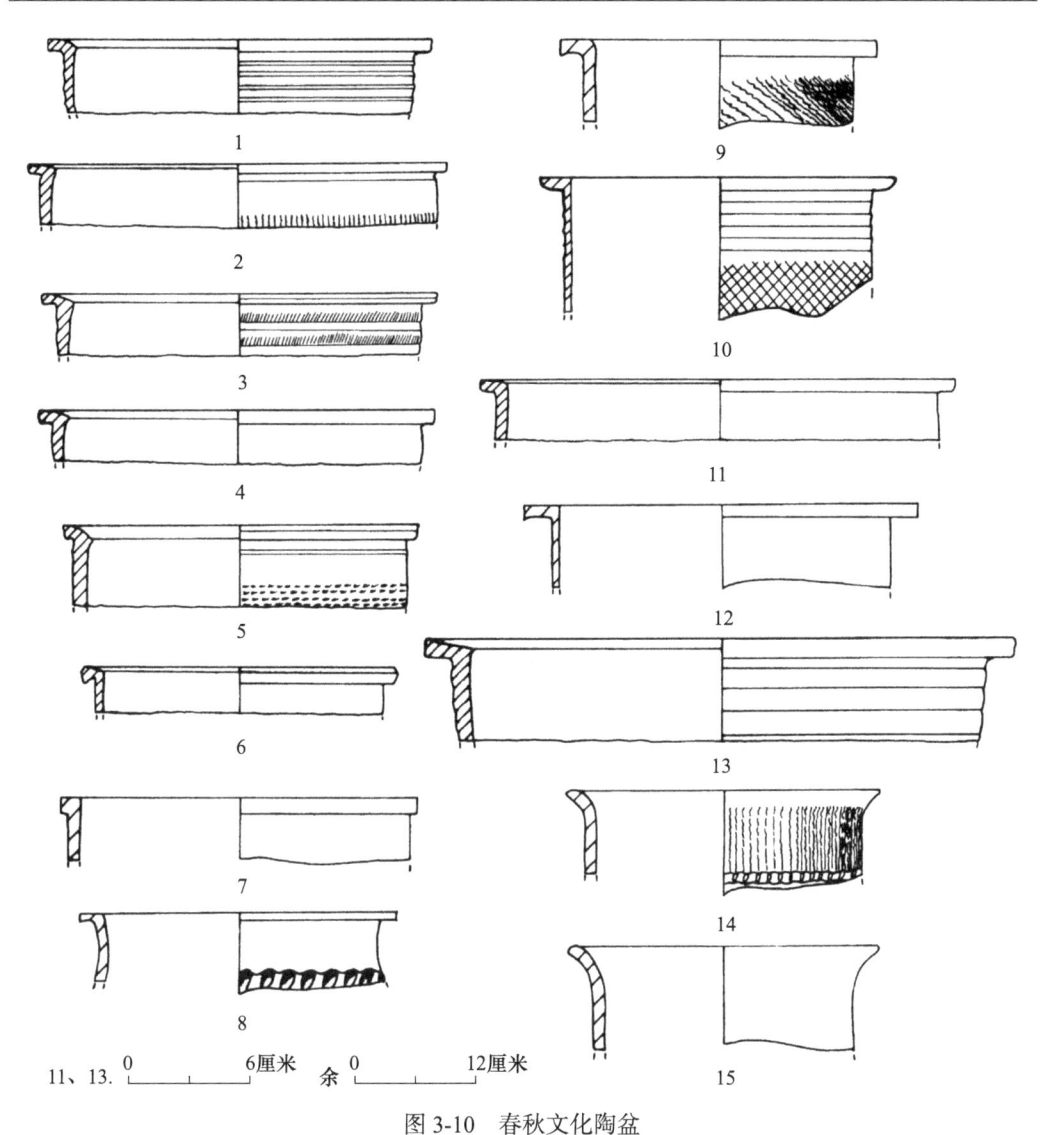

1、2、13. AⅠ式（IT0805⑩∶6、IT0705⑨∶1、ⅣT1201④∶21） 3—5. AⅡ式（IT0806⑪∶1、M7 填土∶18、IT0806⑩∶2） 6、11. BⅠ式（M3 填土∶25、IT1005⑦∶4） 7、8. BⅡ式（IT1201⑤∶16、ⅣT1201④∶19）
9、10、12. C 型（IT0705⑧∶6、IT0806⑧∶8、IT1301⑤∶21）
14、15. D 型（IT1301④∶30、IT0905⑧∶13）

"此次发现的春秋文化遗存，常见红陶夹粗砂粗绳纹束颈鬲、平沿深腹盆、小口直领鼓肩罐、细柄浅盘豆等，这些器型与洛阳王湾春秋中、晚期墓，郑韩故城春秋中、晚期遗存所出同类器相近。"[①] 豫东商丘考古发掘春秋时期的文化遗存还比较少，民权牛牧岗春秋文化遗存的发现对于了解商丘春秋时期的文化面貌和研究商丘春秋文化提供了宝贵的资料。

---

① 郑州大学历史学院考古系张国硕、赵俊杰：《民权牛牧岗与豫东考古》，科学出版社，2013 年，第 74 页。

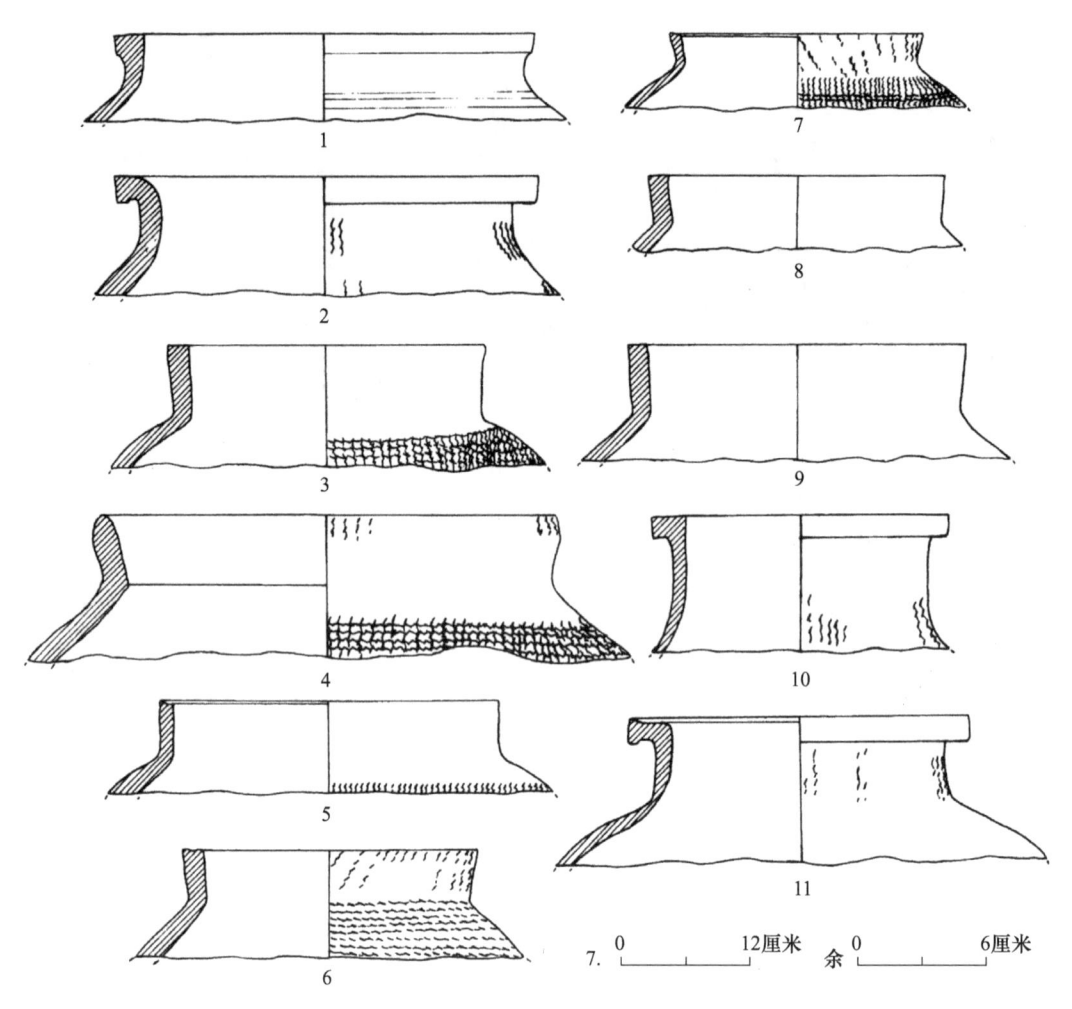

图 3-11 春秋文化陶小口罐

1、2. Ⅱ式（H38：9、ⅡT0301③：23） 3、4、7—9. Ⅳ式（ⅡT0301③：20、ⅣT1201⑤：12、M3 填土：21、M3 填土：23、ⅡT0302③：9） 5、6. Ⅲ式（M1 填土：3、ⅣT1201⑤：11） 10、11. Ⅰ式（ⅡT0302③：11、ⅠT1301⑤：19）

这次考古发掘发现 6 座战国时期的墓葬和较为丰富的随葬品。6 座墓葬分别编号为：M1、M2、M3、M4、M6、M7，除 1 座位长方形砖室墓外，其他均为长方形竖穴土坑墓。均为单人葬，且多为一次葬，仅一座为二次葬，1 座为侧身屈肢葬，2 座为仰身直肢葬，其他葬式不明。墓穴长 180—320、宽 100—190、深 65—170 厘米（图 3-13）。6 座墓均没有被盗扰，器物组合以壶、盒、鼎、罐等多见。共出土器物 22 件，其中陶器 16 件，1 件羽人，其他 15 件为生活用器，主要有壶、盒、鼎及罐等（图 3-14、图 3-15）。另有铜带钩 2 件、铜环 1 件、玉琀 2 件、石圭 1 件（图 3-16）。

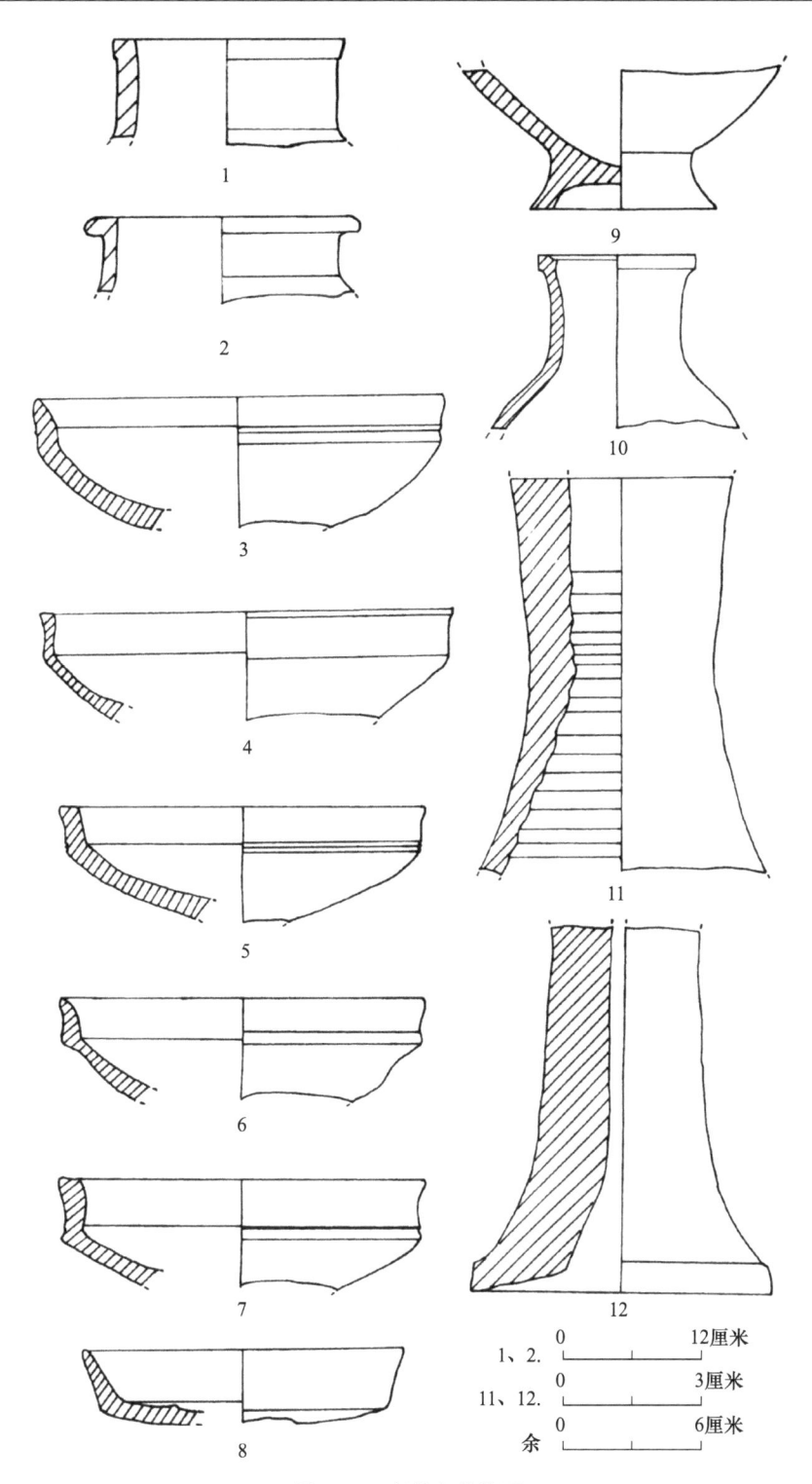

图 3-12 春秋文化陶豆

1、2. 高领罐（IT0805⑧：14、IT1005⑨：9） 3—7. I式豆盘（IT1301④：11、M5填土：14、H35：4、IT0806⑤：3、IT0805⑤：4） 8. II式豆盘（IT1301④：13） 9. 圈足盘（IIT0301②：3）
10. 壶（IT1005④：2） 11. I式豆柄（IT1301⑤：4） 12. II式豆柄（IT1301⑤：5）

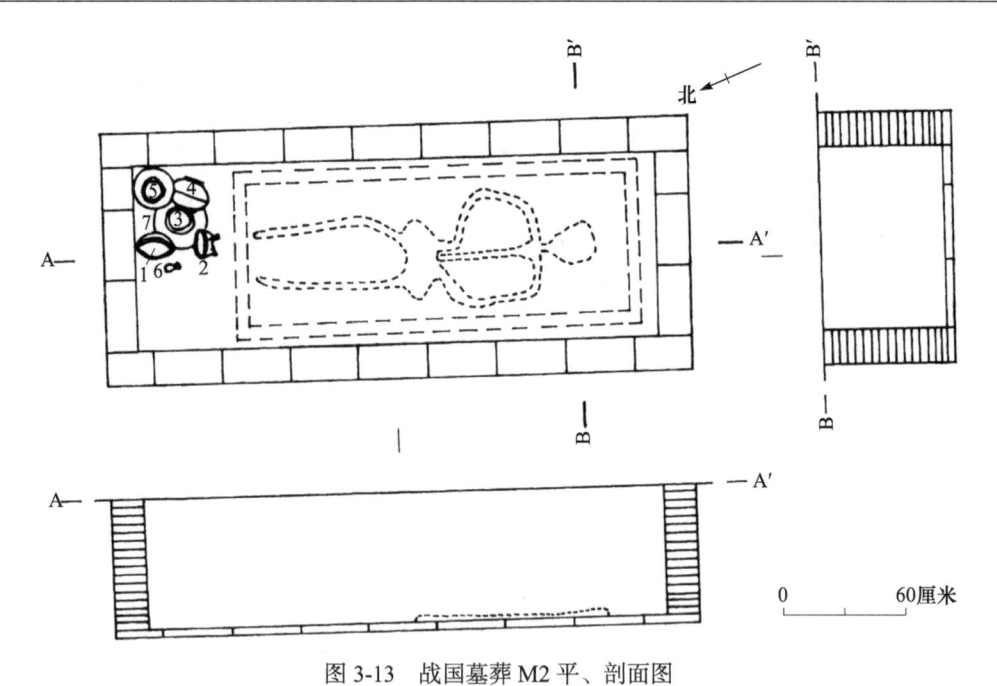

图 3-13　战国墓葬 M2 平、剖面图
1、4. 陶盒　2. 陶鼎　3. 陶罐　5. 陶壶　6. 小陶壶　7. 陶杯

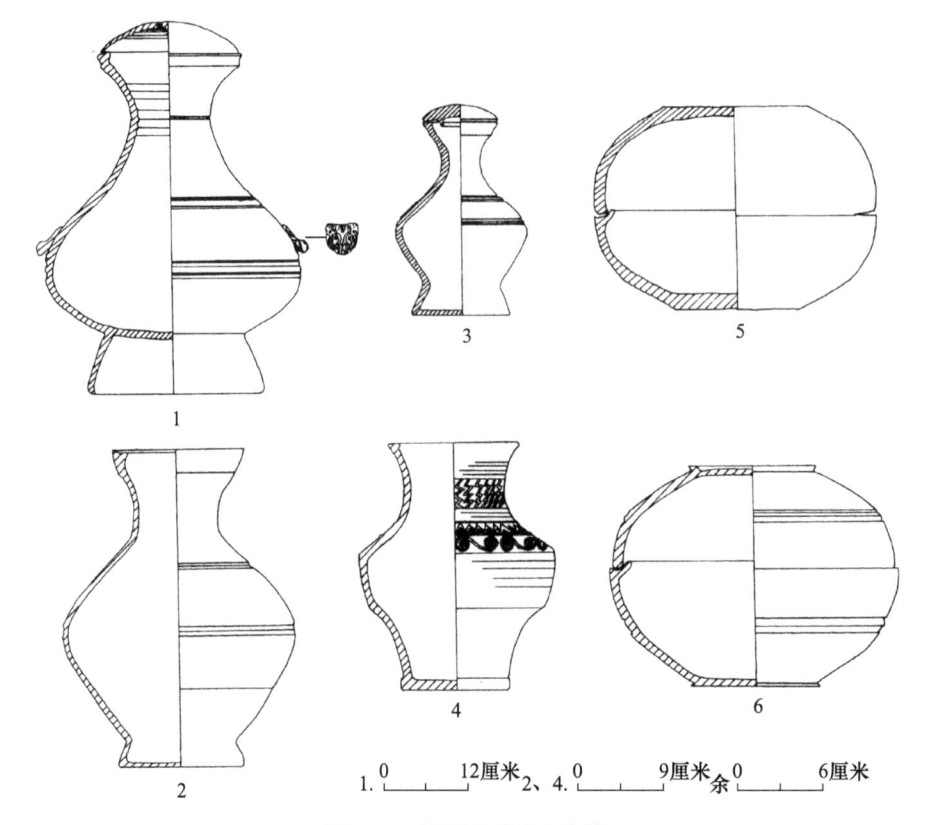

图 3-14　战国墓葬出土陶器
1. A 型壶（M4∶3）　2. B 型壶（M2∶5）　3. 小壶（M2∶6）　4. C 型壶（M7∶3）
5. AⅠ式盒（M4∶4）　6. AⅡ式盒（M2∶1）

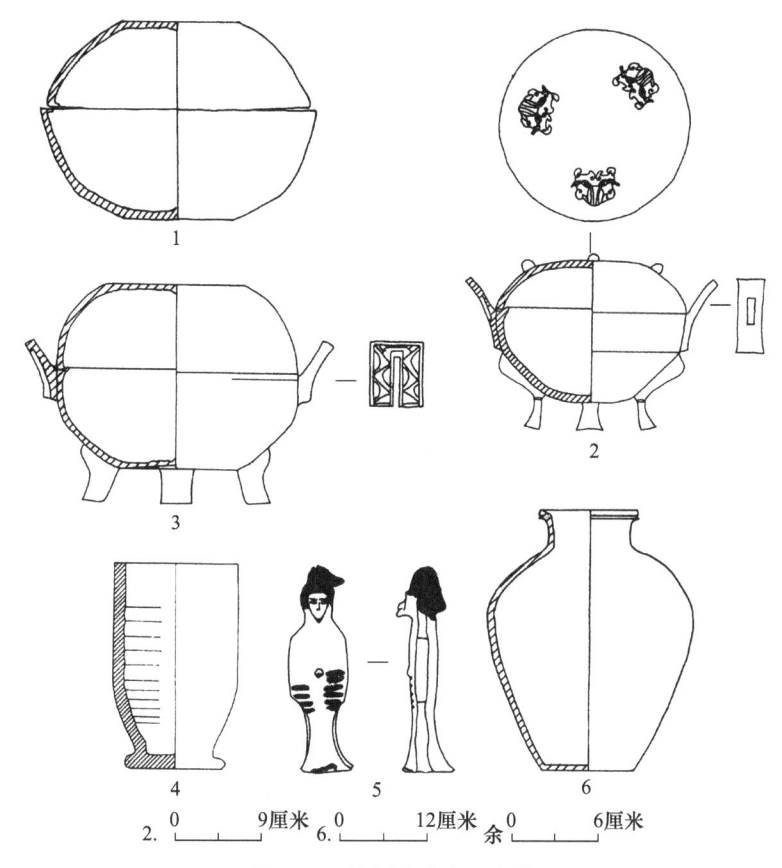

图 3-15 战国墓葬出土陶器

1. B 型盒（M4∶5） 2. Ⅱ式鼎（M2∶2） 3. Ⅰ式鼎（M4∶6） 4. 杯（M2∶7）
5. 羽人（M3∶2） 6. 罐（M2∶3）

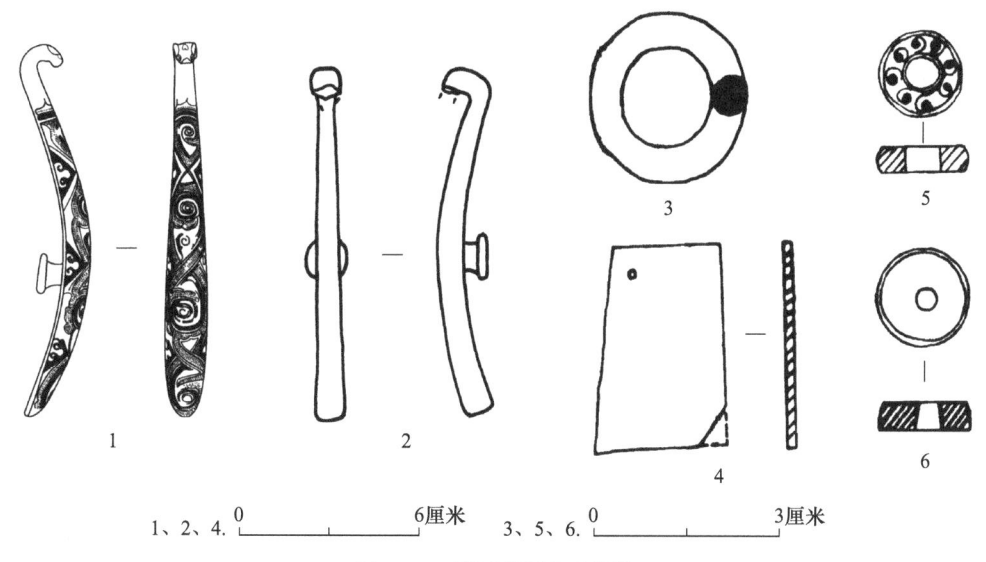

图 3-16 战国墓葬出土器物

1. A 型铜带钩（M3∶3） 2. B 型铜带钩（M1∶1） 3. 铜环（M3∶4） 4. 石圭（M3∶7）
5. A 型玉玲（M3∶1） 6. B 型玉玲（M3∶6）

二、永城鱼山发现战国布币

1985年5月2日，永城市条河乡鱼山村村民邵则勤在鱼山挖土时发现窖藏钱币100余枚[①]。"这批钱币为平首、平肩、方档、方足布币，通长9.9—10.6厘米（一般长10厘米以上）肩宽3—3.4厘米（平均宽3.2厘米），足宽3.5—3.9厘米，重22—41.5克不等，平均重约33克。这批钱币形体狭长，腰部稍微内凹，首部有一个较大的圆孔，圆孔直径0.9—1.3厘米。钱正面模铸有钱文，钱文解释有六种，即'殊布当釿'……钱币背面铸钱文'十货'。钱文写法有两种：一种写法笔画较细，字体较长，铜钱重量稍轻；另一种写法笔画稍粗，字体稍短，钱币重量稍重。""战国时期，永城为楚宋的交界地，其南部为楚国北境。这批钱币的发现，为研究战国时期的商品流通和永城地区的历史提供了有价值的资料。"[②]

三、睢阳区潘庙遗址的东周文化

1994年4月15日至5月17日，中美联合考古队在睢阳区潘庙遗址进行为期一个月零两天的考古发掘，分南北两区，各开5米×5米探方4个，发掘总面积200平方米（图3-17），[③]发现马庄史前文化遗存、龙山文化、岳石文化、东周和汉代文化及宋明时期的文化遗存。在其龙山文化和岳石文化层之上叠压有东周地层和密集的东周至汉代的墓葬。

清理东周建筑基址1处，墓葬42座。建筑基址位于北区东南部，基址平面呈不规则圆形，直径约7.5米，发掘表明，基址原活动面已遭破坏，现存平面南高北低，最高点至基址底部深2.4米。从剖面可以看出，基址总体呈斜壁圜底的锅底形。基址的时代属于春秋中晚期。

之前的考古调查认定潘庙遗址是一处汉代墓地（《中国文物地图集·河南分册》），这次发掘前对遗址范围进行复查，结果证明墓地范围超出原来的一倍，面积3万平方米。这次发掘的墓葬位于整个墓地的南部，41座，加上发掘期间清理的位于墓地中部的1座，共42座。墓葬的方向以南北向者为多，也有东西向的。墓葬的形制为长方形，有3中结构，即土坑墓、空心砖墓和小砖墓。死者以木棺下葬，个别的有椁。葬式为仰身直肢。随葬品通常放置在棺的侧旁或头部二层台上，或放置在棺椁之间（图3-18—图3-20）。

---

① 张志清：《永城县出土楚国货币》，《中原文物》1987年第1期。
② 张志清：《永城县出土楚国货币》，《中原文物》1987年第1期。
③ 中国社会科学院考古研究所、美国哈佛大学皮保德博物馆：《豫东考古发掘报告："商丘地区早商文明探索"野外勘查与发掘》，科学出版社，2018年，第259页。

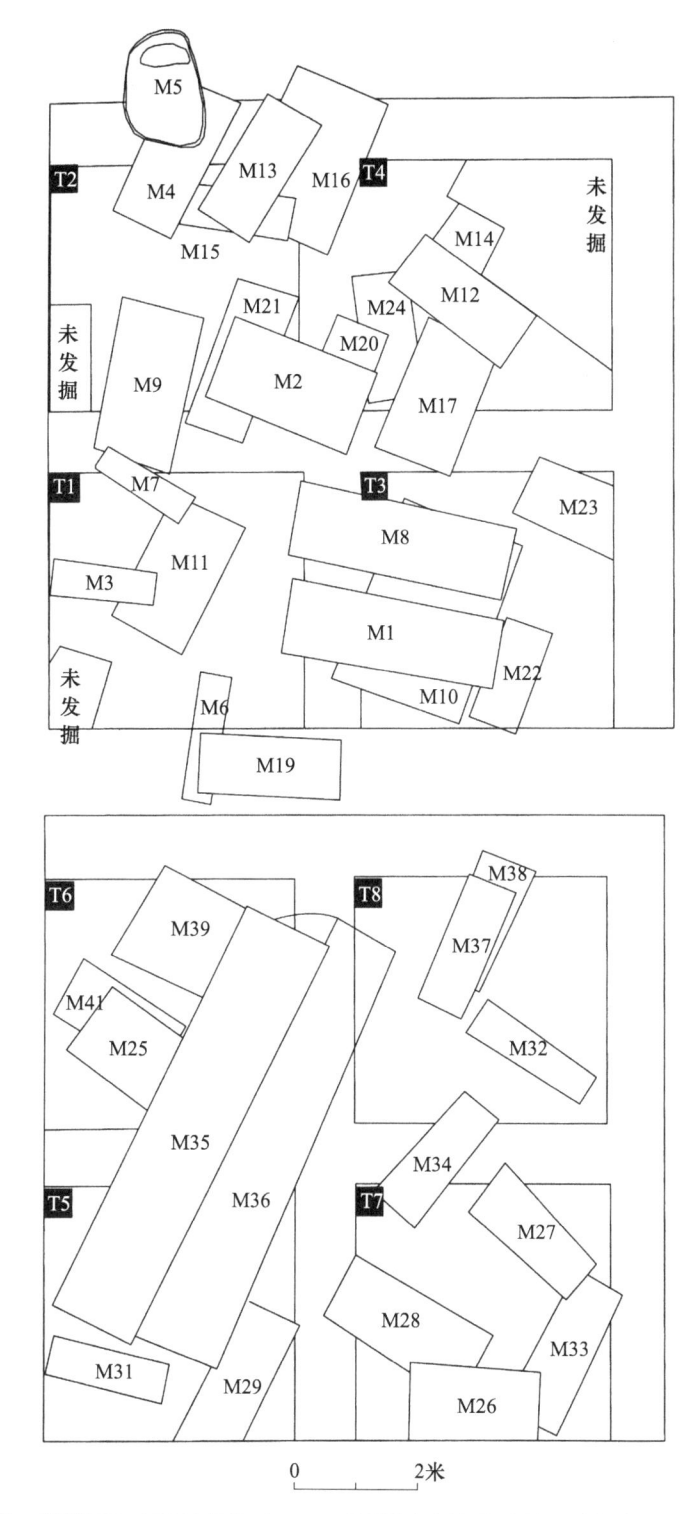

注：墓葬M30、M40被墓葬M35、M36的墓道完全叠压，图上无法标注

图 3-17 潘庙遗址东周墓葬坑位图

（中国社会科学院考古研究所、美国哈佛大学皮保德博物馆：《豫东考古发掘报告："中国商丘地区早商文明探索"野外勘查与发掘》，科学出版社，2017年，第259页）

图 3-18　94HSPM1 平、剖面图

图 3-19　94HSPM1 出土陶器

（中国社会科学院考古研究所、美国哈佛大学皮保德博物馆：《豫东考古发掘报告：
"中国商丘地区早商文明探索"野外勘查与发掘》，科学出版社，2017 年，第 260 页）

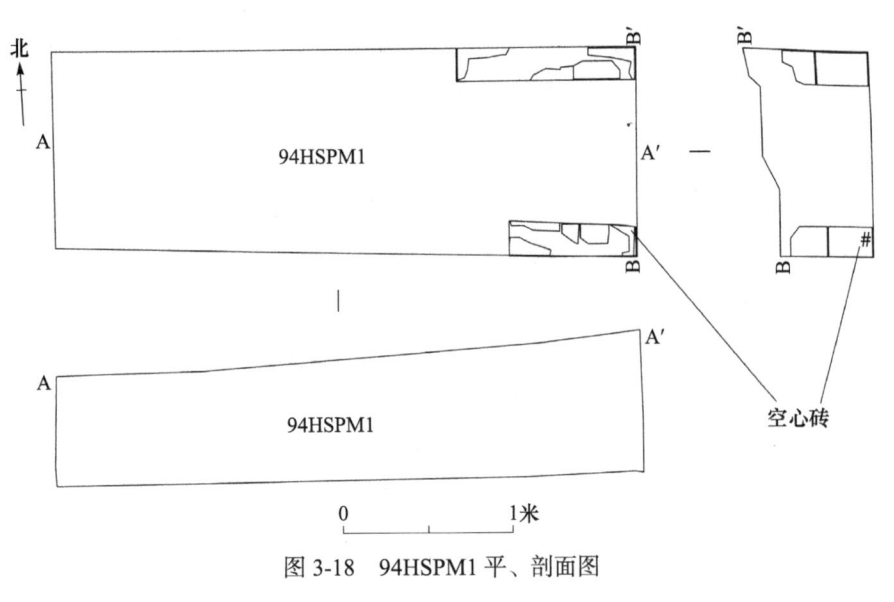

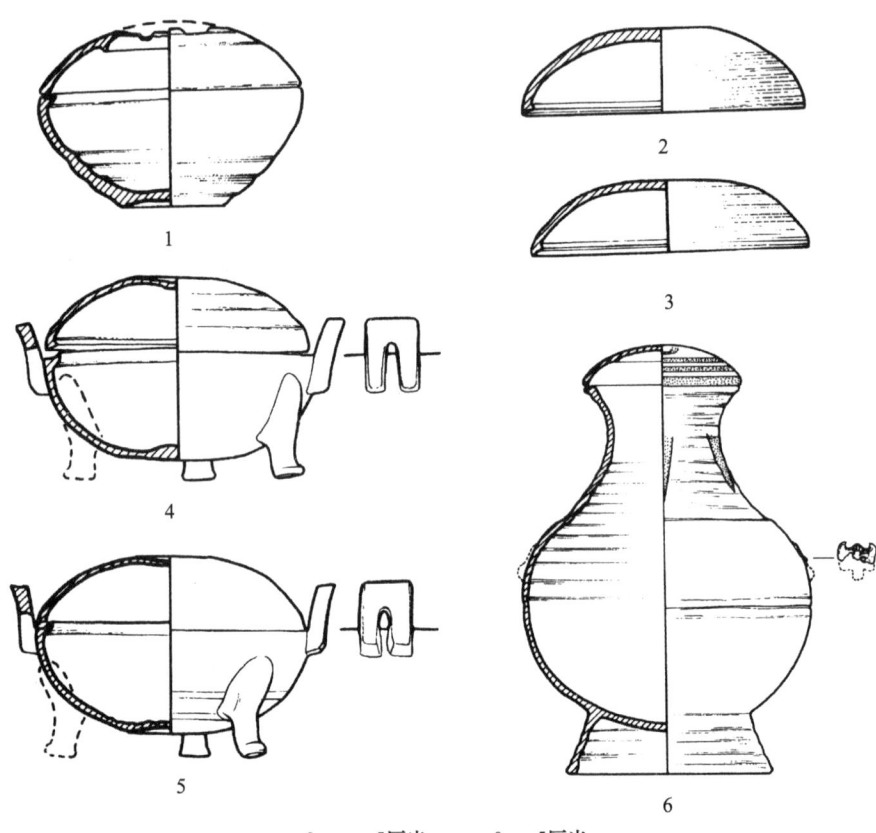

1. 盒（95HSPM1：6）　2、3. 器盖（94HSPM1：3、95HSPM1：4）　4、5. 鼎（94HSPM1：1、94HSPM1：2）　6. 壶（94HSPM1：5）

发掘者把潘庙墓地的东周墓葬分为5期6段。第一期为春秋中期偏早阶段，大部分墓葬面积都很小，而且没有随葬品，唯一有随葬品之墓为"单罐组合"（图3-21）；第二期为春秋晚期或春秋战国之际，随葬品组合新增"鬲盆豆罐""鬲盆豆"和单壶组合；第三期为战国早期，随葬品流行"单罐组合"；第四期为战国晚期，随葬品流行"鼎盒壶"；第五期为战国末至秦汉。罐和壶为常见随葬品。

注：残长87、宽18厘米

图3-20　94HSPM1出土空心砖

（中国社会科学院考古研究所、美国哈佛大学皮保德博物馆：《豫东考古发掘报告："中国商丘地区早商文明探索"野外勘查与发掘》，科学出版社，2017年，第261页）

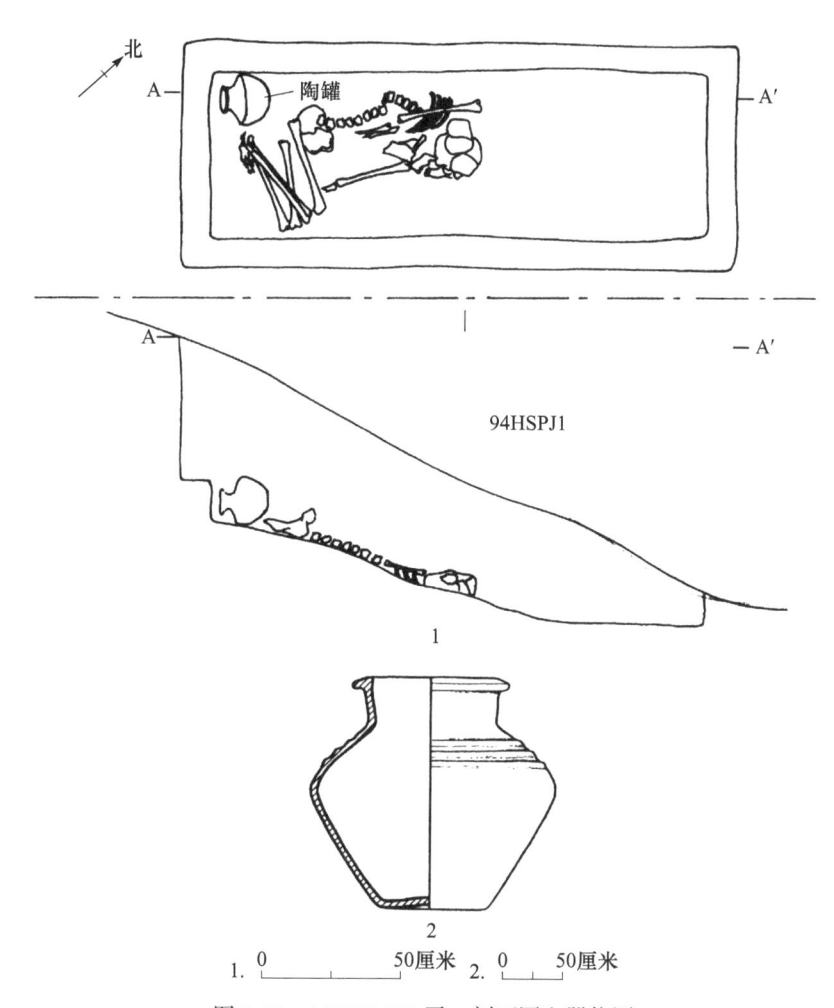

图3-21　94HSPM22平、剖面图和器物图

（中国社会科学院考古研究所、美国哈佛大学皮保德博物馆：《豫东考古发掘报告："中国商丘地区早商文明探索"野外勘查与发掘》，科学出版社，2017年，第279页）

1. 94HSPM22平、剖面图　2. 陶罐（94HSPM22∶1）

宋国于公元前286年被齐赵魏三家所灭，之后这里属于魏。潘庙墓地的东周墓的主人在第三期战国早期之前的属于宋，第四期后，随葬品采用了与魏国相同的"鼎、盒、壶"的组合方式，似乎与宋灭亡，其地属于魏有关。

四、夏邑春秋墓

1983年5月夏邑县郭店乡杨楼村村民在村前取土时发现一处面积约150×100米的古墓群，报文物主管部门批准后，商丘地区文管会与夏邑县图书馆联合对墓群进行抢救性发掘，共发掘春秋、西汉、东汉不同时期的墓葬10座。其中春秋时期的墓葬3座（M4、M9、M10），M9、M10被东汉墓M1打破，只有骨架，唯有M4保存完好。墓口距地表2.4米，长方形竖穴土坑，上部被M1破坏，余下深0.5米，墓坑南北长2.1米，东西宽0.74米，人骨架头北脚南，仰身直肢。骨架周围有棺灰，厚1.5厘米，随葬品放置于头部，器物有陶鬲、陶盆、陶罐各1件，陶豆2件。"在这次发掘M4所出的一组陶器中，陶鬲、豆分别与洛阳中州路西工段①出土的ⅠA式鬲、Ⅱ式豆相似，结合该墓的形制，确认该墓为春秋墓葬。夏邑在春秋时期是宋国腹地，这是豫东地区过去极少经过发掘的春秋时期完整的墓葬资料。"①

五、睢县襄陵

宋襄公墓位于睢县北湖风景区内又称襄陵。唐人李吉甫《元和郡县图志》载："宋襄公墓，在县城中东隅，故号襄陵。"墓冢封土呈圆锥形，高6米，墓基占地面积152平方米。睢县古为襄牛地，秦统一全国后分全国三十六个郡，郡下设县，置襄邑县（图3-22—图3-24）。

《元和郡县图志》载："襄邑县，本汉旧县，即春秋时宋襄牛地也。秦始皇徙承匡县于襄陵，改为襄邑县。"北宋乐史《宋本太平寰宇记》载："襄邑县，春秋时宋襄公牛地也，宋襄公葬焉，故曰襄陵，今墓在县西北隅。秦始皇以承匡县卑湿，遂徙县于襄陵，改为襄邑县。"

宋襄公，春秋时宋国第19位国君，名兹父或兹甫，宋桓公御说之子。生年不详，卒于公元前637年，在位14年（公元前650—前637年），宋襄公在位时期，宋国跻身春秋五霸之一。《左传·僖公二十三年》载："夏五月庚寅，宋公兹父卒。"

齐桓公死后，宋襄公曾一心想赢得霸主地位，称霸诸侯。公元前639年（宋襄公十二年），宋襄公以发起者的身份会诸侯于鹿地，楚成王不服，劫走宋襄公，之后放襄

---

① 商丘地区文管会、夏邑县图书馆：《夏邑县杨楼春秋两汉墓发掘简报》，《中原文物》1986年第1期。

第三章　两周时期的商丘考古

图 3-22　睢县北湖宋襄公墓园石牌坊

图 3-23　睢县宋襄公墓园神道

图 3-24　睢县宋襄公墓

公回国。襄公十三年（公元前638年）夏，宋攻打郑国。楚军进攻宋以救郑国。《春秋公羊传注疏》卷十二："(僖公二十有二年)冬十有一月，己巳朔。……宋公与楚人期，战于泓之阳，楚人济泓而来，有司复曰：'请迨其未毕济而击之。'宋公曰：'不可。'……既济未毕陈，有司复曰：'请迨其未毕陈而击之。'宋公曰：'不可。'……已陈，然后宋襄公鼓之。宋师大败。""(僖公二十有三年)庚寅，宋公兹父卒。"[①]宋襄公被楚兵射伤了大腿，到宋襄牛地（今睢县）行宫疗伤。第二年五月，宋襄公腿部伤势恶化而死，葬于襄陵。其子王臣继位，是为宋成公。今河南睢县有宋襄公陵、望母台。

---

① 《十三经注疏》，中华书局影印，1980年，第2259页。

第四章　秦汉两晋南北朝时期的商丘考古

秦是我国历史上第一个大一统封建王朝，从公元前771年周平王东迁洛邑，我国进入了春秋战国时期，特别是进入战国时期之后，周天子的地位逐步下降，全国出现列国纷争割据的时代，到公元前221年秦始皇灭掉战国七雄的其他六国，建立统一秦王朝，为了巩固中央集权，实行了统一度量衡、车同轨、书同文字等一系列改革，其中施行郡县制也是秦始皇维护国家统一的重要举措，分全国为36郡，今商丘属于砀郡，置睢阳县。永城芒砀山有秦砀郡遗址。汉代由于王莽篡权建立新朝而分为东汉和西汉，两汉时期商丘属于梁国的中心辖域，公元前205年封彭越为梁王，都定陶，第四任梁王刘揖迁都睢阳，直到公元前220年东汉梁国灭亡，商丘作为梁国都城300余年。考古发现有众多的汉代墓葬，尤其是芒砀山西汉梁王墓地考古收获最多。20世纪90年代，中美联合考古队调查发现了两周时期的宋国都城遗址，在局部解剖的宋城城墙上发现汉代夯土墙，宋城城墙周长12920米，与史书记载的梁孝王筑成三十里相吻合，证明梁孝王都睢阳是在宋城基础上维修使用的。

两晋南北朝时期是我国历史上分裂割据和动乱的时期，西晋梁国都睢阳，之后商丘或为郡、或为县衙署驻地，失去了两汉时期的辉煌，由于受黄河泛滥淤积影响，这一时期的考古发现在商丘也相对较少，地面历史遗迹只有江淹墓等。

第一节　秦砀郡遗址

砀城遗址在河南省永城市芒山镇。秦时砀郡、砀县治所，城墙尚存。现存夯筑北墙，西起芒山镇新华书店院后40米处，东至雨亭中学东北侧，长890米，宽约30米，最高处2米，东、南、西城墙地上无存。城内有制陶，冶铁遗址。残存的秦汉古城墙长有近1千米，宽约30米，最高处有2米，由黄胶泥土夯筑而成，夯层明显，夯窝清晰规整，城基涵洞可辨。据《商丘地区地名荟萃》《永城县志》载，砀城故城遗址呈不规则四边形，周长3450米。城内有校兵场遗址，地下1.5米处曾发掘出制陶、冶铁、宰杀遗址多处，及房基、秦砖汉瓦、铜器、货币等，对研究古代历史有重要价值。

第二节 西汉梁国

西汉梁国是我国西汉是比较强大的诸侯王国。汉高祖五年（公元前202年）刘邦封彭越为梁王，都定陶，至王莽始建国元年（9年）贬最后一位梁王刘音为公，次年西汉梁国废除，西汉梁国共历经14王（表4-1），212年。梁国初都定陶，后徙睢阳。

表4-1 西汉梁王世系表

序号	梁王	在位时间	在位年数
1	彭越	公元前202—前197年	6
2	刘恢	公元前196—前181年	16
3	吕产	公元前181—前180年	1
4	刘太	公元前180年，高后八年九月—闰九月	2个月
5	刘揖（怀王）	公元前178—前169年	10
6	刘武（孝王）	公元前168—前144年	25
7	刘买（共王）	公元前143—前137年	7
8	刘襄（平王）	公元前136—前97年	40
9	刘无伤（贞王）	公元前96—前86年	11
10	刘定国（敬王）	公元前85—前46年	40
11	刘遂（夷王）	公元前45—前40年	6
12	刘嘉（荒王）	公元前39—前25年	15
13	刘立	公元前24—公元3年	27
14	刘音	公元5—公元9年	5

目前西汉梁国最重要的考古发现是永城芒砀山西汉梁王家族墓地，发现20余座墓室保存基本完好的包括梁王、王后、重要王室成员的墓葬，还有保安山陵园、寝园基址，芒山主峰顶部的礼制建筑基址，叠压于宋国故城城墙上的梁国都城城墙遗址，芒山主峰北坡的磨山汉墓群（平民墓）以及夏邑桑堌西汉石椁墓等西汉墓葬。商丘境内发现很多汉代画像石墓，出土画像石100余块。很多堌堆遗址都有汉代墓葬和汉文化遗存，等等这些都反映了汉代商丘的高度文明，特别是西汉梁国，在孝王刘武统治时期，因爱亲故，得赏赐不可胜道，"府库金钱且百巨万，珠玉宝器多于京师"。刘武在都城睢阳广建宫室苑囿，喜好文学，招延文人雅士齐聚梁园，赏酒赐墨，鼓励创作，把一代名流枚乘、邹阳、司马相如等人视为上宾，造就了盛极一时对后世影响深远的梁园文学。梁国以文学繁盛，人才济济而冠于诸侯，占尽天下风流。

一、西汉梁国都城

（一）梁国都城问题研究概况

关于梁国都城的位置及前后迁徙，目前主要有下述三说：一是初都定陶、后迁大梁、又迁睢阳，即定陶-大梁-睢阳三都说。程有为先生在《西汉梁国史初探》一文[1]中，依据《史记·梁孝王世家·正义》引《括地志》云："宋州宋城县在州南二里外城中，本汉之睢阳县也。汉文帝封子武于大梁，以其卑湿，徙睢阳，故改为梁也。"认为"总之，梁国始都定陶。又迁大梁，梁孝王迁都睢阳后，一直到梁国灭亡，不再徙都。"此说目前影响较大。二是梁国始都定陶，梁孝王时从淮阳迁都睢阳。即定陶—淮阳—睢阳三都说。闫道衡同志在《关于梁孝王及其陵墓的若干问题研究——兼与〈西汉梁国史初探〉一文商榷》一文[2]中，认为"虽然两者记载从淮阳迁都睢阳的时间不同，但都记载从淮阳迁都睢阳，这一点相同"；三是梁国都淮阳说。《史记·汉兴以来诸侯王年表》载："梁都淮阳。"我认为上述三说均失偏颇。梁国都城共有两个：梁王彭越初都定陶，梁怀王刘揖从定陶徙都睢阳，此后直到梁国灭亡不再徙都。

"梁都淮阳"是错误的。理由如下：其一，汉高祖五年初封梁国时，并无淮阳县名，后来的"淮阳"当时称"陈"，中华民国时"废陈州府""改县曰淮阳"[3]。《史记·汉兴以来诸侯王年表·索隐》云："汉十一年，封子友为淮阳王，都陈。"可见"淮阳"为郡国名；其二，彭越定梁地而王。淮阳于梁是同属于汉王朝的两个郡国，不属一地；其三，"淮阳"或为"睢阳"之误。"梁孝王从淮阳徙都睢阳"说也是错误的。此说混淆了徙王与徙都的概念。"徙都"的概念是什么？它是指一个国家（或王朝或郡国），因政治、经济的或其他的原因，将其都城从原地点迁移到一个新地点，这种行为称"徙都"。"徙都"行为只能在本国领土内实施。刘武徙梁王之前是淮阳王，从淮阳王徙为梁王不能认定是从淮阳徙都睢阳，"淮阳"为郡国名，"睢阳"，徙王与徙都是两码事。如高后七年徙梁王刘恢为赵王，当时梁都定陶、赵都邯郸，就不能说刘恢将都城从定陶徙至邯郸。

（二）梁都定陶

西汉梁国初都定陶是可信的。《汉书·高帝纪》云："魏相国建成侯彭越勤劳为民，

---

[1] 程有为：《西汉梁国史初探》，《商丘师专学报》（社会科学版）1986年第1期。
[2] 闫道衡：《关于梁孝王及其陵墓的若干问题研究——兼与〈西汉梁国史初探〉一文商榷》，《黄淮学刊》（社会科学版）1995年2期。
[3] 臧励龢等编：《中国古今地名大辞典》，商务印书馆香港分馆，1931年，1982年11月重印。

卑下士卒，常以少击众，数破楚军，其以魏故地王之，号曰梁王，都定陶。"唐张守节《正义》云："曹州济阴县城是，梁王彭越之都。"《汉书·彭越传》云："于是汉王发使使越……立越为梁王，都定陶。"可见《史记》《汉书》均言梁都定陶。

定陶为梁都不仅有较好的历史条件，还有地利人和的优势。西周时，定陶为武王的弟弟的封地。《汉书·地理志》云："济阴定陶，《诗风》曹国也。武王封弟叔振铎于曹，其后稍大，得山阳、陈留，二十余世为宋所灭。"就在彭越都定陶的同一年，汉王刘邦即皇帝位于定陶汜水之阳。《水经·济水注》云："昔汉高祖既定天下，即皇帝位于定陶汜水之阳。"清人熊会贞按引《寰宇记》载："汉祖坛在济阴县东北二十里，汉高祖五年，即定于定陶汜水之阳，故立坛。"梁王彭越祖籍昌邑，西区定陶不足60千米，彭越从起兵反秦，到因谋反罪被杀，主要活动在昌邑一带。《史记·彭越传》载："汉五年秋，项王之南走阳夏，彭越复下昌邑二十余城，得谷十余万斛，以给汉王食。"后来彭越被赦徙青衣途中遇吕后，还请求回故里昌邑。

（三）梁都大梁

最早记载梁孝王刘武都大梁的是北魏郦道元的《水经注》，《水经·渠沙水注》云："汉文帝封孝王于梁，孝王以土地下湿，东都睢阳，又改曰梁。"其后，唐人魏王李泰（唐太宗四子）撰《括地志》云："汉文帝封子武于大梁，以其卑湿，徙睢阳，故改曰梁。"唐张守节的《史记·正义》引此条。北宋乐史编著的《太平寰宇记》云："梁孝王都大梁，以其卑湿，东徙睢阳，乃筑蓼堤，至宋州三百里。"

由上述可知，李泰撰《括地志》明显承袭郦氏"封孝王于梁"说，且于"梁"字前多出个"大"字。对孝王都大梁说，清人杨守敬在为《水经注》作疏时已有疑问[①]。疏云：《史》《汉》各家《注》，不言孝王封梁，初在大梁，此别有所据"今人徐伯勇先生在《有关开封历史的几个问题》[②]一文中更明确给予否定。徐文认为"刘武封于大梁，据近人研究，认为出于衍字，《史记·梁孝王世家》中关于平台的魏人如淳曰：'在梁东北，离宫所在。'而《汉书》中同一平台，同一个如淳注就变成：'在大梁东北，离宫所在。'恰多出一个'大'字，把事情弄坏了。"

我们认为梁孝王并没有定都大梁。理由如下：

第一，正如上述，孝王都大梁说起于北魏郦氏，而盛行于唐代，唐代各家抄袭郦氏说时，于"梁"字前多出个"大"字一样，问题很可能出于衍字。

第二，从大梁的历史状况分析孝王不会定都大梁。大梁是战国魏后期的都城，为避强秦，魏惠王九年（公元前361年）把都城从安邑（今山西夏县附近）迁于此。秦

---

① 无名氏撰，（后魏）郦道元注，（清）杨守敬、熊会贞疏：《水经注疏》，江苏古籍出版社，1989年。
② 徐伯勇：《有关开封历史的几个问题》，《中国古都研究》，浙江人民出版社，1985年。

王政二十二年（公元前225年），秦将王贲引鸿沟灌大梁城，城毁，魏亡。自魏亡之后，大梁一带渠水横流，其地底洼潮湿，无论作为王朝或郡国的都城都是不合适的。如徐伯勇先生在《开封汴河与州桥》一文中所讲："大沟在战国末又称阴沟，秦将王贲攻大梁城时即利用此水灌城。此后渠水横流，大股水从大梁南边向东流去。"文帝十二年（公元前168年）刘武徙梁王，上距王贲引水灌大梁城只有56年时间，孝王不会明知其他低圭潮湿而建都于此，遂又迁都睢阳，行如此草率之事，于情理不通。

孝王初为梁王的十余年间，累年入朝，每次入朝少则停留数月，多则经年有余，期望有朝一日继承王位。正如前述，刘武入朝与景帝宴饮时，景帝的一句"千秋万岁后传于王"的戏言，使刘武做起了皇帝梦，窦太后也有让景帝传位于刘武的想法，因袁盎等大臣谏阻，前元七年（公元前150年）四月，立胶东王刘彻为太子，刘武的皇帝梦才彻底破灭。七国之乱前，刘武无心经营梁国，直到平定七国之后，因战功及爱亲故，"赏赐不可胜道""于是梁孝王筑东苑，方三百余里，广睢阳城七十里"[①]。可见梁孝王真正开始经营梁国，广建宫室，建筑苑囿是在平定七国之乱以后。

第三，大梁地近河，易遭水患，不适合做都城。《汉书·沟洫志》载："汉兴三十有九年，孝文时河决酸枣，东溃金堤，于是东郡大兴卒塞之。"《资治通鉴·汉纪七·太宗孝文皇帝下》载："十二年冬十二月，河决酸枣，东溃金堤，东郡大兴卒塞之。"文帝十二年正是刘武徙梁王之年，河决时间是"冬十二月"即年初的第三个月份。这说明刘武徙梁王与河决的时间是在同一年的相同或相近月份。因为刘武徙梁王的时间最早也只能在年初，况且徙都之事不可能一两个月就能完成。大梁与酸枣同在河水南岸，二者相距仅42千米[②]，既然河决酸枣，近在咫尺的大梁恐难逃水患，孝文帝封子武于正遭水患之地定都，实令人难以置信。

第四，封刘武于大梁与徙淮阳王武为梁王的初衷相悖。汉文帝徙武为梁王是采纳了贾谊的建议，目的是"为梁王立后"，"以梁扞齐赵"（《汉书·贾谊传》)，是为了使梁国起到屏障山东与中原的作用。睢阳地处山东通往中原的门户，拥有大梁不可比拟的地理优势。《汉书·贾谊传》载："（怀王死后）宜复上疏曰：'臣之愚计，愿举淮南地以益淮阳，而为梁王立后，割淮阳北边二、三列城与东郡以益梁。不可者，可徙代王都睢阳。梁起于新郪（今安徽太和北七十里）以北，著之河；淮阳包陈以南，揵之江。则大诸侯之有异心者，破胆而不敢谋，梁足以扞齐赵；淮阳足以禁吴楚。陛下高枕，终亡山东之忧矣，此二世之利也。'"

第五，从地理位置看，大梁地偏于梁国最西端，与定陶、睢阳相比均失地理优

---

① 《史记·梁孝王世家》。
② 依据谭其骧：《中国历史地图集·第二册》，中国地图出版社，1982年。

势。"建都必居中土"是我国的传统习惯。闫崇年在《中国古都研究·第2辑》的后记中引《五经要义》云:"立都必居中土,所以总天地之和,据阴阳之正,均统四方,旁制万国。"都城是王朝或政权的政治中心,其地点必然是交通便利,便于统领四方的地方。定陶就是"天下之中,诸侯四通的地方。"《史记·货殖列传》载:"范蠡既雪会稽之耻……变名易姓……之陶为朱公,朱公以为陶天下之中,诸侯四通,货物所交易也。乃治产积居……遂至巨万。故言富者皆称陶朱公",这里的陶,即济阴定陶。

第六、梁孝王时,梁国疆域西界高阳,大梁不属于梁国,刘武自然不可能定都大梁。《汉书·贾谊传》载:"文帝于是从贾谊计,乃徙淮阳王武为梁王,北界泰山,西至高阳。"《史记·梁孝王世家》载:"其后,梁最亲,有功,又为大国,居天下高腴地,地北界泰山,西至高阳,四十余城,皆多大县。"关于高阳的位置,《索隐》引徐广曰"在陈留圉县"即杞县高阳(今河南杞县西南)。既言西至高阳(位于大梁东南45千米),可见大梁不属于梁国。在梁国彭越和刘恢时期,资料显示,吕产为梁国时期,梁国疆域发生过较大变化。如东郡,在刘恢时曾"罢东郡颇益梁",而在刘揖时又属汉郡。《汉书·贾谊传》载:"割淮阳北边二三列城与东郡以益梁。"可见在刘揖时东郡不属于梁国,至少在刘揖后期大梁已不属于梁国。既然大梁不属于梁国,孝王都大梁说就自然不能成立。

(四)梁都睢阳

1. 梁都睢阳的时间

梁都睢阳,史载较多。《史记·梁孝王世家》载:"梁孝王城守睢阳,而使韩安国、张羽为大将军,以距吴楚""于是梁孝王筑东苑,方三百余里,广睢阳城七十里"等。关于梁初都睢阳的时间,一般认为是从梁孝王徙梁王起。而刘揖都睢阳似乎没有引起大家的注意。《史记·梁孝王世家》云:"孝文帝即位二年,以武代王,以参与太原王,以胜为梁王。"这里的"胜"即梁怀王刘揖。此句下《集解》引徐广曰"都睢阳"。徐广,晋人,比最早持孝王都大梁说的郦道元早近百年。怀王刘揖迁都睢阳是可信的。刘揖为汉文帝少子,甚得文帝宠爱。《汉书·文三王传》:"梁怀王揖,文帝少子也,好诗书,帝爱之,异于他子。"文帝七年(关于拜谊为怀王太傅的时间,另有"文帝六年"说。《资治通鉴·汉纪七·太宗孝文皇帝》载:"文帝六年拜谊为怀王太傅。"此说是错误的。据《汉书·贾谊传》载"谊为长沙太傅三年,有服飞入谊舍",谊因作《鵩鸟赋》,辞曰:"单阏之岁,四月孟夏,庚子日斜,服集余舍。""单阏"为卯年别称,卯年即文帝六年。"后岁余"文帝诏见贾谊,并拜为怀王太傅,可见拜贾谊为怀王太傅的时间是文帝七年,而非文帝六年。服,鸟名,通"鵩",又名山鸮,夜鸣,声恶,古以为不祥之鸟。鸮,猛禽,昼潜夜出,俗称猫头鹰。《尔雅·释天》:"太岁……在卯曰单阏。单:尽也,阏:止也。")"乃拜谊为怀王太傅,怀王上少子,爱而好书,故令谊傅之,数问以得失"(《汉书·贾谊传》)。刘揖为梁王的十年间,一直生活在梁国,如果刘揖为梁王不就国,那就不存在"五年一朝,凡再入朝"[①]之事。刘揖长时间生活在梁国是迁都所必备的条件之一。

刘揖迁都睢阳是受贾谊治国思想影响的结果,贾谊为怀王太傅五年,与怀王感情深厚,以至于"怀王胜(揖)坠马死,谊自伤为傅无状,常哭泣,后岁余亦死"(《汉书·贾谊传》)。早在拜谊为怀王太傅之初,贾谊曾上文帝《治安策》,认为:"欲天下之治安,莫若众建诸侯而少其力,力少则易使以义,国小则亡邪心。令海内之执如身之使臂,臂之使指,莫不制从。诸侯之君,不敢有异心。"当时国内外形势比较严峻,"是时匈奴强,侵边,天下初定,制度疏阔,诸侯王僭拟,地过古制"诸侯王强大难治"可为痛哭者一;可为流涕者二;可为长太息者六"(《汉书·贾谊传》),汉文帝前元三年(公元前177年),济北王刘兴居起兵叛乱。之后拥有五十三城的吴王刘濞已露不臣形迹。鉴于国内形势,为了使梁国起到屏障山东与中原,乃至京城长安的军事作用,刘揖从定陶迁都睢阳顺理成章。睢阳地处山东通往中原的门户,其地理位置显然比定陶更为重要。睢阳又有作为都城的良好的历史条件。从西周初年封微子于宋代殷后,直到公元前286年宋灭于齐,睢阳一直是宋国的都城。梁怀王刘揖死后,谊复上疏曰:"臣之愚计,愿举淮南地以益淮阳,而为梁王立后,割淮阳北边二三列城与东郡以益梁。不可者,可徙代王都睢阳。"(《汉书·贾谊传》)由此条可知,在孝王徙梁之前,梁国都城已在睢阳。怀王死后的第三年(公元前168年),文帝采纳了贾谊的部分建议,徙淮阳王武为梁王。

有学者据《汉书·贾谊传》认为徙淮阳王武为梁王的同时,割淮阳北边二三列城给梁国,并"估计为襄邑(今河南睢县)、焉、宁陵三县地"[②]。我认为此说不妥,错误在于以贾谊的建议代替了文帝的诏令。文帝仅是部分采纳了贾谊的建议,这在《汉书·贾谊传》中有明确记载。

2. 梁国都城的建置

关于梁国都城的建置情况,初都定陶史载不祥。后魏郦道元在《水经·济水注一》提及定陶城:"济水又东北,径定陶故城南,侧城东注也。县故三鬷(zong)国也。汤追桀、伐三鬷,即此。"清人杨守敬按引《地形志》云:"定陶有定陶城,城在今县西北四里。"《元和郡县图志》载:"古曹国,在县(济阴县)东北四十七里,故定陶城是也。定陶故城,尧先居唐,后居陶,故曰陶唐氏。"

---

① 参阅朱绍侯主编:《中国古代史》上册,福建人民出版社,1985年,第271页。
② 河南省文物考古研究所编:《永城西汉梁国王陵与寝园》,中州古籍出版社,1996年,第4页。

梁都睢阳史载较多，包括三部分：睢阳城，城东的平台离宫及城东南的梁苑。梁都睢阳城是在两周宋都睢阳城的基础上维修加固使用的。"公元前十二世纪周公平定武庚的叛乱后，把商的旧都周围地区分封给商纣王的庶兄微子启，建都商丘（今河南商丘）。"[①]《史记·宋微子世家》云："乃命微子代殷后……国于宋"《世本》云："宋更名睢阳"《史记·梁孝王世家·索隐》述赞曰："文帝少子，徙封于梁，太后钟爱，广筑睢阳。"

关于宋都睢阳城的大小，《后汉书·郡国志》刘昭注水引《北征记》载："城周三十七里，南临濊水，凡二十四门。"

(1) 关于睢阳城的城墙

关于睢阳城的大小有四种记载。一是《史记·梁孝王世家·索隐》引《太康地理记》云："城方十三里，梁孝王筑之。"二是《后汉书·郡国志》刘昭注引《地道记》云："梁孝王筑城十二里，小鼓唱节杵下而和之，称《睢阳区》。"三是《水经注疏》引赵增云"刘昭补注《郡国志》引《地道记》："梁孝王筑城三十里，小鼓唱节，杵下而和之，称《睢阳曲》。"四是《水经注疏》熊会贞按："《类聚》六十三引《太康地理记》作二十里。"

考古发掘证明《地道记》所记的"三十里"是正确的。中美联合考古队于1997年调查发现了宋都睢阳城。已探明城墙周长为12920米，按1汉里等于三百步，1步等于6尺，1尺合今23.5厘米[②]计，12920米约合30.54汉里；若按西汉前期1尺合0.225米，则12920米合31.9汉里。这与《地道记》所载的"三十里"相同。在宋国故城城墙上部发现有汉代夯土墙，这从考古材料证明了汉代睢阳城是在宋国城墙基础上修建使用的。

为进一步了解宋国故城城墙结构，中美联合考古队在南墙西段、西墙中段和南段开挖4条探沟（编号：T1、T2、T3、T4），1997年春季发掘的T1位于南墙西段，西距城墙西南角200米处；1998年春季发掘的T2位于郑庄村南的西墙最南端、T3位于西墙中段的王营村东约200米处；2000年春季发掘的T4位于南墙西段，西距城墙西南角50米处。

T1发掘面积南北长32米，东西宽4米，方向北偏西11°。城墙由夯土筑成，根据土质、土色以及结构层位的差别分为A、B、C三块。其中A块属于汉代，夯土呈浅灰褐色，夯层薄厚不一，一般为0.12—0.15米，夯窝为圆形，直径0.06—0.07米。包含物较多，主要有汉代的板瓦、筒瓦以及陶器残片。A块又分两部分：第一部分位于城墙顶部，上部现存宽4米，底部现存宽7米，厚约3.6米；第二部分位于城墙的

---

① 《辞海》(历史分册·中国古代史)，上海辞书出版社，1981年，第6页。
② 李发林：《战国秦汉考古》，山东大学出版社，1991年，第223、224页。

南侧，依托 B 块夯土而筑，下宽上窄，上部宽仅 1.8 米，下部宽 6 米，厚度达 5 米。

T2 发掘面积东西长 7.1 米，南北宽 1.5 米。也是由 A、B、C 三块夯土组成，A 块夯土处于最上端和最外侧，压在 B 块夯土上部的厚约 0.7 米，贴在 B 块夯土外侧的部分厚 1.75 米。夯层及夯窝情况与 T1 的相同。

T3 发掘面积长 20 米，南北宽 4 米。发掘结合钻探得知，T3 的城墙夯土结构也是由三块夯土组成，与 T1、T2 的叠压情况相同，C 块夯土最早，是在距地表深约 10 米的深褐土上起建的，B 块夯土和 A 块夯土是此后先后补筑的。

T4 探沟全长 30 米，宽 5 米。探沟剖面显示，城墙夯土结构也是由三块夯土组成的。A 块夯土为城墙的上部，下面压着 B 块和 C 块夯土。A 块夯土呈凸字形，顶部宽度约为 6.5 米折肩以上高 4 米，由顶至底高 6.25 米，底部最宽为 16.5 米。这块夯土内出土有板瓦、筒瓦残块、铜镞，以及鬲、盆、罐、豆盘等陶器残片。

上述发掘资料表明，西汉梁国都睢阳后，是利用了宋国故城旧城，而没有另建新城。这次在宋国故城南墙西段和西墙中段、南段发掘的四条探沟均是在宋国城墙上筑建汉代夯土城墙（A 块。4 条探沟城墙均是由 A、B、C 三块夯土组成。A 块位于最上部，年代属于汉代；B 块位于中间，年代属于东周时期；C 位于最下部，年代最早，可能早到周初，甚至商代）。宋国故城东墙和南墙没有发掘，估计也应该有汉代夯土城墙的叠压，因为这次探明的宋国故城城墙周长 12920 米与史书记载的梁孝王筑城三十里正好吻合（见前文）。由于四条探沟开挖面积、深度等的不同，揭露出的汉代城墙面积各不相同，其中 T4 揭露最多，汉代夯土墙高 6.25 米、底部宽 16.5 米。

（2）关于睢阳城城门

《北征记》讲"凡二十四门"是指宋都睢阳城城门。《左传》记载的城门名称有：卢门、杨门、鱼门、蒙门、垤泽门、曹门、桐门、桑林门等。清光绪重刻本《归德府志》卷十一《建置略上·城池》记载有各城门的位置，"府城，春秋宋国城也，其城东门曰杨门，又东北曰蒙门。南门曰卢门，东南门曰垤泽门，西北门曰曹门，北门曰桐门，又外城门曰桑林门"。

史书明确记载的睢阳城门有三个：一是杨门，《水经注疏睢水》[1]载"复道自宫东出杨门之左。杨门，即睢阳东门也"；二是卢门；三是鱼门。《后汉书·郡国志》梁国"睢阳有卢门亭""有鱼门"。由此可见，梁都睢阳城门名称仍沿用宋都睢阳之旧。

（3）宫殿与里居

《左传·庄公十二年》载："遇大宰督于东宫之西，又杀之。"既称"东宫"，还应有"西宫"。芒山梁王陵一样为仿生前宫殿而建。保安山二号墓（梁孝王之妻—李后墓，

---

[1] 无名氏撰，(后魏) 郦道元注，(清) 杨守敬、熊会贞疏：《水经注疏》，江苏古籍出版社，1989 年。

详见《西汉梁国》中篇第一章第三部分）发现有东宫、西宫刻字[①]。梁都睢阳城亦应有东、西宫等宫室建筑，至北魏郦道元注《水经》时，梁王宫室基础尚在。《水经注疏》卷二十四《睢水》载"碑东即梁王之吹宫也，基陛阶础尚在"（清人杨守敬按：故、吹形近，乃传钞讹故为吹耳）。

见于史载的睢阳城里居有"南里"。《左传·昭公二十一年》"华氏居卢门以南里叛"杜《注》"南里，宋城里名也"。睢阳城内有东西道路。《水经注疏》卷二十四《睢水》载："城内东西道北，有晋梁王妃王氏陵表，并列二碑。"睢阳城内的台榭有：蠡台、女郎台、凉马台、雀台、清凉台等。

（4）离宫、苑囿

位于睢阳城东的平台是梁王的离宫所在。《水经注疏》卷二十四《睢水》载："如淳曰：'平台、离宫所在。'今城东二十里有台，宽广而不甚极（衍字）高，俗谓之平台。"关于平台的位置，另有晋灼"或说在城东北角"即城内说。郦道元在《水经注》卷三十四已予以否认，"属之城隅则不能，是知平台不在城中矣"。梁孝王"大治宫室"的同时，广建苑囿。《史记·梁孝王世家》载："于是梁孝王筑东苑。方三百余里。"梁王苑初称兔园。刘武以兔名园大概喻意其苑之美可比玉兔之广寒宫。又名梁园、梁苑，梁园这一简称最早见于隋虞氏基《元德太子哀策》："风高楚殿，雅盛梁园。"南朝齐王融诗曰："留庭参辨爽，梁苑豫才邹。"[②]

汉枚乘在《梁王兔园赋》中对兔园盛景有如下描述："修竹檀栾，夹池水，旋兔园，并驰道，临广衍。故行于昆仑之恳，茇兮有似乎西山"[③]。述及梁苑盛况又有唐张守节《史记·正义》引葛洪《西京杂记》云："梁孝王园中有落猿岩、西龙岫、雁池、鹤洲、凫岛，诸宫观相连，奇果佳树，瑰禽异兽，靡不必备，俗人言梁孝王竹园也。"

梁王苑，又称竹园、东苑。《水经注疏》卷二十四《睢水》："睢水又东南流，历于竹园。水次绿竹荫诸，箐箐实望，世人言梁王竹园也。"梁苑何称东苑？《白虎通》云："苑所以东者何？盖以东方生物故也。"

关于兔园位置，唐张守节《史记·正义》引《括地志》云"兔园在宋州宋城县东南十里。"隋开皇八年（公元588年）改睢阳为宋城。另有兔园在大梁（今河南开封）说，近人多有论及已否定，这里不再讨论[④]。

梁孝王刘武依仗其雄厚的经济实力广筑宫室苑囿，所筑兔园是当时全国著名的豪华园林。孝王喜好文学，"文招宾客"，广聘贤才，许多文人雅士客聚梁园。孝王赏酒

[①] 河南省文物考古研究所编：《永城西汉梁国王陵与寝园》，中州古籍出版社，1996年，第170页。
[②] 刘清惠、马国强、李川申选注：《梁苑吟》，中州古籍出版社，1988年，第25、26页。
[③] 刘清惠、马国强、李川申选注：《梁苑吟》，中州古籍出版社，1988年。
[④] 参见安旗：《梁园考辨》，《梁苑吟》，中州古籍出版社，1988年。

赐墨，鼓励创作，使梁国以文学繁盛、人才济济而冠于诸侯，因慕孝王而辞官客居梁国的文学大家有很多，如汉赋的奠基者，被尊称为"枚叟"的枚乘，西汉著名辞赋家司马相如、邹阳，等等。正基于名家会聚以无可争辩的雄厚实力，奠定了"梁园文学"在中国文学史上的地位，盛极一时的"梁园文学"对两汉及其以后的中国文学产生过积极而深远的影响。

自汉代以来，多少迁客骚人慕梁园胜迹而来，他们或凭吊怀古，或抒发情感，给后人留下了数以百计的瑰丽诗篇，刘清惠等选注《梁园吟》一书遴选了自西汉至明清吟咏商丘的诗词、赋、赞作品114篇，其中直接写梁国的有21篇，以"梁园""梁园怀古""梁园吟"为题的有13篇。如唐王昌龄游览梁苑旧迹，以平台客自比，作《梁苑》七绝诗一首，抒发了诗人吊古伤时的感慨，诗曰："梁园秋竹古时烟，城外风悲欲暮天。万乘旌旗何处在，平台宾客有谁怜。"高适早年贫困，从唐开元十二年（724年）年以后，"兔园为农"客居宋州25年。留下了许多脍炙人口的诗篇，其中《宋中》十首，其一曰："梁王昔全盛，宾客复多才。悠悠一千年，陈迹惟高台。寂寞向秋草，悲风千里来。"李白客居梁园时写下千古名句《梁园吟》："梁王宫阙今安在，枚马先归不相待。舞影歌声散绿池，空余汴水东流海。"

二、西汉梁王陵

西汉梁国王陵墓地位于河南省最东部永城市北30千米的芒砀山，芒砀山是一处低矮的小山群，主峰海拔高度156.8米，由主峰芒砀山以及周围的保安山、夫子山、黄土山、铁角山、窑山、僖山、磨山、鱼山、邵山等小山头组成。西汉梁王陵因山而建，每一座山头是一个独立的陵区，陵区由环山头陵园墙、山顶并列埋葬梁王及王后墓，绕山坡周围有陪葬墓、陪葬坑等，在保安山一、二号墓（梁孝王及李后的墓葬）东侧半山坡还发掘出寝园建筑基址，芒砀山西汉梁王墓地是目前考古发现的全国保存比较完整的汉代诸侯王墓地。

芒砀山西汉梁王陵的调查与勘测肇始于20世纪30年代，1936年，前河南省古迹研究会李景聃等为寻找先商文化渊源，在豫东永城调查曾注意到梁孝王墓（洞），并对墓室进行了测量，将调查结果发表在《中国考古学报》第二册上。20世纪80年代以来，河南省及商丘地区文物工作者在上级主管部门的指导下，对芒砀山汉墓的分布情况进行了详细调查，1982年对梁孝王墓进行了维修。1986年，商丘地区文化局（商丘市文化局）组织专业技术人员对僖山一号墓进行了抢救性发掘，该墓的发掘是了解芒山汉墓的新开端，实现了芒砀山西汉梁王陵考古发掘零的突破；同年，河南省人民政府将西汉梁王陵墓群公布为省级文物保护单位。1990年实测了梁孝王墓墓室结构；同年，河南省政协派出了由我国著名考古学家安金槐等人组成的调查组，对芒砀山西汉梁王陵的保护管理情况进行实地调查，并写出了调查报告。"报告引起了中央领导同志和国家文物局的高度重视，遂指示由河南省文物局委派河南省文物考古研究所，商丘地区文化局、永城县文管会组成联合考察队，对芒砀山文物进行了考察"①基本搞清了芒山汉墓的数量、分布等情况。

到目前为止，芒砀山西汉梁王墓地共发现大中型汉墓21座。其中石崖墓10座，石室墓6座、土坑墓1座、墓室情况不详者4座；陵园2处；寝园建筑基址1处；陪葬坑6座（图4-1）。

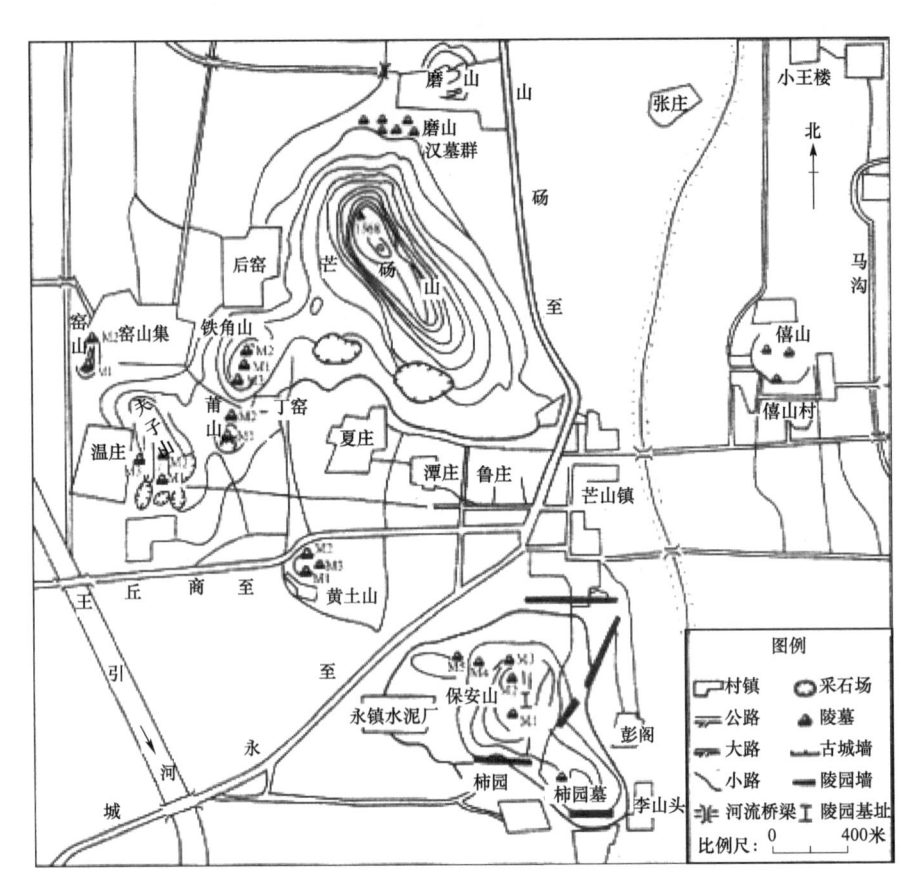

图4-1　永城芒砀山西汉梁国王陵分布图

已经正式考古发掘的梁王、王后墓有僖山一、二号汉墓、柿园汉墓、保安山一、二号汉墓、黄土山二号汉墓、夫子山2号汉墓。另外有夫子山三号汉墓、窑山二号汉墓、磨山汉墓群、保安山陵园、寝园建筑基址、保安山二号墓一号陪葬坑等，分别简介于后②。

---

① 河南省文物考古研究所：《河南永城芒山西汉梁王陵的调查》，《华夏考古》1992年3期。
② 详见王良田著：《西汉梁国》，中国广播电视出版社，2003年。

（一）陵区发掘情况

1. 僖山陵区

僖山陵区位于芒砀山西汉梁王陵墓地东北部的僖山村后的僖山，僖山是芒砀山最东边的一座小山，山体平面近圆形，海拔高度为88.6米。因传说山顶埋葬有西周宋国第八世国君宋僖公之墓而得名。经过考古调查，在僖山顶部东西并列埋葬有两座汉墓，按照发现时间早晚，编号为一号、二号汉墓，一号墓在山顶东部，二号墓在一号墓西约50米。1995年商丘市文物工作队抢救性清理二号墓时，在一、二号南侧约23米处发现有为防止墓上封土下滑的挡土石墙，石墙基部宽4.4米，高1.1米，据解剖发掘推测，该墙是围绕山体一周的挡土墙。

（1）僖山一号汉墓

僖山一号汉墓位于僖山顶部东端，1985年村民开山采石时发现，1986年5—7月商丘地区文化局组织商丘博物馆、永城县文管会专业技术人员进行了抢救性发掘。

一号墓在抢救性发掘时，顶部封土保存尚好，墓室正上方最厚处8米，封土经夯打，夯层厚10厘米。该墓为崖坑石室墓，在提前凿制好的石崖坑内，用青石条筑建墓室，平面甲字形，由狭长形墓道和长方形墓室组成。墓道长11.92、南北宽3.9—4.08、深5米。墓室东西长7.32、南北宽3.67、通高4.65米，顶部为小平顶两面坡式，东壁为墓门。

该墓虽遭盗掘，但在抢救性发掘时仍出土了一批珍贵文物，有陶器、铁器、铜器、玉器等。陶器有鼎、壶、罐、豆、钫、瓮；铁器主要有灯、锤、镢、刀、剑、镞；铜器主要有鹤足灯、环、剑饰、鎏金熊形器座、鎏金朱雀器钮、弩机；玉器主要有玉璧、玉板、玉圭、玉钺、玉戈、玉佩、玉贝、玉璜、玉环、玉舞人。另有玛瑙珠和水晶珠等。尤为珍贵的是墓内出土一件（套）保存基本完整的金缕玉衣（图4-2）。玉衣是用玉片为死者制作的丧服。根据穿缀玉衣片使用材料的质地，可分为金缕玉衣、银缕玉衣、铜缕玉衣、丝缕玉衣。金缕玉衣规格最高，只有皇帝才有权享用。西汉梁王只是

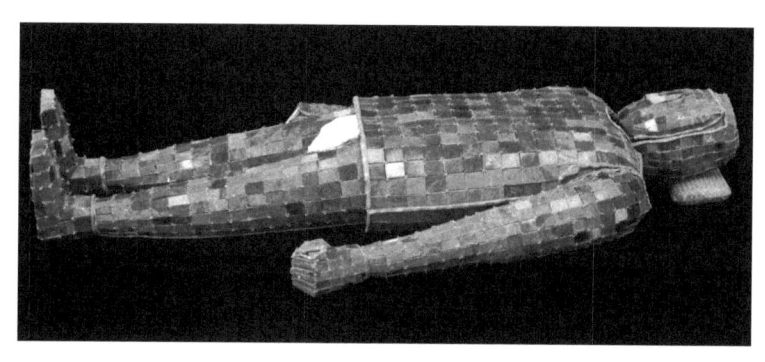

图4-2 金缕玉衣

地方诸侯王，也使用金缕玉衣，可见在西汉时代对金缕玉衣的使用上还没有严格的等级规定。在芒山梁王墓中已发现多座使用金缕玉衣。玉衣之制在我国最早出现于战国，是由早期的瞑目演变而来，盛行于两汉，东汉以后就消亡了。这件玉衣修复后的身长1.76米，由玉衣片的形制判断，僖山一号墓墓主人是男性，墓葬的时代为西汉晚期。

（2）僖山二号汉墓

二号墓位于山顶部偏西，东距一号墓50米。1993年发现被盗。1994年永城市公安局将盗墓分子抓获，收缴文物300余件。为了进一步弄清墓葬情况，经河南省文物管理局批准。商丘地区文物工作队、永城县文管会联合于1995年秋，1996年春分两次对墓室进行了清理。

该墓由墓道和墓室两部分组成（图4-3）。与一号墓相同，也是岩坑石室墓。坐东向西，方向280°。墓道位于墓室西端，因经费不足，没有清理墓道。但从墓室仍可看出，与墓室相接处的墓道内用石条封堵，塞石大小不一，放置也有很大的随意性。墓室平面长方形，形制结构与一号墓相同，直壁平脊两面坡顶，室内东西长7.05、南北宽4.1、壁高3.06、通高4.25米。墓室南、北壁及平脊斜坡顶用青石条砌筑，东壁利用岩坑壁，凿制粗糙，表面凹凸不平，在凹陷较深的部位用白灰泥填平。墓室内出土玉衣片、玉璜、陶片等遗物。在墓壁及斜坡顶部石条发现阴刻文字53处，共158字（包括重字）。文字内容主要有干支记时、崖工姓名、石条位置、尺度等，在北壁右上角上起第3层西起第9块石条上发现一处刻画符号，符号由两个同心圆，两同心圆之间放射状短线21条，内圆中心刻圆点，外圆外侧上、中、下、左、右各刻入射状短线，上

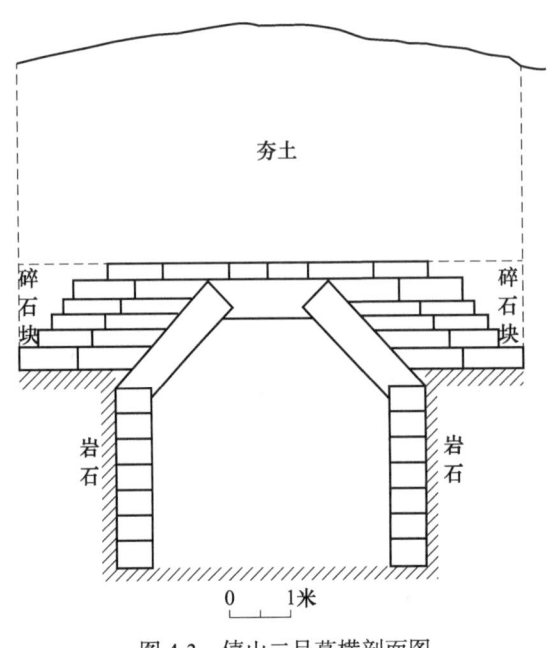

图4-3 僖山二号墓横剖面图

方5条，下方、右方各2条，左方3条，报告认为"整个刻划符号似一图案，可能与商丘早期汉画像有关"[1]。从墓上封土情况、墓室结构、出土文物、刻字特征等综合判断，该墓年代为西汉晚期，与一号墓年代相近。

2. 保安山陵区

保安山陵区因位于保安山主峰而得名。该陵区目前主要发现有保安山陵园、保安山一、二、三、四、五号墓、梁孝王寝园及其与之相关的遗迹、遗物。

保安山陵园平面近方形，南北长约900米，东西宽约750米，东、南、北三面陵园墙保存较好（图4-4），1949年后在保安山西侧建有水泥厂、石灰厂，破坏了原来的地

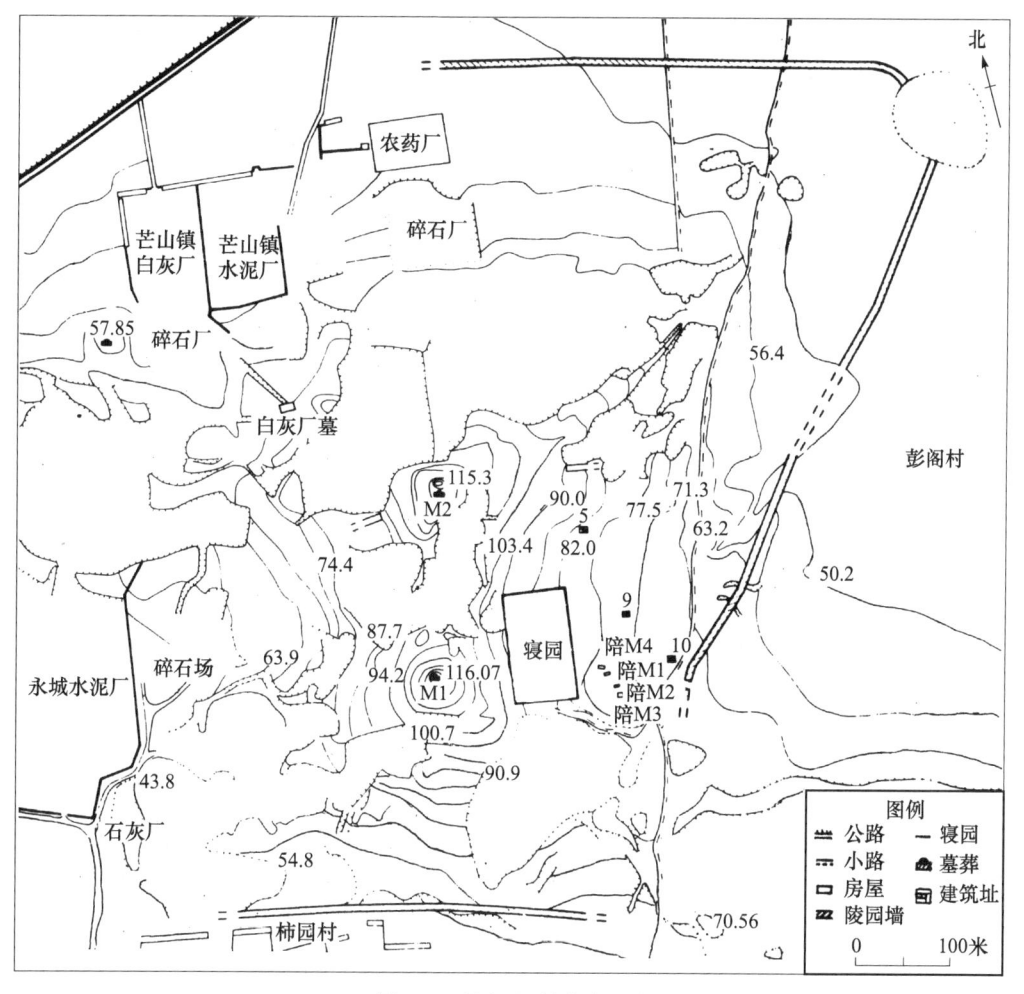

图4-4 保安山陵园平面图

（河南省文物考古研究所编：《永城西汉梁国王陵与寝园》，中州古籍出版社，1996年，第181页）

---

[1] 河南省商丘市文物管理委员会、河南省文物考古研究所、河南省永城市文物管理委员会阎根齐主编：《芒砀山西汉梁王墓地》，文物出版社，2001年，第285页。

形地貌，西陵园墙无遗迹可寻，很可能在两厂建设中被破坏。1992年9月，河南省文物考古研究所、商丘地区文物工作队、永城市文物管理委员会联合发掘保安山一号墓东侧小型陪葬墓时发现了陵园墙（东墙）、梁孝王寝园基址。此后至1994年7月的两年中，对陵园墙进行了调查钻探、局部发掘，又发掘了梁孝王寝园基址、保安山二号墓。

陵园墙环保安山而建，墙体用黄褐土夹杂料僵石夯筑而成。横截面为底宽顶窄的梯形，地下有墙基槽。钻探调查时对东墙北段进行了解剖。东墙上宽6、下宽9.3、高2米，夯层厚8—10厘米。北墙宽7—10米，残高2米，夯层厚10—15厘米。南墙位于柿园村后，20世纪九十年代初，在一号墓（梁孝王墓）南约250米还保留高约2.5米，长约30米的墙体，建筑方法与东墙相同，现在已经北村民取土为平地。

在东陵园墙中段偏南，与一号墓墓口相对处（西距墓口180米）发现陵园东门遗址（图4-5），门址长方形，东西清理出9米，南北宽4米，门道地面铺方形石块，石块长30—50、宽20—30、厚10厘米。方向130°。据现有遗存观察，当时门上应有门楼建筑。

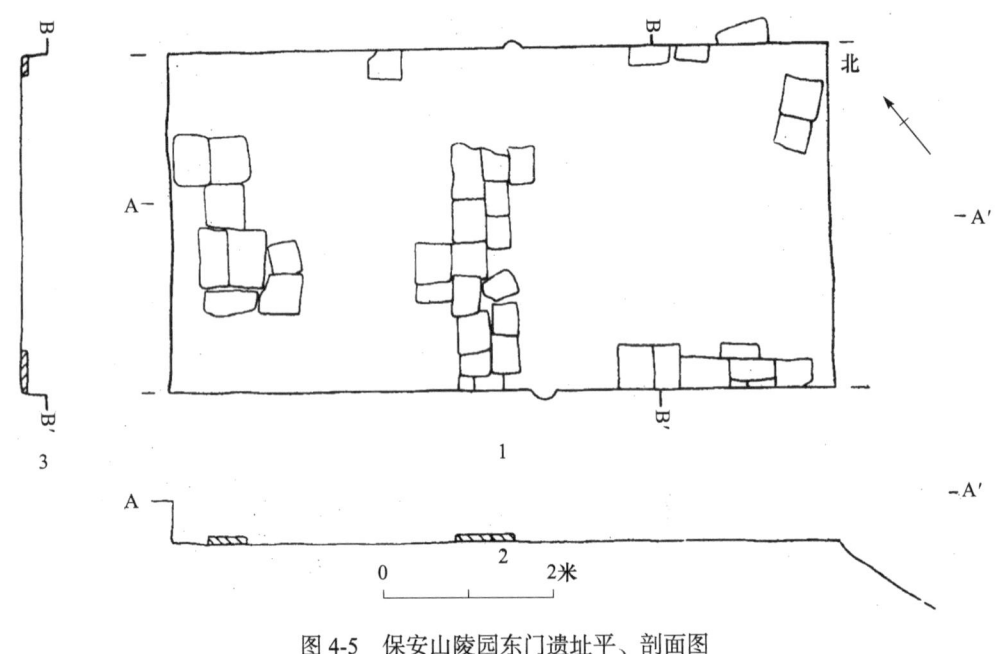

图4-5 保安山陵园东门遗址平、剖面图
1. 平面 2. A—A'剖面 3. B—B'剖面

由东门向东100米，与门相对处有一圆形土堆，当地群众称之为"拜台"。钻探证明其为夯土台基。台基东西10米，南北20米，这应是陵园东门外门阙遗址。阙，又称象魏或观。在我国最早出现于先秦。《说文·门部》："阙，门观也。"《辞海·世界史考古学》对阙的解释是："阙，古代宫殿、祠庙和陵墓前的高建筑物，通常左右各一，建成高台,台上起楼观,以两阙之间有空缺,故名阙或双阙"。古代对阙的使用是有严格的等级规定的。阙的作用之一就是张贴法令、告示于其上,以便万民观览。阙的另一个作用是"人臣将至此,则思其所阙"(同上),是作为界标来限定宫城或陵园禁地范围的。保安山陵园只发现一道陵园墙,此阙则可能代表陵园外墙。

在东门址西北15米处钻探发现一处长方形夯土台基(9号),边长9米;在寝园东北100米处发现一处建筑基址(5号),8米×5米,这两处基址均是四周用石条砌筑,中间夯土。这些基址应是为守卫陵园、寝园的士兵、下级官吏而设的"寺吏舍"。1991年元月,永城市文管会在保安山二号墓顶部南侧50米处清理一座车马器陪葬坑(编号为91M2K1)。

(1)保安山一号墓

保安山一号墓位于保安山顶部南端,因是该陵区发现的第一座墓葬而命名。俗称"秦王洞"。20世纪30年代,河南省古迹研究会李景聃同志在豫东调查早商文化遗迹时,第一次有目的地勘查了此墓,并将调查资料发表在民国三十六年(1947年)出版的《中国考古学报》第二册上。李先生在报告中讲:"梁孝王洞又名秦王避暑洞,一说为梁孝王墓……按形制言,墓室之说为较可信。惟是否梁孝王墓无以证明。"可见当时还没有认定是梁孝王墓。近年来,随着考古工作的开展,对芒砀山西汉梁王陵的调查勘探,尤其是1991年对保安山二号墓1号陪葬坑,1992—1994年对保安山二号墓及其东侧寝园建筑基址的发掘,发现"孝园"文字瓦当(图4-6),"梁后园"铜印等,因为在西汉诸梁王中,死后谥"孝"者只有刘武一人。又据《水经注》载"梁孝王墓在砀山南岭上",才最后确认该墓墓主人应是梁孝王刘武。

梁孝王墓是一座"斩山作廓,穿石为藏"的崖洞墓。石山上有较厚的封土,封土因山势而建,以墓室上方封土最厚,象征墓冢。封土顶部平坦,呈不规则圆形。梁

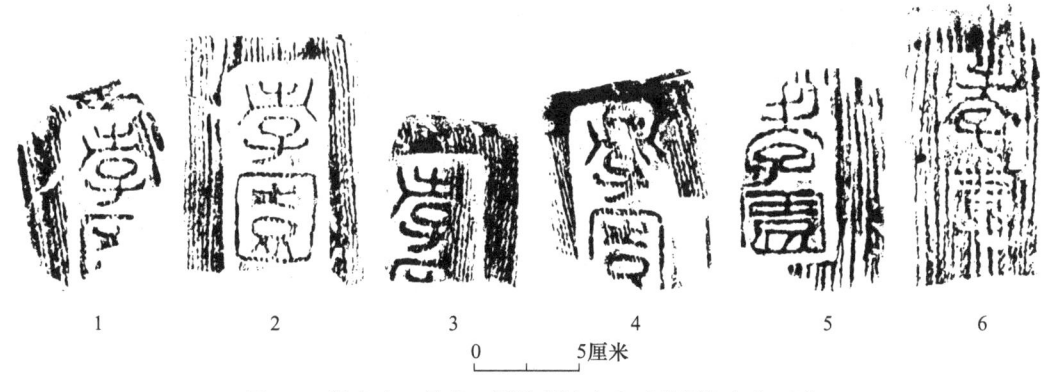

图4-6 保安山二号墓1号陪葬坑出土"孝园"文字瓦当
1. Ⅰ式"孝园"筒瓦(T0509③:6) 2. Ⅰ式"孝园"筒瓦(T0115③:1) 3. Ⅱ式"孝园"筒瓦(T0110③:1)
4. Ⅱ式"孝园"筒瓦(T0105③:1) 5. Ⅲ式"孝园"筒瓦(T0714③:9) 6. Ⅳ式"孝园"筒瓦(T0512③:2)

孝王墓墓门向东，方向99°，开口于东坡半山腰处。墓葬东西总长95.8米，南北最宽处（南北两角室之间）约32米。由墓道、前庭、门卫室、车马房、甬道、回廊、主室、棺床室、侧室、厕间、角室等部分组成（图4-7）。墓道分斜坡墓道和水平墓道组成，斜坡墓道长34.26米，宽2.9米，坡度18°，全部露天，1993年发掘梁孝王寝园时，对这部分墓道进行了清理，在东侧墓道口处出土20余枚"货泉"，发掘者认为这些货泉可能是盗墓者所为，并认为"墓道内当时也是用塞石充填，每块塞石约1吨重，大部分塞石刻有排列序号，其字体大小与二号墓东墓道塞石刻字相近"[①]。水平墓道长15.6米，宽2.75米，其中5.6米长的一段露天，其余进入山体部分两壁用石条砌筑，顶为小平顶两面坡式，也是用石条砌筑；前庭长约5米，宽与墓道相同，顶部建筑方法也与墓道相同前庭南为门卫房，平面不规则形，面积约25平方米。北为车马室，平面不规则形，面积约16平方米；由前庭向里进入甬道，甬道为斜坡式，长23.1米、高2.07、宽2米。坡度20°。在甬道进深18.55米处。有开门于甬道壁南北两侧室。南室

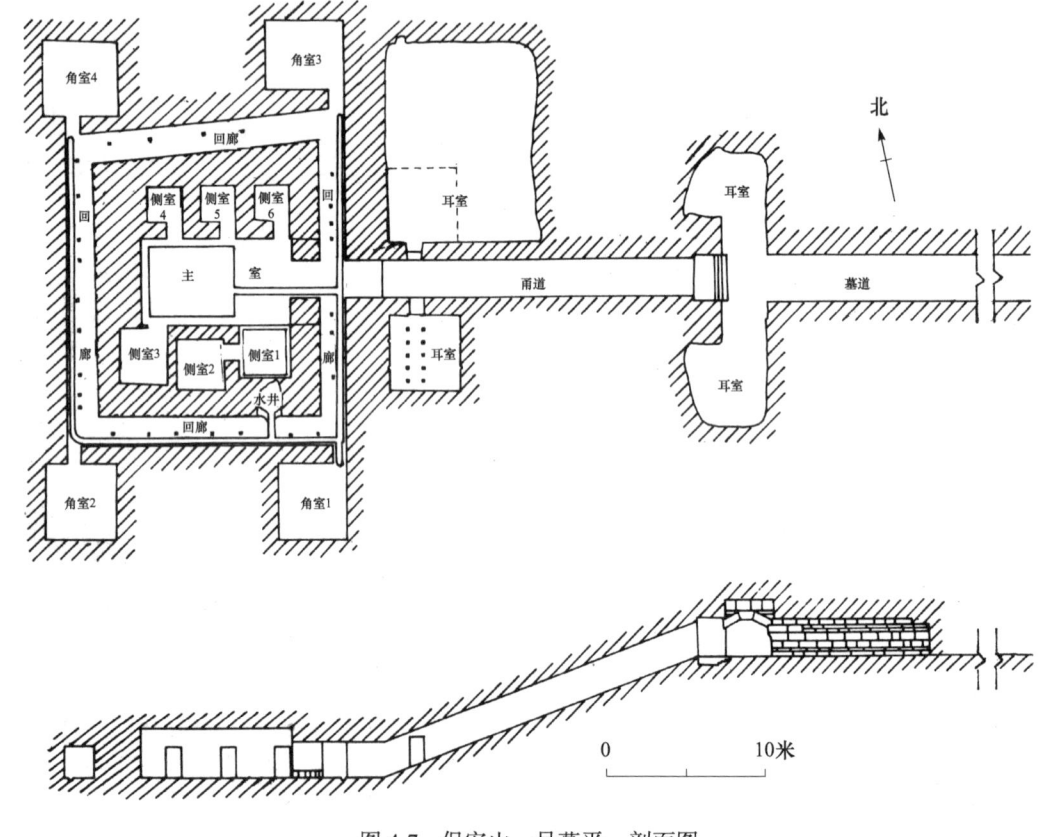

图4-7 保安山一号墓平、剖面图

---

① 河南省文物考古研究所编：《永城西汉梁国王陵与寝园》，中州古籍出版社，1996年，第11页。

平面方形，边长 4.7 米，高 2.1 米，面积 23 平方米，有门道与甬道相通，门道宽 0.95、进深 1 米，高 1.7 米。在室内地面，东、南、西三壁及顶部凿有多个长方形、长条形凹槽，凹槽的作用应是安装木架，放置随葬器物；北室面积较大，南北长方形、长 13 米，宽 11 米，面积约 130 平方米。有门道与甬道相通，门道宽 0.85—1 米，进深 1 米。甬道西端横穿东回廊与主室门道相对。

回廊为长方形隧洞式，绕主室一周，平面近方形，东廊长 20.8、南廊长 14.3、西廊长 18.8、北廊长 14.6 米（东、西廊长度包括南北廊宽）。廊宽 1.9、高 2 米。地面凿有口宽 0.4、深 0.3 米的排水沟槽，回廊两壁与顶部交界处凿有间距 40、边长 8、深 8 厘米的方形凹槽。回廊内壁（靠主室一侧）近地面凿有间距 0.36 的竖长条形沟槽，槽高 0.6、宽 0.14、深 0.06 米。这些凹槽的作用很可能是镶嵌回廊装饰物。回廊四角各有一个角室，四角室分别有门道与回廊相通。四室均近正方形，面积、门道大小基本相同，门道宽、进深均约 1 米。室内边长 4.6—4.8、高 2 米。

主室平面为长方形，东西长 11.65、南北宽 5.45 米，面积 63.5 平方米。主室地面偏西有一长方形坑槽。东西长 5.48、宽 4.45、深 0.4 米。坑东端有一排水沟与回廊内排水沟相连。由此判断，该坑的作用很可能是用来蓄水的（即起蓄水池的作用）。柿园汉墓主室底部也有同样的坑槽。主室门道宽 2.3、进深 1.82 米。主室北侧有三个侧室，分别是有门道与主室相通。东起第一室门道宽 1.06、进深 1.17、高 1.87 米。室平面近方形，东壁宽 2.4、北壁宽 2.18、西壁宽 2.3、南壁宽 1.28、高 2.07 米；第二室门道宽 1.12、进深 1.12、高 1.85 米，室东壁宽 2.4、北壁宽 2.4、南壁宽 1.28、高 2.17 米；第三室门道宽 0.96、进深 1.02、高 1.88 米，室南北长 3.6、东西宽 3、高 2.04 米。主室南壁东起第一室为棺床室，该室地面高出主室地面 0.4 米，室南北长 3.45、东西宽 2.3、高 3.6 米。棺床室西侧有一方形侧室，有门道与棺床室相通，门道宽 0.96、进深 0.94、高 1.92 米。室边长 3.1、高 2.62 米，是厕间。开门于主室南壁西端的一侧室平面长方形，南壁长 3.75、西壁长 3.45、南北壁宽 3.45 米，地面与主室地面平，应是浴间。墓室总面积约 700 平方米，总容积 2800 立方米。梁孝王墓早年被盗，只留下空墓室，1993 年清理斜坡墓道时，在墓道东端底部发现整串放置的 20 枚货泉。发掘者认为"是盗墓者遗弃"。如果这一判断正确，说明该墓在新莽或东汉时已被盗掘。《永城县志》引《曹操别传》记载："操盗掘梁孝主墓，破棺得金宝数万斤。"可见三国时期梁孝王墓曾遭大规模盗掘。最迟到北宋时期，梁孝王墓已彻底变成空洞。北宋淮南人陈纲（宋太宗淳化年间进士，历任员外郎，建州观察推官）于宋真宗大中祥符七年（1015 年）八月慕名登临芒砀山时，在其诗《芒砀山石壁留题》中讲："狐鸣陈胜孤坟坏，金尽梁王石室空。"

保安山一号墓早年已盗成空洞，1993 年发掘梁孝王寝园时，对露天墓道进行了清理，在东侧墓道口底部出土20余枚"货泉"钱币。

（2）保安山二号墓

保安山二号墓位于保安山主峰北端，因发现时间晚于南侧的一号墓而名之。1991年冬，当地村民在山东坡开山采石时发现。1993—1994年7月进行了发掘。资料发表于河南省文物考古研究所编写的《永城西汉梁国王陵与寝园》一书。该墓和一号墓（梁孝王墓）同在一个陵园内。并且南北并列，共同占据保安山最显要位置，应属于夫妇同茔异穴合葬。这种葬制与西汉帝陵、河北满城中山靖王刘胜夫妇墓的葬制相同。在属于该墓的一号陪葬坑内出土有"梁后园"铜印一枚，这里的"后"字应是"王后"之意，汉代"前后"的"后"写作"後"，由此证明保安山二号墓的主人应是梁孝王刘武之妻李后。

李后，梁共王刘买的母亲。生年及早期事迹不详。《史记·梁孝王世家》《汉书·文三王传》对李后有简略记述，讲到李太后与孙媳平王刘襄之妻任后争罍樽（梁孝王留下的价值千金的宝物）；李太后与食官长及郎中尹霸等士通乱。两事被一个叫类犴反的睢阳人告发到朝廷，《汉书·文三王传》："公卿治奏以为不孝，请诛王及太后。天子曰：'首恶失道，任后也。朕置相吏不逮，无以辅王，故陷不谊，不忍致法。'削梁王五县，夺王太后汤沐成阳邑，枭任后首于市，中郎胡等皆伏诛。梁余尚有八城。"李后死于平王襄十四年（公元前123年）。

保安山二号墓与南侧的一号墓封土形状大致相同，比一号墓略低小，俗称后山（相对于梁孝王墓，位置在北、在后）。封土顶部现存有清代庙址，与南侧的泰山奶奶庙相对。当地群众又称之为后庙，后庙柱础石、残碑犹存。在发掘二号墓时，对墓顶进行了开探沟解剖，发现有长方形汉代夯土台基。南北长60米，东西宽50米，高约1米。从台面上有汉代地层、瓦片及其他遗物看，其上应有汉代建筑（汉末已废弃），因遭后代破坏，汉代建筑布局已不可知。

该墓与一号墓一样，同是"斩山作廓"的石崖墓。由东西二墓道、前庭、1、2、3号甬道、前室、后室、回廊、隧道、34个耳室组成（图4-8）。"东西总长210.5米。最宽处（北回廊至隧道南端）72.6米，室内最高处（23号室）4.4米，最大高差（东墓道口至隧道南端）约17米，总面积为1600多平方米，总容积为6500余立方米。墓道、甬道、前庭及各侧室门道内全部用形状和大小基本一致的塞石封堵"[①]。二墓道分别开凿于东西半山坡处。整座墓葬规模庞大、结构复杂，墓室壁满涂朱砂。

---

① 河南省文物考古研究所编：《永城西汉梁国王陵与寝园》，中州古籍出版社，1991年，第97页。

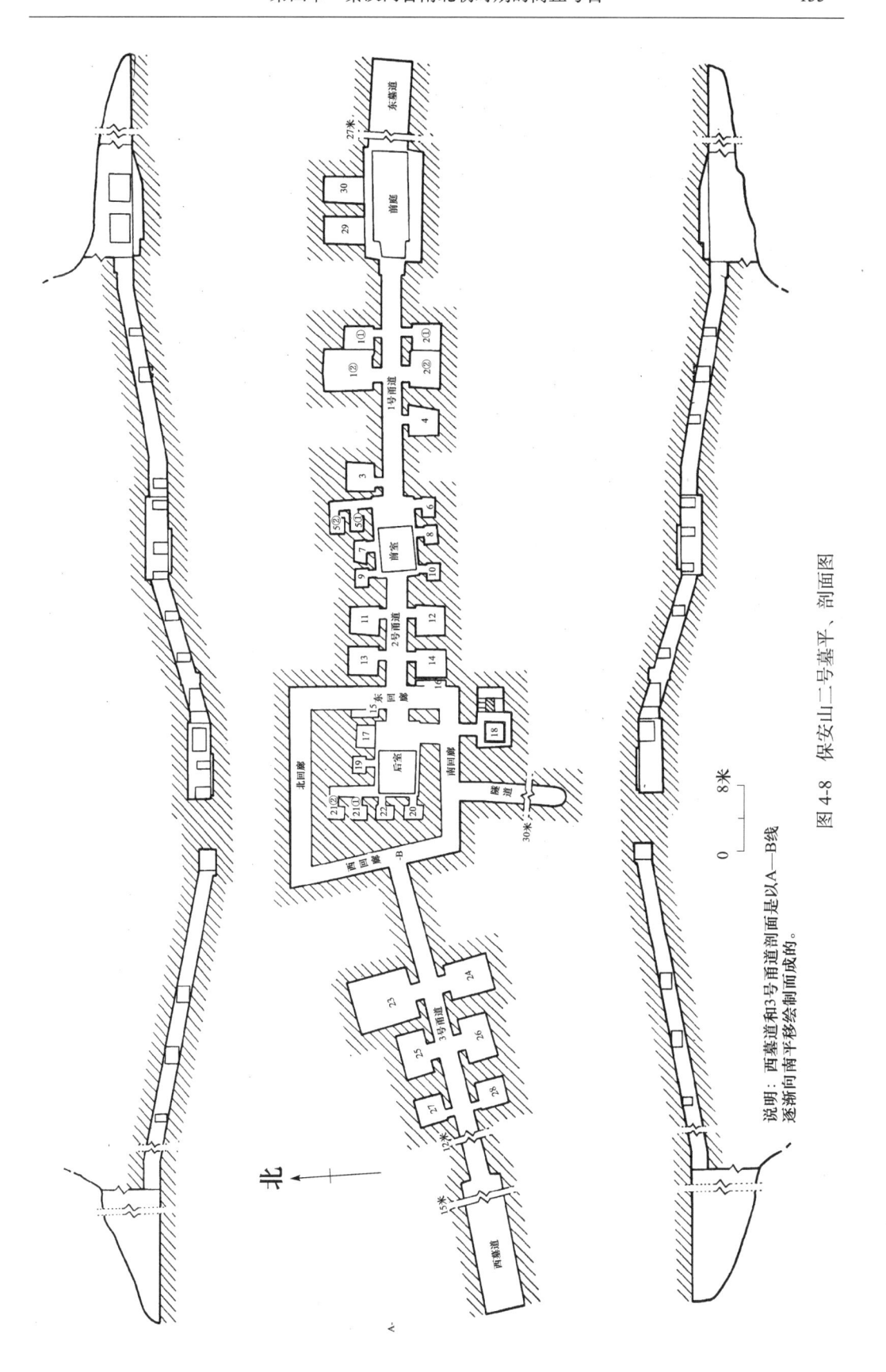

第四章　秦汉两晋南北朝时期的商丘考古

图 4-8　保安山二号墓平、剖面图

说明：西墓道和3号甬道剖面是以A—B线逐渐向南平移绘制而成的。

东墓道

东墓道平面呈狭长方形，露天开凿，总长37.7、宽5.15—5.45、深2.5—4.5米，方向95°。整个墓道又可分为东西两段。东段（从墓道口向西）长25.5、宽5.2、底宽4.8—5、深2.5—4.25米。口略宽于底，顶部呈西高东低的斜坡状，墓道内用黄土和碎石混杂相间夯实；西段长12.2、口宽5.15—5.45、底宽4.8—5、深4.25—4.5米。墓道内上部及东半部用黄土和碎石相间夯筑填封，西半部下部为排列整齐的塞石。

前庭

前庭露天开凿，平面长方形，东接东墓道西端，西壁下端中间凿一墓门，由此门向西进入一号甬道，北壁并列凿两个侧室（编号29、30号），四壁竖直，口部东西长13.15—13.25、南北宽7—8.05米、底部东西长13.2—13.3、宽6.95—7.55米、深4—8米。前庭底部中央凿有平面呈凸字形的坑槽，槽口东西长13.05—13.2、南北宽4.7—4.8米，槽底西半部底部平坦，深1.3米，东半部为从底至东口的斜坡，坡度14°、坡长3.25米，其中西端凸出部分东西长2.15—2.25、南北宽3.15—3.2、深0.45米。槽南边距前庭南壁1.5—1.9，北边距前庭北壁0.75—0.85米，西边距西壁0.05—0.35米，东边距东壁0.05—0.2米。槽内下层填碎石块和石渣，上层填0.17米的黄色细土，经过夯打。关于前庭的作用，发掘报告进行了推测，我认为是可信的。报告称"前庭凿成长方形……中间的长方形凹槽象征（生人）庭院。凹槽内东半部斜坡象征踏道，西边突出部分象征台阶，四周石台面象征廊"[1]。

前厅北侧有29号和30号室，分别是放置车马的东、西车室。29号在西，平面长方形，南北长5.2、东西宽2.97—3.15米，北壁高2.1米，门口高2.32米。室内出土有少量马骨及铁剑、门闑（音nie，即门橛）底部刻有"东车"二字。

1号甬道

由前庭向西经东墓门道进入1号甬道。东墓门长方形，门高2.3、宽3.1米。门道平面长方形，平顶，进深1.8—2米，西端宽3米，1号甬道是前厅通向前室的过道，长28.65米。坡度在9.5°—11.5°之间。甬道内用23排石条封堵，塞石上刻有排列位置等内容。

甬道南、北两壁各凿有两个侧室，从东向西北壁有1、3号室，南壁有2、4号室，各室有门道通向甬道。1号室可分为1①、1②两室。1①号室在东，门高2、宽1米。门道高1.9、进深1米，底部高出室内地面0.45米。室平面近方形，边长3.5、高2.3米。西侧与1②号室相连（无隔墙），地面比1②室地面高1.02—1.07米，室内西南角

---

[1] 河南省文物考古研究所编：《永城西汉梁国王陵与寝园》，中州古籍出版社，1996年，第221页。

有台阶可下到1②室。

1②室紧靠1①号室西侧，门高2.1、宽2米；门道高2、宽1.9、进深1.1米。顶部低于室顶1.6米，底部高于室内地面0.3米。室平面长方形，南北长5.8—6.05、东西宽4.65—4.7、高3.4米。出土文物有铜带扣、弩机构件、铜镞等。

2号室与1号室隔甬道南北相对，与1号室一样也分为东、西两部分，2①室在东，2②室在西，两室南壁在一条直线上，两室中间无隔墙。2①室门高1.95、宽0.9米、门道进深1.05米。顶与室顶平，底部高出室内地面0.4米。室平面近方形，南北长3.65米，东西宽3.55—3.6米，高2.3米。顶部东西长4.8、南北宽3.55米西边无壁与2②室相通，室内地面高出2②室0.95米，顶部比2②室顶高1.15米；2②室门高1.98、宽2、门道宽1.3、高1.9、进深1.05米，顶与室顶平，底高出室内地面0.2米。室平面长方形，东西长4.45米，南北宽3.45米，高2.1米，室内出土文物有铜弩机、镞、当卢、铁剑残段等。

3号室位于1号甬道北侧西端，有门道与甬道相通。门高1.87—1.93、宽1、门道进深1.05米。顶与室顶平，底高出室内地面0.25米。室平面近方形，南北长3.4—3.45、东西宽3.45—3.6、高2.05—2.1米。室内出土少量釉陶片。

4号室位于1号甬道南侧中段，门高1.97—2、宽1米，门道进深1.05米。门道与1号甬道相通。门道底高出室内地面0.1—0.12米。室平面近似梯形，东边长3.6、北边长4、西边长3.5、南边长3.3、高2.07—2.12米。室内出土文物有铜帽、铜环等。

从1—4号室的出土文物分析，这四个室应是放置兵器（1—2号室）、生活用器（3号室）、车马器的外藏室（有的叫外藏椁）。

前室

前室（"东宫"）位于1、2号甬道之间，东西两壁分别有门通1、2号甬道。东门口高2.2、宽2.6米；西门口高2.15、宽2.42米。室平面长方形，东西长9.15—9.25、南北宽5.05—5.18、高2.7—2.75米。在室内地面中部偏西凿有长方形坑槽，槽四壁垂直，东西长5.6、南北宽4.4、深0.4米。开门于前室北壁、南壁分别有三个侧室，自东向西北壁有5、7、9号室，南壁有6、8、10号室。

5号室有过道与前室相通，过道平面长方形，南北长5.15、东西宽1.5、高2.05米。过道西壁中部和北端各凿一耳室，编号为5①和5②室。5①号室门道高1.91、宽0.85—0.95、进深1.05米。门道底部高出室内地面0.1米，室平面近方形。东西长1.7—1.75、南北宽1.6—1.65、高2米。5②号室门道高1.96、宽0.9、进深1.1米，底部高出室内地面0.1米，室内平面近方形，东西长1.6—1.7、南北宽1.7—1.8、高2.05米。

"从5号室的位置和结构看，应是前室的庖厨之处。古时房屋东北角称东房或东厨，又称宦。《尔雅·释宫》：'东北隅谓之宦。'郝懿行义疏：'《说文》："宦，养也，室之东北隅，食所居。"按宦与颐同。《释语》颐训'养也。'食所居者，古人庖厨食阁皆在食之东北隅，以迎养气。'5号室位于前室（'东宫'）之东北隅，与文献所记吻合，即所谓的东房或东厨，亦即厨房"①。我认为报告的分析是正确的、可信的。6号室门高1.95、门道宽0.95、进深1.09—1.13米。底部高出室内地面0.13米。室平面呈长方形。东西长2.3、南北宽1.6—1.65、高2.05—2.1米，室内出土有釉陶片和陶片。

7号室位于前室北壁中部，门道宽0.95、高1.95、进深1—1.05米。底高出室内地面0.25米，室内平面呈梯形，东边长1.55、北边长2.35、西边长1.57、南边长2.6、高2.1米。室内出土文物有陶片和釉陶片。

8号室位于前室南壁东部门道高1.9、宽0.95、进深1.05—1.1米，底高出室内地面0.1米。室平面呈长方形，东西长2.25、南北宽1.6—1.68、高2—2.05米，室内发现有陶片和釉陶片。

9号室位前室西北角。门道高1.85、宽0.95、进深1米，底部比室内地面高0.3米。室平面呈长方形，东西长2.35、南北宽1.6—1.65、高2.15米。室内出土少量陶片和釉陶片。

10号室位于前室西南角。门道高1.8、宽0.95—1、进深1—1.05米，底部比室内地面高0.2米。室平面呈长方形，东西长2.3—2.35米，南北宽1.6—1.64、高2米。

根据甬道及门道塞石上刻有"东宫"字样，又据其布局，结构有南、北厢房及发现有陶、釉陶质生活用具。"可以推知前室应是仿地面宫殿建筑的主要部分之一——堂，即墓主人接待宾客、宴饮和生活场所。"②

2号甬道

2号甬道位于前后室之间，隧洞式，呈东高西低的斜坡状，坡度17°。全长14.2米（水平13.15—13.6米），东端高2.1、西端高2.35、宽2.42—2.45米。东西高差4.2米，南北壁各凿有2个耳室，从东向西，北壁有11、13号室，南壁有12、14号室。

11号室门高1.95、宽1.05米。门道高1.9、宽0.95、进深0.95米。门道地面比室内地面高0.2—0.25米，室平面近方形，边长3.4—3.55、高2.1—2.15米，室内没有发现文物。

12号室门高1.9、宽1.1米，门道宽0.95—1、进深1米。底高出室内地面0.15—0.2米，室平面近方形，边长3.45—3.5、高2.1米。无文物出土。

---

① 河南省文物考古研究所编：《永城西汉梁国王陵与寝园》，中州古籍出版社，1996年，第113页。
② 河南省文物考古研究所编：《永城西汉梁国王陵与寝园》，中州古籍出版社，1996年，第116页。

13号室门高1.85、宽2.1米，门道0.95、进深1米，底高出室内地面0.25—0.3米。室平面近梯形，东边长3.75、北边长4、西边长3.8、南边长3.65、高2.1—2.15米。无文物出土。

14号室门高1.9、宽1.1、门道宽0.95、进深1米。底高出室内地面0.25米。室平面长方形，南北长3.55—3.7、东西宽3.52、高2.07—2.22米。无文物出土。

后室（"西宫"）

后室位于2、3号甬道之间，周围有回廊环绕。东、东南部各有一个门道与2号甬道与回廊相同。主室平面呈长方形，东西长9.33—9.45、南北宽5.3—5.4、高2.9—3.3米。室内中西部凿一长方形凹槽，槽东西长5.15—5.2、南北宽4.35—4.4、深0.5—0.55米。主室西壁、北壁凿有耳室，开门于北壁的有三个室，由东向西依次为17、19、21号室，开门于西壁的有两个室，由南向北依次是20、22号室，各室内遍施朱砂。

17号室是棺床室，平面长方形，东西长3、南北宽2.35米，地面高出主室地面0.4—0.45米。室口高1.95、北壁高2.23米。室壁及顶部遍施朱砂，室内发现一石磬残段。

19号室门道高1.85—1.9、宽0.95、进深1.1—1.15米，底高出室内地面0.2米，与主室地面平，室内平面呈长方形，东西长2.35—2.42、南北宽1.67—1.7、高2.05—2.1米。无文物出土。

20号室门道高1.9、宽0.9、进深0.95米，门道地面与主室地面平，高出于室内地面0.15米，室平面为长方形，南北长2.32—2.35、东西宽1.7—1.76、高2.05米。室内发现有半两铜钱和一件条形玉饰。

21号室又分为21①、21②两个室，二室门前有过道与主室相通。过道长5.5、宽1.2—1.3、高2.05米。二室开门于过道西壁。21①室位于过道中部，门道高1.9、宽0.9、进深1.15米。门道底与过道地面平，高出室内地面0.13米。室平面近方形。东西长1.7、南北宽1.6—1.65、高2.05米。室内无遗物发现。21②室位于过道北端，门道高1.93—2、宽0.95—0.97、进深1.15米。门道底与过道地面平。高出室内地面0.2米。室平面近方形，南北长0.75、东西宽1.6、高2—2.15米。室内西南部有一石厕（图4-9），石厕由石坑（粪坑），坑上盖板，石便座组成。坑口为圆角长方形，南北长0.72、东西宽0.62、坑深0.62米。坑底平，南北长0.5—0.55、东西宽0.35—0.4米。"坑底南、北两侧各竖置一块石板，上端与坑口平，石板高0.62、宽0.34、厚0.13米。在这两块石板上面各置一靴形石踏座，踏座的东端压在坑缘上。靴形石踏座通高0.36、底座长0.6、宽0.26—0.27、厚0.1米，内侧为脚踏和坐垫。脚踏呈前低后高的斜面，斜面长0.21米，上面细线阴刻菱形回字纹。坐垫在脚踏后面，呈弧顶形，前端侧面细线阴刻菱形回纹和常青树。在坑口的西缘竖有一方形石板，下面刻出凹槽，将踏座嵌

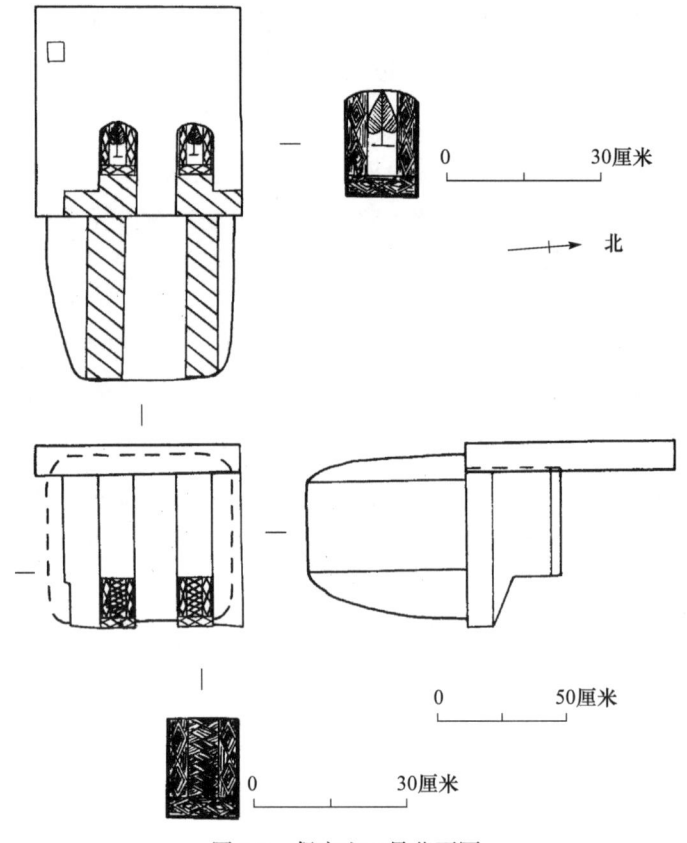

图 4-9 保安山二号墓石厕

入其中，石板边长 0.8、厚 0.1 米，左上角凿一个边长 0.07 米的方孔，以便安装石栏杆，在室内地面上还捡到一段方形石栏杆残段，一端有榫卯。在两个脚踏的前方地面上各凿一个边长 0.1、深 0.08 米的方形石槽，亦应是安装石栏杆的设施，石厕的构筑十分讲究，刻线流畅细腻，具有相当高超的工艺水平[①]。

22 号室门道高 1.85、宽 0.87、进深 1.15 米。底高出室内地面 0.2 米。室平面为长方形，南北长 2.2—2.25、东西宽 1.6—1.65 米、高 2.05 米。无文物出土。

从 3 号甬道及各侧室门道塞石发现有"西宫"刻字等现象综合判断，后室是"西宫"，象征地面宫殿的"后寝"。

回廊

回廊平面呈回字形，隧洞式，东廊长 20.15、宽 2.4—2.45、高 2.05—2.15、南端高 2.55—2.6 米；南廊长 19.85、宽 2.4—2.15、高 2.1—2.15、东端高 2.6—2.75 米；西廊长 20.65、宽 2.25—2.4、高 2.1—2.2 米；北廊长 25、宽 2.35、高 2.15—2.2 米。回廊地

---

① 河南省文物考古研究所编：《永城西汉梁国王陵与寝园》，中州古籍出版社，1996 年，第 128、129 页。

面凿有规整的排水道，截面呈倒凸字形，口宽0.4—0.45、底宽0.2—0.3、深0.45—0.5米。回廊内没有发现文物。

15号室位于东回廊中部西侧，东与回廊相通，平面呈长方形，南北长3.52—3.6、东西宽0.9—1.05、高2.05—2.1米。

16号室位于东回廊东壁南段，门向回廊，平面长方形，南北长3.5—3.6、东西宽1、高2.15—2.2米，底部高出回廊地面0.4米。

18号室位于南回廊东段南侧，室北壁有门道与回廊相通，门道高1.85、宽1.4、进深2.4米。地面与室地面平，顶部低于室顶0.3米。室平面近方形，边长4.45—4.48、高2.15米。室中部凿一方池，边长2.55、深1.8米。根据其结构判断，该是可能是蓄冰室。

隧道

隧道位于南回廊中段南侧，平面呈狭长方形，水平长52.5、宽2.3—2.35、高2.1—2.2米。北端与回廊相接处有6米长的一段是平顶平底。向南呈斜坡状，北段坡度5.5°—6°，南段坡度是8°，两端高差6.2米。

3号甬道

3号甬道位于西回廊中段向西。总长50.7—50.85（水平长49.8—50米）、宽2.4—2.5、高2.1米，呈西高东低的斜坡状，坡度：西段12.5°、中段11°、东段9°，两端高差9.5米。甬道中段南北两壁各凿三个耳室，南北对应，自东向西北壁三耳室分别为23、25、27号室；南壁三耳室分别为24、26、28号室。

23号室门高1.95—1.97、宽2米。门道高1.85、宽1.8、进深1—1.15米。底部高出室内地面1.35米，顶部低于室顶1.2米，室平面呈长方形，南北长7.5、东西宽6.45、高4.4米，顶部南北长6.65、东西宽4.95—5米。出土文物有节约、铜泡、盖弓帽、铜环等车马饰件及玉衣片。

24号室门高1.9、宽2、门道宽1.8、进深1.05—1.1米，室平面呈长方形，南北长5.4—5.45、东西宽4.55—4.6、高2.07—2.15米。没有发现遗物。

25号室门高1.95、宽2.1、门道宽1.9、高1.85、进深1.05米。底部高出室内地面0.15—0.2米。室内平面呈长方形，东西长5.8、南北宽3.4、高2.05—2.15米。出土数枚半两铜钱。

26号室门高1.95—1.97、宽2米。门道高1.85、宽1.8、进深1.05米。底高出室内地面0.15—0.2米。室平面呈长方形，东西长5、南北宽3.5—3.6、高2.05米。无文物出土。

27号室门道高1.9、宽0.95、进深1.05米，底部高出室内地面0.2米，室平面近方形，边长3.45—3.5、高2.1米。出土少量铜帽。

28号室门道高1.87、宽0.95、进深1.05米。底高出室内地面0.2米。室平面近方形，边长3.45—3.5、高2.1米。无文物出土。

西墓门位于西墓道东端，有门道与3号甬道相通，门高2.1、宽2.42、进深3.1米。

西墓道

西墓道位于山西半坡，露天开凿，东与西墓门相接，方向262°，东西长30.1、南北宽5—5.1、高7.95—10.7米。

东西墓道外端，上层用黄土夹碎石夯打封填。下层，前庭，1、2、3号甬道及各室门道用长方形或方形石条封堵。

在墓内塞石、墓室壁上发现万余处刻划及朱书文字。文字内容有塞石序号、尺度、干支记时、崖工名字、宫室方位、施工次序、墓葬部位尺寸、标点符号及其他文字，文字书体大部分属篆书，也有些书体隶味很浓。

保安山二号墓被盗严重，仅发现少量陪葬器物或器物残片，包括铜、铁、银、玉、陶、釉陶、石等几大类，共600余件（图4-10、图4-11）。

（3）梁孝王寝园

寝园基址位于一、二号墓东侧，根据遗址所在位置及出土"孝园"文字筒瓦等现象分析，该寝园是为梁孝王而建。《说文》云："寝，卧也。"《论语》郑注："寝，卧息也，卧必于室，故其字从宀，引申为宫室之称。"《释宫》云："室有东西厢曰庙，无东西厢，有室曰寝。"古代宗庙中，庙和寝合称寝庙。《礼记·月令》仲春之月："寝庙毕备。"疏："凡庙，前曰庙，后曰寝者，庙是接神之处，其处尊，故在前；寝，衣冠所藏之处，对庙而卑，故在后。"建在陵旁的寝曰陵寝。陵寝是用来为死者守陵和祭祀的场所，即墓祭的建筑物。大量考古材料证明，在我国商代已有了在墓地祭祀的习俗。在安阳殷墟的商王大墓上发现有建筑遗迹。杨鸿勋先生认为它就是用于墓祭的，名字叫"享堂"[①]。秦代以后称"寝"，其位置由墓上移建于墓侧。《后汉书·明帝纪》注引应劭《汉官仪》："古不墓祭，秦始皇起寝于陵侧，汉因而不改。"汉代陵墓皆有园寝，称寝殿，殿中放置死者生前衣物或仿制品。《后汉书·祭祀志下》："古不墓祭，汉诸陵皆有园寝，承秦所为也。说者以为古宗庙，前制庙，后制寝。以象生人之居，前有朝，后有寝也。《月令》有先荐寝庙，《诗》称寝庙奕奕。言相通也。庙以藏主，以四时祭。寝有衣冠几杖象生之具，以荐新物……起居衣服象生之具，古寝之意也。"《汉书·韦玄成传》："而京师自高祖下至宣帝，与太上皇悼皇考各自居陵旁立庙，并为百七十六。又园中各有寝便殿，日祭于寝，月祭于庙，时祭于便殿。寝，日四上食，庙，岁二十五祠。便殿，岁四祠。又月一游衣冠。"注引如淳曰："黄图高庙有便殿，是中央

[①] 杨鸿勋：《建筑考古学论文集》，科学出版社，1987年。

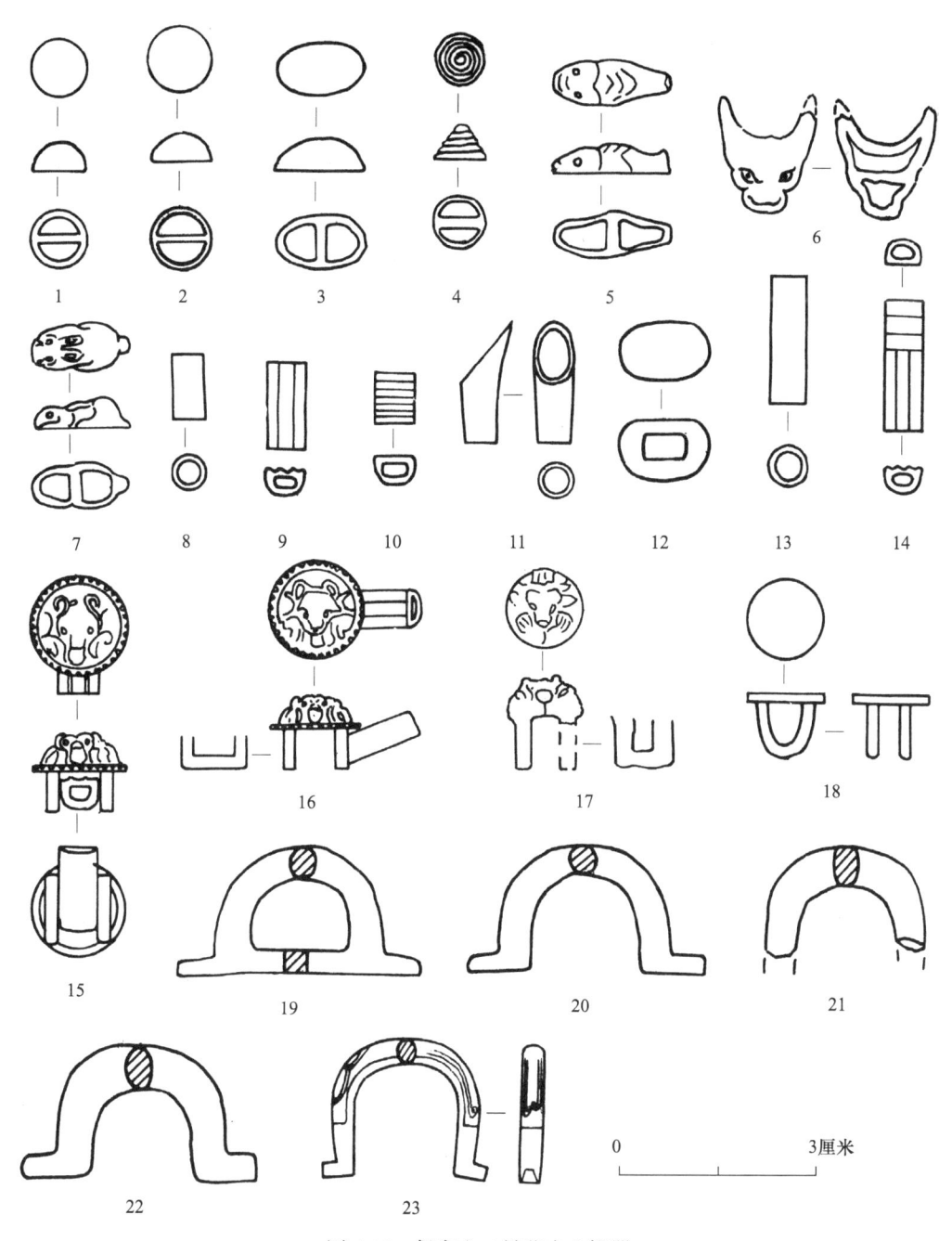

图 4-10 保安山二号墓出土铜器

1. A 型铜泡（M2-1②：56） 2. B 型铜泡（M2-1②：55） 3. C 型铜泡（M2-K2：30）
4. D 型铜泡（M2-K2：54） 5. E 型铜泡（M2-K2：51） 6. G 型铜泡（M2-K2：57）
7. F 型铜泡（M2-K2：56） 8. A 型管络饰（M2-1②：46） 9. B 型管络饰（M2-K2：100）
10. C 型管络饰（M2-K2：123） 11. D 型管络饰（M2-K2：98） 12. E 型管络饰（M2-K2：99）
13. A 型管络饰（M2-K2：69） 14. B、C 型管络饰（M2-K2：101） 15. A 型节约（M2-K2：64）
16. A 型节约（M2-K2：65） 17. B 型节约（M2-23：34） 18. C 型节约（M2-K2：58）
19. A 型铜軎（K2-1②：1） 20. B 型铜軎（M2-1②：2） 21. E 型铜軎（M2-2②：140）
22. D 型铜軎（M2-23：7） 23. C 型铜軎（M2-23：5）

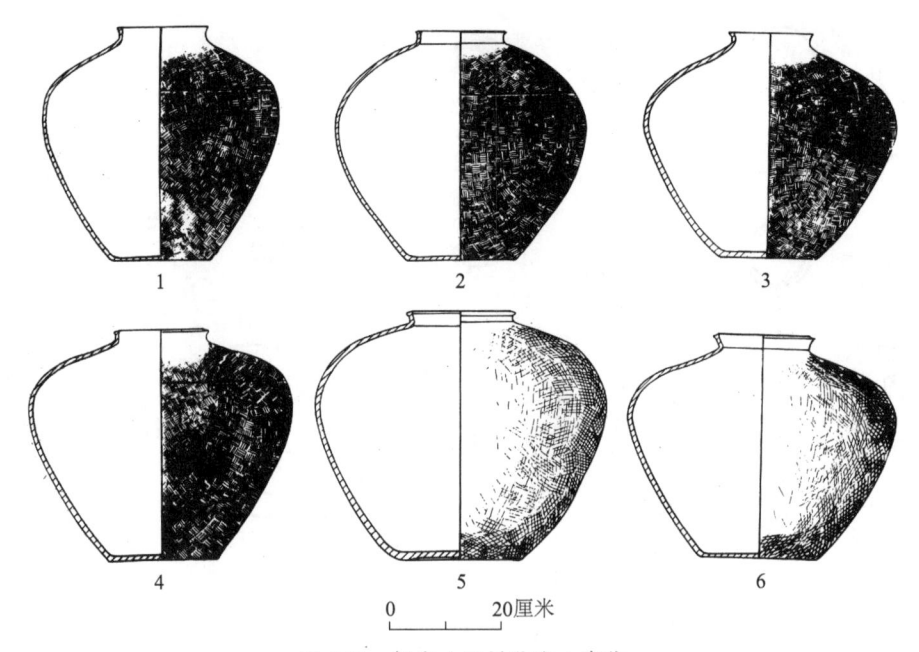

图 4-11 保安山二号墓出土陶瓮
1. AⅠ式瓮（M2-6：4） 2. AⅡ式瓮（M2-6：7） 3. AⅢ式瓮（M2-6：8）
4. BⅠ式瓮（M2-6：5） 5. BⅡ式瓮（M2-6：9） 6. BⅢ式瓮（M2-6：6）

正殿也。"师古曰："如说非也。凡言便殿、便室者，皆非正大之处。寝者，陵上正殿，若平生露寝矣。便殿者，寝侧之别殿耳。"关于"岁二十五祠"，注引如淳曰："月祭朔望，加腊为二十五。"

梁孝王寝园位于孝王墓东侧台地上，1992 年秋钻探发现，同年 9 月至 1994 年 7 月发掘。石基础保存完好。东距陵园东墙 120 米，北距二号墓东墓道 100 米。寝园回廊前墙与一号墓墓道南壁在一条直线上。寝园平面呈南北长方形，南北长 110 米，东西宽 60 米，总面积 6600 平方米（图 4-12）。主体建筑均在平面呈长方形的园墙内，墙南北长 89 米，东西宽 44 米，面积 3916 平方米。东、南墙为夯土筑成；西墙下部为石块砌筑，上部为夯土建筑；北墙与西墙建筑方法相同。在南墙中部及正对Ⅳ号院的寝园东墙各有一门。

整座寝园由南、北两大部分组成，南部主体建筑是寝殿，殿前是开阔的Ⅰ号院，殿左后为Ⅱ号院，右后是Ⅲ号院，绕Ⅰ号院、Ⅱ号院、Ⅲ号院一周为回廊；北部、中部偏北为堂，堂前是Ⅳ号院，院西南侧有 6、7 号房，堂东为 9 号房，9 号房南为Ⅴ号院。堂、9 号房北有东西一字排列的 6 间排房。寝园外附属建筑有位于南寝园墙南侧的Ⅵ号院，从南向北依次介绍如下。

Ⅵ号院位于寝园南墙南侧，以寝园南墙作北墙。平面为长方形，东西长 20、南北宽 11.6 米，面积 232 平方米。门位于东墙北段，院墙东、南、西三面外侧都有丰富的

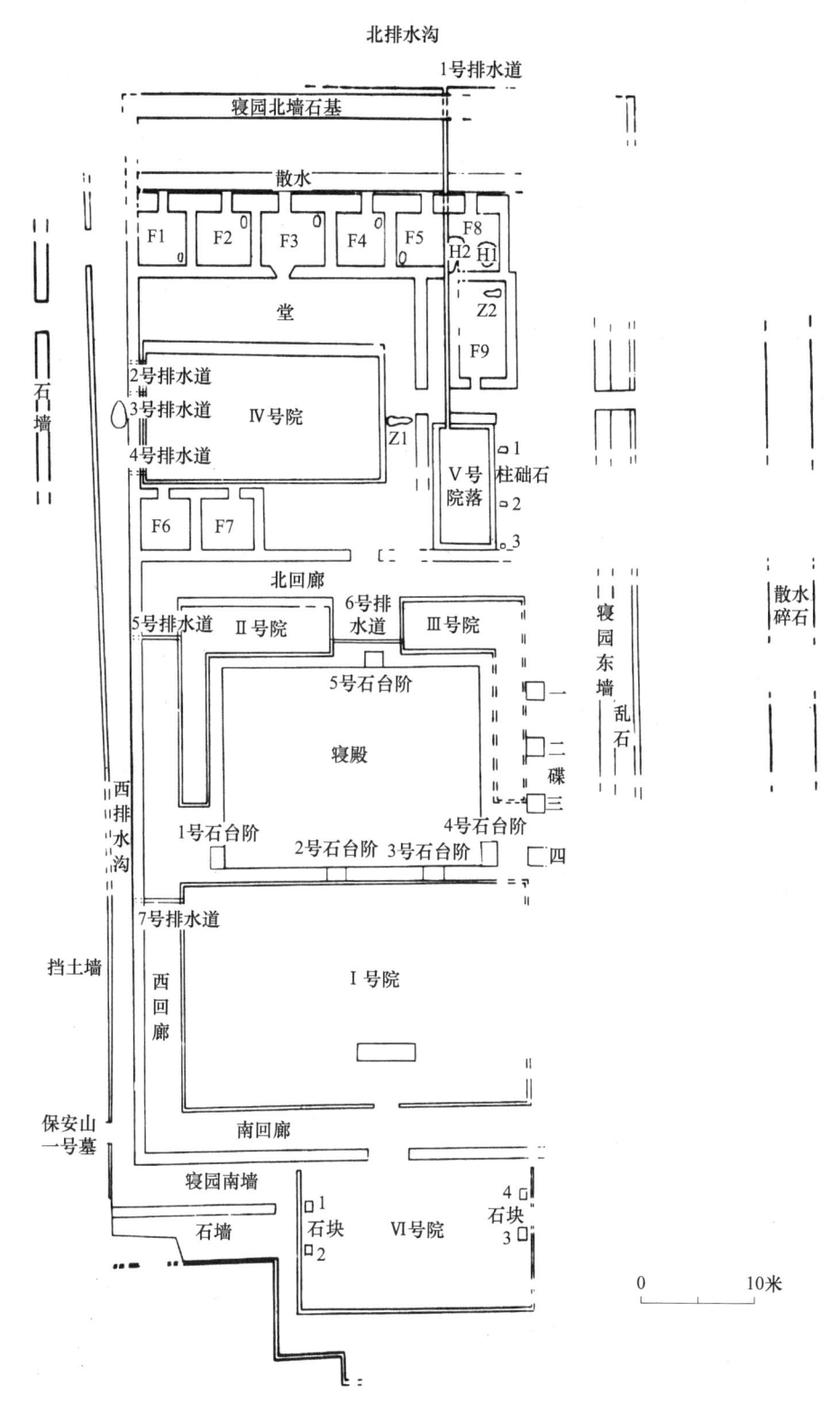

图 4-12 梁孝王寝园平面图

瓦片堆积，应有回廊或房屋类建筑。内侧有 0.25 米宽的石基，院内东西两侧各有两块对称的方石平放，方石的作用很可能是"上马石""下马石"。该院及周围的建筑为寝的附属，具有寝园门卫房的性质。又是来寝园祭祀时停放车马、作祭前准备工作的地方，之后再进入寝园祭祀，以示慎重。

回廊，平面呈长方形，位于寝园南半部，绕寝殿和I、II、III号院一周，以寝园东、西、南三面墙及寝园中部东西墙作为回廊外墙。从回廊内侧发现大致等距离石柱础分析，回廊内侧用立柱支撑，廊内宽 2.2 米，南廊长 34、东西廊长均为 51、北廊长 30 米。回廊南北墙中部各有一门，南门宽 2.4 米，方向 189°，北门（寝园中门）宽 2 米，回廊内遗迹有I号院，寝殿，II、III号院。

I号院位于寝殿前，东西呈长方形。东西长 30、南北宽 18.6 米，东、南、西三面有回廊，与寝殿、回廊相通处有石台阶。

II号院位寝殿右后侧，西、北靠回廊，内侧与寝殿西、北部相邻。平面曲尺形，东西长 13.6、宽 4.8 米，南北长 17、宽 3 米。周围与回廊、寝殿相通。

III号院与II号院东西相对、形状相同。现存（东侧有一部分被破坏）东西长 10.8、宽 4 米，南北长 17、宽 2.6 米。外侧是回廊，内侧是寝殿。

寝殿位于寝园中部偏南，是寝园的主体建筑，平面呈长方形，东西长 22.2、南北宽 16.4 米，面积 364.08 平方米。现存有夯土台基和四周柱础。台基高 0.35—0.45 米。柱础为方形，边长 30—50 厘米，高 10—15 厘米，青石灰岩质。寝殿四壁柱础的数量及间距各有差。东壁 9 个，间距 1.3—1.5 米；北壁 10 个，间距 0.8—2.1 米；西壁 8 个，间距 1.6—1.7 米。根据壁柱槽边长 37—40 厘米推算，壁柱直径应不小于 35 厘米。

F6、F7 位于寝园中部东西墙西段北侧，F6、F7 平面均为方形，大小基本相同，面积约 20 平方米。门向北，门宽 0.93 米，墙为夯土筑成。以寝园中部东西墙为后墙。由 7 号房向东为一四开间"棚式"建筑，其进深与面阔和 6、7 号房基本相同。"棚式"建筑的作用是寝园前、后部的过道。

IV号院位于 F6、F7 及"棚式"建筑北侧，平面长方形，东西长 20.3、南北宽 11 米，面积 223 平方米，西靠寝园西墙，北面为堂，东邻东堂，过东堂正对寝殿东门。

V号院西邻"棚式"建筑东邻东堂，北靠寝园东门过道，平面长方形，南北长 10 米，东西宽 5 米。

东堂位于"棚式"建筑与堂之间，面阔三间，平面长方形，南北长 12.4、宽 2.6 米，面积 32.2 平方米。

堂是寝园后部主体建筑，即殿堂。位于IV号院与 1—5 号房之间。以寝园西墙北段为西墙，平面长方形，东西长 28 米，面阔 6 间，进深 5.8 米，面积 150 平方米，其北墙与 1—5 号房南墙共用一墙。

1—5号房位于堂北侧，由西向东一字排列，1号房在西，以寝园西墙为西墙。五个房子门均北向，只有中间的3号房有南门与堂相通。每个房间均有灶。1、2、4、5号房大小基本相同，平面方形，面积18平方米，3号房较大，面积24平方米。

8、9号房南北相连，8号在5号房东侧，西阔3.5米，进深4.8米，北开门。9号房在8号房南侧，房内东北部有一灶，房内出土大量陶器和铁器。主要器形有罐、盆、瓮、碗、陶楼、陶屋顶模型、铁錾、铁刀等。在8、9号房东侧还有"塾""夹"类建筑（"塾"，宫门外两侧房屋，为臣僚等候朝见皇帝的地方。《三辅黄图》六《杂录》："塾，门外舍也，臣来朝君至门外，当就舍，更熟详所应对之事，塾之言熟。夹即夹室。古代宫室制度，中央为正室，正室左右为房，房外为序，序外为夹室。"《释名·释宫室》："夹室在堂两头，故曰夹室。"）。因破坏严重，结构已不清楚。

除上述建筑外，在Ⅰ—Ⅴ号院中发现有保存较好的排水道设施，在东堂南端及9号房内各发现灶一处，在寝园西南墙外发现两道用于防护南园墙的挡土墙。寝园内出土了大量遗物，计有生活用具、生产工具、建筑材料、建筑构件（模型）等，其中尤以建筑石料、板瓦、筒瓦为最多。

综上所述，梁孝王寝园是一处由殿、堂、内外墙、庭院、庖厨房、回廊等部分构成的较为复杂的建筑群体。基址大部分保存完好，是目前我国唯一一处经科学发掘的汉代诸侯王寝园基址。为研究西汉前期寝园的形制、结构等提供了宝贵的实物资料。

寝园基址保存较好，考古发掘出大量珍贵文物，计有陶器、铜器、铁器、石器等几大类，其中以建筑石材、板瓦、筒瓦为大宗。建筑石材主要用于建筑基础、台基等的垒砌，有半圆形石构件、石柱础。陶器包括建筑材料、生产工具、生活器皿及其他器物，其中出土量最大的是建筑材料。陶质建筑材料有素面青砖，卷云纹圆瓦当、瓦当模、筒瓦、板瓦、建筑模型、陶楼、陶屋顶模型。

陶器主要有壶、盆、碗、钵、甑、瓮、缸、豆、器盖、纺轮、弹丸、炉等。铁器主要有工具、农具和用具类等。农具类有：亩、镶、锄、镰等。工具类有斧、锛、凿、锯、刀、砧等。用具类有：带钩、门鼻、楔形器、门臼、铁钉、钉帽。另有半成品的板材、条材。出土铜器多为碎片，可辨器形有盆、刷、镜、镰等钱币均为铜钱，币种有半两、五铢、货泉，其中以五铢钱为最多。除上述五类外，在遗址中还出土有铜条饰、料珠（图4-13、图4-14）。

（4）保安山三号墓

保安山三号墓位于保安山二号墓北、保安山四号墓东约200米，在梁孝王陵园内，1971年12月原永城县芒山公社在这一带建石灰厂时发现，永城县文化馆闻讯派人赶赴现场清理时，墓葬的大部分已被施工推土机推掉，墓葬处现为崖坑，因是石灰厂建设中被发现，俗称石灰厂汉墓。该墓上原有高出周围地面的封土堆，封土经夯打，夯

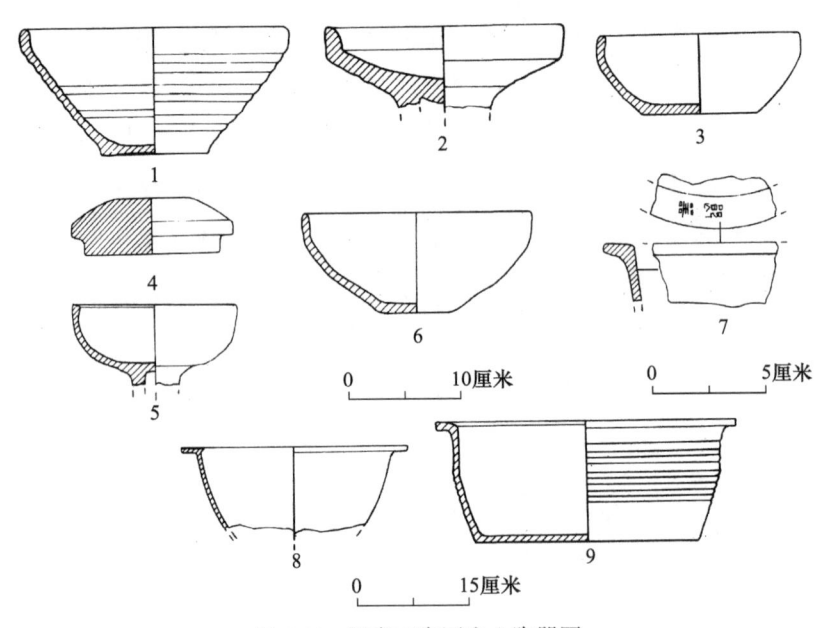

图 4-13 梁孝王寝园出土陶器图

1. 碗（T0715③:7） 2. A 型豆（T0601③:1） 3. Ⅱ式钵（T0513③:1） 4. 器盖（T0513③:6） 5. B型豆（T03002③:1） 6. Ⅰ式钵（T0514③:3） 7. 带字盆沿（H1:8） 8. Ⅰ式盆（H2:14） 9. Ⅱ式盆（T0617③:3）

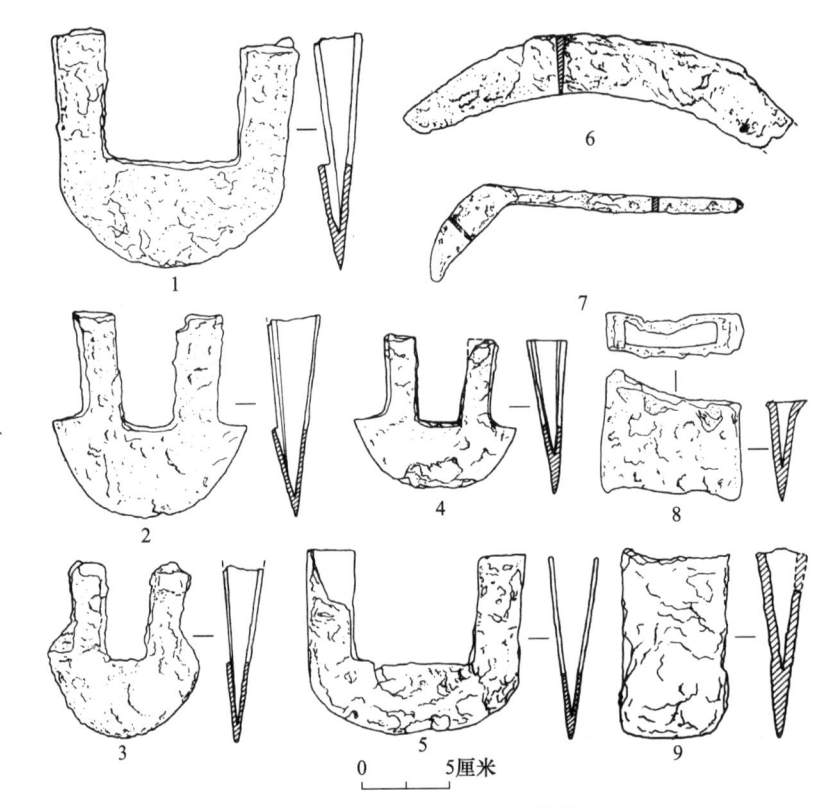

图 4-14 梁孝王寝园出土铁器

1. A 型臿（T0302③:1） 2. 锄（T0509③:4） 3. B 型镬（T0716③:3） 4. A 型镬（T0115③:12） 5. B型臿（T0117③:1） 6. 镰（T0814③:3） 7. 镰（T0716③:2） 8. 斧（T0614③:3） 9. 斧（T0513③:4）

层厚 0.3—0.5 米不等，夯窝直径 0.06 米，墓内填黄胶泥并经夯打，夯层厚 0.15—0.3 米，填土比封土夯打更坚硬，墓室为长方形竖穴土坑，长 4 米，宽 2 米，深度不详。

该墓早年遭盗掘，在生产建设中遭破坏，流失一部分文物，但仍然出土了大量文物，其中以玉衣片为最多，另有玉璧、玉环、玉饰、玛瑙贝、铜镜等。

玉衣片 588 枚，玉衣附件有玉鼻塞 2 件，玉含 1 件。

生活用品及其他的有：玉璧 7 件（其是 5 件完整，2 件残甚），玉板 80 枚，小玉饰 10 件、玉环 3 件，玛瑙贝 1 枚，铜镜 1 件、铜铺首 1 件、铜朱雀 1 件、铜钱 8 枚。

保安山三号墓位于梁孝王陵园内，说明墓主人与梁孝王或李后有特殊的关系；墓内陪葬大量珍贵文物，使用金缕玉衣，证明墓主人应是梁王室重要成员；从墓内只出半两钱，不见五铢钱的情况分析，该墓应是西汉前期的墓葬。这为判定墓主人提供了间接依据，正如报告中所讲"保安山三号墓可能是梁孝王的某位'夫人'之墓"。

（5）保安山二号墓 1 号陪葬坑

1 号陪葬坑位于二号墓封土顶部中心偏南 50 米处，南距保安山一号墓封土顶部中心约 150 米。1991 年 1 月，群众开山采石时发现，原永城县文管会立即派人进行了抢救性清理。

该坑为长方形竖穴石坑，直壁平底，坑底与坑口大小基本相同，东西长 3.4、南北宽 2.65、深 2.5 米（图 4-15）。坑四壁及底部凿制粗糙，表面凸凹不平。坑口上部有厚 0.8 米的扰土层，坑内填土夹大量碎石块。

坑内出土文物 1800 余件，主要是鎏金车马器，另有一些铜、铁兵器、生活用具及其他器物。

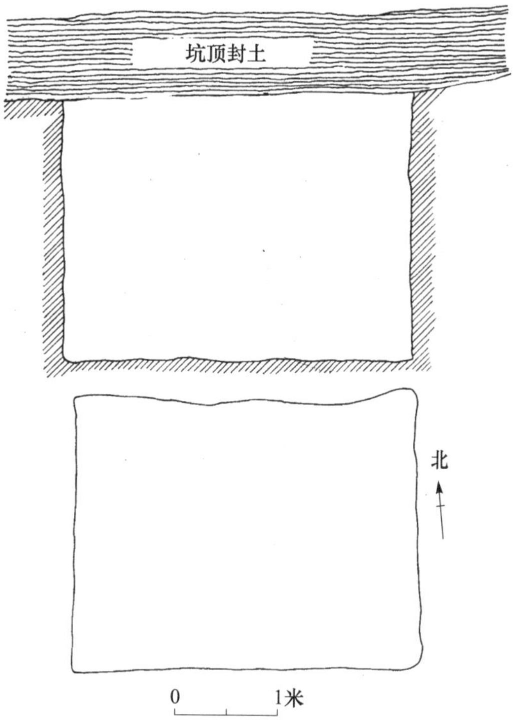

图 4-15 保安山二号墓 1 号陪葬坑平、剖面图

鎏金车马器

鎏金车马器出土最多，约占出土物总数的 90%。计有车軎 3 件、钉 13 件、伞柄箍 4 件、盖弓帽 46 件、车牌饰 158 件、合页 8 件、环 68 件、帽钉 18 件，方体钩 8 件、U 型钉 25 件、拉手 1 件、环首钉 9 件、铜帽 1 件，管状器 14 件、带耳小铜环 1 件、车较 9 件、车辕饰 1 件、车构饰 2 件、舆帽饰 2 件、衡末貌首饰 8 件、轮轴器 5 件、板块状构饰 5 件、挂钩 16 件、销钉 4 件、当卢 2 件、马衔 2 件、带扣 4 件、方策

4件、胁驱构件1件，项节408件、管络饰4件、铜泡911枚、节约5件、铆钉54枚（图4-16、图4-17）。

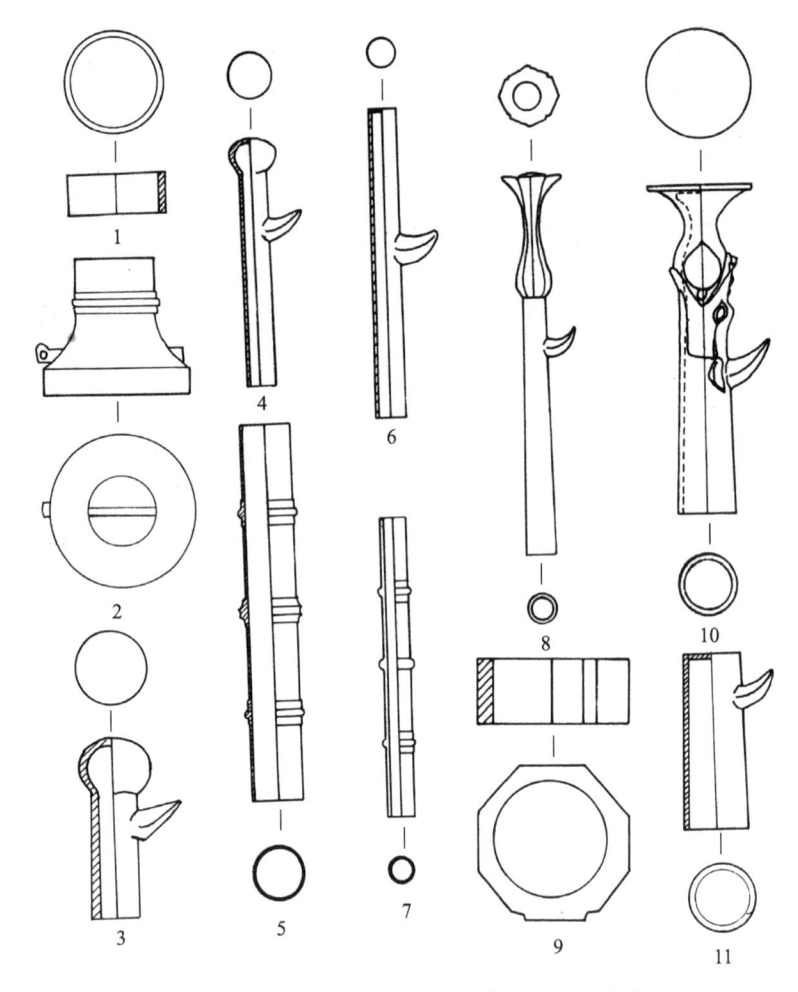

图4-16　保安山二号墓1号陪葬坑出土车马器
1. Ⅰ型釭（BM2K1：5）2. 车軎（BM2K1：1）3. Ⅴ型盖弓帽（BM2K1：46）4. Ⅳ型盖弓帽（BM2K1：30）5. 伞柄箍（BM2K1：7）6. Ⅲ型盖弓帽（BM2K1：29）7. Ⅱ型伞柄箍（BM2K1：1774）8. Ⅱ型盖弓帽（BM2K1：14）9. Ⅱ型釭（BM2K1：6）10. Ⅰ型盖弓帽（BM2K1：9）11. Ⅵ型盖弓帽（BM2K1：232）

兵器有铜、铁质2种，共41件（套），占出土物总数的2.2%。计有铁剑3件、漆盾饰1件、铁戟2件、铁矛4件，铜弩机2件等（图4-18）。

生活用具及其他方面的器物有：案栏铜饰1件、案足铜饰1件、铁灯4件、铁釜1件、铁甾1件、铁镇4件、铁洗1件、铜铺首8件、铜提梁1件、仪仗顶铜饰1件、帷帐椽头铜构件6件、带扣形铜构件2件、耳杯铜扣件5件、象牙尺形器5件、象牙小棒7件、象牙饰片3件、铜门包角2件、铜带钩2件、"梁后园"铜印1枚、驾铜瑟柄7件、木琴轸9枚、鸭嘴形铜钩2件、"孝园"文字陶筒瓦2件、陶瓦当1件、石锁5件、

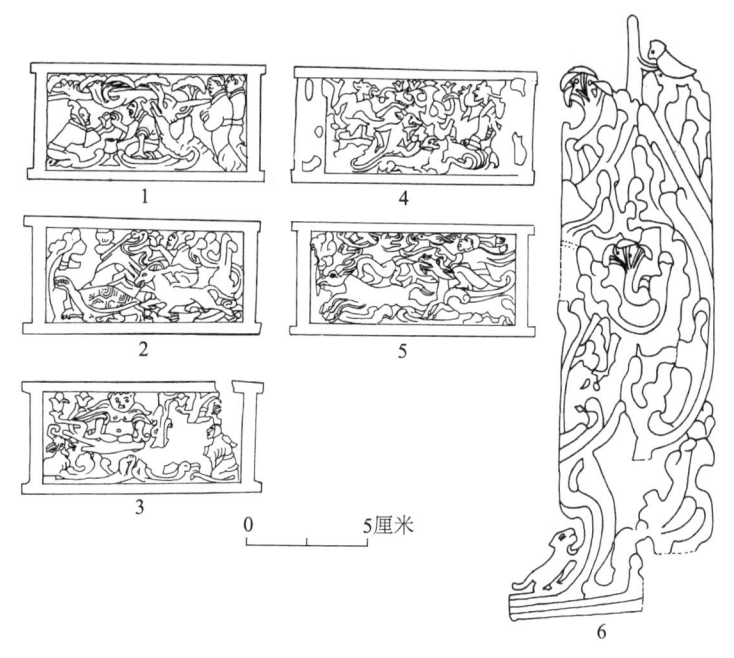

第四章　秦汉两晋南北朝时期的商丘考古　　　　　　　　　　　　　　　　　　　　· 151 ·

图 4-17　保安山二号墓 1 号陪葬坑出土车牌饰
1. Ⅱ型Ⅰ式（BM2K1∶87） 2. Ⅱ型Ⅴ式（BM2K1∶99） 3. Ⅱ型Ⅳ式（BM2K1∶97）
4. Ⅱ型Ⅱ式（BM2K1∶92） 5. Ⅱ型Ⅲ式（BM2K1∶95） 6. Ⅰ型（BM2K1∶85）

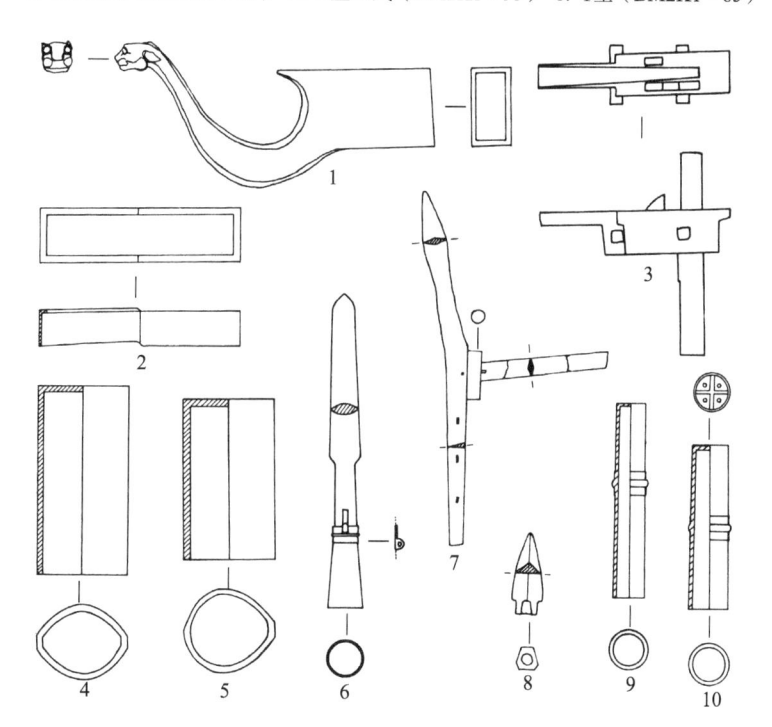

图 4-18　保安山二号墓 1 号陪葬坑出土兵器
1. 承弓器（BM2K1∶1677） 2. 弓托器（BM2K1∶1676） 3. 弩机（BM2K1∶1674） 4、5. 铜镦
（BM2K1∶1706、1705） 6. 铁矛（BM2K1∶1697） 7. 戟（BM2K1∶1672） 8. 镞（BM2K1∶1678）
9、10. 铜镈（BM2K1∶1700、1699）

银箍 6 件、银器饰 3 件、钩形器 2 件、U 形铁器 4 件、小铁钩 6 件、铁钉 1 件、小铁环 12 件、小骨管 4 件、骨饰 1 件、小骨塞 8 件、铜管 4 件及大量编织物灰烬（图 4-19）。

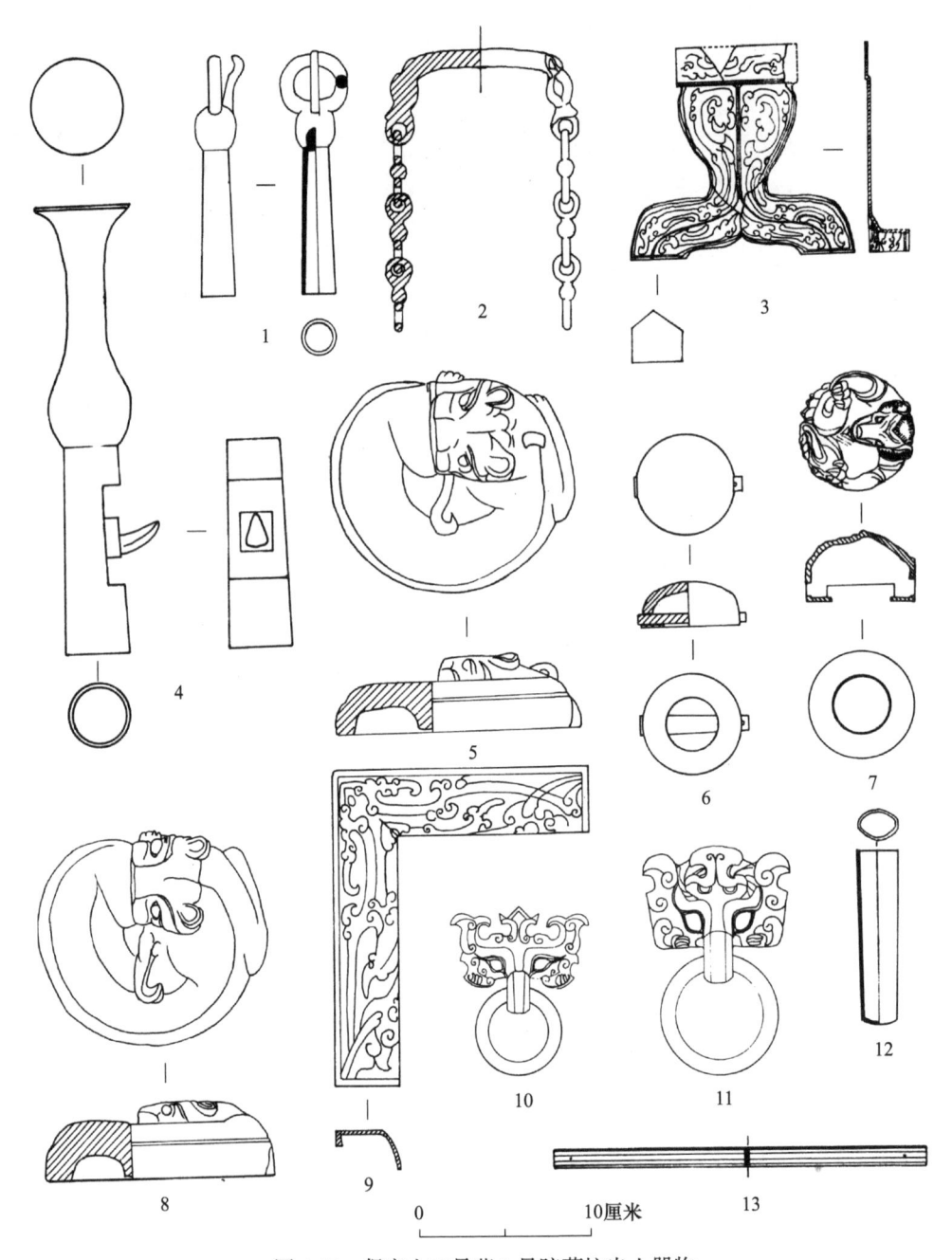

图 4-19 保安山二号墓 1 号陪葬坑出土器物
1. 带扣形构件（BM2K1：1782） 2. 铜提梁（BM2K1：1735） 3. 案足铜饰（BM2K1：1711）
4. 帷帐椽头构件（BM2K1：1775） 5、8. 铁镇（BM2K1：1720、1718） 6、7. 仪仗顶（BM2K1：1754、1753） 9. 案栏铜饰（BM2K1：1710） 10. Ⅱ型铺首（BM2K1：1724） 11. Ⅰ型铺首（BM2K1：1723）
12. 镩状铜管（BM2K1：1708） 13. 象牙尺形器（BM2K1：1816）

3. 立山头陵区

保安山从南端向东南延伸去又形成一座山峰，俗称"立山头"或"李山头"。1986年，山西侧的柿园村村民在该山头顶部西半坡开山采石时（该山属柿园村管辖）发现一座汉代墓葬，依照按属地自然村命名的原则，考古工作者将此墓命名为柿园汉墓。之后又在周围山坡发现大量小型土坑竖穴墓。在柿园汉墓南约 200 米发现了属于该墓的陵园墙，证明这里是独立于保安山陵园之外的又一处西汉梁王陵区，我们称之为立山头陵区。

该陵区保存状况不如保安山陵区好。目前在陵区内发现大型墓葬一座（柿园汉墓）；陵园墙两段（南墙一段、北墙一段）；大量小型汉墓。

柿园汉墓位于立山头顶部南端，其北侧 30 米向北的山体已被村民采石成数十米深的池塘。柿园汉墓发现于 1986 年，1987—1991 年商丘地区（今商丘市）文化局受河南省文物管理局委托并报请国家文物局批准对该墓进行了抢救性发掘。

墓上封土依山势而筑，顶部平坦，作不规则圆形。墓顶及四周山坡到处可见汉代砖瓦片。参照保安山二号墓顶部发现有汉代建筑基址，该墓顶部原来也可能有汉代建筑。山南坡较陡，西坡稍平缓，东、北坡已被炸成断崖，封土为黄褐色土夹杂碎石块。

该墓为单墓道多室洞室崖墓。由墓道、甬道、主室、棺床室、巷道及 7 个耳室组成（图 4-20）。坐东向西，方向 319°，东西总长 95.65 米，南北最宽处 13.5 米。山体石质较好，甬道及各室凿制规整。錾道清晰，各室壁及顶部很少有像保安山二号墓那样大面积用石块修补的现象。

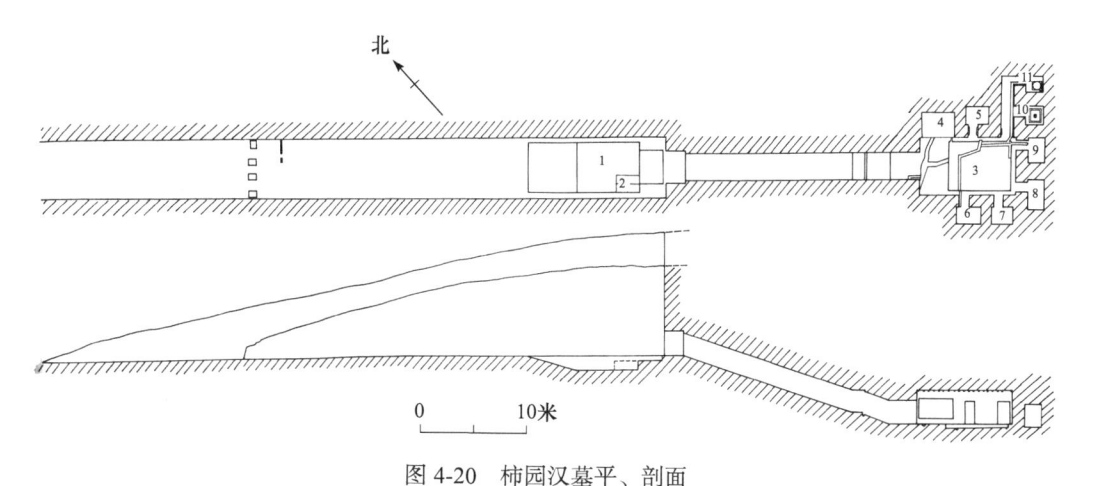

图 4-20　柿园汉墓平、剖面
1. 凹坑　2. 钱窖　3. 主室　4. 侧室 1　5. 侧室 2　6. 侧室 3　7. 侧室 4　8. 侧室 5
9. 侧室 6　10. 侧室 7　11. 侧室 8

墓道

墓道位于墓门向西的半山坡处，露天开凿，平面窄长方形，东西长60、宽5.53米，残深（墓门处）10米。整个墓道可分为三部分：东段从墓门向西至17.8米处，该段墓道壁凿制最规整，北、东、南三面岩壁较直，壁面有加工规整的竖向錾道，上下一线，錾道间距基本相同，没有两錾道交叉的现象。墓道底部近墓门处有一平面呈凸字形坑槽，槽长12.9、宽4.25、深1.3米，其中突出部分长2.32、宽3.02、深0.4米。槽东、南、北三面岩壁垂直，底部平坦。槽底中部向西为一斜坡，坡长（水平）4.64米，坡度17°。

在槽内东南角发现一钱币窖藏（图4-21），窖平面长方形，东西长2.2、南北宽1.7、深0.78米。以坑槽东壁南段、南壁东段作为钱窖的东壁和南壁、北壁、西壁用石块砌筑，顶部用四块长方形石板作盖板。窖内钱币为整串南北向平放，出土时排列整齐，共25层，每层45串，用麻绳串联，每串钱币从960枚至1120枚不等，共出土钱币225万枚，总重量约为5500千克。除发现2枚"镒化"圆钱外，窖藏钱币全部为西汉半两钱。计有榆荚钱、八铢半两、四铢半两、有郭半两、半两铅钱等。

坑槽内用黄褐色土夹碎石块填实。本段墓道内全用凿制规整的长方形青石块封堵，石条长0.5—2米、宽1米左右、厚0.1—0.5米。共清理出石条2000余块。在塞石条上发现百余处刻字，内容包括崖工姓名、塞石尺度、甲子记时等；中段位于东段向西，长22米，宽与东段基本相同，两岩壁较直，凿制方法与东段相同，但有多处用石板修补。该段地面放置大量陪葬器物，计有陶俑、车马明器、兵器等（图4-22）。按照其车马的位置在地面摆放车马器。用红、白、绿等多种颜料在地面画出车的形状，依照车马器总量计算，大约有24辆车，车子的排列方法是，墓道底部中间留有通道，每边十

图4-21 柿园汉墓墓道出土钱币窖藏坑　　　　图4-22 柿园汉墓墓道出土陪葬器物

辆车，马向中间通道。每辆车都有伞，伞下立一仕女陶俑，男俑腰部置25枚一束的铜镞，并有铁剑、弩机等。本段墓道用黄褐土封填，填土经夯打，夯层厚7—10厘米。圆夯，夯窝直径5厘米；西段为墓道外侧部分，长20.2米，宽比中段稍宽，南、北两壁为土壁，与中段交界处有四块长方形石条南北一字摆放于墓道中，四石条大小稍有差异，一般尺寸为长0.8、宽0.7、厚0.4米。从四块石条摆放位置看，其作用可能象征门阙。墓道内填黄褐土，底为石质。

墓门

墓门位于露天墓道进入甬道的入口处，门高2.3、宽2.92米。门道进深1.84米。门道内用长度与门道进深大致相同的石条封堵。

甬道

由墓门向东进入甬道，甬道为长方形隧洞式，可分为四段：

由西向东第一段甬道为西高东低的斜坡状，高2.07、宽2.4米，坡度为19°，坡长16.56（水平15.72）米；第二段为水平式，高、宽与第一段相同，长1.14米。塞石堵法与墓道内相同，该段甬道东端顶部近两壁处各有一个圆柱形门枢石槽，槽直径0.095、深0.06米，槽内有铁质门枢。第一、二段甬道内用塞石封堵，第二段塞石间有黑色黏合料；第三段与第一段一样为斜坡状，高、宽、坡度与第一段相同，坡长2.55米（水平长2.35米）；第四段为水平式，高、宽与第三段相同，长2.7米，东端顶部两侧各有一个圆柱形门枢石槽。

主室

从甬道东端向东进入主室，平面长方形，东西长9.15、南北宽5.17、高3.095米。地面与第四段甬道地面平。主室分前后两部分，前部地面平坦凿有下水道，下水道通向后部的坑槽；后部有一长方形坑槽，槽直壁平底，长5.75、宽4.4、深0.25—0.35米。室壁及顶部平抹一层厚约1厘米的细黄泥地仗。在主室前端顶部及与之相对的南壁、西壁发现有保存较好的彩色壁画（图4-23），内容为龙、虎、朱雀、鸭嘴鱼身兽、豹、灵芝等，以朱红为底色，用粗线条勾勒轮廓，然后填色。为了更好地保护这一壁画珍品，经国家文物局批准并拨专款于1991年6月由中央美术学院汤池教授领队对壁画进行了临

图4-23 柿园汉墓主室顶部壁画

摹。1993年5月由河南省古代建筑保护研究所、商丘市文物工作队、永城市文物管理委员会联合对壁画进行了揭取，揭取修复后的壁画现藏河南博物院。之后为方便游人观览，永城市文物管理委员会在原壁画位置按原大复制了壁画全部，基本上达到了原壁画效果。

在主室四壁与顶部交接处凿有方形小石槽，槽边长0.1、深0.06—0.07米，各壁石槽的数量不等。东、西壁各10个，北壁19个、南壁18个，棺床室及其他室顶部也有这种石槽（在梁孝王墓回廊、棺床室、保安山二号墓均发现有同类石槽）。对这类石槽的作用有不同看法，我认为它很可能是象征宫殿建筑房檐上的木橼头，因为梁王墓是仿宫殿建筑，石槽的位置正是房檐下橼头的位置，有人认为它是安装墓壁、室顶装饰材料的插孔。这一说法至少在柿园汉墓主室有壁画部分无法解释，柿园墓主室西壁也有这类石槽，很显然已有精美壁画的部分不需要额外装饰。

主室周围共有8个侧室，分别编为1—8号室。

1号室

1号室位于主室北壁西端，平面长方形，东西长3、南北宽2.32米，口高2.15米，里壁高1.93米，顶部外侧为平顶，内侧为斜坡。顶部东、西壁上各有四个小凹槽，槽的形制、大小与主室壁顶部石槽相同。室地面高出主室地面0.5米。梁孝王墓棺床室在主室右前侧，王后墓棺床室在主室左前侧。夫子山二号墓棺床室在主室左前侧，由此可否推测为芒山大型梁王墓棺床室的位置是梁王的棺床室在主室右前侧，王后的棺床室在主室左前侧。如果这一推测成立的话，该墓棺床室在主室右前侧，墓主是男性，即某位梁王。

2号室

2号室位于主室北壁中部，西邻1号室，东邻巷道，门向主室。门高1.85、宽0.95、门道进深1.16米。门道地面与主室地面平，高出室内地面0.25米。室平面长方形，东西长2.29、南北宽1.64、高2.1米。在室内清理金饼一枚，重80余克。

巷道

巷道位于主室东端向北，平面狭长方形，南北长5.5、高2.05、宽1.2米。地面有宽0.2米，断面为倒梯形的排水沟槽，槽上用石板覆盖。巷道东侧有两个侧室：一是位于东壁北端的3号室，二是位于东壁中部的4号室，各有门道与巷道相通。

3号室

3号室位于巷道东壁北端，北壁与巷道北壁在一条直线上，门道高1.9、宽0.85、进深 1.14 米。门道地面与巷道地面平，高出室内地面 0.2 米。室内靠东部有一石便厕，池为口大底小，底部平坦的圆袋形坑，坑口径 0.7、深 0.42 米，坑底直径 0.29 米，池上有石盖板、石便座，便座后部有一方形石板，用于连接便座，便坐顶为弧形，前端侧面细线阴刻菱形回纹和常青树。便座前端为踏脚，踏脚为前低后高的斜面，斜面上细线阴刻回字纹。这处画像石是商丘市目前发现的有明确出土地点的年代最早的画像石，为研究我国西汉前期画像石提供了珍贵资料。另外，便池的发现，证明该室的用途是仿生人的厕间，雕刻精美的石质座便器的发现，为研究汉人的居室生活提供了宝贵的实物例证（图 4-24）。

图 4-24　柿园汉墓石厕

4 号室

4 号室位于巷道东壁中部，有门道与巷道相通。门道高 1.87、宽 0.9、进深 1.15 米，室平面近方形，东西长 1.62、南北宽 1.6、室高 2.05 米。室内地面刻有象征浴池的浅石槽，由此判定该室的用途应是仿生人的沐浴间。

5 号室

5 号室位于主室东壁北端，有门道通向主室，门道高 1.89、宽 0.95、进深 1.16 米。门道地面与主室地面平，高出室内地面 0.2 米。室平面为长方形，南北长 2.3、东西宽 1.6、室高 2.06 米。室内没有发现文物。

6 号室

6 号室位于主室东壁南端，有门道与主室相通，门道高 1.9、宽 0.9、进深 1.17 米。门道地面与主室地面平，高出室内地面 0.2 米，室平面呈长方形，南北长 2.8、东西宽 1.6、高 2.06 米，室内壁上大面积涂有朱砂。

7 号室

7 号室位于主室南壁东端，有门道通主室。门道高 1.87、宽 0.85、进深 1.17 米，门道地面与主室地面平，高出室内地面 0.2 米。室平面呈长方形，东西长 2.32、南北宽 1.6、高 2.08 米。

8 号室

8号室位于主室南壁西端，结构与7号室相同，门道高1.9、宽0.9，进深1.16米。地面高出室内地面0.21米。与主室地面平，室平面长方形，东西长2.32、南北宽1.6、高2.07米。

柿园汉墓主室、梁孝王墓主室、王后墓主室（西宫）、夫子山二号墓主室结构基本相同。这一现象说明西汉梁王陵在结构上从前期到中后期变化不大，因其墓室为仿宫殿建筑，由此反映西汉梁王宫室的布局结构在这一时期很可能也没有很大变化。

柿园汉墓在发现、发掘时墓室已被盗空。陪葬文物主要发现于墓上封土内、墓道封石内、墓道封石、封土下等处[①]。在墓上封土内出土5件守陵陶俑（图4-25）。在甬道口外2.48米靠墓道塞石石坎内出土一件守门陶俑，陶俑的位置下距墓道底部0.48米。在墓道塞石东距墓道口9.44米，距墓道南壁0.6米，从下向上第二至第五层塞石中发现一葬车坑，坑东西长1.28、南北宽1.15、深0.84米，坑内清理陶车轮2件、车2件。

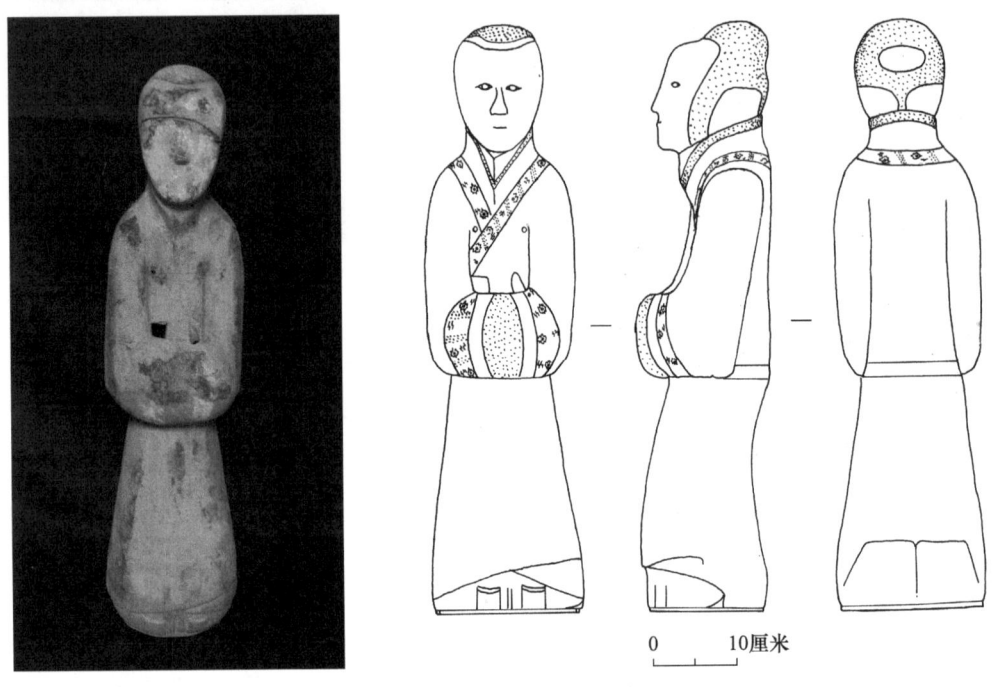

图4-25 柿园汉墓出土守门陶俑

在墓道底部，从东距墓门17.8米处向西22米至三块立石止约60平方米的墓道封土下，发现大量排列有序的车马器、陶俑、兵器等遗物，在墓道地面中间留有宽约1米的象征神道的通道，陶俑、车马器等遗物摆放于神道两侧，两侧车马头向中间神道。车马器均为明器，没有发现车马，用彩绘画出车的形状，再置明器车构件于相应部位象征

---

① 河南省商丘市文物管理委员会、河南省文物考古研究所、河南省永城市文物管理委员阎根齐主编：《芒砀山西汉梁王墓地》，文物出版社，2001年，第81页。

第四章 秦汉两晋南北朝时期的商丘考古

车,用明器马具置于马的相应部位代表马,发现24辆车,约使用40匹马。出土女俑4件(图4-26),均位于车舆内,应是梁孝王乘车女侍的形象。出土男俑40件,男俑均为立姿,双腿外跨的骑士形象(图4-27),在男俑身旁发现有铁铍、弓弩、镞等兵器。

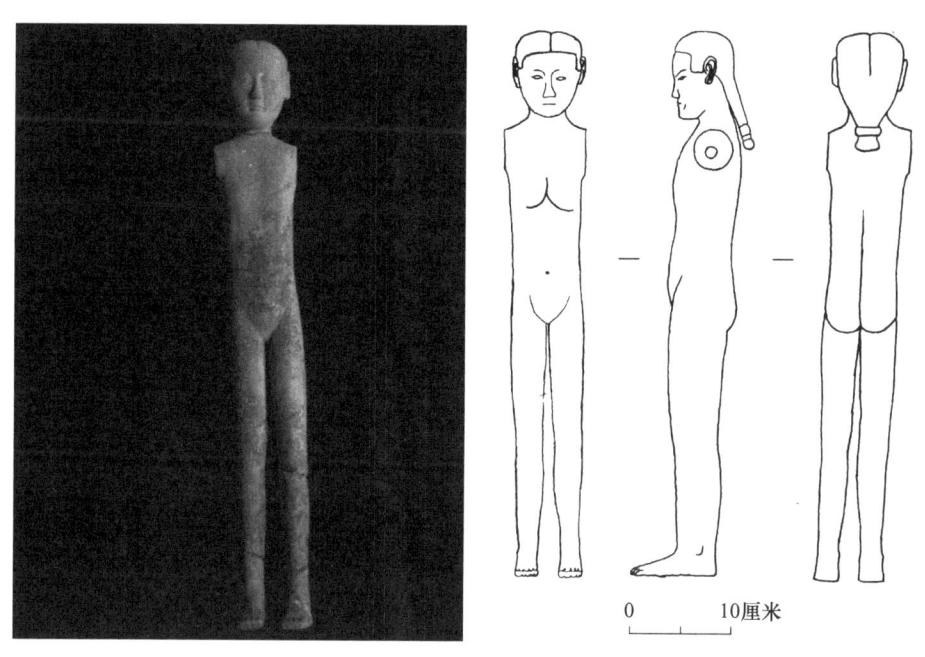

图 4-26 柿园汉墓出土仕女陶俑

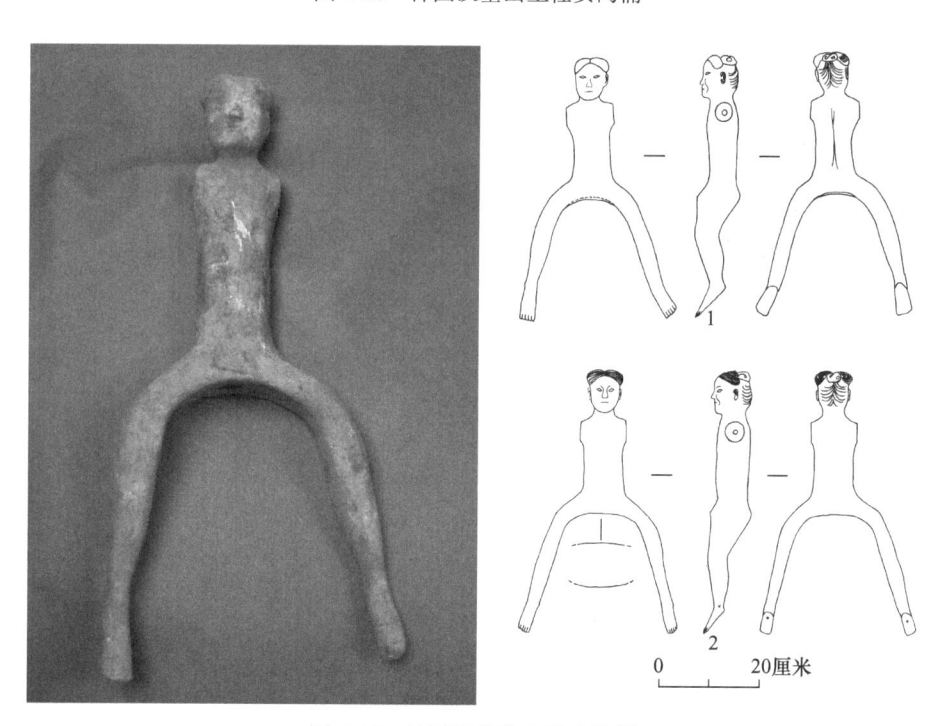

图 4-27 柿园汉墓出土骑士陶俑
1. I 型骑士俑(SM1:2233) 2. I 型骑士俑(SM1:2238)

柿园汉墓墓道内共出土大量车马明器，这些车马器除很少一部分为铁、木、骨质外，大部分为铜质鎏金。计有铜车䡇、铁车、铜帽、铁贤、铁锏、盖弓帽、伞柄箍、圆筒器（图4-28）、车轭、车辕饰、车钩饰、门包角及臼、拉手、穿鼻、轮箱组合器、工字形器、双孔器、方片器、车椅饰、顶形器、连筒器、三齿器、轴头饰、挂钩、铁丁形器、铁片饰、铁钉器、马衔、马镳、节约、铜泡、项节、穿鼻、环、铜链、轮轴器、蹄足形器、方策、带扣、管络饰、方连扣、兽面饰（图4-29）。

兵器主要有弩机、承弓器、弓托器（图4-30）、镞、戟、铍、铁剑（图4-31）。

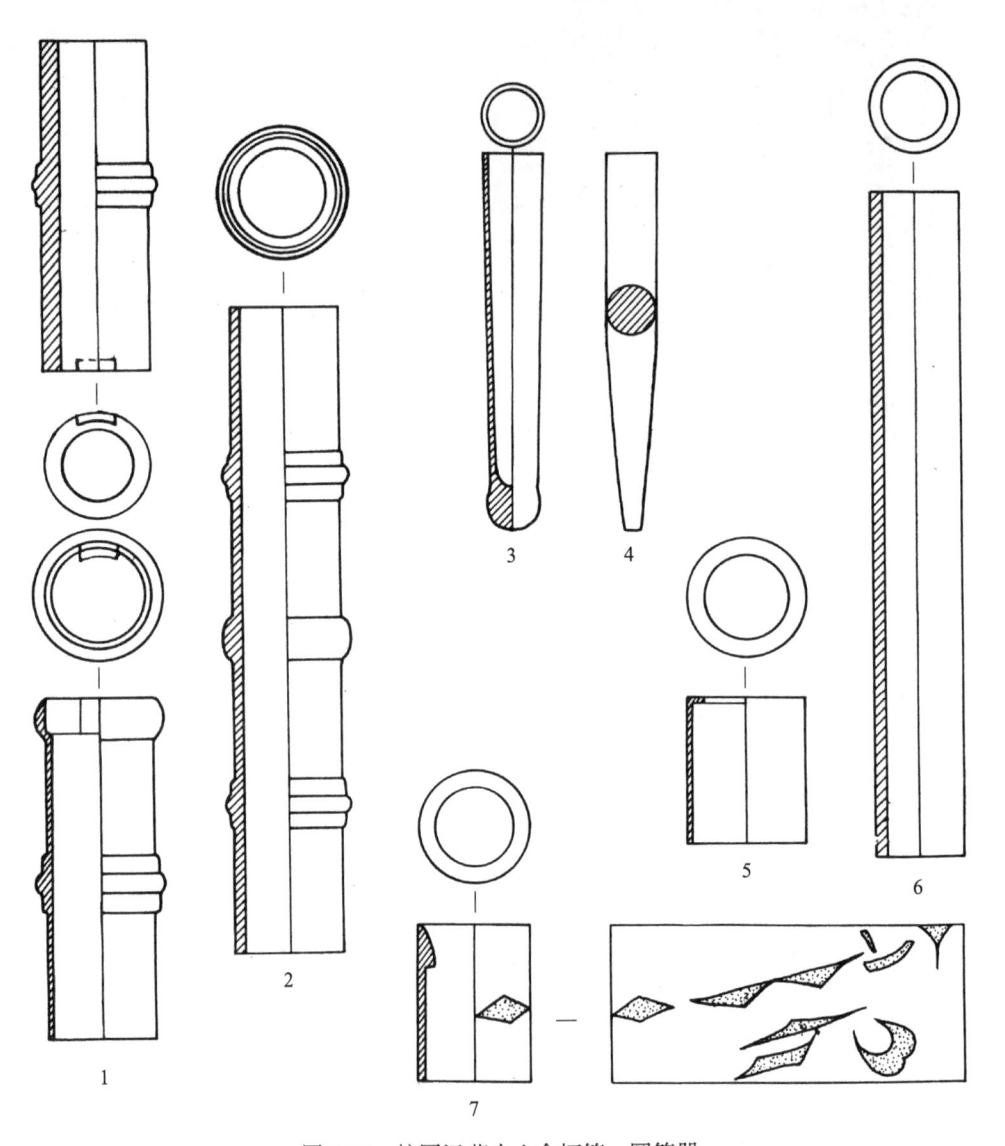

图4-28 柿园汉墓出土伞柄箍、圆筒器
1、2. Ⅰ型伞柄箍（SM1:973） 3、4. 伞柄内套木 5. Ⅰ型圆筒器（SM1:2464）
6. Ⅱ型伞柄箍（SM1:53） 7. Ⅱ型圆筒器（SM1:2281）

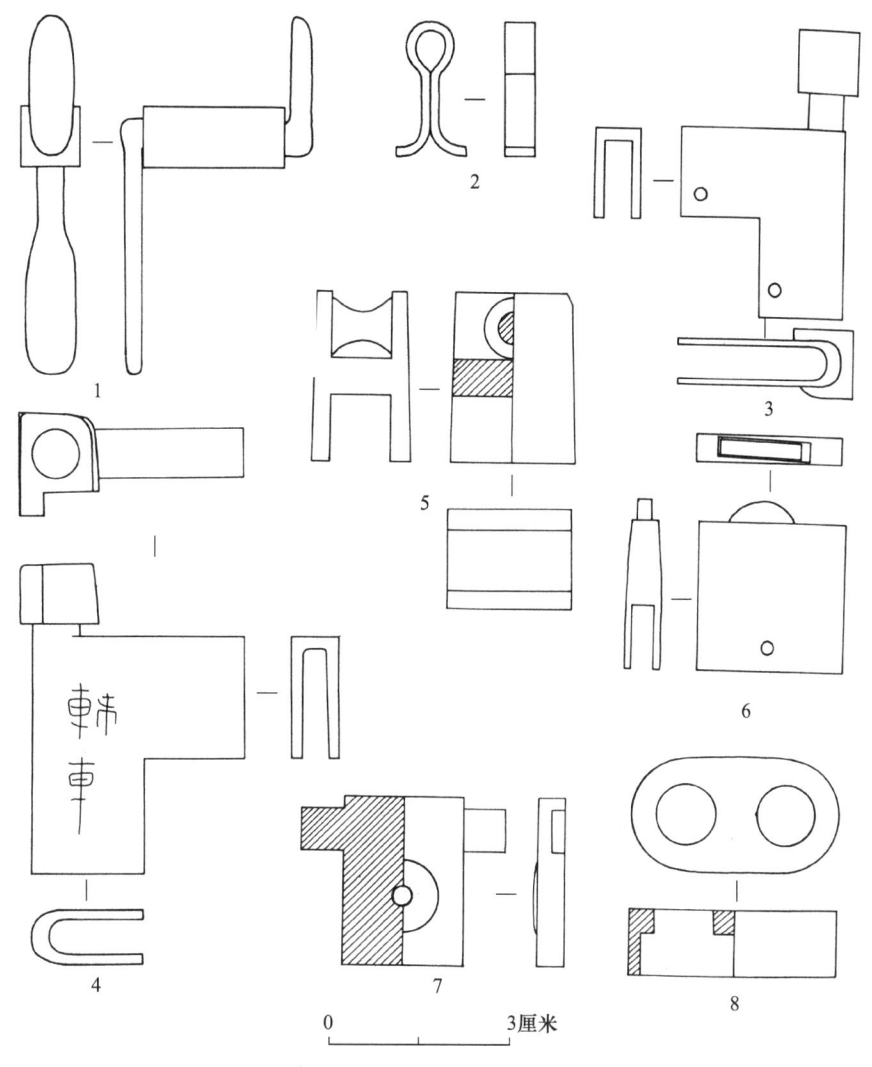

图 4-29　柿园汉墓出土车马器

1. 拉手（SM1∶566）　2. 穿鼻（SM1∶1568）　3. Ⅱ型门包角及臼（SM1∶254）　4. Ⅰ型门包角及臼（SM1∶770）
5. 工字形器（SM1∶1708）　6. 轮箱组合器（SM1∶257）　7. 方片形器（SM1∶596）　8. 双孔器（SM1∶1656）

在甬道和墓室内零星出土半两钱，其中有榆荚钱、四铢半两和五分钱。柿园汉墓出土的生活用具及其他遗物有石板、玉片、陶罐、鸭嘴形钩、带钩、木雕器（应是琴轸）。

4. 夫子山陵区

夫子山陵区因位于夫子山而得名，夫子山位于芒砀山诸峰西部，呈南北狭长形，东北邻南山和铁角山，西北邻窑山，西约300米有王引河从西北向东南流过，东距芒山镇约2千米。相传因春秋时孔夫子由鲁之宋曾避雨于山南石崖下而得名，胜迹有夫子崖（夫子避雨处），晒书台和夫子庙。

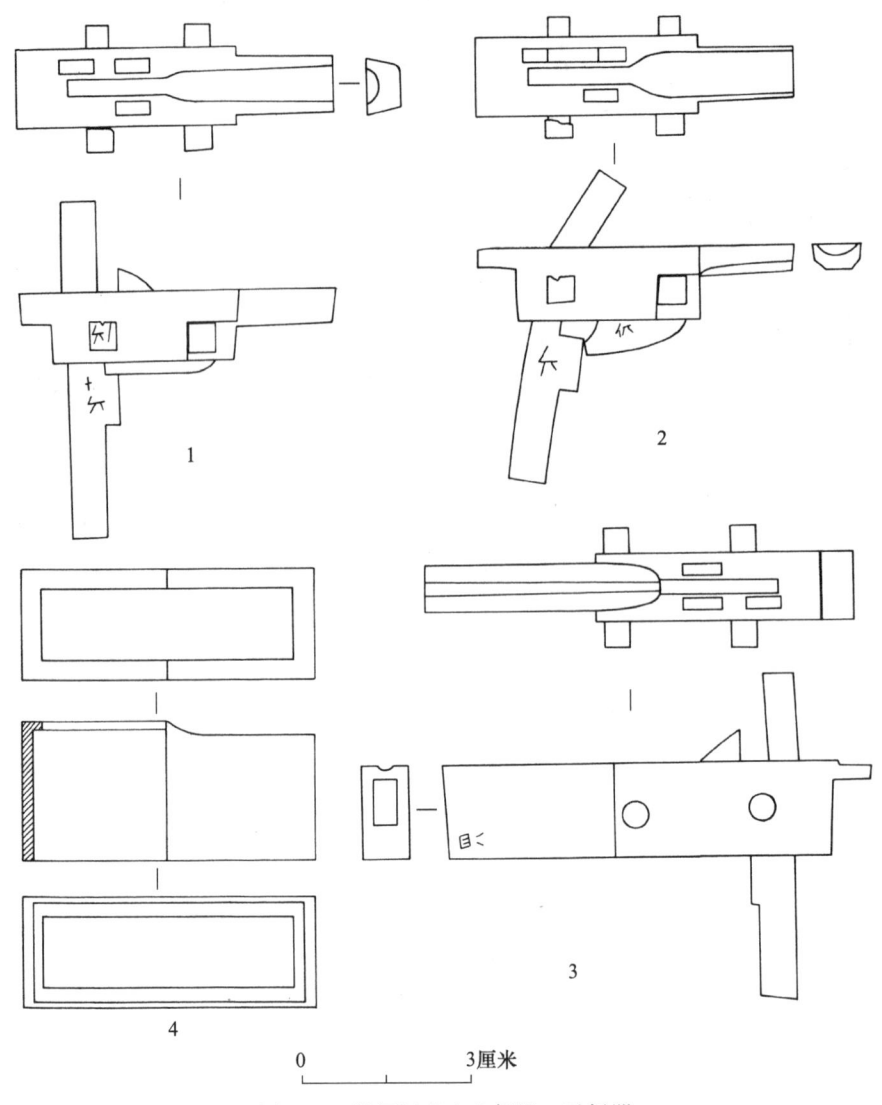

图 4-30　柿园汉墓出土弩机、弓托器
1、2. Ⅱ型弩机（SM1∶1129、2312）　3. Ⅰ型弩机（SM1∶897）　4. Ⅰ型弓托器（SM1∶2467）

　　该陵区发现大型汉墓三座，两处陪葬坑，多座小型汉墓。其中一、二号墓埋葬于山顶，南北并列，一号墓在南、二号墓在北，二墓相距约100米。1994年元月，在二号墓西约200米，发现一座土坑石室墓，编为夫子山三号墓。陪葬坑位于一、二号墓东侧，小型汉墓分布于周围山坡。2018年，永城市文物旅游局组织专业技术人员对二号墓进行了清理。

　　夫子山一、二号墓上封土保存完好。在芒山诸梁王陵中具有典型性，远远望去可见山顶南北两端凸起的墓冢，山东坡被原商丘地区劳改厂开山采石成为大型崖坑，山南坡西坡被炸成断崖，只有北坡有通向山顶的路，西坡断崖与一号墓墓室近在咫尺，一号墓墓道已被炸掉一部分。采石崖坑已被开发成旅游景区。

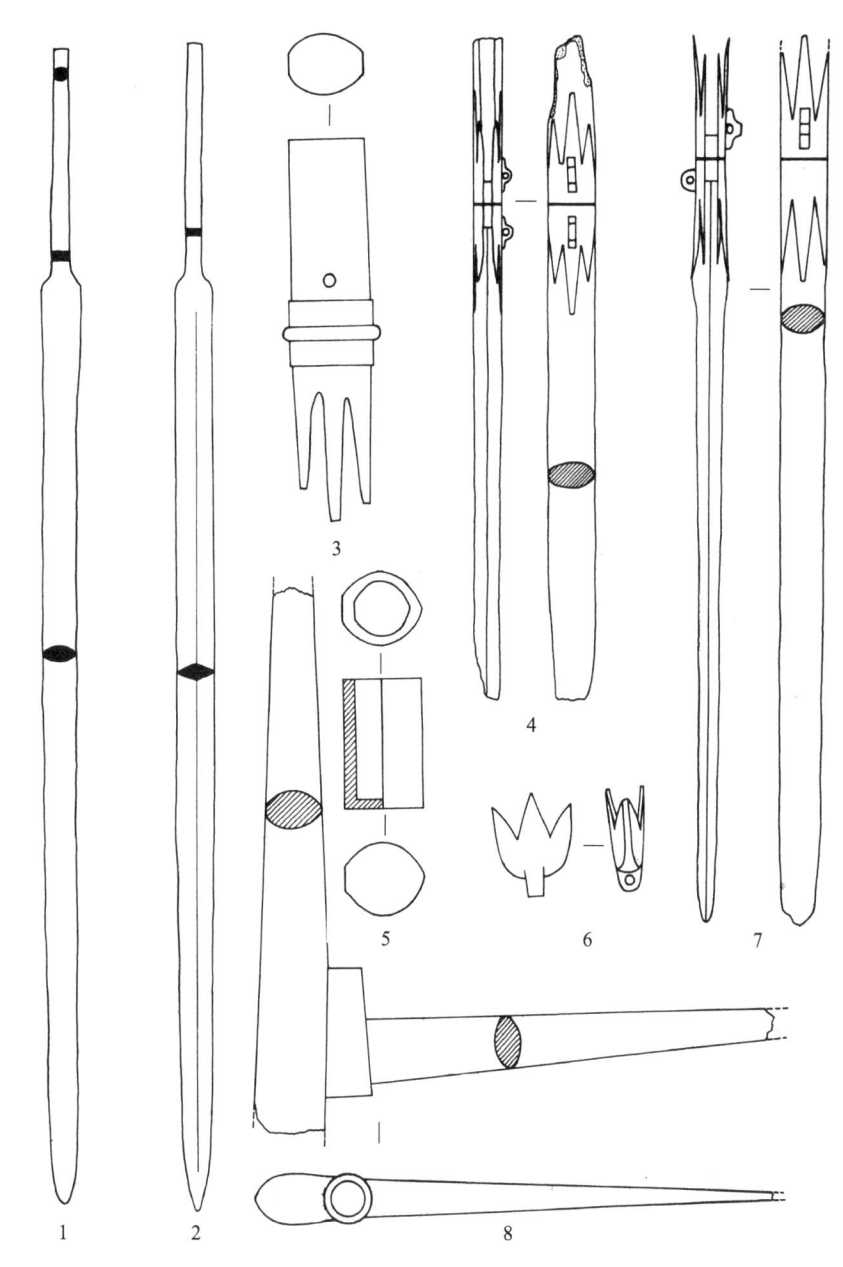

图 4-31 柿园汉墓出土兵器

1、2. 铁剑（SM1：1439、2800） 3. 铜镎（SM1：919—2） 4、7. 铁铍及铜箍饰（SM1：903、939）
5. 铜镎（SM1：1113） 6. 铍末饰（SM1：1449） 8. 戟（SM1：1078）

夫子山一号墓位于夫子山顶部南端，坐西向东，墓上封土堆高大，顶部封土自上而下呈三重覆斗形①，四周为阶梯状，上层顶部平坦。顶层覆斗形封土上边长 2.75、宽 1.75 米，下边长 3.4、宽 2、高 0.3 米；中层封土上边长 6.25、宽 3.75 米，下边长 6.75、

---

① 河南省文物考古研究所编：《永城西汉梁国王陵与寝园》，中州古籍出版社，1996 年，第 181 页。

宽 4.5、高 0.3 米；下层边长 9.75、宽 7.25 米。封土表面及山脚下发现有汉代陶片及绳纹筒瓦、云纹瓦当残片。原商丘地区劳改一支队在夫子山东坡开山采石时，已将墓道外端炸掉一部分。从暴露石墓道情况分析，该墓是一座"凿山为室"的石崖墓，墓内情况不详。

1988 年，商丘劳改一支队开山炸掉的墓道内出土金狮首形、羊首形饰各一件。

夫子山二号墓位于一号墓北约 100 米，墓上封土形状与一号墓大致相同，该墓被盗成空洞，是一座坐西向东的崖洞墓。该墓由墓道、车马室、1 号甬道、前室、2 号甬道、后室及侧室组成。墓道、甬道、主室、侧室已暴露年久，

墓道露天开凿，平面狭长方形，方向 110°，长 33、宽 4.8、深 1.4 米（近墓门处）。两壁及底部挖凿粗糙，参照柿园汉墓、保安山二号墓墓道内均用塞石封填的情况分析，该墓道内也可能用塞石封堵。

车马室位于墓门外两侧，有南北对称二室，二室门向墓道。南侧室平面近方形，门高 2.3、宽 3 米，室壁、顶为弧形，凿制粗糙，室内东西长 3.2、南北宽 3.7、室内最高处 2 米，面积 11.84 平方米，北侧室与南侧室形制相同，面积比前者稍小。比照保安山二号墓前庭侧室的用途，此二室可能是车马室。

墓门位于 1 号甬道东端，门高 2.3、宽 3 米，门道进深 1.8 米。

1 号甬道，由墓门向西进入 1 号甬道，甬道呈斜隧洞式，坡度 27°，斜坡长 21.2（水平长 19）米，甬道内高 2、宽 2.4 米。

前室，位于 1、2 号甬道之间，平面长方形，东西长 6、南北宽 5 米，高度不详。

2 号甬道位于前后室之间，坡度、形状与 1 号甬道相同，长 3.3、宽 1.5 米，高度不详。

后室，位于 2 号甬道西端，平面长方形，东西长 8、南北宽 5 米，高度不详，后室南壁有两个侧室（编为 1、2 号侧室）、西壁有一个侧室（编为 3 号室）、北壁有两个侧室（编为 4、5 号室）。因积土较多，各侧室尺寸不详。

三号墓位于二号墓西约 200 米。墓上封土呈圆台形，顶部平坦，因是高出附近地面的土台，俗称"伴歌台"。20 世纪 50 年代，夏邑水泥厂在台上修建石灰窑时，曾发现该墓墓道（一石灰窑烟囱正筑在墓道上），现有一废弃石灰窑坑位于墓道上方偏南处。1993 年冬，在废弃石灰窑底部发现一个直径 0.5 米的盗洞可通墓道。1994 年元月，商丘地区文物工作队、永城县文物管理委员会联合对该墓进行清理，资料发表在《华夏考古》1998 年第 4 期。

三号墓墓上封土为黄灰色亚黏土夹碎石块，夯打，从墓冢西侧可清晰地看到夯层，平夯，夯层厚 10—18 厘米。西侧封土被通向窑山村的南北向生产路破坏一部分，其余保存较好。在此墓东约 30 米处的一处取土断崖上发现一个"凵"型土坑断面，坑内填

土经夯打，夯层均匀，厚20—25厘米，是一座被破坏的汉墓。

该墓是一座土坑石室墓，筑墓时，先在平地挖长方形土坑，在土坑内用预先凿制的长方形石条砌筑墓室和墓道，平面呈甲字形，方向280°，由墓道和墓室两部分组成。

墓道位于墓室西侧，平面狭长方形，人字形顶，顶及两壁用石条砌筑，石板铺地。墓道内用石条封堵，塞石大小不等。墓道内宽2.81、壁高1.89，通高2.6米，墓道没有清理，长度不详。

墓室位于墓道东端，分左、右、前、后四室，用长方形或方形青石条砌筑，两前室形制结构相同。人字形顶，南北并列，西壁分别有门道通向墓道；两后室形制结构相同，南北并列，门字形顶，室平面长方形，前后室隔墙上没有门道，四室均用青石板铺地。

左前室门道高1.89、宽1.13、进深1米，室内东西长3.3、南北宽2.9、壁高2.1、通高2.7米。

左后室位于左前室东侧，两室间用厚0.45米的石条砌筑的墙壁隔开，室内东西长5.74、南北宽3.75、壁高2.6、通高3.4、梯形顶宽0.87米。

右前室位于左前室北侧；门道高1.89、宽1.18、进深0.84米。室内东西长3.45、南北宽2.9、高与左前室相同，与左前室中间共用一墙。右后室位于右前室东侧，南墙与左后室北墙共用一墙，与右前室之间有厚0.45米的石砌墙相隔，室内东西长5.5、南北宽2.9、壁高3.1、通高3.7米，梯形顶宽0.72米。

因多次被盗掘，左前、左后室内积土达1—2米，遗物几被盗掘一空，在右前室清理陶鼎耳1件、陶盒1件、盒盖1件、陶壶1件、壶盖7件，铁环1件及少量猪、羊等动物骨骸。所有陶器均在器物内壁满涂朱砂，外饰彩绘，胎质细腻，制作考究，在右后室发现大量漆木残块，由残木块形状观察，应是被破坏的棺木，各室都发现有表示砌墙石条层位，序数的阴刻或朱书文字。

根据随葬器物组合及墓室结构判断，夫子山三号墓的时代在西汉中期偏晚阶段。

该墓是目前芒砀山西汉梁王陵墓地发现的唯一一座单墓道多室石室墓。其规模小于大型崖洞墓，又大于单墓道单室石室墓。随葬品均为实用器物，而且制作精美，这些现象都说明墓主人身份比较高，应是梁王室重臣或妃子。该墓葬于夫子山陵区，地点在山半坡，又说明墓主人身份比夫子山一、二号墓主人低，埋葬年代与一、二号墓相当或较晚，这一切可以证明三号墓是一、二号墓的陪葬墓。

20世纪70年代以来，先后在夫子山一号墓东侧，东北侧各发现一座陪葬器物坑，因这两座陪葬坑距一号墓较近，判定其应是属于一号墓的。根据发现时间的先后编号为：夫子山一号墓1号陪葬坑（FM1K1）；夫子山一号墓2号陪葬坑（FM1K2）。

1号陪葬坑位于一号墓东150米处，因遭破坏，坑的形状、尺寸不详，出土文物14件，均为实用器物，器形有铜灯、铜甑、铜勺、铜盆等。

2号陪葬坑位于一号墓东北50米处，开山采石中发现。永城市文管会的同志闻讯赴现场清理时，坑已被炸掉，坑的形状、尺寸不详，收缴文物57件，其中陶俑17件，鎏金车马器40件。

陶俑17件，其中完整者4件。泥质灰陶，模制（眼睛、眉毛用墨线描绘），通体施白色化妆土，唇涂朱色，直立式，分男俑和女俑两类（图4-32）。

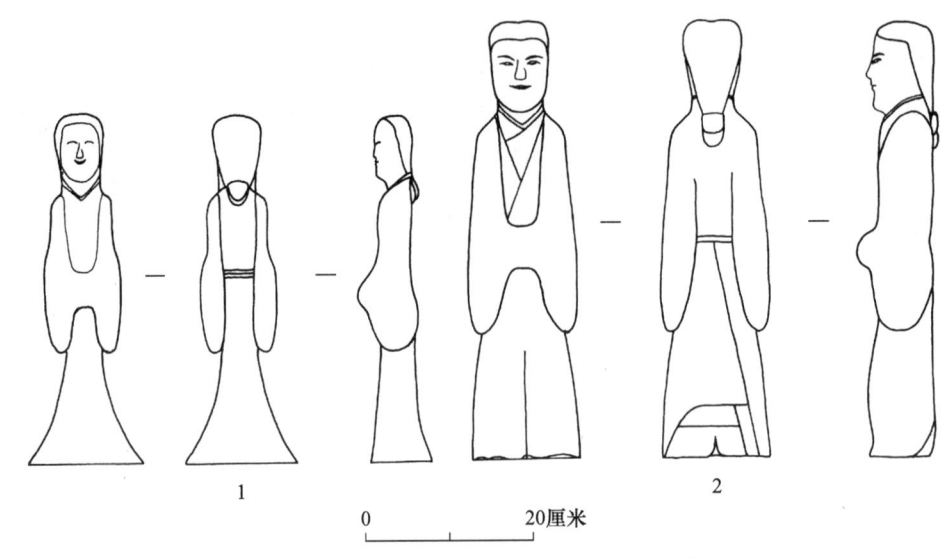

图4-32　夫子山一号墓2号陪葬坑出土陶俑
1. Ⅱ型俑（FM1∶53）　2. Ⅰ型俑（FM1∶42）

男俑，长方脸，长发披于肩后，头发染成黑色，发端挽结，身穿二重长襦，曲领右衽，腰间有黑色系带，双手合于腹前，长袖下垂，长襦落地，足尖微露，标本FM1K1∶42，通高52厘米。

女俑，发型比男俑短而松散，身材明显比男俑瘦削窈窕，身穿长袖喇叭口曳地长裙，V形衣领。腰间系带，双手合于腹前，长袖下垂不露足，裙缝开于身后。标本FM1K1∶53，通高41厘米。

车马器均为小型明器，铜质鎏金，计有车軎3件、伞柄箍2件、衡末机首饰2件、舆帽饰1件、轮轴器1件、盖弓帽28件、环3件。

5. 铁角山陵区

铁角山位于芒山镇西北1500米的夫子山与芒山主峰之间，面积小于夫子山而大于南山，海拔110.6米。山西侧是窑山集，北有后窑村，东南有丁窑村，东北距芒山主峰约1000米。西南距夫子山700米。陈胜墓在山东侧200米，山南坡被村民采石成断崖，山东北角也有采石坑。

该陵区因位于铁角山而得名，目前在陵区内共发现洞室崖墓三座，分别编号为：

铁角山1、2、3号墓。1995年3月在2号墓东约50米处发现一座陪葬坑，尚没有发现陵园墙及其他遗迹现象。目前对芒山梁王诸陵区的调查，除保安山陵区外，只局限于地上勘查，没有进行全面的钻探调查，故对各陵区遗迹现象的介绍也限于地上可见部分或是在开山采石中所发现者，所以这些资料是不完整的，对各陵区全貌的认识，还有待于将来考古工作的进一步深入。

铁角山1号墓位于铁角山顶部南端。墓上封土冢较高，封土堆形状与夫子山1号墓墓上封土形状大致相同。山东坡缓，其余三面较陡。该墓早年被盗掘，也暴露出墓道和甬道，并可窥见主室坐西朝东，是一座规模较大的凿山为室的崖洞墓。该墓葬位于铁角山主体位置，墓上封土又明显大于北侧与之并列埋葬的二号墓，可见一号墓是铁角山陵区的主墓。铁角山2号墓位于1号墓北约20米，已暴露墓道。与一号墓一样是洞室崖墓。墓上封土堆位于墓道上方偏北10余米处（即封土堆不在墓室正上方）。这一现象在芒山梁王诸陵属特例。为什么会出现这种情况呢？笔者认为可以做如下解释：铁角山一、二号墓均为凿山为室的崖洞墓，南北并列，因该山石质山体较小，如果两墓相距太远，必然给凿制墓室带来一定困难，甚至无法进行。若两墓距离很近，墓上封土堆又不易分开筑建。为解决这一矛盾，筑陵时采用了分筑的办法，即为了保证洞室墓的凿制，就把两墓安排得尽可能近，而把二号墓封土向北筑，使两墓封土冢拉开距离，这样既保证了石墓室的凿制，从外观上看又达到了两墓都能有高大封土堆的效果。

铁角山三号墓位于一号墓南约50米。1995年发现被盗，现在能看到墓道和甬道。从现场情况看，1995年的一次被盗，盗墓者可能没有进入墓室。是一座崖洞墓，该墓葬于铁角陵区，距一号墓很近，与一、二号墓相比葬于次要位置，墓葬年代与一、二号墓一样的属西汉，很可能是一、二号墓的陪葬墓。从可以享用崖洞墓埋葬这一情况分析，三号墓的墓主人身份是比较高的。

6. 南山陵区

南山是芒砀群山中的一座中小型山包，位于芒山镇西约1600米。西南与夫子山相连，北邻铁角山。

南山山体近圆形，顶部封土厚约10米，山体面积约4000平方米。山南部被商丘地区劳改场开山采石形成数十米深的断崖，断崖北距一号墓已经很近。山东北角有一处较大的采石坑，其余山体保存较好。

南山陵区因位于南山而得名。该陵区已发现大型汉墓两座（编号为南山一、二号墓），一处陪葬坑和数座小汉墓。

南山一号汉墓位于山顶偏南处，1995年在山顶东侧发现一盗坑，盗坑中暴露出墓门石壁，由此知该墓是一座坐西朝东的崖洞墓。

为了进一步了解墓葬被盗情况，文物工作者从盗洞进入墓室，了解到该墓由墓道、斜坡甬道、主室、侧室多部分组成。主室平面为东西长方形，平顶，主室南、西、北三面各有两个侧室，侧室呈弧形凹入，凿制粗糙。之后，将盗洞用碎石、土块封填。

南山二号汉墓位于一号墓北约20米，墓上封土冢不明显。东部封土较一号墓向东长出10余米。村民在山东北角采石坑采石时已将东部封土炸掉一部分。从断面看，该墓封土经夯打，夯层均匀，平夯，夯层厚10厘米，东部夯土厚3米，二号墓的形制尚不清楚。1995年在山顶发现一个直径50多厘米的竖井式盗洞。

1993年7月，商丘地区劳改场为开山采石使用推土机清除岩石上封土时，在一号墓墓口东南57米处发现一座陪葬坑。

该坑为一平面长方形的竖穴石坑，平底直壁，底稍小于口，坑壁及底部凿制粗糙。坑东西长3.85、南北宽1.7米，残深1.5米，出土文物有铜锺1件、铜壶1件、五铢钱2枚。

尤为珍贵的是在铜锺肩部阴刻竖行铭文九字，内容为："上御锺常从盗者弃市"（图4-33）。可见这是一条梁国颁布的禁止盗取王陵陪葬器物的法律条文。文字书体属汉隶。这是目前所知我国唯一一件铭刻有汉代诸侯王颁布的律令条文的实物标本，也是芒山汉梁王陵至今发现的唯一一件有多字铭文的青铜容器。为研究汉代梁国的文字及律令文书提供了宝贵的实物资料。

图4-33 南山一号墓陪葬坑出土铜锺

坑内一石条上阴刻"二月□"三字，坑内出土文物及文字为判定该坑的埋葬年代提供了佐证，也为南山一号墓年代的确定提供了参考。五铢钱初铸于汉武帝元狩五年（公元前118年），坑中出土五铢钱，就说明该坑埋藏时间应在公元118年以后，故该坑的年代上限最早不会早于公元前118年。

7. 窑山陵区

窑山，又称西黄土山，是芒砀山群中最西处的一座小山。位于窑山集西南角，村因山而得名，东南距夫子山约800米，东距铁角山约900米。山体为南北狭长形，山西坡被村民采石形成断崖，南坡、东坡各一处采石坑，窑山也是芒山诸峰中最小的一座小山。

该陵区目前共发现中型汉墓两座，二墓南北并列分布于山顶南北两端，位于南端

第四章　秦汉两晋南北朝时期的商丘考古

的编号为一号汉墓，北端的编为二号汉墓。尽管在该陵区目前还没有发现与陵园有关的其他遗迹现象，但从一、二号墓均使用玉衣、又都使用大量玉璧随葬等现象分析，窑山也是某位梁王、王后的合葬陵区，故作为一个单独的陵区介绍。下一章的黄土山陵区情况与此相近。该陵区是芒山诸梁王陵区中最西的一个陵区。

一号墓们于窑山顶部南端，墓上封土保存较好。20世纪90年代被盗，1995年永城市公安局将盗墓者抓获，收缴从墓内盗出文物300余件，盗洞位于山南坡。1998年6月20—28日，为进一步了解该墓的情况，商丘市文化局决定对墓葬进行抢救性发掘，在山东坡台地上挖一条10米×2米的探沟，清理至石岩，发现墓道外口，因经费不足停工，将探沟回填。

该墓是一座单墓道石室墓，由墓道和墓室两部分组成，坐西向东，方向82°。墓门用石条封堵，墓道外口宽2.4米。墓室平面长方形，用石条砌筑，平脊斜坡顶。墓内东西长约7米、南北宽约4米。墓上封土厚约8米（墓室正上方），经夯打，夯层厚薄不匀，约8—13厘米。有平夯、圆夯两种夯法，圆夯夯窝直径7厘米，深0.5—1厘米。夯土中偶尔发现有板瓦、筒瓦残片。

1995年收缴的从墓中盗出文物有玉衣片290多片、玉璧10块、铜剑1件、铜钫1件。在玉衣片穿孔内发现有金丝，证明该墓使用的是金缕玉衣（图4-34—图4-36）。

窑山二号墓位于一号墓北约20米。1989年被盗。同年秋，商丘地区文物管理委员

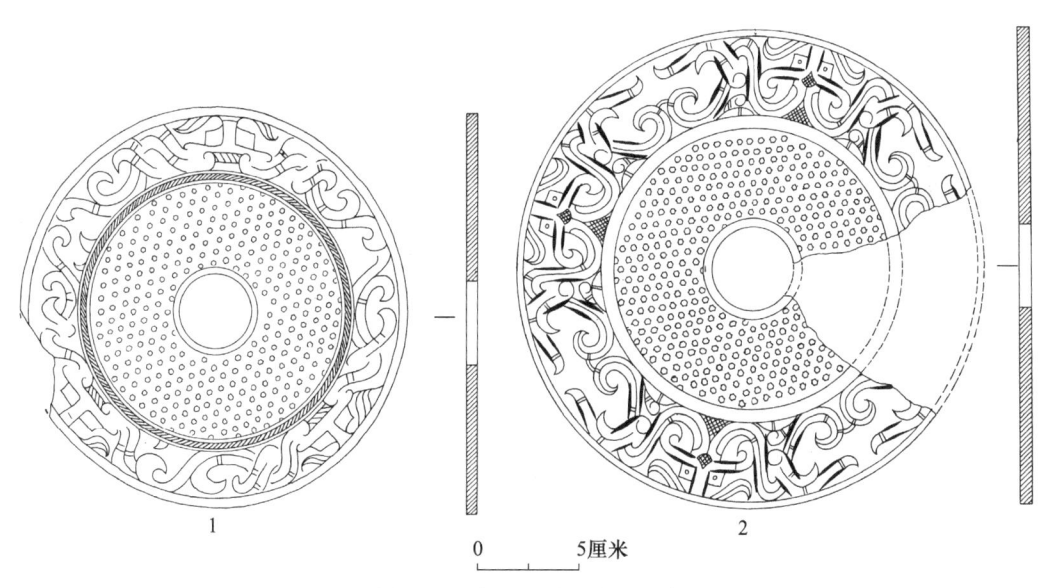

图4-34　窑山一号墓出土玉璧
1、2. I型玉璧（YM1∶3、7）

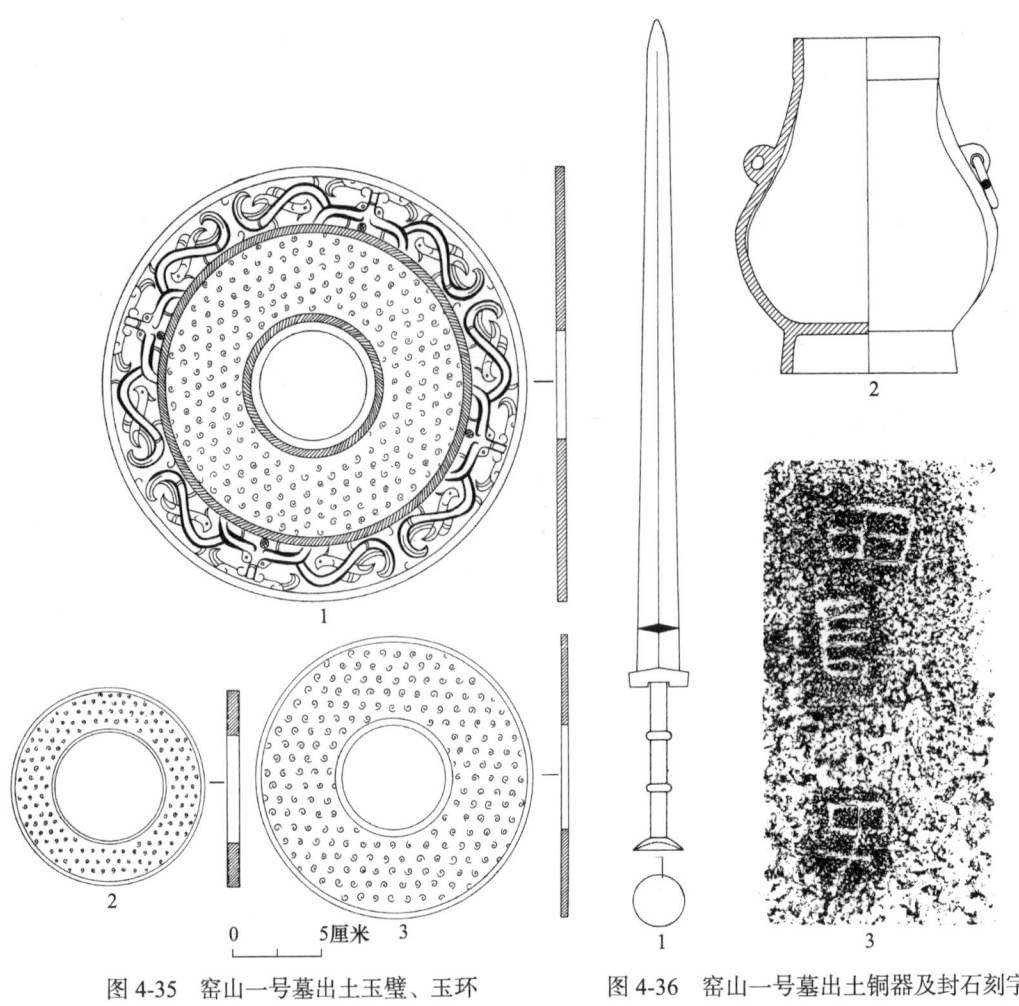

图 4-35　窑山一号墓出土玉璧、玉环
1. Ⅱ型玉璧（YM1：6）　2. 玉环（YM1：10）
3. Ⅳ型玉璧（YM1：1）

图 4-36　窑山一号墓出土铜器及封石刻字
1. 铜剑（YM1：12）　2. 铜钫（YM1：11）
3. 封石刻字拓本

会、永城县文物管理委员会在发掘柿园汉墓的同时派人对墓室进行了清理，并将清理结果以考古发掘报告的形式发表在《中原文物》1990年第1期上。当时由于时间仓促，墓道部分没有清理。1993年5月，在发掘保安山二号墓时，商丘地区文物工作队、永城县文管会联合将墓道进行了清理。资料发表于河南省商丘市文管会等编著的《芒砀山西汉梁王墓地》一书。

该墓墓上封土较厚，封土最厚处（墓室正上方）7米多，封土经夯打，夯层厚约10厘米。墓室北约5米以外的封土已被村民挖掉，封土土色较杂，封土与岩石交界处有一层厚约2—5厘米的青灰土，芒山诸陵区多数有类似情况。产生这种情况的原因很可能是在封土前焚烧山上杂草所至。

该墓为岩坑石室墓。由墓道、墓室两部分组成（图4-37）。坐西向东，方向93°。这类石室墓的建筑程序是：先在石质山体上凿成长方形岩坑，在坑中用石条砌筑墓室，

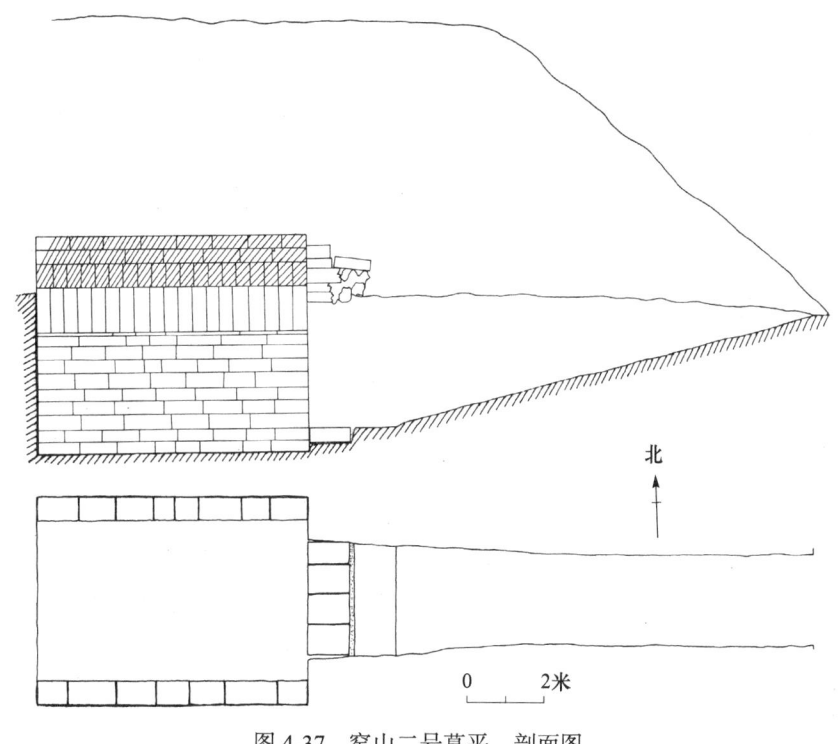

图 4-37 窑山二号墓平、剖面图

在墓上夯筑封土。同类型的墓有窑山一号墓、僖山一、二号墓、黄土山三号墓、夫子山三号墓。

墓道位于墓室东侧，平面近梯形，外口（东端）稍窄，东西长13.5、宽2.3（东）—3.05（西）、深3.75米（近墓门处），为东高西低的斜坡式、坡度16°，两壁下部依石岩建成，上部封石壁表面凸凹不平，底部粗糙。因发掘前遭盗掘，封石排数及高度不详。塞石以东的墓道填土夯实，夯筑方法及夯层厚度与墓上封土大致相同，在墓道中部发现有盗洞，在盗洞填土中清理有铜箭头、玉衣片、车马饰件等，显然是盗墓者遗弃。

墓室位于墓道西端，直壁平脊斜坡顶，平面长方形，室内东西长7.18、南北宽4.1米，壁高3.1米，通高4.25米。墓室南北壁及顶用石条砌筑，利用岩坑西壁作墓室西壁。

该墓出土文物主要有玉衣片、生活用品等，其中玉衣片55片，玉璧37件（全部为残片），玉饰件8件。另有陶器盖、陶壶、陶仓、陶勺、陶盆、陶镯等；铜质器物有帽钉、盆、瑟柄、环、把手、铺首、铜镰；银质器物有扣箍等（图4-38）。

在墓室内壁及墓道塞石上发现刻字近30处，内容包括石条位置或序号、人名、职官名称、干支记时等。

8. 黄土山陵区

黄土山，又称皇姑山、皇姑坟。因传说山上葬有皇姑而得名。位于芒山镇黄土山

图 4-38 窑山二号墓出土器物

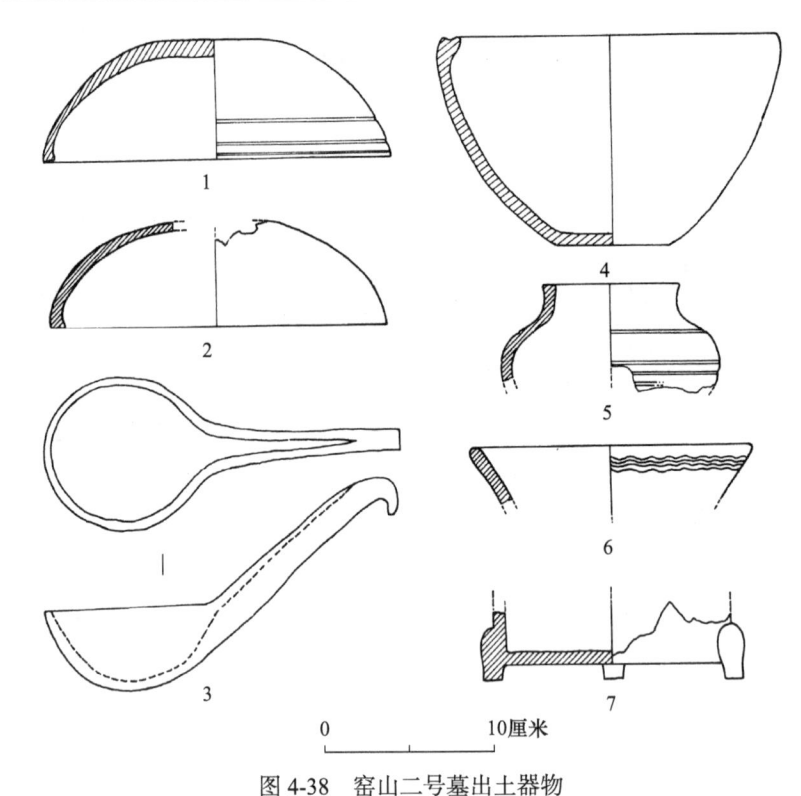

1、2. Ⅱ、Ⅰ型釉陶器盖（YM2：21、59） 3. 陶勺（YM2：58） 4. 陶盆（YM2：22）
5. 陶壶（YM2：20） 6. 瓷壶（YM2：24） 7. 陶仓（YM2：89）

村后。东距芒山镇约 1200 米，西北距夫子山约 1000 米。传说有位村姑被一场大风刮到御花园，皇帝收之为干女儿，自然便成了皇姑。死后葬于此，因坟墓象小山一样，皇姑山由此得名。相传山顶原建有皇姑庙。

黄土山是芒砀群山中相对独立的一座小山，南北狭长形，海拔 66.4 米，总面积 6000 平方米，仅大于窑山。山上覆盖较纯净的黄土，封土一般厚 1—2 米。顶部最厚处约 4 米，经夯打，圆夯，夯层厚 10 厘米左右，夯窝直径 5—7 厘米，封土下为青灰色或白灰色岩石山体。山北有商（丘）—芒（山）公路东西穿过；西侧是黄土山中学；东为开阔的农田；南邻黄土山村。山西半部因村民早年开山采石形成断崖；东南角有一大型采石坑，山南坡陡，东、北坡较缓。山顶呈马鞍形，南北两端顶部平坦，呈不规则方形。山坡周围多见汉代板瓦、筒瓦残片，参照保安山二号墓顶部有汉代建筑的情况，推测该山顶部也应有汉代建筑。

该陵区因建于黄土山而得名。目前在陵区内已发现石崖墓两座（编号为黄土山一、二号汉墓）。二墓位于山顶部南北并列。南为一号墓，北为二号墓。1983 年在黄土山西侧发现一座小型石坑墓，在开山采石中被破坏，出土有漆器、五铢钱等，1990 年在一号墓东约 20 米的山东半坡发现一座汉代石室墓，并进行了抢救性发掘。

一号墓位于山顶中部稍偏南。1993 年秋，在该墓顶部东侧约 3 米处发现一个盗洞，根据现场情况分析，盗墓者尚没有进入墓室。该墓的详细情况还要等待将来作进一步的考古工作。但根据 1999 年秋河南省文物考古研究所对位于北侧的二号墓进行发掘的情况看（详见黄土山二号墓），该墓可能也是一座较大型石崖墓，墓道向南（二号墓墓道向北），因该墓东侧山半坡葬有三号汉墓，故该墓墓道向东的可能性不大，墓西侧已被炸成断崖，断崖东距墓室已很近，没有发现墓道的迹象，墓道向西的可能性可以排除。黄土山一、二号墓南北并列，方向相反，这与僖山一、二号墓东西并列，方向相反的情况基本相同。

二号墓位于一号墓北约 20 余米，1999 年 8 月被盗，永城市公安局很快将盗墓分子一举抓获，收缴从墓中盗出文物 100 余件。同年秋，河南省文物考古研究所在永城市文管会的配合下对该墓进行了抢救性发掘[①]。

该墓为单墓道石崖墓，由墓道、墓门、前室、耳室、甬道、主室组成（图 4-39）。向北，平面狭长方形，在石质山体上凿制而成。长约 15 米、宽约 3 米，墓道内填土经夯打。

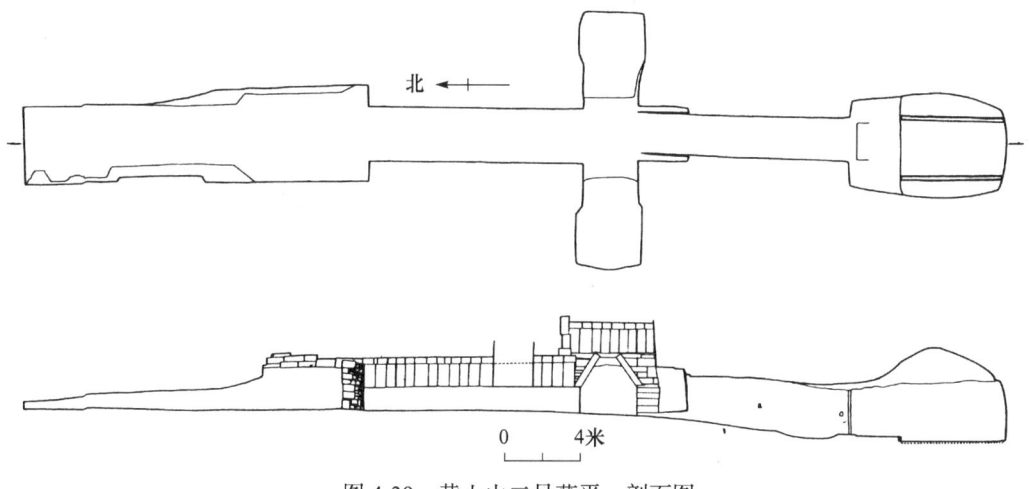

图 4-39 黄土山二号墓平、剖面图

墓门位于墓道进入前室处，门东西两壁用石条砌筑，顶为平顶两面坡式，也是用石条砌筑，墓门用石条封堵。

前室位于墓门与甬道之间，与左右耳室相通，底和顶部平坦，平面近方形，面积 10 余平方米。

东、西耳室位于前室东、西两侧，是由前室东、西两壁直接向岩石山体挖凿而成，东西对称分布，耳室壁及顶部凿制粗糙，弧壁弧顶，平面呈不规则长方形，两室大小基本相同。其室底比前室地面低 20 余厘米。耳室内葬马数匹，马骨保存基本完整。说

---

① 河南省文物考古研究所、永城市文物旅游管理局：《永城黄土山与酂城汉墓》，大象出版社，2010 年。

明两耳室的作用是仿生人停放车马的车马室。

甬道是从前室通向主室的过道，呈北高南低的斜隧道式，横截面近方形，在岩石山体中开凿而成。坡度很小，长10余米，宽2米余、高约2米。甬道内全部用方形或长方形石条封堵。

后室（主室）位于甬道南头，平面呈圆角长方形。穹隆顶，四壁弧曲，凿制粗糙。室内南北长7米余，东西宽5米余，高4米。四壁残留朱砂，底部平坦。发掘时室内积水达50厘米深。室内地面低于甬道地面。因遭盗掘及大量积水的缘故，陪葬器物的原放置位置已不得而知，棺木板散乱漂浮，但保存尚好，内外修漆，涂漆色泽鲜艳，光亮如新。油漆主要有黑、红两色。

黄土山二号墓是芒砀山西汉梁王墓葬中迄今为止出土文物最丰富的一座。出土生活实用彩绘陶器10余件，器形有壶、钫、鼎等（图4-40）；青铜器50余件（图4-41—

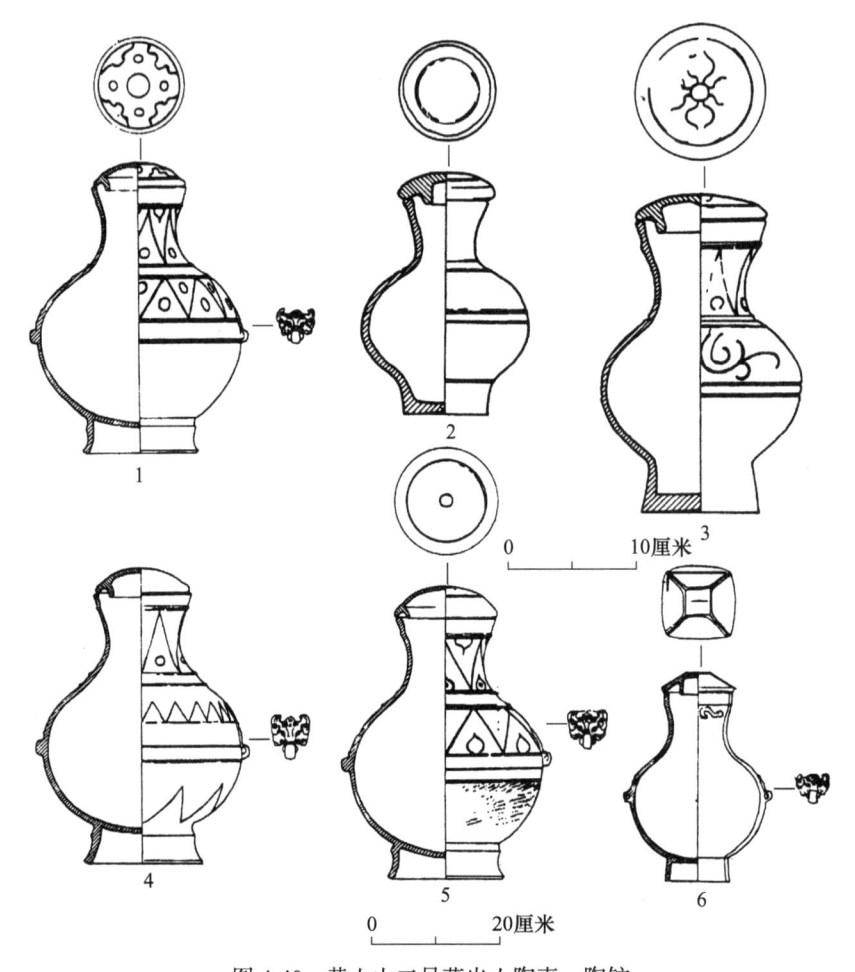

图4-40 黄土山二号墓出土陶壶、陶钫
1. A型壶（M2∶1） 2. B型壶（M2∶20） 3. C型壶（M2∶31） 4. A型壶（M2∶3）
5. A型壶（M2∶2） 6. 钫（M2∶37）

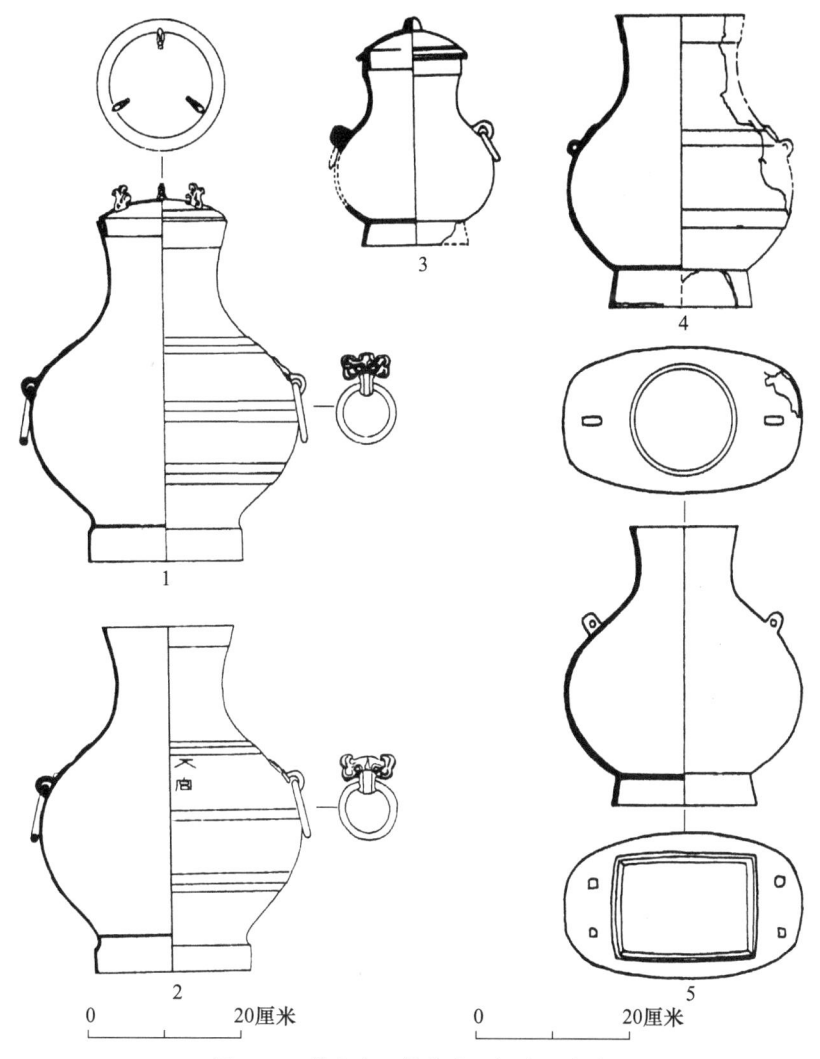

图 4-41　黄土山二号墓出土铜壶、扁壶

图 4-43），器形有壶、钫、灯、沐盆、鼎、铫、镈、勺、豆、箕、匜、杯等，铜壶等器物的肩或腹部刻有"文宫"字样的铭文；用于陪葬的青铜明器 40 件，器形有鼎、壶、钫等；玉蝉 3 件；草叶纹铜镜 3 件；五铢钱 5000 余枚。

黄土山二号墓出土一批用金银错手法装饰精美绝伦的青铜车马器，主要器形有车䡍、衡末轭首饰、当卢、伞柄铜箍、车轵、车骑饰、铜帽、方策等（图 4-44—图 4-48）。

还出土有漆器，有银质、铜质的漆器附件和饰件，出一件看不出器形的为木胎，其他均为夹纻胎。器物表面多髹酱褐色漆，再以赭红色漆彩绘各种纹饰。多饰动物纹和云纹金箔。由于出土物残甚，可辨器形有方盒、盘、奁、耳杯等（图 4-49—图 4-51）。

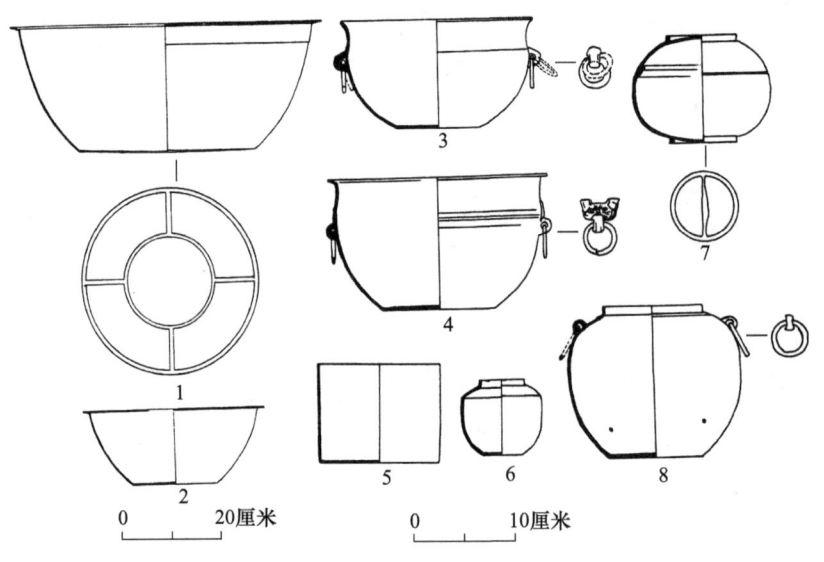

图 4-42 黄土山二号墓出土铜器
1. A 型盆（M2∶113） 2. B 型盆（M2∶115） 3. B 型洗（M2∶123） 4. A 型洗（M2∶122）
5. 量（M2∶120） 6. B 型罐（M2∶118） 7. 盒（M2∶128） 8. A 型罐（M2∶117）

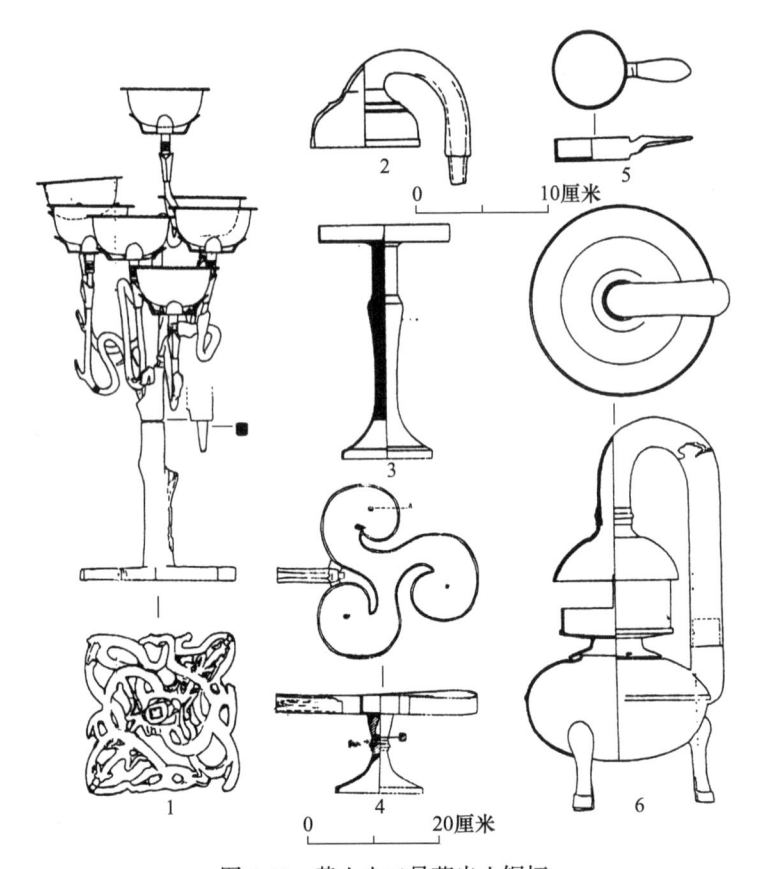

图 4-43 黄土山二号墓出土铜灯
1. A 型（M2∶140） 2. B 型（M2∶143） 3. D 型（M2∶145） 4. C 型（M2∶144）
5. E 型（M2∶147） 6. B 型（M2∶142）

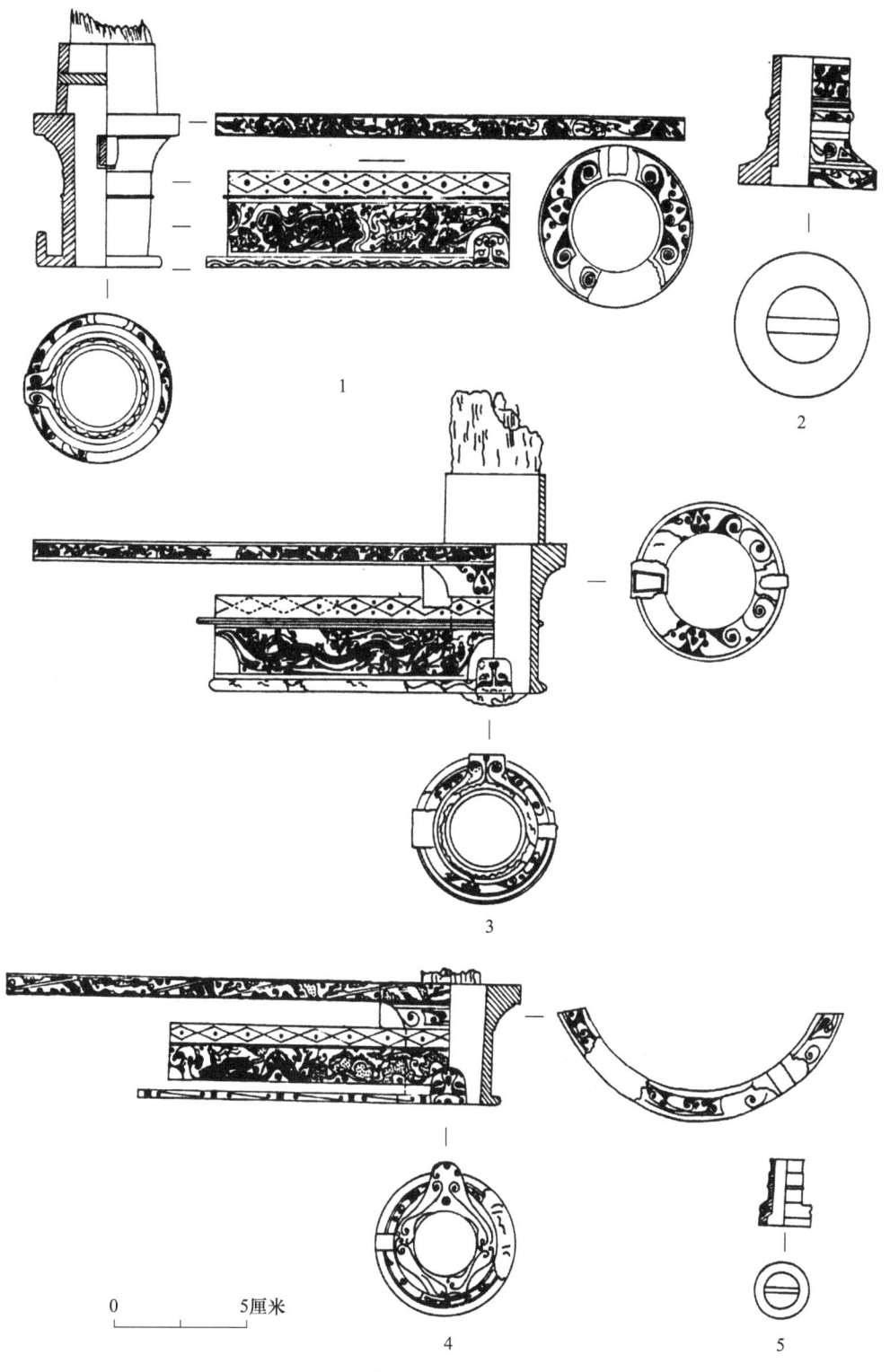

图 4-44　黄土山二号墓出土铜车軎
1. A 型（M2：481） 2. B 型（M2：484） 3. A 型（M2：482） 4. A 型（M2：483） 5. C 型（M2：486）

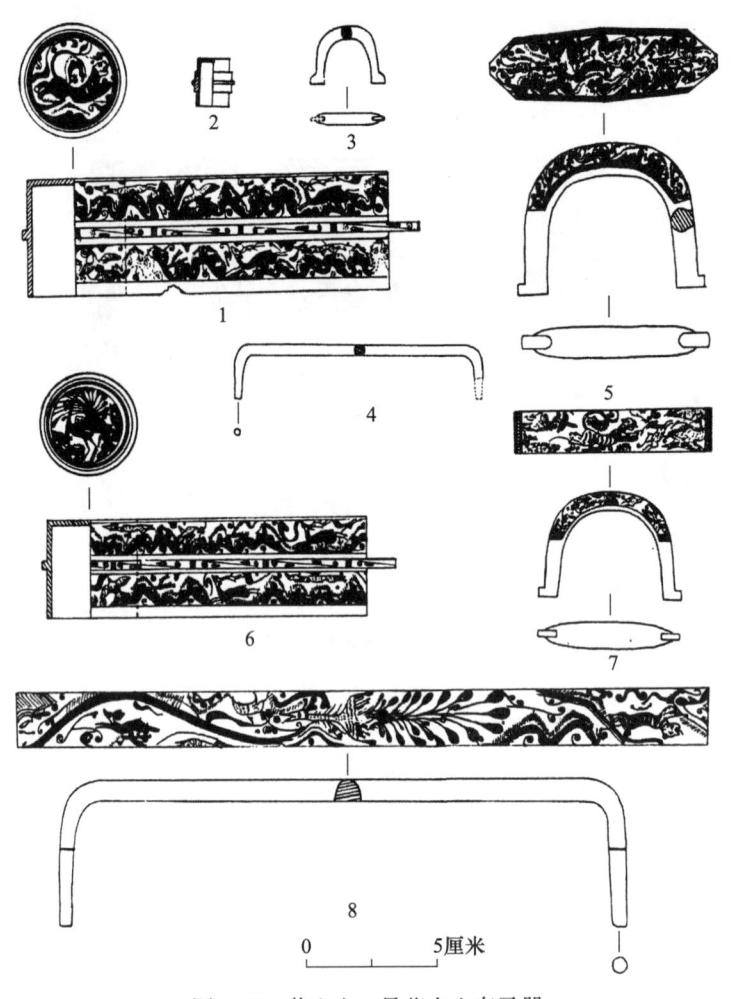

图 4-45　黄土山二号墓出土车马器
1. A 型衡末轭首饰（M2：495）　2. B 型衡末轭首饰（M2：497）　3. C 型轵（M2：506）
4. B 型车輢饰（M2：513）　5. A 型轵（M2：502）　6. A 型衡末轭首饰（M2：496）
7. B 型轵（M2：503）　8. A 型车輢饰（M2：512）

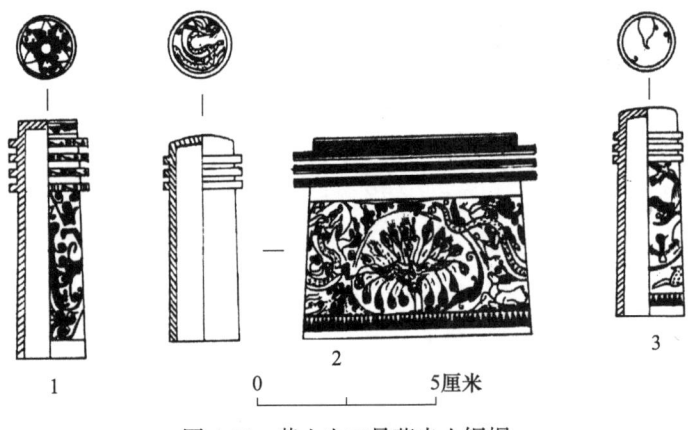

图 4-46　黄土山二号墓出土铜帽

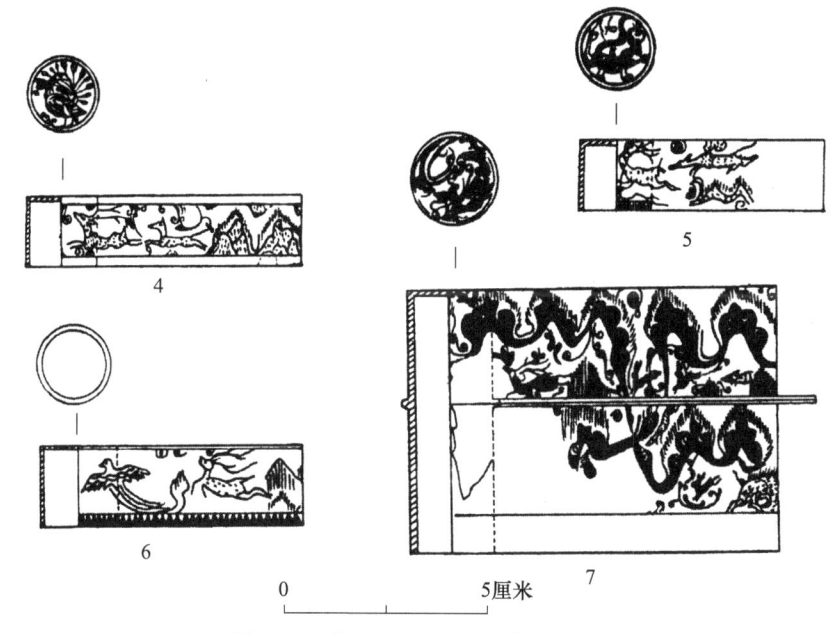

第四章　秦汉两晋南北朝时期的商丘考古

图 4-46　黄土山二号墓出土铜帽（续）
1. A 型（M2∶517）　2. B 型（M2∶519）　3. B 型（M2∶520）　4. D 型（M2∶522）
5. D 型（M2∶523）　6. D 型（M2∶524）　7. C 型（M2∶521）

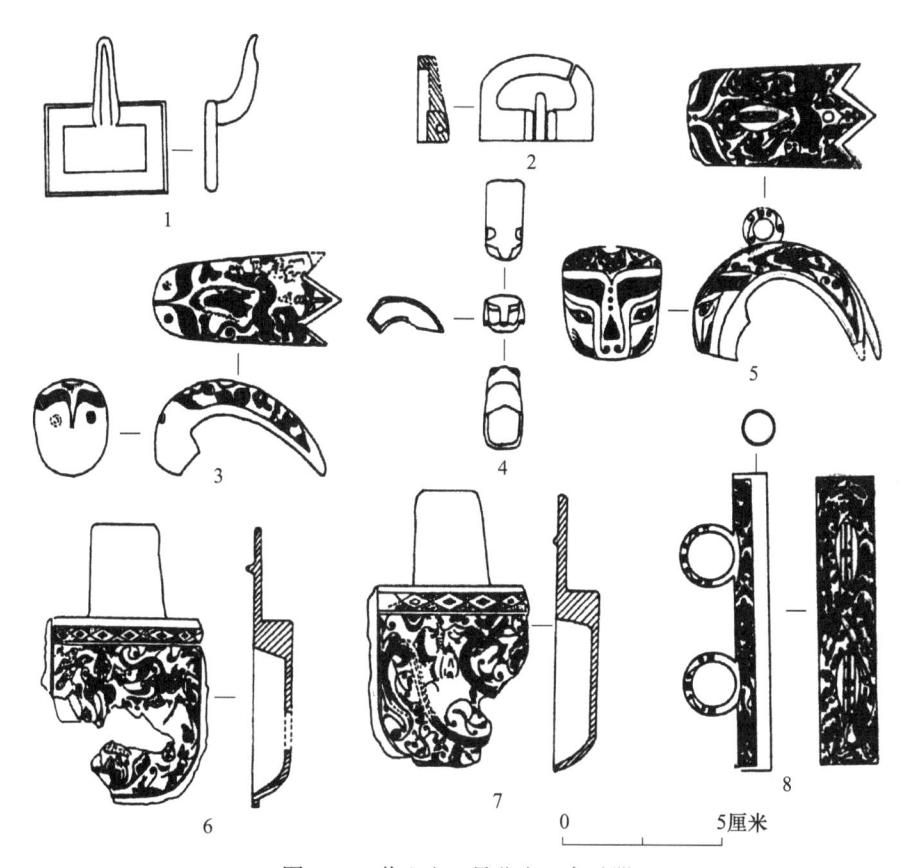

图 4-47　黄土山二号墓出土车马器

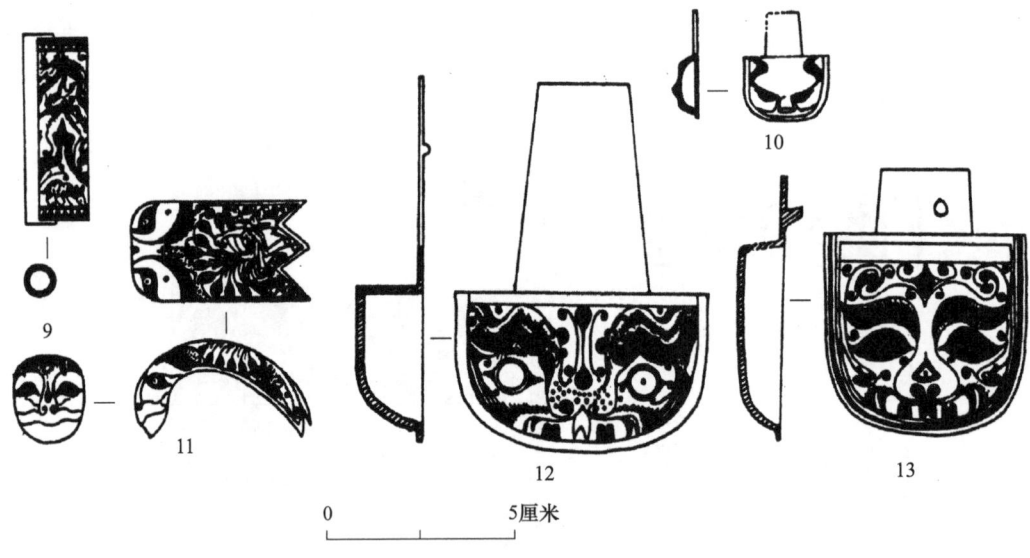

图 4-47　黄土山二号墓出土车马器（续）

1. 带扣（M2：535）　2. 方策（M2：538）　3. B 型轭末端饰（M2：540）　4. C 型轭末端饰（M2：542）
5. A 型轭末端饰（M2：539）　6. C 型轴饰（M2：553）　7. C 型轴饰（M2：552）　8. 带环管（M2：545）
9. 错金管（M2：547）　10. D 型轴饰（M2：554）　11. B 型轭末端饰（M2：541）　12. B 型轴饰（M2：550）
13. A 型轴饰（M2：548）

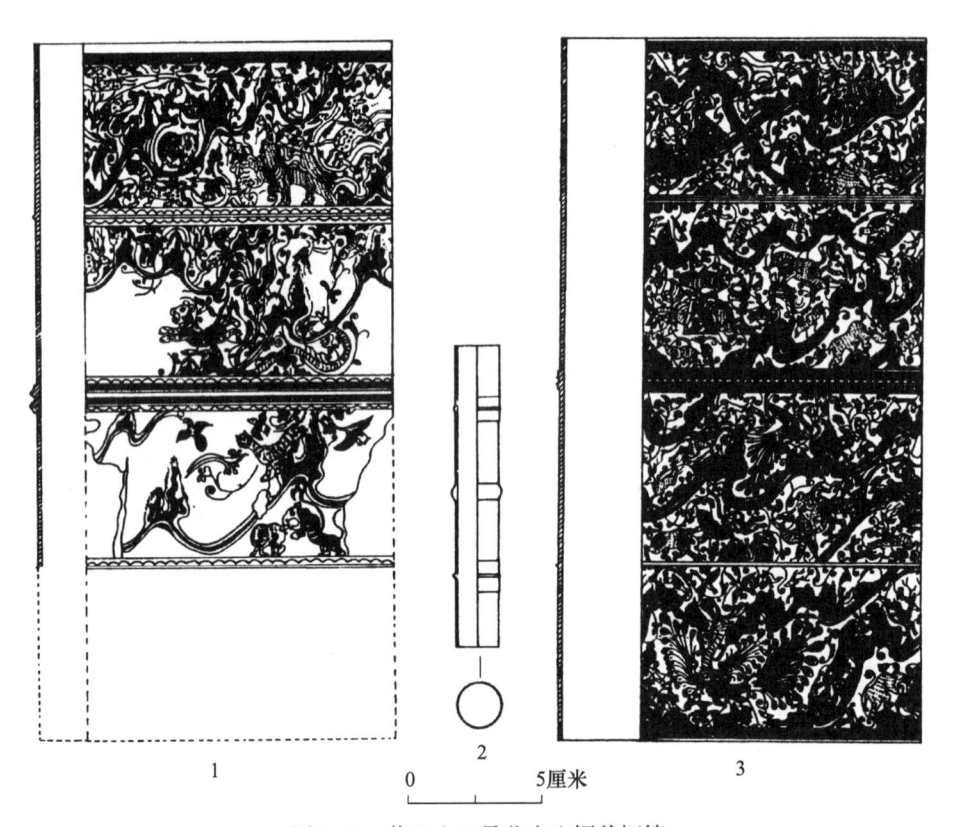

图 4-48　黄土山二号墓出土铜盖柄箍

1. A 型（M2：559）　2. B 型（M2：561）　3. A 型（M2：560）

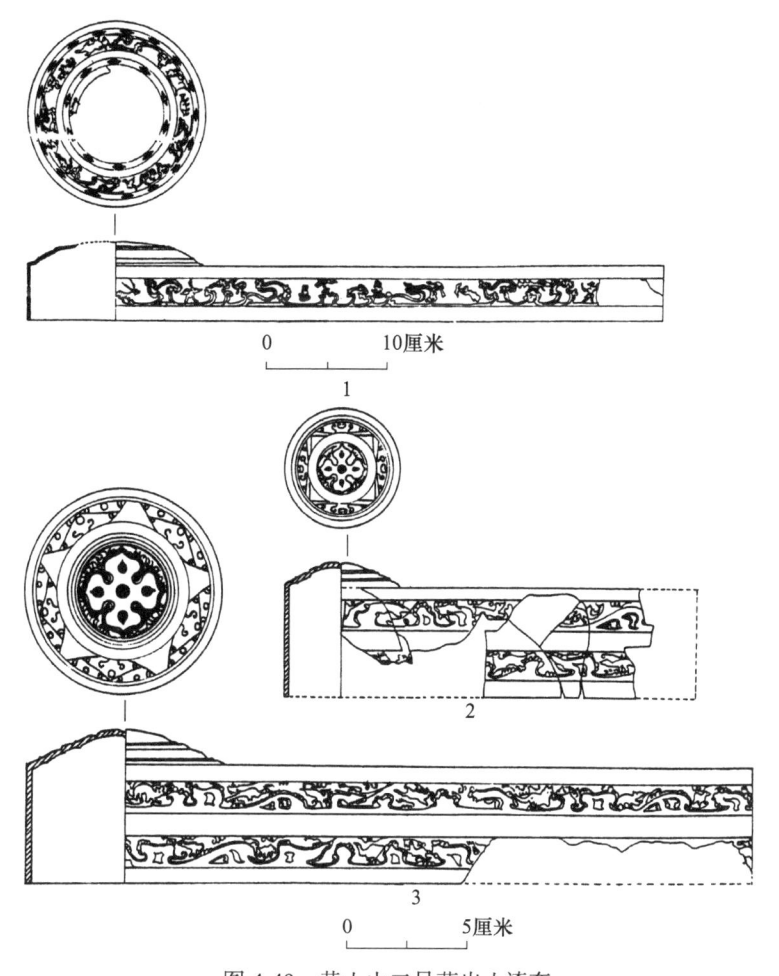

图 4-49　黄土山二号墓出土漆奁
1. 奁（M2∶1072）　2. 奁（M2∶1074）　3. 奁（M2∶1073）

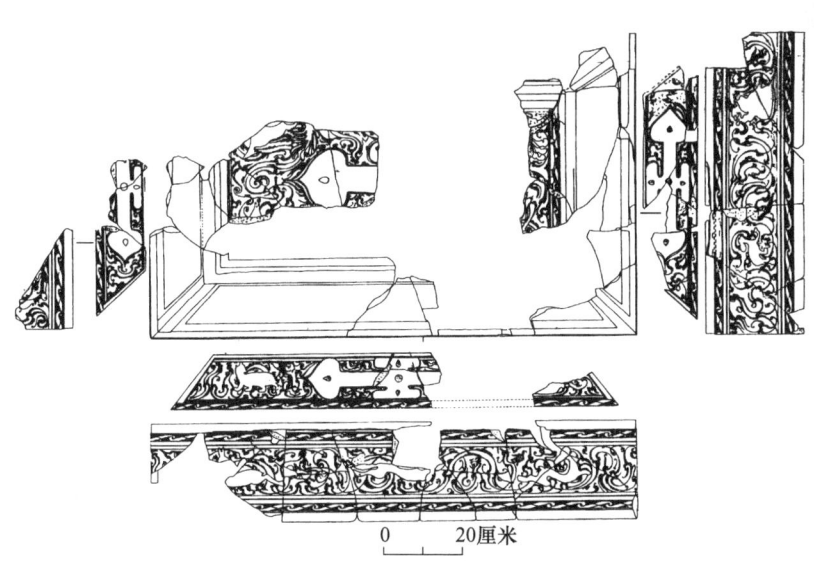

图 4-50　黄土山二号墓出土长方形漆奁盖顶

图 4-51　黄土山二号墓出土走兽纹金箔

三号墓位于一号墓东约 20 米，1990 年 10 月被盗，同年 11 月，商丘地区文物工作队在永城县文管会的配合下对该墓进行了清理。该墓是一座岩坑石室墓，由墓道、墓室两部分组成，方向 110°。

墓道位于墓室东侧，平面长方形，直壁平底，东西长 4.2、宽 4.深 3 米。以崖坑壁作为墓道南北壁，凿成后表面不加修整，显得凹凸不平，底部与墓室地面平，墓道填黄灰土，墓门外用一排石条封堵。

墓室平面长方形，顶为平脊斜坡式，南北壁及顶部用石条砌筑，利用岩坑西壁作墓室西壁，东壁为墓室门，室内东西长 4.3、南北宽 2.2、壁高 2、通高 3 米。

该墓早年遭盗掘，室内积土平均厚约 1.5 米，随葬器物大部分被盗。这次清理主要发现有鎏金车马器（全部为明器）30 余件，器形有盖弓帽、车軎、铜泡等，另有陶片、半枚五铢钱、丝织物残片、金、银箔片。

在封门石、墓室内共发现阴刻文字 9 处 18 字，内容主要是人名或官职名称。

黄土山一、二号墓南北并列葬于黄土山顶部，其埋葬方法与保安山梁孝王与李后墓的葬法相同，很可能是西汉梁国某位梁王、王后的合葬墓，一号墓位于山顶近中间位置，墓上封土比二号墓高大应是王墓，二号墓是后墓。

一号墓没有发掘，墓内情况不清楚。二号墓已发掘，墓内出土铜壶等器物的肩或腹部刻有"文宫"字样的铭文，原河南省文物考古研究所所长郝本性先生分析："'宫'，是指宫廷，'文'是指在宫廷中的位置，表明原是放在'文宫'内使用的。"这些宫廷器物我认为可能有两个来源：一是原梁王宫廷使用器物用于陪葬；二是西汉王朝宫廷使用器物，后来赏赐到梁国用于了陪葬。梁孝王是汉景帝的同母弟弟，又得窦太后宠爱，赏赐不可胜道，这些宫廷用器很可能是"不可胜道"的赏赐品的一部分。1993年7月在南山一号墓1号陪葬坑出土一件有铭铜锤。据原河南大学教授王子超先生考证认为是西汉王朝的赏赐物。据此，我们认为黄土一、二号墓是西汉某位梁王、王后的异穴合葬墓可以成为定论。

黄土山一、二号墓的墓主人是谁？葬于哪一年？墓内没有出土文字记载材料，只能根据墓室结构及出土文物进行推断。该墓为凿山为室的石崖墓，建筑方法及形制与夫子山二号墓、南山一号墓、铁角山一、二号墓基本相同，可以认定为同一个时代的墓葬，即都属于西汉时代，墓内出土大量五铢钱，因五铢钱初铸于汉武帝元狩五年（公元前118年），由此可以确定该墓的下葬时间为公元前118前初行五铢钱以后。据目前资料所知，公元前118年以前下葬于芒砀山的西汉梁王只有梁孝王刘武和梁共王刘买父子二人，刘武葬于保安山已成定论，柿园汉墓很可能是刘买的墓，由梁孝王葬保安山（高度仅次于芒山主峰）知，早期梁王选择在较高大的山体安葬。公元前118年以后第一位下葬芒山的梁王是刘买之子——平王刘襄，刘襄死于公元前97年，这时芒砀山群中比黄土山高大的山头还有很多，刘襄葬黄土山的可能性基本可以排除。刘襄之后到西汉梁国灭亡，还有6位梁王，他们分别是：贞王刘无伤、敬王刘定国、夷王刘遂、荒王刘嘉、刘立和刘音。夷王刘遂在位只有6年（公元前45—公元前40年），在当时的生产力条件下，要营造黄土山这样的石崖墓时间稍显仓促。刘音在位5年（公元5—9年），先由王贬为公，又被废为庶人。刘遂和刘音葬黄土山的可能性不大。可见黄土山一号墓的墓主人应是刘无伤、刘定国、刘嘉和刘立中的一位，二号墓是其王后之墓。

根据墓葬形制、出土器物判断，黄土山三号墓的年代为西汉晚期。埋葬地点位于山半坡，与一、二号墓相比处于次要位置，应是一、二号墓的陪葬墓。墓内出土器物精致考究，如车𫐐、盖弓帽均通体鎏金，还发现有金、银泊残片。出土鎏金车马明器，说明墓主人生前不仅拥有车马，而且车子还比较华贵。在汉代是否拥有车马及其车的华贵程度是主人身份的象征。《后汉书·礼仪志》载："中二千石以上有辎，左龙右虎朱雀玄武……"辎是有帷盖的车。由此可见汉代只有二千石以上的官吏才可乘辎车，其车不仅有帷盖，在车左右还有彩画。据此，黄土山三号墓的主人应是二千石或更高一级的官吏。在墓门封石石条上发现有"鲁王"刻字。据《后汉书·刘永传》载："更始即位（王莽地皇四年，公元23年，农民起义军'新市、平林诸将'立汉宗室刘玄为帝，恢复汉朝，年号更始），永先诣洛阳，绍封为梁王，都睢阳。永闻更始政乱，遂据国起兵，以弟防为辅国大将军，防弟少公御使大夫，封鲁王……及更始败，永自称天子。""刘永者，梁郡人，梁孝王八世孙也。"由此可知，黄土山三号墓的主人很可能是更始梁国御使大夫刘少公（梁王刘立之子）。刘少公死于东汉初年，东汉建武五年（29年）"军士高扈斩其（刘永之子刘纡）首降，梁地悉平"（《后汉书·刘永传》）。刘少公死后葬归祖茔（葬于其父——梁王刘立的陵园内，为父陪葬）是合情合理的。如果黄土山三号墓是刘少公之墓，那么黄土山一号墓就是梁王刘立之墓。

9. 磨山汉墓群

磨山汉墓群位于永城市芒山镇磨山村西南芒山主峰北坡山脚地带，东南距芒山镇约1.5千米。1993年磨山村村民在村西南角取土时破坏一部分墓葬，墓地也由此发现。1994年元月经河南省文物管理局批准，商丘地区文物工作队在永城县文管会的配合下对墓地进行了全面调查和局部抢救性发掘[①]。

该墓地位于芒山主峰北坡的山脚坡地上，整个墓地地形呈西、南高，东、北低的坡状。墓地东西长约1000米。南北宽约250—300米，面积250000平方米。调查资料显示，整个墓地可分为若干个墓葬分布相对集中的区，每一个区内又有几座规模稍大的墓葬。这次重点调查了位于墓地东部的两个区（为叙述方便，称西区为A区，东区为B区），两区间距约100米，墓地东西两端遭破坏较严重。

据调查知，该墓地的所有墓葬均为长方形土坑竖穴墓，墓穴较深，一般深3—5米，最深者可达8米以上。很可能是后代破坏的缘故，所有墓葬均不见墓上封土堆，根据梁王、王后墓墓上均有高大的封土堆情况分析，这些墓葬，尤其是其中较大型墓应该有墓上封土堆。葬具有木棺和石棺两种。葬式为单人仰身直肢葬，个别墓葬底部筑有熟土二层台，有的有头龛。墓内填土较纯净，较大型墓墓内填土经夯打，夯层坚硬，如94磨AM40、M45、M49。以A区为例，墓室结构可分为三种类型：一是甲字形墓，由墓道、墓室两部分组成，墓道与墓室相接于一侧墓壁中间，平面呈甲字形，A区发现一座（编号为94磨AM45）；二是刀形墓，由墓道、墓室两部分组成，墓室壁一侧延伸出去作为墓道的一个壁，平面呈刀形，A区发现两座（编号为94磨AM23、M29）；三是长方形土坑竖穴墓，磨山汉墓群中的墓葬大部分属于这一类。

这次我们选择A区的5座墓葬进行了抢救性发掘，随葬器物都很简单，M43出土陶罐3件、五铢钱30枚；M44出土小陶壶1件，双耳陶盒1件、陶壶盖1件，有的或有陶碗1—2件，或有铁剑1把，可以看出其陪葬器物的基本组合为陶罐、陶壶、陶盆

[①] 河南省商丘市文物工作队、河南省永城市文物管理委员会：《河南永城市磨山西汉至新莽时期墓群的调查与发掘》，《考古》2004年第11期。

等。这是西汉墓葬所具有的随葬器物组合形式。

由墓葬结构及出土文物判断，磨山汉墓群中既有汉初的墓葬（94磨M40），又有新莽时期的墓葬（如94磨M48）前后沿续使用了近两百年，这与西汉梁国王陵墓地的使用年代大致相同，其埋葬地点又在西汉梁国王陵墓地范围内，可能其中有一部分墓葬是西汉梁王陵的陪葬墓；另一部分可能是为高祖守庙、为陈胜守冢人员的墓葬，文帝时在芒山主峰南侧为高祖立庙。西汉王朝建立后，汉高祖刘邦为表示对陈胜这位农民起义领袖的尊重，曾下令"置三十家砀"为陈胜守冢。磨山汉墓群与高祖庙、陈胜墓隔芒山主峰南北相望。

（二）陵区墓地布局

西汉梁王陵分布于芒砀山诸山峰，依山设置陵区，即一座山峰为一个独立的埋葬区域，因山体大小有别，埋葬时间早晚不同，考古工作做的多少不同，遭后代破坏程度不同各陵区发现的遗迹现象有多有少。如保安山陵区，埋葬时间早，所在保安山的高度仅次于主峰，除发现山顶二主墓外，还发现有中小型陪葬墓、寝园建筑基址、陵园墙、墓上建筑遗迹、陵园门、门阙基址、守陵人的居住基址、陪葬坑等。其他陵区所做工作较少，仅发现主墓、少数陪葬墓、个别发现有陪葬。每一陵区在山峰主要位置都发现有大型墓葬（该陵区的主墓）。主墓一般有两座，南北并列（只有僖山一、二号墓为东西并列）、墓道向东（有三个特例：柿园汉墓、僖山二号墓墓道向西；黄土山三号墓墓道向北）。

因山体大小不同，山上并列二墓间的距离也各不相同，二墓间距最远的是保安山一、二号墓，间距200米；间距最近的是铁角山一、二号墓，相距约20米。

西汉梁王陵因山而建，其墓位的安排必然受山体位置、走向等自然因素的影响。无法按照在我国始于周代，西汉帝陵仍在遵守的规范长幼墓位次序的"昭穆制度"安排墓位。早期梁王占据较高大的山头造墓是梁王陵平面布局的一大特点。这在西汉梁王陵考古调查和发掘中已得到证明。保安山是芒砀山诸峰中仅次于主峰的第二山峰，而保安山一、二号墓是已知的芒山西汉梁王陵中年代最早的。夫子山的大小仅次于保安山。夫子山一、二、三号墓的年代也是比较早的，虽然夫子山一号墓没有发掘，但从位于该墓东北角被炸掉的陪葬坑中出土器物看，该墓的年代应在西汉中期前后，夫子山二号墓早年被盗，可以爬行进入墓室，有前、后室（"东宫""西宫"）棺床室在后室左前侧等做法与保安山二号墓几乎完全相同，可见二者年代应相距不会太远。窑山汉墓年代为西汉晚期，不仅其所在山体很小（是芒山诸峰中最小的）其道内塞石也由早期的数十排减少为二、三排塞石封堵墓门。

在芒砀山西汉梁王诸陵区中，有四个陵区发现有较大型陪葬墓：一是保安山陵区。

该陵区发现有较大型陪葬墓。分别编号为保安山三、四、五号墓。三号墓位于二号墓北约350米虽是坚穴土坑墓，而土文物表现的王气十足，如使用金缕玉衣（是芒山发现最早的金缕玉衣），发现有镶嵌木棺的玉板（在徐州狮子山楚王刘戊墓中出土有此类玉板）。足见墓主人身份是相当高的。四、五号墓虽没有发掘，但从其高大的封土堆观察（四号墓封土高10米，底边周长250米；五号封土堆高8米，底边周长180余米）两墓的规模也一定很可观。二是铁角山陵区。该陵区除主墓外，1995年在一号墓南约50米的山南坡又发现一座石崖墓（编号为铁角山三号墓），在同一个陵区发现三座石崖墓，这是芒砀山西汉梁王诸陵区中仅见的现象。三是夫子山陵区。1994年1月清理了位于夫子山二号墓西约200米的夫子山三号墓，该墓为单墓道四室石室墓。其规模比西汉晚期梁王、王后墓的规模还大，并出土有制作精美的彩绘陶器。四是黄土山陵区。1990年秋发掘了位于黄土山一号墓东约20米的黄土山三号墓，该墓为石室墓，墓内出土有鎏金车马明器，说明墓主人生前拥有装饰豪华的车辆。上述几座墓葬有的出土金缕玉衣、有的墓室规模较大、有的出土鎏金车马器，说明墓主人身份较高。但其埋葬位置有一个共同的特点，即处于山体的次要位置，这决定这些墓葬的性质只能是位于山顶的主墓的陪葬墓。

1992—1994年的考古调查，发掘资料显示，保安山陵区保存最为完整，在芒山西汉梁王诸陵区中具有代表性。陵园平面呈南北长方形，陵园墙筑于四周山脚下，由陵园墙封闭为一个独立的单元，陵园内的建筑除位于山顶的南北并列的二主墓（一、二号墓）外，二号墓西北有三、四、五号三个陪葬墓；一、二号墓之间东侧二阶台地上建有寝园；山东、西两侧有大量小型陪葬墓；寝园东北角有守护陵园的人员的住宅；陵园正门位于陵园东墙南段，与一号墓墓门东西相对；正门内西北角有一处夯土基址，可能是守陵士兵及低等官吏的"寺吏舍"；陵园正门外100米处发现有门阙基址，可能以此代表陵园外城垣。

芒砀山西汉梁王陵分布的另一特点是：王墓与后墓并列筑于山顶，王墓在右、后墓在左。如梁孝王与其妻李后墓，二墓南北并列埋于保安山顶，墓道向东（面向东站于山顶，南为右北为左），南侧的梁孝王墓封土堆明显比北侧的王后墓封土堆高大。棺床室的设置是：王墓棺床室位于主室右前侧；后墓棺床室位于主室左前侧。梁王陵这种男右、女左的墓位及棺床室的分布，反映了汉人的尚"右"思想。这与西汉帝陵的墓位布置（尚右）是一致的。

西汉梁王墓地墓葬分布的再一个特点是：除各陵区内有数量不等的中小型陪葬墓外，在墓地内另有一个集中的陪葬墓分布区。1993年在芒山主峰北坡的山脚地带发现一处面积约250000平方米的汉墓群。1994年1月对该墓群进行了全面调查及局部抢救性发掘。调查资料显示，该墓地约有中小型长方形竖穴土坑墓数百座，墓地内又可分为若干个墓葬分布相对集中的区。墓地的使用时间是西汉初年至新莽时期,因其所处地理位置在西汉梁国王陵墓地内,使用时间又与梁王陵墓地大致相当,至少其中有一部分墓葬是西汉梁王陵的陪葬墓。

(三)西汉梁王陵的形制结构

西汉梁王陵像其他汉代诸侯王陵一样没有自己专用名称,不像西汉帝陵都有专名,如汉高祖陵称长陵,惠帝陵称安陵等。现在我们所称呼的各墓名称均是因山为名。王墓为一号墓、后墓为二号墓。同一陵区的墓葬按照发现时间的先后顺序编号。

芒砀山西汉梁王陵的基本葬制是:梁王、王后并列埋葬于同一座山头,占据山体最高位置,共同使用一个陵园,同茔而不同穴。这种葬制是"继承了我国战国王陵夫妻合葬同茔不同穴的特点"[1]。又受西汉帝陵葬制影响的结果。与西汉帝陵不同的是:梁王、王后墓在同一个陵园,不再分别建筑陵园。而西汉帝陵"从文帝筑霸陵开始,皇帝与皇后的陵墓不在同一个陵园,而是各筑一座陵园"[2]。梁王陵所在的诸山头比较矮小,往往是王墓与后墓相距很近,如铁角山一、二号墓间距只有20米,间距最远的保安山一、二号墓之间也不过200米,这也许是梁王、王后不再分别建筑陵园的原因。

梁王陵因是因山为陵,在石质山体上又加筑很厚的封土,故突兀的坟丘至今大部分保存完好。墓上封土的做法是先将石质山体表层土清除后,再分层夯筑封土,每层厚10厘米左右,有平夯、圆夯两种。封土形状有山形、覆斗形两种。顶部平坦,大部分墓葬顶部有汉代建筑。如梁孝王墓,据《水经注》载:"山上有梁孝王祠。"在保安山二号墓顶部考古发现有汉代建筑遗迹。

西汉梁王陵的墓室结构可分两类:一是石崖墓,也称洞室墓。即在石质山体上凿筑墓室,就是所谓的"穿石为藏,斩山作郭";二是石室墓。即先在山体上凿制长方形石坑或挖成长方形土坑,在坑中用预制好的方形或长方形石条砌筑墓室。陪葬墓墓室结构也分为两类:一是石室墓,与王墓中的第二类相同;二是长方形竖穴土坑墓。以后者为主,前者仅发现夫子山三号墓、黄土山三号墓两座。

石崖墓共发现10座,约占王、后墓总数的67%。分为A、B两型。A型由墓道(露天开凿)、甬道、主室、侧室(耳室)四部分组成,属于该型的墓有柿园汉墓、夫子山二号墓、南山一号墓、黄土山二号墓,B型墓除具有A型墓的四个组成部分外,另有环绕主室的回廊。保安山一、二号墓属于该型。B型墓是目前所知梁王陵中结构最复杂的墓葬。保安山二号墓有两个墓道、两个甬道、两个主室及34个侧室。东西总长210多米,总面积1600平方米,总容积6500立方米。该墓规模之大,结构之复杂

---

[1] 刘庆柱、李毓芳:《西汉十一陵》,陕西人民出版社,1987年,第154页。
[2] 刘庆柱、李毓芳:《西汉十一陵》,陕西人民出版社,1987年,第154页。

是目前所知我国汉代诸侯王墓中所仅有的，这10座石崖墓，除铁角山三号墓情况不明外，其余9座均为梁王、王后的墓葬。

保安山二号墓的发掘证明，芒砀山西汉梁王墓地石崖墓是模仿梁王生前宫殿而建。二号墓东墓道西段有象征王宫的门阙；墓道西端墓门外有仿生人庭院的前庭；前庭北侧（左侧）有供停放车马用的车马房（29号侧室）；1号甬道有前藏室（1—4号侧室）；2号甬道内有内藏室（11—14号侧室）；3号通道内有后藏室；在1、3号甬道部分侧室的门道塞石上发现有"东宫""西宫"刻字。"据此我们推测，前室应是刻字中所指的'东宫'、后室为'西宫'"，"'东宫'代表地面上宫殿建筑的前朝即议事的正殿，或称堂，根据出土遗物结合文献，并参照其他汉墓的形制及布局，可知'东宫'应为象征墓主人议事，招待宾客、宴饮之用；'西宫'及其四周凿制、装饰比'东宫'更为精细，并有棺床室、侧间、浴间（21、21号室①），地下贮藏室（18号室）等，应象征宫殿中的寝卧之处，即'后寝'。该墓室尽量模仿墓主人生前宫殿的布局，形成'前朝后寝'的建筑格局"。① 夫子山二号墓有前后室的布局与保安山二号墓很相似，只是比后者面积小、侧室少。柿园汉墓主室分前后两部分，前部顶部及南、西壁有壁画装饰，应是象征庭、堂部分。后部中间地面有凹槽、凹槽四周台阶应象征回廊。主室东北角有浴间和侧间，棺床室位于主室右前侧。柿园汉墓主室、棺床室、厕间、浴间的布局结构与保安山二号墓的后室侧室的布局结构几乎完全相同，不同之处是保安山二号墓的后室南壁少两个侧室。这种仿宫殿建筑布局设计是西汉梁王陵墓建筑结构的一大特点。

石室墓共发现6座，其中属于梁王、王后的墓只有4座，约占王陵墓总数的27%，可分为A、B两型。单墓道，用预制好的石条在长方形竖穴石坑或土坑中砌筑墓室，用石条封堵墓门是A、B两型墓的共同特点。A型墓单墓道、单室墓。墓道平面为狭长方形，底部为斜坡状，依岩石或土质山体凿制而成，表面凿制一般比较粗糙。墓室平面为长方形，内长7米左右，宽4米左右。左、右壁及顶用石条砌筑而成，后壁利用岩坑壁，前壁即墓门，顶部为平脊斜坡式。僖山一、二号墓，窑山一、二号墓，黄土山三号墓属于此型；B型墓为单墓道多室墓，目前只发现夫子山三号墓一座。墓道、墓室均用方形石条砌筑。墓道平面长方形、直壁，人字形顶。墓道内填满塞石。墓室位于墓道东端，共有四室，两前室、两后室南北并列，前、后室间有厚50厘米的石砌墙间隔。两前室形制相同，均为∧顶；两后室形制相同，均为⌒形顶。

梁王陵中的石砌平脊斜坡式墓顶，早晚期顶部石条的扣法不同，早期的做法是：小平顶石条两端做成45°斜面，与斜坡顶石条上端对扣构筑墓顶，斜坡顶石条下端凿成燕尾槽，卡于墓壁顶部石条里角上。如梁孝王墓封闭式墓道顶部就是采用的这种建筑

---

① 河南省文物考古研究所编：《永城西汉梁国王陵与寝园》，中州古籍出版社，1996年，第221页。

方式（梁孝王死于公元前144年）；晚期的做法是：小平顶石条两端做成燕尾槽，与斜坡顶石条上端相扣，斜坡顶石条下端凿成燕尾槽，卡于墓壁顶部石条里角上。僖山一、二号墓，窑山一、二号墓，黄土山三号墓墓顶均是采用了这种建筑形式。

与石崖墓相比，石室墓的结构就显得非常简单，这反映出两方面的问题：一是反映出到西汉晚期，可供开凿石崖墓的高大山体已被前期梁王占据。晚期梁王已没有了选择高大山体开凿石崖墓的自然条件。二是到西汉晚期，梁国地不过郡，仅衣食租税，国力严重衰退，已经没有了中前期开凿崖洞墓的经济实力。从考古发掘情况看，石室墓中既有梁王、王后的墓，又有些属于陪葬墓的范畴。陪葬墓使用石室墓者，墓主人身份比较高，应是梁王的妃子或重臣。

西汉梁王陵陪葬墓的墓室结构可分三大类。一是崖洞墓；二是石室墓；三是土坑墓。土坑墓又可分为三个小类：一是单墓道长方形竖穴土坑墓；二是长方形竖穴土坑墓；三是带竖井墓道的土洞墓。其中以第三大类中的第二小类为主，占已发现总数的95%以上，崖洞墓只有铁角山三号墓一座（根据现有资料，保安山四、五号墓墓室结构尚不清楚），因没有发掘，具体情况不详，石室墓发现两座，即夫子山三号墓、黄土山三号墓（见前述）。单墓道长方形竖穴土坑墓集中发现于磨山汉墓群，共3座（94磨AM23、M29、M45）。以M45规模最大，墓道长10.9米、墓室口长5.7米、宽5.1米，底长4.36米、宽3.6米，深5.96米。长方形竖穴土坑墓除在各梁王陵区有零星发现外，集中发现于磨山汉墓群。这类墓又有大小之分。较大者如保安山三号墓使用金缕玉衣，墓主人身份较高，磨山汉墓群已发现的近60座竖穴土坑墓中，墓口长都在2米以上，最长的达5.7米，宽在1米以上，最宽的达3米，多数在1—2米之间，在柿园墓附近发现的土坑墓较小，坑中仅放下一个石棺，长2米、宽1米左右，带竖井墓道的土洞墓只在梁孝王墓东侧发现1座。

（四）结语

芒砀山西汉梁王陵是目前我国汉代诸侯王墓葬中所做考古发掘和研究工作比较多的，它特点解明的平面布局，复杂的墓葬结构，具有重要的考古价值是不言而喻的。西汉梁王陵墓寝园、陵园的考古发掘对没有大规模发掘的西汉帝陵的研究具有重要参考意义。它仿宫室修建的复杂的墓室建筑是研究汉代建筑史的珍贵资料。芒砀山西汉梁王陵的发掘，丰富了西汉诸侯王陵墓资料。对研究汉代诸侯已丧葬制度具有重要价值。

三、永城市芒砀山汉代建筑基址

2006年7月，永城市人民政府在芒山主峰顶部修建汉高祖刘邦的大型雕像处理基础时发现一大型石质建筑基址，基址残存平面近方形的石台基，东西长31.5、南北长33.5米，面积1055平方米，其东北部已遭破坏，台基四边用凿制规整的条石垒砌成石墙，中间为原始岩体，上部为夯土（图4-52）。

图4-52　永城芒砀山汉代礼制建筑基址

该基址由于发现时已遭建设破坏，上部夯土已被施工推掉，裸露出石质岩体，台基四周的遗迹也被严重破坏，对其原貌已无法复原。从清理现场看，台基岩体四周皆有石墙围护，东西两侧保存较好，尚有石墙存在。台基西侧保存的石墙有六层，高约2.3米。台基南侧石墙已被破坏，仅存墙基凹槽。台基北侧也仅存墙基凹槽，其两侧散落着带有石榫结构的石块（图4-53）。"石墙四周有夯土地面，其中，东侧地面保存较好，在石墙外2.75米处保留有3块南北向排列的方形柱础石，北端础石中间还残留有圆形柱痕，根据柱痕可推知柱径约为43厘米，中间础石正中则有刻画的十字柱心。柱础石间距为5.5米可推知该建筑每间面阔应为5.5米。在柱础石四周发现有瓦片堆积，多为饰绳纹的板瓦，其时代与梁孝王寝园基址所出同类遗物一致，应为西汉早期……从现存的各种迹象推测，这座大型建筑基址中间以土石形成墩台，四周砌成石墙，墙外有柱，柱上有檐，是一处以石、木结构为主的建筑""芒砀山新发现的这一大型礼制建筑基址可能为四周有回廊，中间为夯土或岩石墩台，上部有顶的高台建筑；也可能为四周有回廊，顶部露天的高台，其作用应是礼仪性祭祀建筑——祭坛"。关于该建筑的性质，发掘者根据发掘情况结合文献记载认为有两种可能性：其一，是祭祀梁王祖

图 4-53　永城芒砀山汉代礼制建筑基础石墙及漫道
1. 北侧石墙基（西向东）　2. 东侧漫道铺石（北向南）　3. 东侧石墙基（南向北）
4. 礼制建筑基址西侧石墙（南向北）

先的祖庙。基址处于芒山主峰顶部，其正南方有高祖庙。也有可能是刘武为汉文帝建设的祖庙。其二，是祭祀梁国名山的祭坛[①]。

第三节　东汉梁国

一、概　　述

东汉梁国始建于公元79年，汉章帝刘炟建初四年（公元79年）封淮南王刘畅为梁王，建立东汉梁国，汉献帝延康元年（公元220年）十月魏受禅，更梁王刘弥为崇德侯，共历经6王142年，都睢阳。东汉梁都睢阳应是利用西汉梁国都城。

东汉梁国是东汉最大的诸侯王国之一，首任梁王刘畅很受孝明皇帝宠爱。刘畅是东汉孝明帝与阴贵人子。《后汉书·孝明八王传》载："孝明皇帝九子，贾贵人生章帝，阴贵人生节王畅""梁节王畅，永平十五年（公元72年）封汝南王。母阴贵人有宠，

---

① 河南省文物考古研究所：《河南永城市芒砀山汉代礼制建筑基址》，《考古》2007年第7期。

畅尤被爱幸，国土租入，倍于诸国。肃宗立，缘先帝之意，赏赐恩宠甚笃……四年徙为梁王。以陈留之郾、宁陵；济阴之薄、单父、已氏、成武、凡六县益梁国。"《后汉书·章帝纪》载："（建初四年）夏四月己丑，徙巨鹿王恭为江陵王，汝南王畅为梁王。"

二、东汉梁王陵

东汉梁国留下的史迹不多，20世纪末的考古调查中，在商丘市西北部发现了徐堌堆、老君台、朱堌堆、沈堌堆、胡堌堆等处大型封土堆墓，除老君台汉墓外，通称徐堌堆汉墓群。在三陵台调查时发现其堌堆上及四周散存大量汉代瓦片，是汉墓无疑。这些堌堆的共同特点是封土中及表面四周均发现有东汉时期的陶、砖、瓦片。对这些封土堆墓还没有钻探调查，但根据这些堌堆的位置分布、形状（很大的封土堆，封土为夯筑而成，夯层较厚）及封土内包含物分析，属于东汉时期的墓葬。这些墓的主人身份不是一般平民，应该是东汉时期的贵族墓，疑似是东汉梁王的陵墓，待将来考古工作进一步确认，这六处大型墓葬与东汉六位梁王正相对应。分别介绍如下：

（一）徐堌堆汉墓群

徐堌堆汉墓群位于梁园区水池铺乡徐庄村一带，1978年公布为县级文物保护单位，2008年6月，被河南省人民政府公布为河南省文物保护单位，由徐堌堆汉墓（图4-54）、沈堌堆汉墓（图4-55）、胡堌堆汉墓（图4-56）、朱堌堆汉墓（图4-57）组成，分别位于水池铺乡徐庄、沈庄、胡楼、朱庄。徐堌堆汉墓面积8401.8平方米，封土堆高7.6米，封土堆呈东西长的马鞍形，两端高，中间低平。在生产建设中曾遭破

图4-54 徐堌堆汉墓

图 4-55　沈堌堆汉墓

图 4-56　胡堌堆汉墓

坏，现场调查发现，封土堆为夯筑而成，夯层厚约 10 余厘米，夯层包含物较多，主要是汉代陶片，没有发现晚于汉代的遗物，初步判断是一处汉墓。沈堌堆汉墓也曾受群众取土破坏，现存封土冢呈圆形，周壁陡峭，上部平坦，土堆高约 4.6 米，占地 1100 平方米。朱堌堆汉墓封土冢似龟背形，四周呈缓坡状，高 1 米多，现为农耕地，面积 14400 平方米。

图 4-57　朱堌堆汉墓

（二）三陵台汉墓

三陵台，位于商丘市区以西 11 千米的宋大庄村北侧，东西长 191 米，南北宽 64 米，占地面积 12224 平方米，最高突出地面 11.56 米，三座近似圆形的土丘东西一线排列，三峰并峙，《归德府志》记载其为周代宋国三位国君的陵墓，三陵台由此得名。当地文物部门及中美联合考古队曾对三陵台进行考古调查勘探，发现三座土丘均为人工封筑，且经过夯打，确为三座古代墓葬，在封土堆内及其表面发现大量汉代陶片、砖瓦片等遗物初步判断这与徐堌堆等处情况基本相同，应属于汉代大型墓葬，并非周代宋国国君墓葬（图 4-58）。

三陵台上及周围遍植高大粗壮的古柏 442 棵，历尽沧桑，至今古柏生长茂盛，苍劲挺拔，郁郁葱葱，古柏种类繁多，枝冠各异，有凤头龙身柏、百鸟隐身柏、伞面蔽时柏、孔雀开屏柏等，蔚为壮观。

三陵台南侧脚下有明万历年的吏部尚书、太子太保、荣禄大夫宋纁的墓葬，墓前原立有石像生，现因黄河泛滥埋于地下。

图 4-58　三陵台汉墓

（三）老君台汉墓

老君台位于商丘市梁园区西约 3 千米的平原办事处老君台村东（图 4-59）。老君台原为一座卧牛状的土堆，平顶，南北稍长，远远望去，形如卧牛观日。台上原建有庙宇，规模宏大。占地约六七亩，1958 年拆除。20 世纪六七十年代，村民从台上取土垫地，周围又建起了民房，规模逐年缩小。1984 年，全省文物普查，通过宣传，老君台逐步得到保护。经 2005 年 7 月测量，老君台现存土台高 4.2 米，南北长 50 米，东西宽 29 米。占地面积 1450 平方米，台上现建庙宇一座，其中大殿 3 间，东西厢房各 2 间，有山门，四周围墙，坐北朝南，有二十几级台阶上下。

图 4-59　老君台汉墓

1964年，商丘市邮电局在台的西侧修建备战用房时，曾挖到用长形石条垒砌的石壁，怀疑是墓葬，停止向东掏挖。20世纪六七十年代，商丘市平板玻璃厂（现振化玻璃厂），修专用铁路线时，在老君台东侧取土，发现多块长形石条，有的石条上还刻有字迹，经专家鉴定，石条与永城芒砀山西汉梁王墓所用石条基本一样，故老君台被确定为汉代墓葬。

据民国二十二年（1933年）老君台庙碑记载，此处相传为老君炼丹之处，所以在台上建有老君庙，最早建于何时，已无从考证，最晚一次应是1933年对庙宇进行了重修，1958年被全部拆除。

第四节 两汉时期的其他考古发现

一、民权牛牧岗遗址西汉墓葬

2007年9—12月，郑州大学历史学院考古系在商丘市文物局及民权地方文物部门配合下对民权县西约23千米的牛牧岗遗址进行发掘[1]，开5米×5米探方15个，发掘面积375平方米。发现龙山、商代、东周、西汉、唐宋时期的地层堆积。其中西汉时期的墓葬2座，保存较好，编号为M5、M8。

M5位于Ⅰ区T1301东南部，方向100°，为长方形竖穴土洞墓，直壁平底，四壁及底部有加工痕迹，墓口长210、宽140、深200厘米。棺木仅存朽痕，仰身直肢葬，头向东（图4-60）。出土器物14件，其中陶器13件，分别为鼎2、壶2、小壶2、盒2、罐1、器盖4，日光镜1枚。

M8位于Ⅰ区T1301中部偏北，方向90°，为长方形竖穴土坑墓，直壁，平底，四壁及底部无明显加工痕迹，墓口残长88、残宽120厘米，底部与口部大小相同，深220厘米，仅存棺木朽痕（图4-61）。出土陶器文物7件：小壶1、大壶2、鼎2、盒2件（图4-62、图4-63）。

牛牧岗遗址出土的这两座墓葬年代上属于西汉早中期流行的形制，出土器物组合为鼎、壶、盒、罐或鼎、壶、盒。M5出土日光镜1枚（图4-64），背铭"毋相忘"之间无"相"字，发掘者推测是漏刻，"若如此，则成为汉代铜镜铸造中较为罕见的'错版'现象"[2]。

牛牧岗出土的西汉墓是豫东西部首次考古发现，为研究这一地区，西汉时期的墓葬制度、历史文化提供了非常珍贵的实物资料。

---

[1] 郑州大学历史学院考古系张国硕、赵俊杰：《民权牛牧岗与豫东考古》，科学出版社，2013年。
[2] 郑州大学历史学院考古系张国硕、赵俊杰：《民权牛牧岗与豫东考古》，科学出版社，2013年，第106页。

图 4-60　西汉墓葬 M5 平、剖面图
（郑州大学历史学院考古系张国硕、赵俊杰：《民权牛牧岗与豫东考古》，科学出版社，2013年，第85页）
1、9. 陶盒　2、6. 小陶壶　3、13. 陶壶
4、10—12. 器盖　5、7. 鼎　8. 铜镜　14. 陶罐

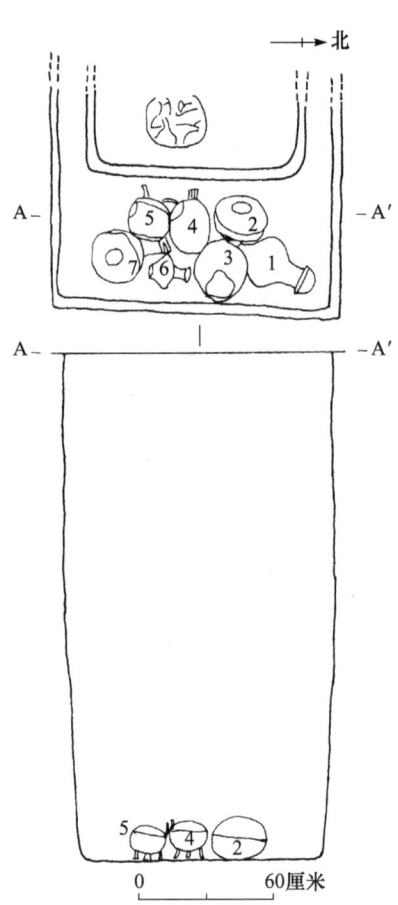

图 4-61　西汉墓葬 M8 平、剖面图
（郑州大学历史学院考古系张国硕、赵俊杰：《民权牛牧岗与豫东考古》，科学出版社，2013年，第87页）
1、3、6. 陶壶　2、7. 陶盒　4、5. 陶鼎

二、其他汉代遗存的考古发现

（一）虞城马庄遗址的汉文化[①]

1994年10—11月，中美联合考古队发掘了虞城马庄遗址，发掘面积203平方米，发现丰富的汉代遗存，窑址1座（编号94HYMY1），墓葬2座（编号94HYMM1、M5）。

[①] 中国社会科学院考古研究所、美国哈佛大学皮保德博物馆：《豫东考古发掘报告："中国商丘地区早商文明探索"野外勘查与发掘》，科学出版社，2018年，第65页。

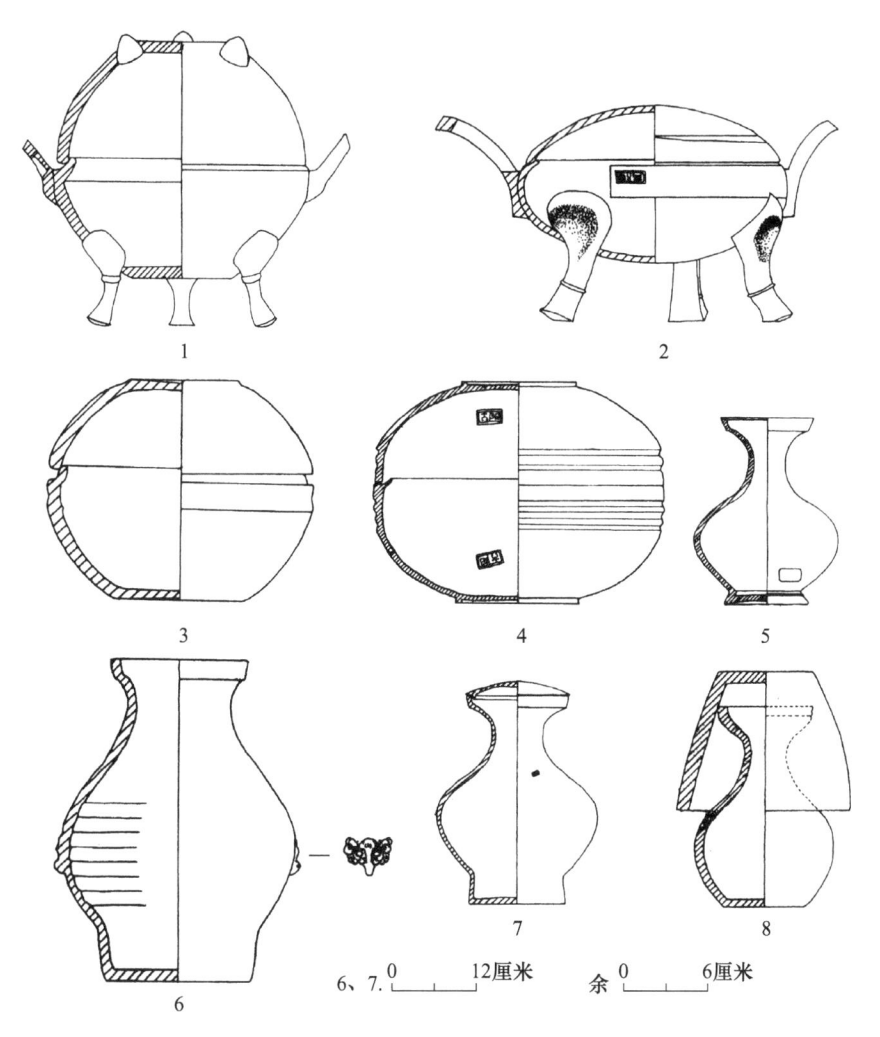

第四章　秦汉两晋南北朝时期的商丘考古

图 4-62　西汉墓葬出土器物

1. A 型鼎（M5：7）　2. B 型鼎（M8：5）　3. A 型盒（M5：9）　4. B 型盒（M8：7）
5. B 型小壶（M8：6）　6. A 型壶（M5：13）　7. B 型壶（M8：1）　8. A 型小壶（M5：6）

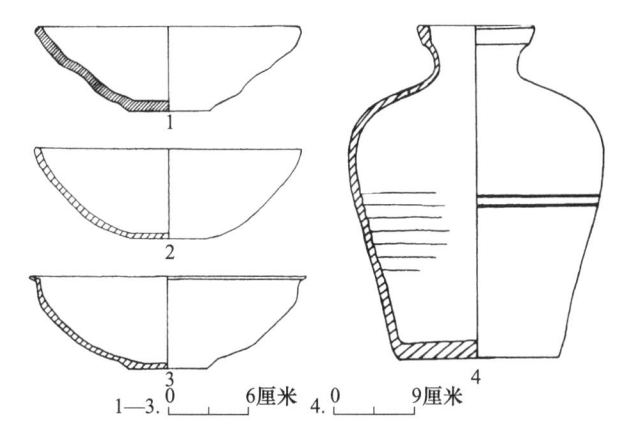

图 4-63　西汉墓葬出土陶器

1. A 型器盖（M5：11）　2. B 型器盖（M5：10）　3. C 型器盖（M5：12）　4. 陶罐（M5：14）

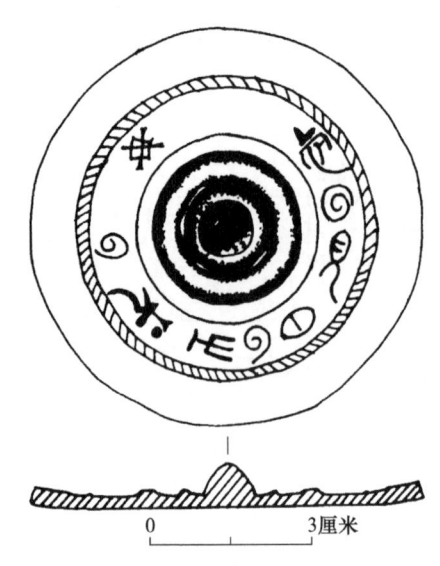

图4-64 西汉墓葬M5出土日光镜

窑址呈袋形，底部南北长3.44、北宽0.96、南宽1.8米。窑壁与底部呈垂直状，顶部向内收，南壁中央有一方形烟口，由壁中通入窑底，转向窑内开一方口。窑壁坚硬，呈黑褐色，厚15—25厘米。"由于Y1下层以砖为主，无其他半成品，推测为砖窑。窑的形制与汉代马蹄形窑接近，又该窑打破西汉M5，因此Y1年代当在两汉之间。"[①]

M1在探方T2西北部，长方形竖穴土坑墓，有板灰，人骨架保存较差，头向西，仰身直肢，骨架下有朱砂。随葬品集中于人骨架上半身，有"货泉"36枚、骨镞、骨头饰。死者系壮年女性，据出土铜钱推测墓葬年代不晚于新莽时期。

M5在T4西部，砖室墓，墓室残长1.74、高0.51米。方向100°，仰身直肢，死者系中年女性，随葬品位于墓室东部，有1件陶罐，1件猪头骨，1枚五铢钱。

（二）夏邑杨楼两汉墓葬

1983年5月商丘地区文管会、夏邑县图书馆抢救性发掘位于郭店乡杨楼村的一处古墓群，发掘春秋两汉不同时期的墓葬10座，其中西汉空心砖墓5座（编号M2、3、5、7、8），M2、3、8被M5打破，M5、7保存基本完整。东汉墓1座（M1）。

M5是一座土洞空心砖墓，土洞长304、宽146、深89厘米，墓室南北比均用大小相等空心砖筑砌，东西壁用单块空心砖封堵，顶部用长117、宽22、厚19.5厘米的15块空心砖平铺。随葬文物放置于墓室外空心砖边箱内。出土文物有铜釜1、陶鼎1、陶尊2、陶盒1、陶壶2、铁刀1、铜带钩1。

M7为小方砖铺地的空心砖墓，出土文物有铜釜1、陶尊2、陶壶2、陶罐2件。出土1组绳纹压印人物、动物画像，"南厢的空心砖画面是一组人物、动物画像，其内容为：上部为房屋建筑，房下中间一人玩杂耍，两臂作摆状，张口向右，束腰蹲坐。两边各有一人戴冠面向右，盘腿而坐，手持乐器。房下两边也各坐1人。下部四马同向右作奔跑状，昂首张口，头带衔（应为口带衔）"。这组图案，房子为用绳子压印成图，人物、马为小模印成、涂朱。该砖背面印有同心圆图案。东西两壁上有同心乳丁纹、方形回纹及菱形图案。接近底部有人物骑马图案，与南厢图案基本相同，唯人物

---

① 中国社会科学院考古研究所、美国哈佛大学皮保德博物馆：《豫东考古发掘报告："中国商丘地区早商文明探索"野外勘查与发掘》，科学出版社，2017年，第65页。

与马模印接连二起,像是人物骑马奔跑,该墓的时代为西汉早期。

东汉墓 1 座(M1)是一座平面呈甲字形砖室墓,由墓道、墓门、前室、南北两后室组成,墓道呈斜坡状,宽 1.3 米,墓圹东西长 5.2、南北宽 3.9 米,墓门向西,墓顶用石板铺盖,墓门为两门洞,四扇石门。前室南北长 2.48、东西宽 1.34 米,墓壁用小砖砌筑。后室为南北并列布置的双室,大小相同,东西长 2.2、南北宽 0.96 米。

出土文物有陶壶 4 件,铜镜 1 枚、铁刀 1 件、铁剑 1 件、铜带钩 1 件、剪边五铢 1 枚、舌形蚌质口琀 1 件。发掘者根据墓中出土剪边五铢、画像石仅饰于墓门楣且勾画简单等现象判断该墓年代为东汉晚期。

(三)柘城邵园汉墓

邵园汉墓位于柘城县邵园村,东距柘城故城遗址 0.5 千米,1980 年 11 月邵园村村民取土时发现,1981 年 11 月 8 日,河南省文物考古研究所(院)、商丘地区文管会、柘城县文化馆联合抢救性发掘。2013 年被国务院公布为第七批全国重点文物保护单位。

邵园汉墓是一座夫妇合葬砖券多室墓,墓门朝东,东西总长 13.9 米,南北最宽处 7.6 米,平面近井字形(图 4-65)。墓室为青砖砌筑而成,直壁,拱顶。男性墓室位于南侧,由墓门、甬道、主室和 2 个侧室组成。东西总长 13.9 米,南北最宽处 3 米,2 侧室大小相同,平面近方形,南北长 1.8 米,东西宽 1.6 米。主室位于墓葬最西端,东西长 3.6 米,南北长 1.9 米。清理时木棺已腐朽,入口处有石门两扇,石门被盗墓者打碎。女性墓室位于北侧,门向东,由墓门、甬道、1 主室、1 侧室组成,东西长 10.6 米,南北最宽处 3 米,与男室一样,石质墓门被盗墓者打碎,甬道长 7 米,宽 1.3 米,侧室平面长方形,南北长 1.9 米,东西宽 1.5 米。墓室最西侧为主室,平面长方形,东西长 3.5 米,南北宽 1.9 米。

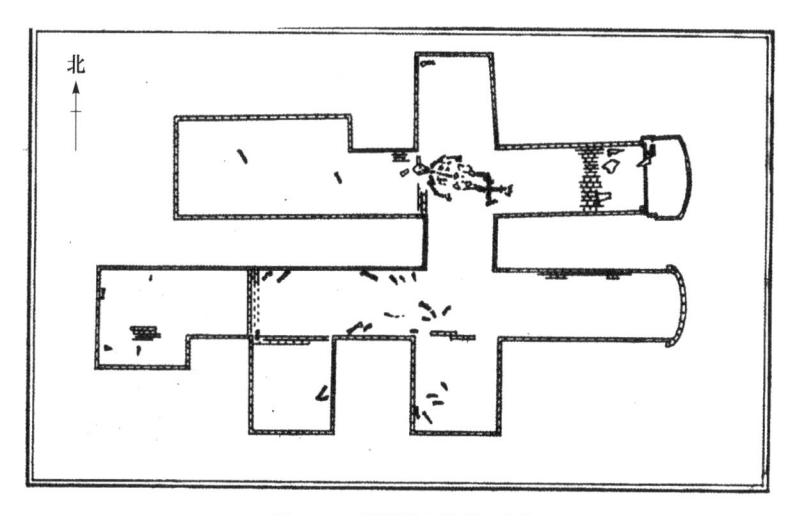

图 4-65 邵园汉墓平面图

该墓虽历史上遭多次盗掘，但仍然出土一批珍贵文物，主要有方柱双面"陈国许瓒"铜印、蟠螭兽钮"许瓒印信"铜套印、鎏金铜扣、石猪、玉剑璏、绿松石串珠、水晶虎、水晶饰件、水晶串饰、玳瑁佩饰、蚌珠、琥珀蟾蜍、琥珀卧兽、金串珠、银簪等（图4-66—图4-70）。

图4-66　邵园汉墓出土"陈国许瓒"铜印、蟠螭兽钮"许瓒印信"铜套印

图4-67　印

图4-68　琥珀蟾蜍

图4-69　琥珀卧兽

图4-70　水晶饰件

根据墓内出土"陈国许瓒"铜印及"许瓒印信"铜套印判定墓主人是"许瓒"，根据清光绪二十二年《柘城县志》记载，东汉章帝章和二年（88年）三月，改淮阳国为陈国，柘城归陈国，称柘县。墓内出土"陈国许瓒"铜印，说明该墓年代在章和二年

之后。郦道元《水经注》记载："柘县城内有柘令许君清德颂……"据此认为该墓为东汉末年陈国柘县县令许瓒夫妇的合葬墓[①]。

（四）汉代画像石墓

1. 永城堌上村汉画像石墓

永城堌上村汉画像石墓位于永城市东北 23 千米的苘村镇堌上村，1961 年春天，当地村民在农业生产建设过程中发现，河南省博物馆（今名河南博物院）在永城县文化馆的配合下进行了抢救性发掘。共有两座墓葬，编号 M1、M2。两座汉画像石墓相距约 8 米，西侧的为：M1、东侧的为 M2。一号墓被盗严重，仅存铜车饰 2 件；二号墓出土有铁刀、"五铢"铜钱、陶磨、陶灶、陶井、陶釜、陶甑、陶盘、陶壶、陶猪圈等 20 余件。

两座墓结构大同小异，均为砖石混作结构，即在地上挖掘一斜坡墓道和长方形墓圹，在圹里用石料筑成石室，墓道用小砖砌筑，下葬后用土填实墓道，墓室上用土夯实为冢。一号墓方向 101°，墓道长 2.86、宽 1.22—2.48 米，墓室分前室和东西二主室，前室进深 1.42、宽 2.12 米，两主室容积相等，皆进深 2.38、宽 0.82 米；二号墓方向 75°，墓道长 3.61、宽 2.42 米，墓室分前室和主室，前室进深 1.66、宽 2.1 米。主室长 2.78、宽 1.62 米。

"两座墓葬共出土画像石 29 块（包括 4 块残石），除装饰图案外，按其所反映的思想内容分为人物故事、祥瑞辟邪、神话传说、珍禽异兽等 4 类。"[②]（图 4-71、图 4-72）

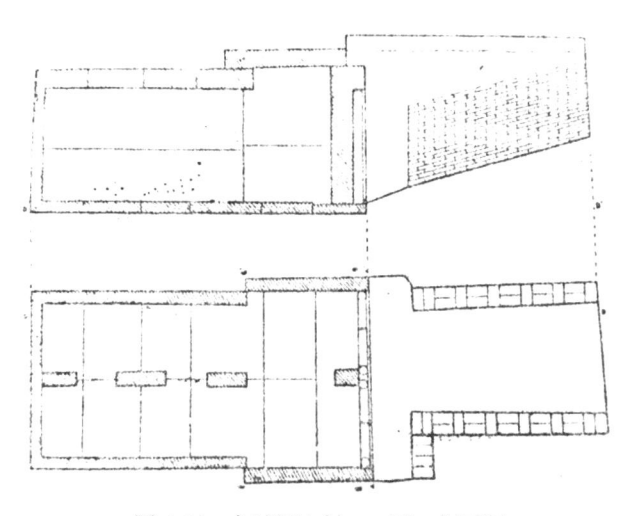

图 4-71　永城堌上村 M2 平、剖面图

---

① 张天军：《柘城文物大观》，中州古籍出版社，2016 年，第 132—142 页。
② 河南省博物馆：《河南永城堌上村汉画像石墓》，《河南文博通讯》1980 年第 1 期。

2. 夏邑程庄汉画像石墓

夏邑程庄汉画像石墓位于夏邑县东胡桥乡程庄村东南约200米，村民取土时发现，商丘市夏邑县文物部门立即组织人员进行了抢救性发掘，墓室被盗掘严重，仅在墓室底部发现10余枚五铢铜钱，1件绿釉陶罐及陶楼、陶仓、陶鼎残片。墓室为砖石混作结构，由甬道、前室、耳室后室组成，平面亚字形，墓道向东，方向100°，东西长8.65、南北宽5.18米。甬道为单砖砌成，长2.92、宽2.05米。前室长2.45、宽1.63米，前室南北两侧各有1个耳室，大小基本相同，进深1.15、宽1米，后室位于前室西侧，长3.45、宽2米。出土画像石8块，位于门楣、门扉和前室，墓葬时代为东汉晚期（图4-73）。[①]

图4-72 永城堌上村M2门扉背面画像

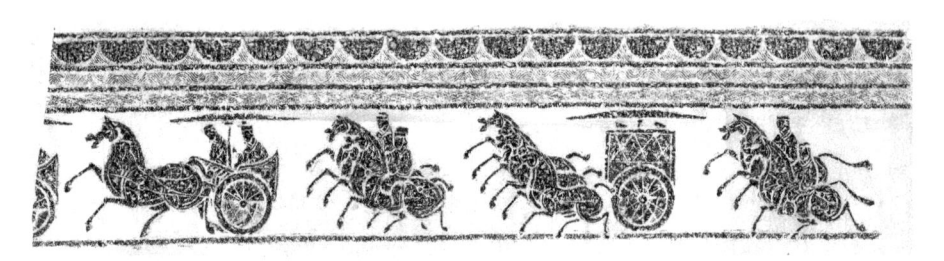

图4-73 夏邑程庄汉墓出土车骑出行画像石

3. 永城太丘一、二号汉画像石墓

永城太丘一号汉画像石墓位于永城市西北23千米的太丘中学院内，1978年群众取土时发现，共两座，南北并列，间距1.5米，永城市文管会于1979年4月下旬清理了北边的一座，编号为太丘一号墓。

太丘一号墓为夫妻合葬墓，石室多室墓，平面长方形，墓门向西，方向270°，墓室总长7.14、宽5.67米，由前室、左右中室、左右耳室、左右后室组成（图4-74）。墓室为石条砌筑，顶部呈覆斗形，地面用青石铺筑。前室南北长1.95、东西宽1.92、高2.69米；两中室均南北长1.7、东西宽1.53、高2.5米；左中室北侧、右中室南侧各有一个耳室，大小相同，南北长1.06、东西宽0.99、高1.51米；后室东西长3.46、南北宽1.49、高1.8米。

---

① 《夏邑发现画像石墓》，《中国文物报》1998年4月15日第1版。

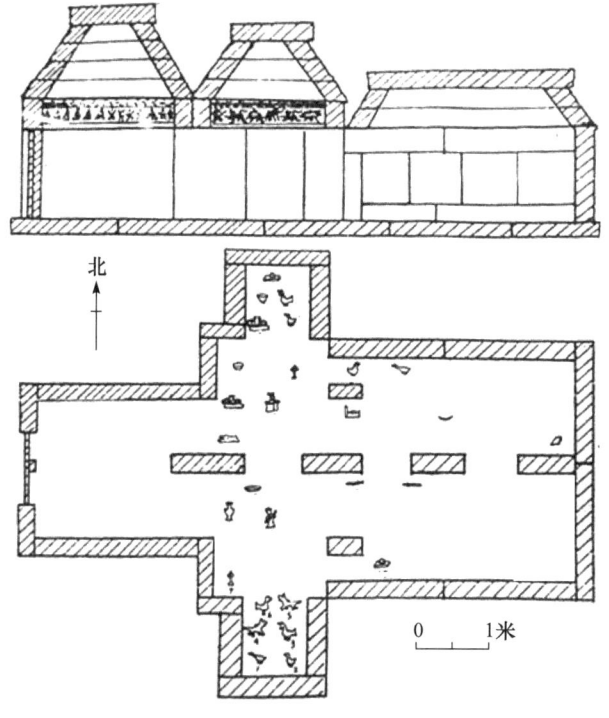

图 4-74 太丘一号汉墓平、剖面图

太丘一号墓出土陶、铜、瓷、石、铁器类 63 件。其中陶器 29 件、瓷器 17 件、石器 6 件、铁器 11 件。器型有陶俑、陶狗、陶鸡、陶鸭、陶盘、陶井、陶灶、陶耳杯、陶猪圈、陶壶。瓷罐、铜碗、车軎、银叉。铁镜、铁刀、铁剑、滑石猪、石灯台。

太丘一号墓出土汉画像石 12 块、16 幅。其中，二龙穿璧 3 幅、狩猎 1 幅、神兽嬉戏 6 幅、舞乐百戏 1 幅、瑞鸟神兽 2 幅、瑞鸟 1 幅（图 4-75—图 4-77）。

图 4-75 太丘一号汉墓出土狩猎画像石

图 4-76 太丘一号汉墓出土凤鸟铺首画像石

图 4-77　太丘一号汉墓出土飞廉、龙嬉戏画像石

太丘是永城境内比较古老的城邑之一，周时属于宋地，称犬丘，《左传·襄公元年》载："郑子然侵宋，取犬丘。"西汉时在这里设敬丘侯国，后又设犬丘县、敬丘县，属于沛郡。东汉明帝时改敬丘为太丘。三国时，太丘县废，今太丘集西街仍残存秦汉时期的古城墙。太丘一号汉画像石得年代为东汉早期。

太丘二号汉画像石墓位于一号墓南侧，墓室用石块砌筑，坐东向西，由墓门、前室、中室、南侧室和后室组成，墓室通长6.51米，中室为覆斗式顶，地面用青石铺筑。墓门宽1.05米，前室方形，长1.02、宽1.02、高1.83米；中室东西长1.77、南北宽1.54、高2.29米；南侧室东西长1.09、南北宽0.92、高1.21米；后室东西长2.94、南北宽1.17、高2.16米。

该墓出土画像石5块6幅，出土铁刀1把、货币37枚、车軎1件、汉白玉石猪2件，出土陶狗、鸭、鸡、鸽、彩陶盆、陶猪圈、灶、圜底桶、浅黄釉瓷罐、青瓷罐等54件。画像石有二龙穿壁2幅、车骑出行、河伯舞乐百戏、兽戏、虎戏各1幅。墓葬年代与1号墓基本相同。

4. 永城僖山汉画像石墓

永城僖山汉画像石墓位于市区东北30余千米的僖山南麓，1978年村民采石时发现，文物部门立即派人进行了清理，清理时墓葬已被盗掘一空。墓葬为石结构多室墓，墓门向西，由前室、右耳室、主室、左右侧室组成，青石板铺地，覆斗形顶（图4-78）。

该墓出土汉画像石较多。其中门楣为二龙穿壁，二门扉为朱雀铺首衔环。前室南北长2.42、宽1.6、高2.57米。西壁画像石为车骑出行；南壁画像石为鸟首翼首、龙、熊、虎斗；东壁画像石为熊、龙、异兽斗；北壁画像石为熊、龙、三首人面首；右耳室东壁画像石

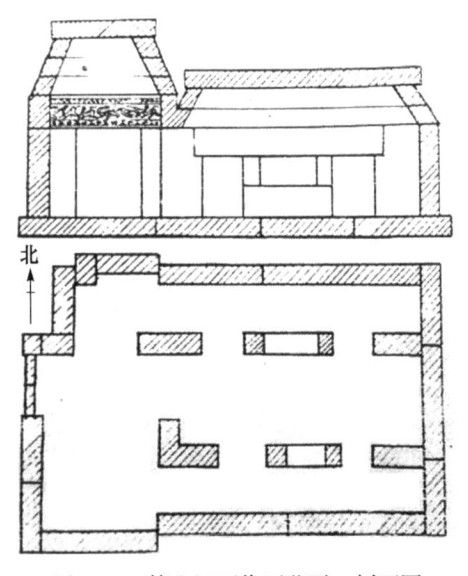

图 4-78　僖山汉画像石墓平、剖面图

为龙、熊虎斗；主室、南侧室后壁有十字穿环画像石。该墓的时代为东汉（图4-79、图4-80）。

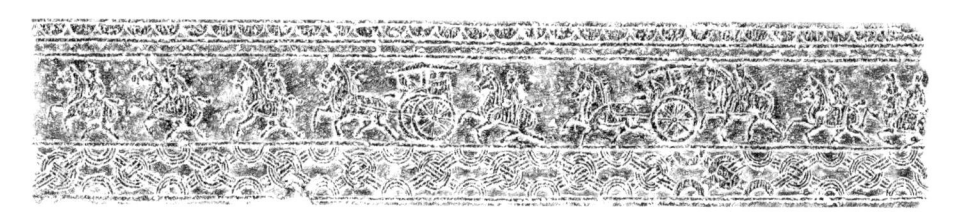

图4-79　僖山汉画像石墓出土车骑出行画像石

图4-80　僖山汉墓出土龙熊嬉戏画像石

5. 酇阳集汉画像石墓

酇阳集汉画像石墓位于永城市西约25千米的酇阳集东侧路南取土沟内，2004年5月发现，6月3日永城市文物部门进行抢救性发掘，共发现石椁单室墓、石椁双室墓各一座，两座汉墓均南北向，死者头南脚北，两墓间距3米。单室墓居西，墓室用4块石板扣合而成，头、足挡板分别刻常青树、绶带穿璧图案。

东侧的双室墓，方向160°，墓室内长240、室宽77、高82厘米，墓室用石板扣筑，该墓共出土画像石6块9幅。东侧门扉石正、背面均刻画像，正面刻犬形神兽铺首衔环，背面刻带戟执盾门吏；西门扉画像内容与东侧的相近；东室东壁画像石内容为车马、力士、耕牛、鹿；东室西壁画像刻垂幔、狩猎、侍宴、杂技；西室东壁刻力士、逐疫驱魔图；西室西壁刻羽人凤鸟、鹳鸟、二龙相交；二室足挡板刻宴饮、建鼓舞、跳丸（图4-81）。

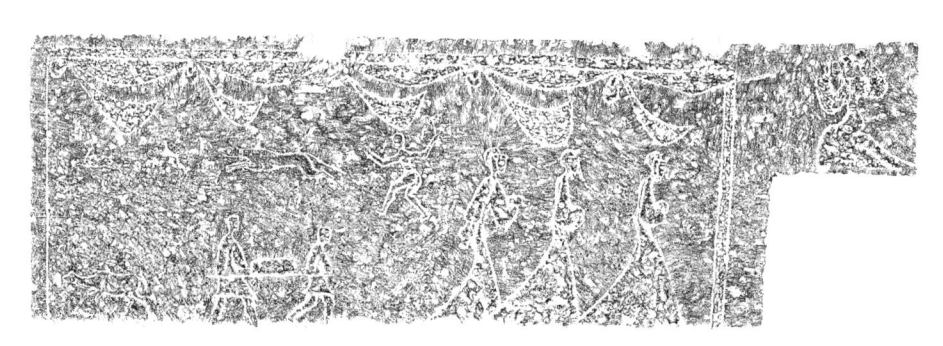

图4-81　酇阳集出土狩猎宴飨图画像石

该墓年代为西汉晚期，画像内容粗犷古朴，物象生动活泼，形神兼备，内容涉及楼阁、人物、动物，与以往发现的商丘汉代画像石相比，有耳目一新的感觉。

6. 酂城汉画像石墓

酂城汉画像石墓位于河南省永城市 25 千米的酂城镇酂城村东约 1000 米处（图 4-82），1973 年底，当地村民在基本农田建设平整土地时发现，文物部门进行了考古发掘，发现这里是一处由 4 组墓葬组合成的合冢大墓，坐东朝西，各墓为南北紧接并列的砖石混合结构，从北向南分别编号为 M1、M2、M3、M4。其中 M1 和 M2 在前，M3 和 M4 错位于后，前后相差约 0.94 米。南北总长 15.8、东西宽 7.4 米（图 4-83—图 4-85），墓向 265°每座墓葬均有两前室、一中室两后室。除 M2 无耳室外，其余均有耳室。4 墓共有 29 个室，出土画像石 57 块。

M1 平面布局为长方形，室内总长 6.9 米、宽 4.02 米。由两前室、一中室、两后室和耳室组成，耳室在墓室北侧，分前中后三室。墓门分南北两个，北门高 1.36、宽 0.94 米；南门高 1.36、高 0.9 米。前室分南北两室，平面长条形，北前室内长 2.16 米、宽 0.83、高 1.78—1.86 米；南前室内长 2.16 米、宽 0.83、高 1.78—1.86 米；中室平面长方形，南北内长 2.3、东西宽 1.4、最高 2.44 米；后室分南北两室均为长条形。北后室内长 3.38 米、宽 0.86、高 1.64（东）—1.74（西）米；南后室内长 3.34 米、宽 0.84、高 1.64（东）—1.74（西）米；耳室分前、中、后三室，前耳室呈长方形，南北内长

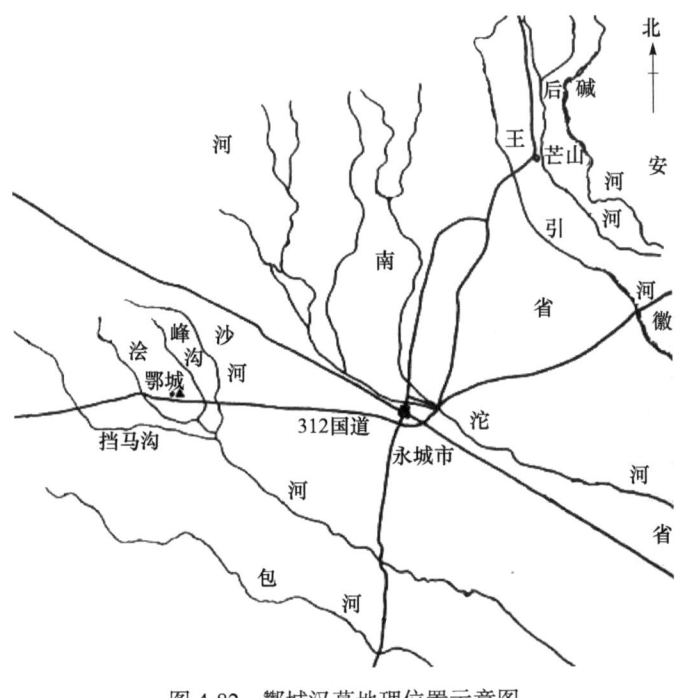

图 4-82 酂城汉墓地理位置示意图

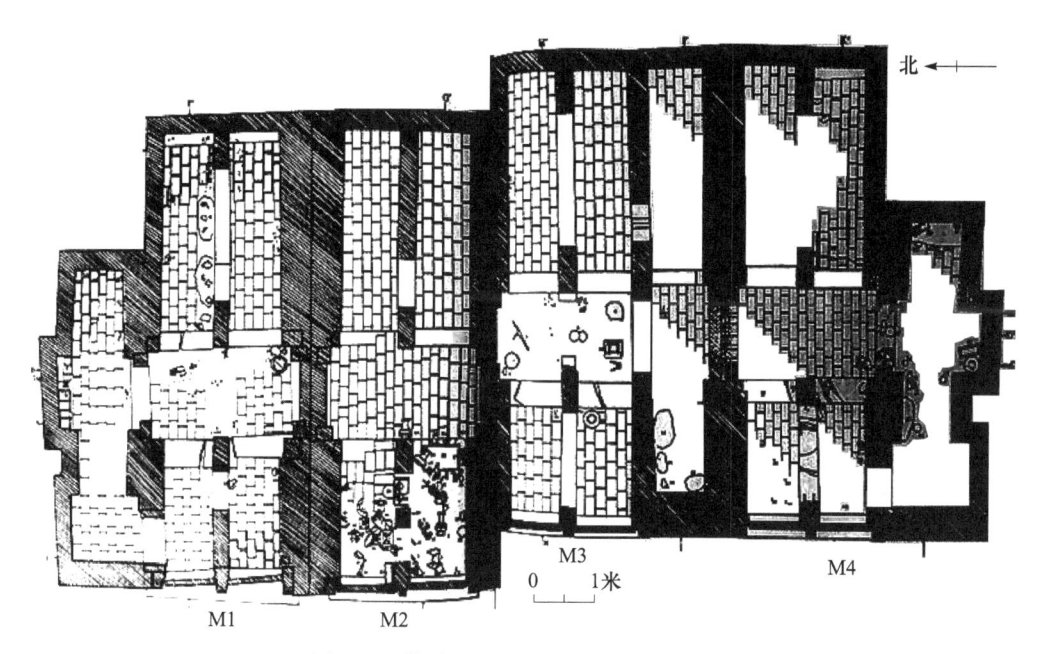

图 4-83 鄌城 M1、M2、M3、M4 平面图

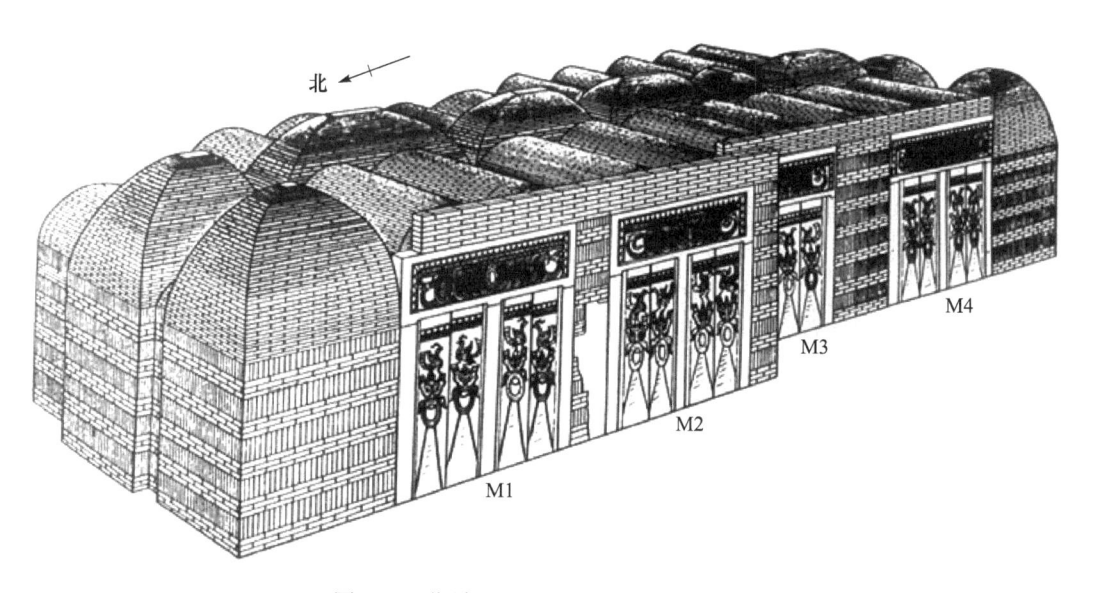

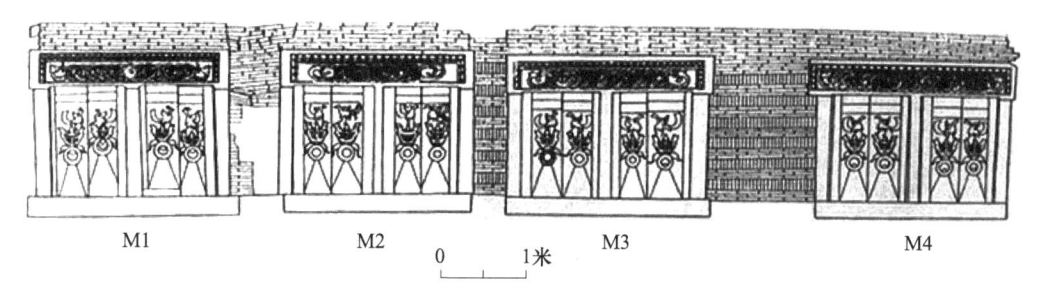

图 4-84 鄌城 M1、M2、M3、M4 透视图

图 4-85 鄌城 M1、M2、M3、M4 墓门正视图

1.16—1.24、东西宽 1.06—1.08、最高 2.26 米；中耳室长方形，南北内长 1.34—1.38、东西宽 1.14—1.18、最高 2.14 米；后耳室长条形，东西内长 1.36、南北宽 0.83—0.92、高 1.2 米。

M1 出土文物较少，计有陶器和陶动物 9 件，铜钱 55 枚。器形有陶樽、耳杯、灯、磨、鸡、鸽等。出土画像石 13 块，计有：二龙穿镜、穿壁图 1 件；4 门扉刻朱雀铺首衔环各 1；中室东壁门楣，刻羽人与飞廉、马腹、臃疏、虎、神兽、鹿等；中室北壁门楣，刻仙人、仙鹤、翼龙、翼虎、牛等；中室西壁门楣，刻飞廉 4、应龙 1、熊虎各 1；中室南壁门楣，刻驯兽人、神兽、飞虎、翼龙和熊；中室东壁中立柱，刻太阳女娲；中室西壁中立柱，刻圆形高浮雕和虎；南北后室东壁均刻斜十字穿壁图案（图 4-86、图 4-87）。

M2 门向 265°，平面布局长方形。室内总长 7 米、宽 2.5 米。由两前室、一中室、两后室组成。墓门分南北两个，北门高 1.32、宽 1 米；南门高 1.32、高 0.96 米。前室分南北两室，平面长条形，北前室内长 2.2、宽 0.86—0.9、高 1.82—1.9 米；南前室内长 2.2 米、宽 0.86、高 1.82 米；中室平面长方形，南北内长 2.32、东西宽 1.44、最高 2.44 米；后室分南北两室均为长条形。北后室内长 3.28 米、宽 0.9、高 1.76 米；南后室内长 3.3 米、宽 0.85—0.92、高 1.76（东）—1.84（西）米。

图 4-86　太阳女娲画像石鄢城汉墓 M1 出土

图 4-87　玄鸟仙人驯虎伏牛画像石鄢城汉墓 M1 出土

M2 出土陶器 36 件，铜钱 20 枚。陶器有：甑、壶、樽、勺、盘、案、耳杯、长方盒、灯、磨、楼阁、圈厕以及陶凤鸟、猪、狗、鸡等，最多的器物是耳杯，共有 14 件。

M2 画像石共有 13 块，正门门楣，二龙穿 5 壁；北门左门扉，朱雀铺首衔壁；北门右门扉，朱雀铺首衔壁；南门左门扉，朱雀铺首衔壁；南门右门扉，朱雀铺首衔壁；中室东壁门楣，刻羽人骑飞廉、马腹、獾疏、虎、神兽、鹿等；中室北壁门楣，刻飞廉、翼龙、应龙、犀牛、神兽；中室西壁门楣，刻飞廉、神兽、应龙、翼虎；中室南壁门楣，刻飞廉嬉戏；中室东壁立柱，刻朱雀太阳伏羲；中室西壁立柱，刻朱雀虎；南、北后室东壁，刻连弧纹、水波纹、编织纹、斜线穿璧图案。

M3位于M2南侧，并向东退0.94米。平面布局长方形，室内总长6.9米、宽3.48米。由两前室、一中室、两后室和耳室组成，耳室分前、中、后三室。

墓门分南北两个，北门高1.3、宽0.94米；南门高1.32、宽1米。

前室分南北两室，平面长条形，北前室内长2.22米、宽0.84（西）—0.88、高1.74（东）—1.86（西）米；南前室内长2.22米、宽0.86、高1.72（东）—1.74（西）米；中室平面呈长方形，南北内长2.24、东西宽1.38、最高2.24米；后室分南北两室均为长条形。北后室内长3.38米、宽0.86、高1.66（东）—1.76（西）米；南后室内长3.38米、宽0.86、高1.64（东）—1.74（西）米。

耳室分前、中、后三室，前耳室呈长方形，东西内长1.74、南北宽0.8—0.84、最高1.78—1.86米；中耳室长方形，东西内长1.46、南北宽0.9—0.94、最高2.14米；后耳室长条形，东西内长1.36、南北宽1.34—1.38、高2.14米。

M3出土陶器11件，铜钱34枚。陶器有鼎、壶、樽、井、楼阁、狗等。

M3内共有画像石18块。正门门楣，刻二龙穿7璧画像；正门南北门左右门扉刻朱雀铺首衔环；中室东壁门楣，刻飞廉、应龙、青龙、神兽、熊、虎画像；中室北壁门楣，刻猩猩、神兽、虎、开明兽画像；中室西壁门楣，刻飞廉、鹗羊、熊、虎、神兽画像；中室南壁门楣，刻飞廉、虎、神兽画像；中室东壁中立柱，刻鹗、太阳伏羲；中室西壁中立柱，刻鹗虎画像；南北后室东壁，刻斜十字穿璧画像石；中耳室东壁门楣，刻虎卷鹗羊、神兽、飞廉画像；中耳室北壁门楣，刻虎、豹、龙、鹗羊画像；中耳室西壁门楣，刻虎、飞廉、应龙；中耳室南壁门楣，刻虎、飞廉、鹗羊；后耳室东（后）壁，刻题记、方胜悬璧、朱雀铺首衔环。

M4位于M3南侧，平面布局长方形，室内总长7米、宽3.92米。由两前室、一中室、两后室和耳室组成，耳室分前、中、后三室。

墓门分南北两个，北门高1.3、宽0.95米；南门高1.3、宽0.94米。

前室分南北两室，平面长条形。北前室内长2.24米、宽0.84、高1.72（东）—1.86（西）米；南前室内长2.24米、宽0.78—0.86、高1.72（东）—1.86（西）米。

中室平面长方形，南北内长2.26、东西宽1.4、最高2.26米；后室分南北两室均为长条形。北后室内长3.36米、宽0.85、高1.76（东）—1.86（西）米；南后室内长3.36米、宽0.85、高1.76米。

耳室总内长4.36、最宽1.4米。分前、中、后三室，前耳室呈长方形，南北长

1.26、东西宽 1、残高 2.1 米；中耳室长方形，南北内长 1.42、东西宽 0.96—1.12、最高 2.34 米；后耳室长条形，东西内长 1.18、内宽 0.82、高 1.52 米。

M4 发掘前被盗严重，出土文物较少，有陶长方盒、灯座、圈厕、磨等，铜钱 26 枚。

M4 出土画像石 13 块。正门门楣，二龙交叉穿 9 璧图案；正门南北门左右门扉，刻朱雀铺首衔环；中室东壁门楣，刻飞廉、翼龙、神兽、飞虎；中室北壁门楣，刻飞廉、应龙、虎；中室西壁门楣，刻虎、飞廉、翼龙、熊；中室南壁门楣，刻神兽、熊、飞廉；中室东壁中立柱，太阳、伏羲像；中室西壁中立柱，刻神猴、龙、虎；后南室、北室东壁，刻斜十字穿璧图案（图 4-88）。

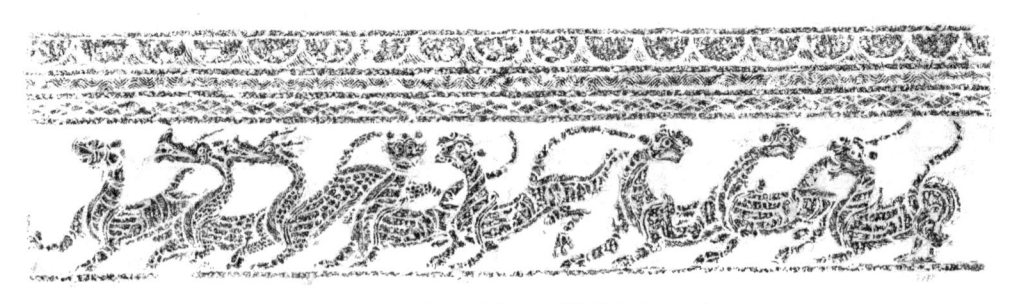

图 4-88　飞廉龙虎画像石，鄎城汉墓 M4 出土

鄎城汉墓是一座四墓合茔（在一座大封土冢下）、砖石混作的汉代画像石墓，坐东面西，南北并列，各墓结构基本一致又各自独立。"鄎城汉墓的结构与洛阳烧沟汉墓第五型多室大致相同，此型墓是东汉晚期的，故鄎城汉画像石的也大致同时。豫东发现东汉晚期并已公布的画像石墓不多，这次发掘的鄎城汉墓是最典型的一座。墓内刻画的内容是以伏羲、仙人、羽人、龙、虎、熊、飞廉、铺首衔环、珍禽异兽等为主，基本不见山东、苏北东汉墓中汉画像石的楼阁、宴饮图、车骑出行图、音乐、舞乐百戏、西王母、东王公以及历史故事类的画像内容。前者的地域长期是梁国、楚国之地，受道教、神仙思想影响很深，求长生不老或成仙深入人心，特别是豪强地主阶级、有钱有势之士，千方百计寻求灵丹妙药，延长生命，以达到不老的目的，同时名山问道，探成仙之路，也想成为仙人。若长寿不成，也想死后尸体不腐，灵魂不离，等待时机，欲借神人异兽的威力，引领死者到仙的世界中继续享受生前的醉生梦死的富裕生活。故在建墓时，在墓门楣、门扉，中室的四壁和后室的前后壁上刻有龙、虎、朱雀铺首衔环、神人、珍禽、异兽等画像，借此保护墓主人的财宝和尸体不腐，灵魂不离，以待这些神人、异兽有朝一日将其引领到仙的世界中去，继续享受生前荣华富贵、骄奢淫逸的生活……从鄎城汉墓内的残存器物看，其组合是鼎、罐、壶、案、盘、耳杯、勺、方盒、樽、灶、井、圈、鸡、狗、猪等，都是东汉晚期常见的墓内随葬器物的组

合形式……故鄜城汉墓 M1—M4 是属于东汉晚期的墓"[①]（图 4-89）。

图 4-89　鄜城汉墓出土文物（部分）
1. 鄜城 M1 出土陶灯　2. 鄜城 M2 出土陶灯　3. 鄜城 M2 出土陶凤鸟　4. 鄜城 M2 出土陶鸡
5. 鄜城 M2 出土陶楼阁　6. 鄜城 M2 出土陶圈厕　7. 鄜城 M2 出土陶灶　8. 鄜城 M4 出土陶狗

[①] 河南省文物考古研究所、永城市文物旅游管理局：《永城黄土山与鄜城汉墓》，大象出版社，2010 年，第 207、208 页。

第五节　三国至隋以前时期的商丘

一、概　　述

三国至隋以前时期商丘古城一直是州、郡、县的衙署所在地，这一时期的行政区划变化很复杂，根据《晋书·地理志》《宋书·州郡志》《魏书》《北史》《归德府志》等史料记载。

三国时期，商丘属于魏，隶属于豫州、兖州，为梁国、陈郡、陈留国分辖，梁国辖睢阳、宁陵、鄢、蒙、虞、砀；陈郡辖武平、柘；兖州陈留国辖襄邑、已吾、考城。

西晋时期政区设置基本沿袭三国魏。据晋武帝太康二年（公元281年）的行政区划，商丘属于豫州、兖州，为梁国、陈留国分辖。东晋孝武帝太元七年（公元382年），商丘隶属于兖州梁郡。南北朝时期地方行政区划为州、郡、县三级别。商丘先后隶属于北朝的后赵、前燕、前秦、后燕、后秦梁郡；北魏时为兖州、徐州分辖。东魏时商丘隶属梁州、南兖州梁郡、马头郡。北齐后主武平三年（公元572年），商丘隶属于梁州梁郡。[①]

这一时期是我国历史上政权上分列辖据，战争频繁的时期，地处中原的商丘与全国其他地方一样也饱受政权辖据和战乱之苦，经济发展受到很大影响，但在短期社会相对稳定的时候社会经济也有一定发展，如曹魏时期实行屯田制，役使自耕农和屯田上的生产者兴修水利，农业得到一定发展。手工业在某些方面也有所恢复，襄邑（今睢县）的锦绣是当时有名的产品，从西汉时起，襄锦便名扬全国，朝廷在襄邑设置"服官"，负责生产朝廷御服、后宫及文武百官的服饰。襄邑的织工们就发明了一织花机，能织出花纹复杂精致的绫锦。

这一时期商丘古城除晋时为梁国都城，大部分时间为睢阳县治所。

二、有关文化遗存

商丘有关三国至隋以前时期的文化遗存发现较少，这一时期的商丘古城深埋于地下。主要文化遗存有：江淹墓。

江淹墓位于民权县程庄乡岳庄村西。墓前有明成化年间重修江文通墓碑一通，碑上有："金紫光禄大夫醴陵侯江文通之墓"字样，唯"醴陵侯"三字依稀可见。世传"江淹秋风"为考城八大景之一，古时多有诗人在此吟诗作赋，以抒情怀（图4-90—图4-92）。

---

① 李可亭等著：《商丘通史·上》，河南大学出版社，2000年，第92、93页。

江淹，字文通，济阳考城（今民权县程庄乡江集村人）。他一生经历南朝的宋、齐、梁三朝。他不但是一个著名的文学家，而且还是一个直言敢谏，不避权贵的政治家。历任徐州从事，御史中丞，金紫光禄大夫封醴陵侯，死后谥号"宪"，世称江郎。江淹才思横溢，他的诗赋精工幽丽，情景交融，为后人称道。有著作百余篇，自题为《前后集》《齐齐十志》并行于世，他诗善模拟，其中《杂体诗三十首》为之代表。《恨赋》《别赋》成就较高。今存清梁宾所辑四卷本《江文通集》考订较祥。

江淹少以文章显，晚年才思衰退，绝无美句，时人谓之"江郎才尽"。

1961年11月4日江淹墓公布为民权县第一批文物保护单位。2002年7月，被公布为商丘市文物保护单位。

图 4-90　江淹画像

图 4-91　江淹墓保护标志碑

图 4-92　江淹墓及墓碑

第五章 隋唐宋时期的商丘考古

第一节 概　述

　　隋唐宋时期是我国历史上继秦汉之后又一次经济繁盛、文化高度发达的时期，大唐帝国在当时全世界影响极大。商丘当时在全国也是至为重要的区域，隋大业元年开凿的大运河通济渠经过商丘近200千米，占通济渠全长（650千米）近三分之一。唐代宋城是当时全国著名的手工业都市。安史之乱的睢阳保卫战为唐王朝平叛争取了时间，有力阻挡叛军南下，保护了江南半壁河山免遭生灵涂炭，是我国重要历史事件。赵匡胤以宋州归德军节度使黄袍加身，建立了宋朝，"宋"的国号由来就是因为赵匡胤发迹宋州的缘故，有宋一代，商丘为陪都，一度更名"应天府""南京"，更名"应天府"就是歌颂赵匡胤建立宋朝是顺应天命，当时"南京"与东京开封、西京长安、北京大名合称"四京"，可见其在全国地位之重要。北宋"应天书院"是当时四大书院之首，是四书院唯一一个从民办改为官办、唯一一个地处闹市的书院。

　　商丘在隋初隶属梁郡，隋开皇十八年（公元598年）置宋州，改睢阳为宋城。隋炀帝大业三年（公元607年）改宋州为梁郡，统领十三县：即宋城（今睢阳区）、襄邑（今睢县）、宁陵、虞城、谷熟（今虞城县谷熟镇）、陈留（今开封县）、雍丘（今杞县）、下邑（今砀山）、考城（今民权县及兰考县东部）、楚丘（今山东曹县东南）、砀山、圉城（今安徽阜阳县东）、柘城。

　　隋代影响商丘经济发展的一件大事就是大运河的开凿。隋炀帝大业元年三月，朝廷征河南、淮北民工百余万开挖大运河通济渠，这段运河经过商丘的睢县、宁陵、梁园区、睢阳区、虞城、夏邑、永城7个县市区，开凿运河在当时役使农村丁壮劳力，而且死亡众多，确实影响了农业生产。据《隋书·炀帝纪下》记载，当时为开凿大运河，大量征调民夫，致使"耕稼失时，田畴多荒"，但到后来的唐宋时期，大运河航运发达，极大地促进了沿途社会经济文化的发展。

　　唐代商丘称宋州，隶属河南道。唐玄宗天宝年间（公元702—756年）改宋州为睢阳郡，当时宋城规模很大，仅次于开封城。宋城邑中有九万户，人口四五十万。唐德宗李适建中年间（公元780—783年），为宣武军城，城平面布局呈品字形，由南城和北二城组成。公元924年，庄宗李存勖灭掉后梁建立后唐，后唐改宋州宣武军为归德军,归德之名由此开始。

公元907年唐朝灭亡至960年北宋建立是中国历史上的五代十国时期,这一时期藩镇割据混乱,朝代更迭频繁,后梁时期商丘属宣武军节度,后唐灭梁改为归德军,治所在宋城。

说到商丘为归德之名的来历,就必须说一下宋州下邑(今夏邑县)人袁象先,袁象先生于公元864年,卒于公元924年,享年60岁,死后被追赠太师之名。袁象先曾任后梁宣武军节度使,坐镇宋州。"在宋州十余年,诛敛其民,积财千万"(《旧五代史·袁象先传》)。公元924年,庄宗李存勖灭掉后梁,建立了后唐,都洛阳,袁象先带着积敛的数十万赃银跑到洛阳投降李存勖,李存勖厚待袁象先,赐名李绍安,改宋州宣武军为归德军,仍让袁象先回原籍镇守,并告诉袁说:"归德之名,为卿设也。"意思是说袁象先投降后唐,是归顺后唐的有德之人。

唐代发生在商丘的主要历史事件是安史之乱中的睢阳保卫战。唐天宝十四年(公元755年)十一月,范阳、平卢、河东三镇节度使安禄山纠合史思明,以讨伐杨国忠为名,从幽州起兵反唐,不到一年时间北方城市大部分被叛军攻陷。757年正月下旬,安禄山之子安庆绪杀父自立为皇帝,派大将尹子奇率众13万杀奔睢阳,目的是打通挺进淮南的道路,真源(河南鹿邑)县令张巡,城父(今安徽亳州市东南)令姚誾,与睢阳太守许远合兵固守睢阳,为了激励士气,帝诏张巡为御史中丞,许远为侍御史,姚誾为吏部郎中。由于内无粮草,外无援兵,十月九日睢阳城被叛军攻陷,宋城将士全部壮烈牺牲。睢阳守卫战尽管最终失败,但有力阻止了叛军南下江淮,为唐王朝平定叛乱赢得了宝贵的时间,也使江南人民免遭生灵涂炭,足见商丘区域位置之重要。

这一时期商丘最重要的考古发现是大运河通济渠段商丘古城南关码头遗址及夏邑县济阳镇运河故道文化遗存,2014年6月被列入世界文化遗产名录。另外还有其他一些考古发现。

第二节 通济渠遗址商丘段考古调查与发掘

隋唐大运河通济渠流经商丘市睢县、宁陵、梁园区、睢阳区、虞城县、夏邑县、永城市等七个县市区(图5-1),全长199.7千米虞城县,其中虞城芒种桥以东与商永公路南线基本一致,以西全部深埋于地下。

为了丰富完善中国大运河申遗材料,也为了给更好地保护大运河商丘段提供科学依据,做好大运河商丘段的保护工作,商丘市文物局报请上级主管部门批准后,组织全市文物干部,分六个工作组于2007年7—8月冒着酷暑对大运河商丘段进行了第一次全线考古调查,这次调查尽管只有短短20天时间,但取得了丰硕成果,基本理清了

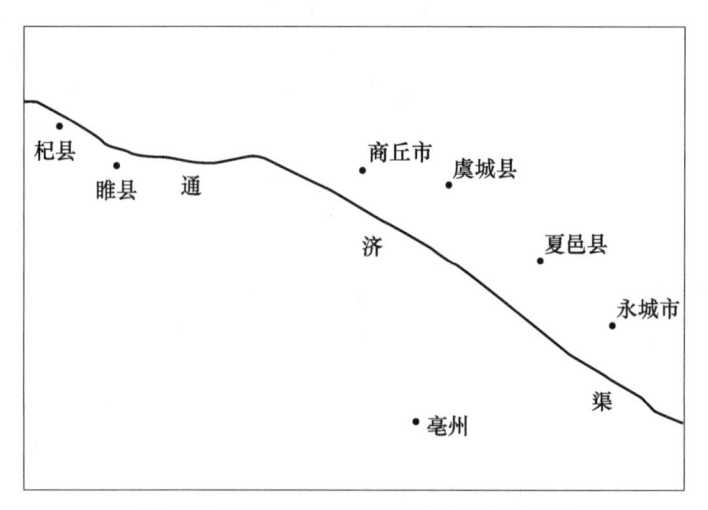

图 5-1 通济渠遗址商丘段走向位置示意图

这段运河河道的位置走向，河道的宽度、深度等结构情况，在永城、夏邑境内部分搞清了河堤的遗存情况，包括宽度、土质、土色等。特别是发现了永城老城大隅首、夏邑县济阳镇、商丘古城南关三处疑似运河码头遗址，为下一步考古工作提供了坚实的基础。

2007年12月至2008年元月，受河南省文物局委托，商丘市文物局组织商丘博物馆、夏邑县文物局抽调技术人员组成考古队，对济阳镇进行围绕运河的专项考古调查，并在济阳镇西约800米河南325省道北侧运河大堤进行小面积考古试掘，发现在明代废弃时的大堤道路活动面，有明显的车辙痕迹（图5-2）。发现被黄河泛滥淤积掩埋的宋代大堤道路活动面，留下分布密集保留清晰的行人脚印和动物蹄印痕迹（图5-3）。发现一处陶器废弃坑，出土较多陶器残片，全部是灰陶，器形较大，主要有罐、盆、碗等器形。这次发掘尽管时间短，但出土遗迹现象及遗物丰富，丰富了大运河济阳镇段运河文化内涵，更坚定了下一步运河申遗的信心。

图 5-2 运河明代大堤面车辙印痕

图 5-3 宋代大堤道路活动面行人脚印和动物蹄印痕迹

2008年3月至2009年元月，商丘市文物局组织专业技术人员在商丘古城南大运河段开展了大运河南关码头遗址的考古调查工作，经过半年多的艰苦工作，于当年10月初，钻探发现了该码头遗址，同年12月至2009年1月，选择在北岸码头西段进行考古试掘，发现了丰富的文化遗存。分别介绍通济渠商丘南关段和通济渠商丘夏邑段考古工作情况。

一、通济渠商丘南关段

通济渠商丘南关段位于商丘古城南约1.5千米，史书记载隋唐大运河通济渠在商丘古城南关自西向东蜿蜒流过，清康熙四十四年（1705年）《商丘县志·古迹》记载："隋堤，在旧城外三里，即汴渠故堤也，筑于隋，故名。"《商丘县志·山川》记载："汴河：在城南五里，或云即浪荡渠，源出荥阳县大石山，元至元中淤，嘉靖中曾疏之，今复成平陆矣。"遗产点位于古宋街道办事处叶园行政村武庄和大郭庄一带。遗产区面积92公顷、缓冲区面积140公顷，合计232公顷（图5-4）。

为丰富大运河商丘古城南关段的文化内涵，探寻南关运河码头具体位置和遗存情况，商丘市文物局组织商丘博物馆、商丘市文物工作队、睢阳区文物局专业技术人员组成考古队，编制了《商丘古城南关码头遗址考古调查方案》，2008年3月该方案报请河南省文物局组织专家论证批准后，即开始了这段运河的考古调查工作。经过7个月的艰苦工作，完成钻探面积20平方千米，在商丘古城南，沿运河故道东、西长约1000米的河道两侧，找到不同时期的古道路5条，在商丘古城南约2千米的古宋办事处叶园行政村武庄、大郭庄大运河两岸发现总面积达41.3万平方米的码头遗址。河道为西北东南走向，方向95°。武庄村南河道底部最深处距地表深21米。

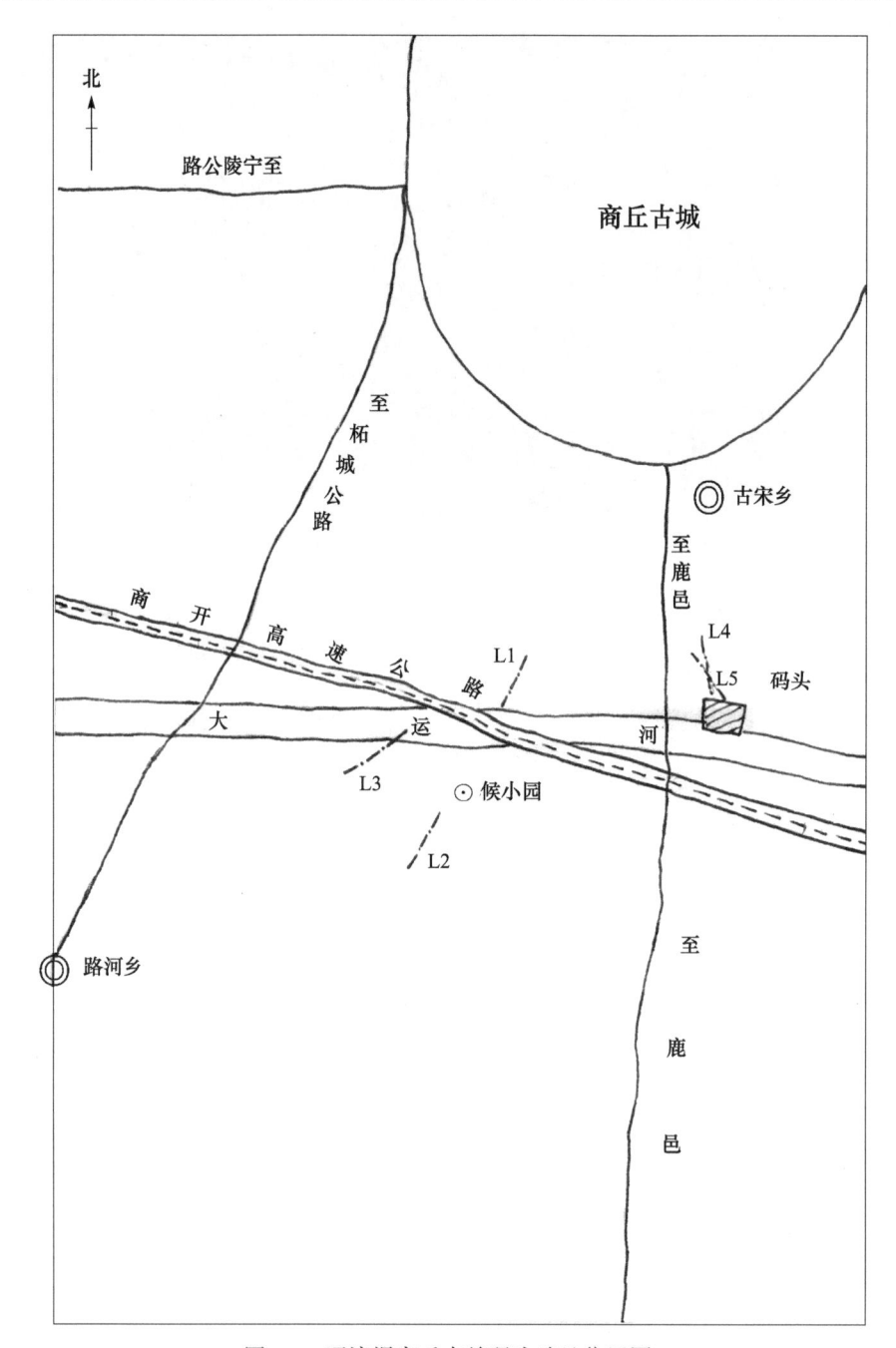

图 5-4　通济渠商丘南关码头遗址位置图

大运河北岸码头遗址位于叶园村武庄自然村，目前发现有砖石结构和夯土结构两类，砖石结构部分顶部距地表深 5—5.5 米，码头遗址活动面东西长（沿河岸）约 150 米，从河口向外（北）宽 52 米。发现一处从河岸伸向河道内的凸堤，伸入河道部分长约 40 余米，顶端呈圆弧形，活动面与北岸活动面基本持平，与北岸连接处宽约 50 米。截止到 2008 年 12 月底，发现北岸码头及附属建筑遗存面积 24.5 万平方米，东西长

700米，南北宽（从河口向外）300余米，文化遗存距地表5—11米不等。南岸码头遗址位于叶园村大郭庄自然村，东西长700米，南北宽200余米，总面积16.8万平方米。

北岸码头遗址位于武庄村，遗址为砖石和夯土结构混筑，顶部基本平坦，距地表深4.5—5米，东西长（沿河岸）约150米，从河口向外（北）宽52米。遗址中部发现1处由码头延伸进入河道内的凸堤（疑为码头伸向河内的凸堤，供船舶停靠），凸堤长约40余米。截止到2008年11月底，发现北岸码头遗址及附属建筑遗存面积245000平方米，东西长700余米，南北宽（从河口向外）300余米。南岸码头遗址位于大郭庄村，东西长700米，南北宽200余米，总面积168000平方米。

2008年12月初至2009年1月初的第一次发掘暴露码头面积约120平方米，探沟底部南端两米伸入到河床内（图5-5）。探沟内发现倒塌房屋两处；烧火灶一处；木船板一块，长5米余、宽0.4米、厚0.045米；一件造型精美的宋代红陶狗。出土一枚"熙宁元宝"铜钱（北宋铜钱）、两枚骨制骰子，骰子上的红色还很鲜艳（图5-6—图5-8）。此外，还出土大量北宋时期的砖瓦残块及陶瓷片，部分唐代瓷片。这一段码头遗址是用黑灰色黏土、白灰等混杂夯筑而成。从出土文物判断，遗址的使用年代属于隋唐宋时期。

2011年至2013年5月，河南省文物考古研究院在遗址区进行5次考古发掘，揭露面积8000余平方米，其中在武庄村南揭露码头北岸深入河道的凸堤面积4000余平方米，堤岸面距地表深4.5—5米。清理出的河岸高度最高处约8米，凸堤为夯土筑建，夯土内包含砖、瓦、陶器、瓷器残片等（图5-9、图5-10）。发现多处砖砌排水道、"熙宁重宝"铜钱一枚等遗物。堤岸表面发现大量唐宋时期的陶瓷、砖瓦残片（图5-11）。主要

图5-5 通济渠商丘南关码头遗址探沟发掘现场

图 5-6 通济渠商丘南关码头遗址探沟烧土灶

图 5-7 通济渠商丘南关码头遗址探沟出土陶狗

图 5-8 通济渠商丘南关码头遗址探沟出土铜钱和骨骰子

图 5-9 商丘南关遗址河岸分层遗迹（由西向东）

图 5-10 商丘南关遗址埽工遗存（由南向北）

图 5-11 北岸凸堤遗址活动面

是北宋时期的遗存，基本搞清了码头遗址区的河道宽度、深度、堤岸等遗存情况，为这一段遗产的成功申遗提供了科学资料。

通济渠商丘南关段是通济渠沿线重要的河道与水工遗存，他的发现与发掘，以实物形式真实地展示了我国隋唐宋时期大运河码头遗址的形状、结构、建筑技术和工艺、大规模的空间结构；展现了唐宋时期通济渠夯土驳岸的形制与工艺，以及通济渠巨大的河道规模，反映了河道历史的线路与走向。是大运河通济渠段极重要的发现，具有填补空白的重要意义。

初步结论：

（一）文献中关于商丘古城南运河区域的记述与考古发现的比较

《水经注疏·卷二十四·睢水》："睢水又东迳睢阳县故城南。……睢水于城之阳，积而为逢洪陂。陂之西南有陂，又东合明水。水上承城南大池，池周千步，南流会睢，谓之明水，绝睢注涣。"这里的逢洪陂或南大池是与睢水相连通的湖泊，位于睢阳城南。

《元和郡县图志·河南道·宋州》:"州城,古阏伯之墟,契孙相土亦都于此。春秋为宋国都。汉梁孝王广睢阳城七十里,开汴河,后汴水经州城南。"

《太平寰宇记·卷十二·宋州》:"睢水在县南五里。《水经》云:睢、涣二水出浪汤宕渠。《春秋·僖公十九年》:宋襄公用鄫子于次睢。杜预注曰:睢水受汴东经陈留、梁、谯、沛、彭城入泗,睢水又东经睢阳故城南,积而为蓬洪泽。"

北宋时人刘山老(字野夫,青州人,政和中,人传其寿一百四十五岁,云有道术)在其《满庭芳》词中有词句:"洛阳,花看了,归来帝里,一事全无。又还与瓠羹,再作门徒。蓦地思量下水,浪网上、芦席横铺。呵呵笑,睢阳门外,有个大南湖。"从词句的上下承接意思看,作者从首都东京汴梁乘舟顺水而下,至当时的应天府(睢阳故城)南门外,流连于与运河相通的南大湖。

北宋熙宁五年十月五日晚,日本僧人成寻从台州府开始北行,经扬州溯汴河前往五台山参佛,行至南京应天府,其在日记中写到:"……至南京大桥南,停船宿。……大桥上并店家灯火,大千万也。伎乐之声,遥闻之。……六日天晴。辰时,曳船,从桥下过。店家买卖,不可记尽。经二里,至次大桥外,停船。梢公宿积干姜取上市头了,五十石许上了。于宿州卅石许上市了。"

与文献记载相吻合,考古勘探中提取出了异常丰富的遗物,这是较为少见的。考古发掘所见的夯筑河岸地层中,包含了极为丰富的砖、瓦、陶器瓷器等遗物,特别是碎瓦块数量众多,可见当时运河沿岸历史上房屋建筑很多,生活居住的人也较多。从清理出的河岸堆积看,此处的运河沿用历史较长。

(二)关于遗存年代

从两次发掘出土的各类遗物综合情况判断,目前经清理揭露的河岸的时代大致属于唐宋时期,最晚不会晚于金代,这与文献中关于商丘南运河历史的记载相吻合。至于是否存在早于唐代的遗存,尚有待于进一步的考古发掘才能确定。

(三)关于遗存的性质

目前发掘清理出的遗存有两种形态,2008年底至2009年初发掘清理的遗存应为河岸码头遗址,有建筑遗迹、灶遗迹等,出土的较长木板,可用作上下船的踏板。2011年底清理出的河岸遗存也是码头遗址的一部分;其遗存面前后高差有1米,推测有可能属于建桥突堤的一部分;至于其较为准确的性质判断,有待于进一步考古工作才能确定。

(四)其他价值

商丘地区尽管区域历史文化遗产资源丰富,但由于受自然地理条件的制约,考古工作开展相对较少。目前已有的考古工作成果，对研究该区域自全新世早期以来的地层堆积、夏商至宋金时期的历史面貌、黄河在该区域的泛滥历史等，都具有重要意义。也为该区域历史文化遗产的保护和可持续发展提供了科学的实物资料。（注：以上"初步结论"摘自河南省考古研究院2014年汇报材料）

二、通济渠商丘夏邑段

通济渠商丘夏邑段是隋唐大运河的一部分，夏邑县境内长27千米。其中济阳镇段位于河南省夏邑县西南15千米的济阳镇，以济阳镇区为中心，东起济阳东皋，西至济阳邓铺，全长4.2千米。这一段运河河道较宽，河道内口最宽处在济阳镇区，宽约150米，济阳镇段以外的河道宽50米左右。该段目前还保留有长约300米水面故道，最宽处约30米（图5-12）。

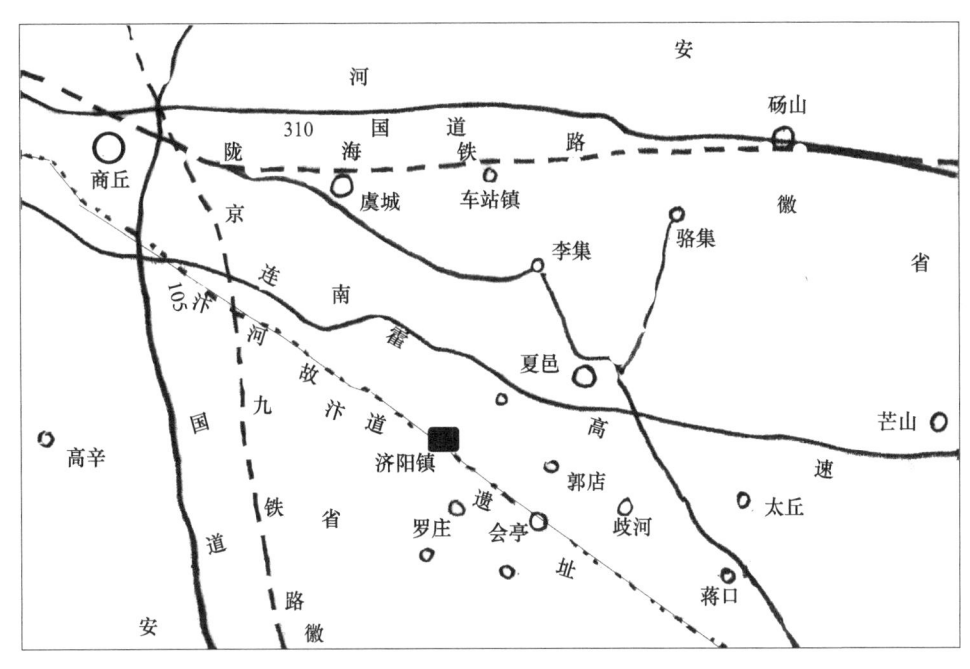

图5-12　济阳镇地理位置示意图

通济渠济阳镇段于1996年前后曾发现古代沉船及其他文物遗存。2007年之前，文物工作者曾经对大运河商丘段进行过一些零星调查，2007年7—8月，商丘市文物局第一次组织文博专业技术人员对大运河商丘段进行全面考古调查。2007年至2011年，文物工作者又对该河段进行钻探调查，基本了解了这段河道的文化遗存的基本情况。

2007—2013年，围绕通济渠济阳镇段进行的考古调查和发掘工作主要有两个地点：第一地点位于济阳镇西约800米，考古发掘工作是2007年12月至2008年元月进行的，总发掘面积288平方米[①]。第二地点位于济阳镇东刘铺村西麦田，发掘面积3050平方米。

第二地点的考古发掘工作分别于2012年和2013年春、秋四个季节进行。2012年春季发掘的布方位置在刘铺村西30米，南临刘铺村通往济阳镇的生产路，北距河南省道公路325线不足200米。选择沿着垂直河道方向开探沟一条，南北长95米，东西宽10米，方向43°，编号2012XJLT1，发掘面积950平方米。为进一步搞清楚春季发掘T1大堤内侧发现建筑基槽的规模、形状、结构等问题，秋季在T1西侧向西沿大堤方向扩方发掘，扩方长50米，宽10米，编号2012XJLT1扩方，T1扩方南壁距T1南壁41.6米。为了全面了解这段河道横断面结构情况，同时在T1扩方西端，与T1基本平行布置探沟一条，长160米，宽10米，编号2012XJLT2，方向40°（图5-13）。

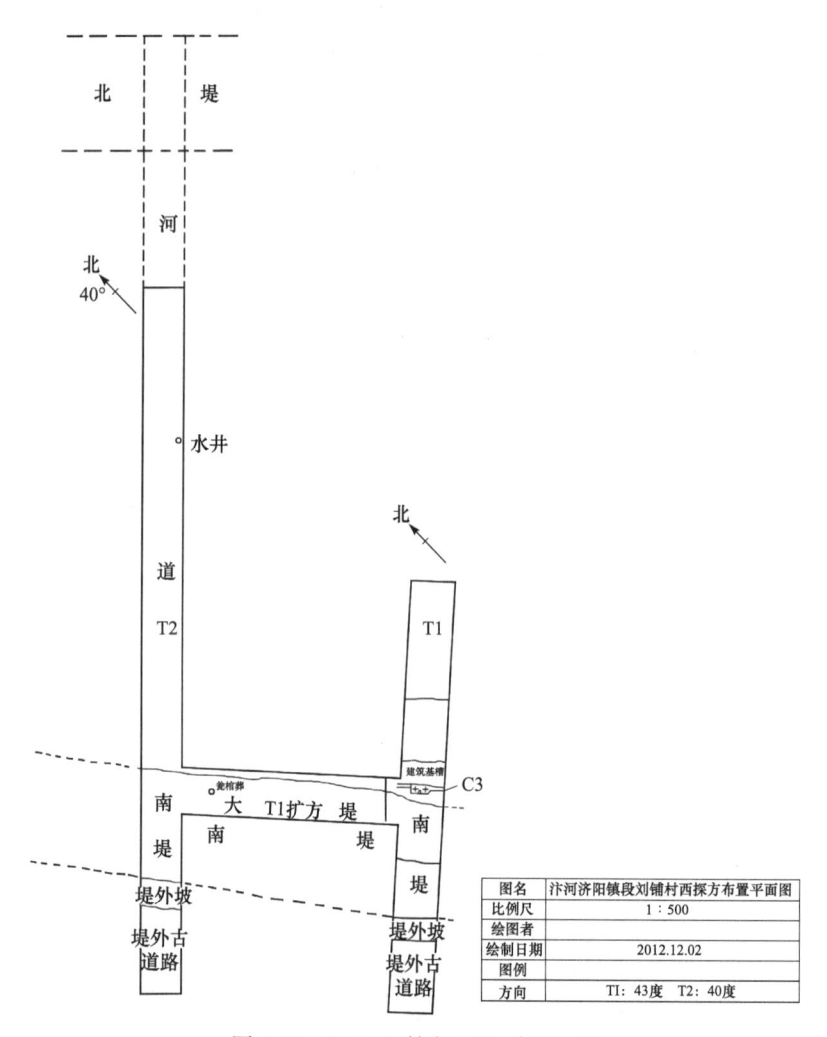

图 5-13 T1、T1扩方、T2总平面图

[①] 河南省文物考古研究院、商丘博物馆、夏邑县文物局：《河南商丘汴河济阳镇段考古调查发掘简报》，《华夏考古》2014年第1期。

2013年的考古发掘是对2012年考古发掘延续和完善，进一步清理现象、绘制图纸等工作，还进行了一些钻探调查。两年累计发掘面积3050平方米。

这次考古发掘的遗迹现象主要包括大堤主堤、主堤南护坡堤、护坡堤外侧宋代道路、灰沟、建筑基槽及墓葬等。

1. 大堤主堤

大堤主堤分布于T1的中南部、T1扩方和T2南部，开口于各探沟①层下，向东延伸进入T1东壁，向西延伸进入T2西壁。暴露部分顶部平面呈东西长方形，长71.8米，宽8—14.4米，从堆积的情况看，为黑褐色黏土筑成。为了保持遗址本体的完整性，没有进行解剖发掘（图5-14）。主堤护坡堤位于主堤南侧，紧靠主堤外坡，仅于T1和T2内部分暴露。平面形状似长方形，方向与主堤一致，T1暴露的长度约11米，东西宽10米。T2暴露的宽度为10.25—10.9米，长10米。从T1东壁剖面观察，护坡堤从主堤向外分6次筑成，各层土质土色均不相同，有黄灰土、褐灰土、黄花土、黄沙土等，护坡堤应是利用从河道内清淤倒翻出的土，覆筑在大堤外侧而成。这样既清除了河道淤土，保障河水畅通，又能起到加固堤防的作用，可谓一举两得。

图5-14　大堤南堤

2. 古道路2条

L2 古道路位于南堤护坡堤外侧，T1、T2各有一部分。其中T1内部分紧靠护坡堤的南侧，南边沿距T1南壁约2米，暴露部分平面形状为长方形，为东西走向，东、西两侧均进入探方两壁，南北宽约15.5米，东西长约10米。路面保存完好，路土层清晰，呈灰褐色，较硬。路面分布车辙印痕数条，由于车辙印痕较乱，无法测定车轮轴距。T2内古道路位于③层下护坡堤的外侧（南侧），东、西两侧均延伸进入探方壁，暴露的平面形状为长方形，南北宽15.1—15.3米，东西长约10米。路面土质较硬，路土层薄，呈灰褐色。清理后发现车辙印痕数条，辙宽0.12—0.15米，深0.05—0.08米，由于车辙交错无规律，初步判断既有独轮车又有双轮车痕迹。车辙痕路土坚硬（图5-15），有少量炭灰，碎青、白釉瓷片。路南侧发现一东西向平面呈长条状凹槽，宽1.05—1.1米。槽内两侧有同向车辙痕两道，辙间距0.95米，据此判断为双轮车。L2的年代为唐宋时期（图5-16）。

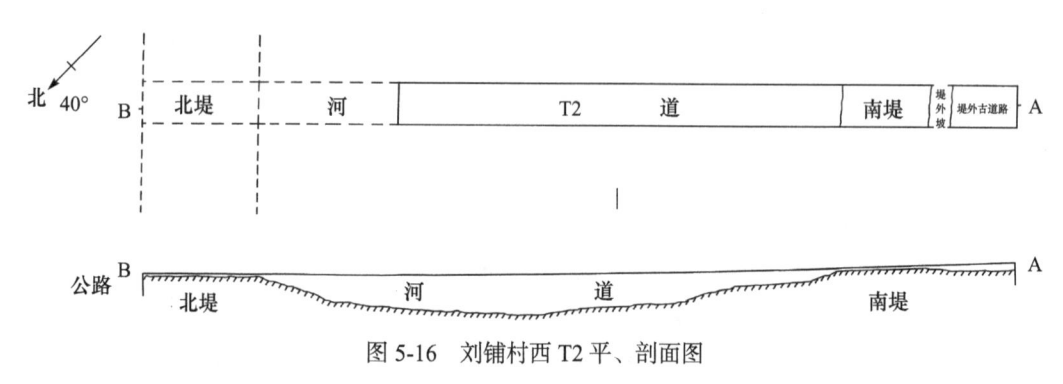

图5-15　T2大堤外宋代古道路

图5-16　刘铺村西T2平、剖面图

L1　位于T2南部，开口于③层下，西北东南向，东西两端分别延伸进入T2东西两壁，暴露部分长10米，宽2.6—3.8米，土色呈浅褐色，土质致密坚硬，路土层清晰，路面遗留有少量青花瓷片和黑釉瓷片等。L1的年代为明清时期。

3. 灰沟

共发现的5条灰沟，分别编号为：G1、G2、G3、G4、G5。

G5　位于L2南侧，属于L2的路沟。开口于T2⑥层下，东西端分别延伸进入T2东西壁。平面长条形，斜壁、圜底。开口距地表深1.25—1.3米，宽1.25—1.42米，深0.25—0.3米。沟内填土为浅灰褐色，质松软，含少量炭灰、陶渣，遗物有少量白瓷、黑瓷片。G5的年代为唐宋时期。

4. 建筑基槽

建筑基槽位于主大堤近顶部北侧坡面的河道内侧，北侧上部被G3打破。平面长方形，直壁，平底，长 4.28 米，宽 1.16 米。槽底中部有一土台，长 1.8，宽 0.6，高 0.3 米，土台内两侧各有一个十字坑槽，坑槽底为圜底，口宽约 0.2 米，深 0.1 米。与十字槽对应的基槽壁上也有坑槽，似是用于放置木桩类建筑材料的，但在坑槽内没有发现木炭类痕迹（图 5-17、图 5-18）。

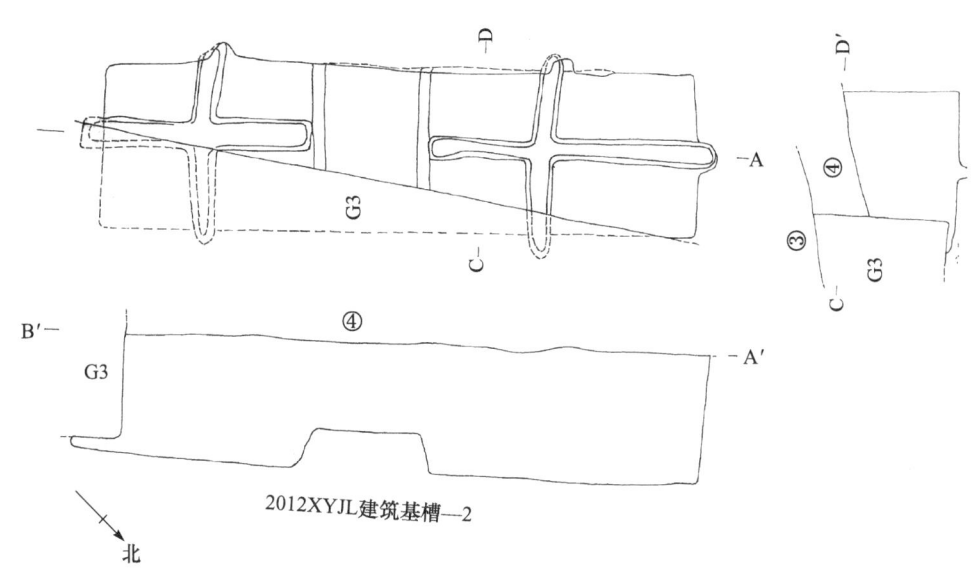

图 5-17　T1 建筑基槽平、剖面图

关于该建筑基槽的性质和用途，经研究，初步认为该基槽很可能是宋代治河技术之一种——木龙狭河建筑遗迹。"木龙杀水"法的基本做法是编制木龙置于河中以减缓水流，沉积泥沙，为了防止木龙被水冲走，在岸上埋置固定木龙的桩基，这个建筑基槽很可能就是这个用途。如果这个推测正确，此建筑基槽的发现就具有填补空白的重要意义，因

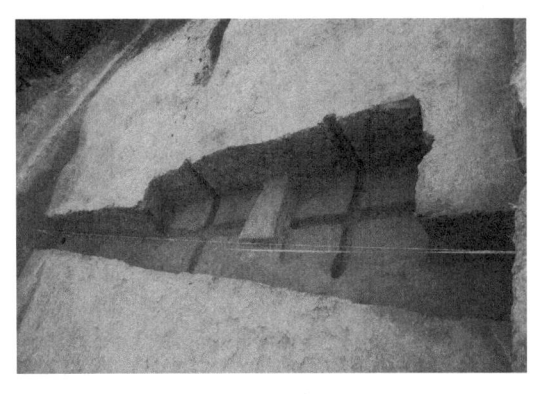

图 5-18　T1 建筑基槽

为宋代陈尧佐发明的"木龙杀水"法的木龙编制技术失传已久，木龙的编制方法已不得而知。

5. 瓮棺葬（W1）

W1　位于发掘区 T1 扩方部分的西端，距 T2 约 5 米，开口于①层下。平面形状似椭圆形，壁直，底平。口距地面 0.28—0.2 米，底距地面 1.03—1.08 米。瓮棺内填土疏松，土色呈浅灰色。葬具为陶瓮、黑瓷碗。

6. 大堤北坡行人脚印、动物蹄印等

在 T1 扩方大堤北坡④层下发现行人脚印、动物蹄印等（图 5-19），T2 主堤北坡亦发现行人脚印痕（图 5-20）、牲畜蹄印，行人脚印比较密集，方向不一，上下左右都有，有浅有深，动物蹄印较少。这些现象充分表明大运河在使用过程中，大堤内侧人类及动物活动的迹象。

图 5-19　南堤北坡行人脚印痕迹　　　　　图 5-20　T2 堤北坡行人脚印

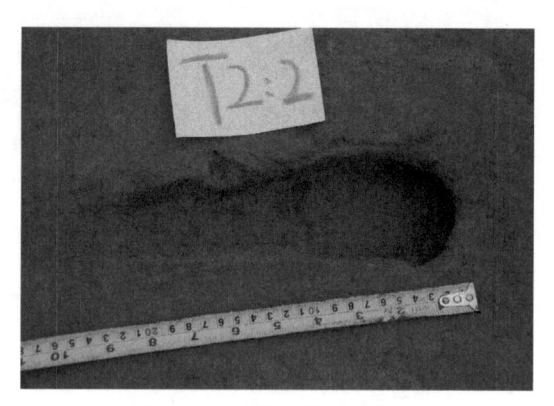

7. 古井 1 座（J1）

J1 位于 T2 中部偏北，井开口于②层下，部分延伸进入 T2 东壁，井口部呈不规则形，口距地表深 0.42—0.45 米，在探方内部分长 7.3、宽 3.32 米，下部呈圆形，井壁用小青砖垒砌，残砖所占比例较大，圆形部分井内径 0.9 米，清理深度 2.8 米，因地下水停止。井内淤积土为黄沙土，质地纯净，没有发现遗物。依据井的开口层位及使用青砖分析，初步确定其年代为清。

8. 灰坑 1 座（T2H1）

T2H1 位于探方东南部，开口于③层下，口距地表深 0.95—1.02 米。口部平面呈椭圆形，东西长 1.96、南北宽 1.08、深 0.4 米，斜壁下收成圜底，填土为灰褐色，陶质较硬，质密，有少量碳粒。遗物有青花瓷片，碗足残片等。年代为明清。

9. 木桩年轮图案遗迹

在 T1 南堤北侧河道内⑧层下与东部建筑基槽相对应处，发现大面积密集分布的疑似木桩年轮图案遗迹，范围宽约 10 米（探沟宽度）、长 13 米。年轮直径大小不等，最大约 20 厘米，最小有 5 厘米，疑似木桩腐朽后留下的遗迹，很可能是当年"木龙狭河"治水法留下的木龙遗迹（图 5-21）。

出土文物主要是瓷器，多数是残器，胎均为较细腻的灰白色。另有少量陶器、釉

陶器。瓷器器型有碗、盏、盘、瓶、罐、缸等。陶器有盂、瓮、碗、盆等（图5-22）。

根据地层与遗迹，遗迹与遗迹之间的相互关系，初步推断T1地层的相对年代为：主堤与护坡堤的年代为唐宋，堤南：第①层：现代农耕土；第②层：近代层；第③层：明清时期；堤外道路年代为宋。堤北：第①层：现代农耕土；第②层：近代层；第③层：清代层；第④—⑧层：④层包含明清瓷片，⑧层下压大堤北坡，⑤—⑧层没有文化遗物，年代应在明至宋代之间。

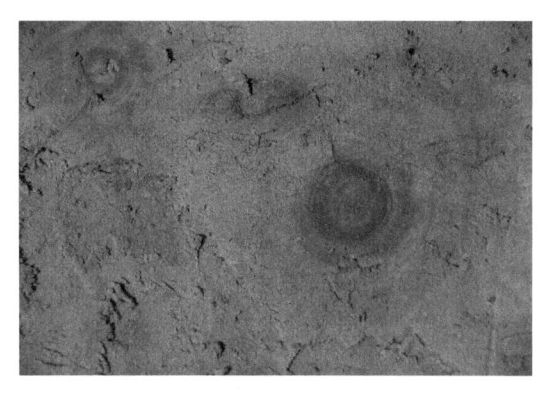

图 5-21 T1堤北坡木桩遗迹

T1扩方年代推断：根据地层与遗迹，遗迹与遗迹之间的相互关系，初步推断其相对年代为：主堤与护坡堤：年代为唐宋。第①层：现代农耕层。第②层：近代层。第③层：清代层。第④层：明代层。

T2年代推断：根据地层与遗迹，遗迹与遗迹之间的相互关系，初步推断其相对年代为：主堤与护坡堤：年代为唐宋。堤外道路年代为宋。堤南：第①层：现代农耕土；第②层：近代层；第③层：明清时期。堤北：第①层：现代农耕土；第②层：近代层；第③层：清代层；第④层包含有明清瓷片，第⑤—⑧层没有文化遗物，从地层叠压判断年代应在明至宋代之间。

从此次考古调查和发掘情况看，济东刘铺点的遗产价值还是比较大的，在大运河通济渠段具有代表性。

第一，在南大堤外侧发现几个时期筑建的护坡大堤，印证了大运河在使用过程中经常清淤疏浚的历史事实，也反映了大运河大堤在使用期间是在经常性加固维修保护的情况。

第二，在护坡大堤最外层表面发现有典型宋代清釉瓷碗片，没有见到更晚的遗物、遗迹，证明最外（上）层护堤的建筑和使用的年代最晚应不晚于宋代。由此推断中期大堤的筑建使用年代是唐宋时期的，那么早期大堤的年代很可能早于隋唐，最终确定其年代还要等待更多的考古资料来证明。

第三，南堤外侧古道路及堤北坡分布密集地行人脚印遗痕的发现，反映了当时运河大堤作为道路交通繁忙，也印证了史书关于大运河堤外是官道的记载，为我国古代交通史研究提供了考古资料。

第四，大堤建筑基础槽时代与中期大堤同时，有水利专家初步认为它是北宋时期

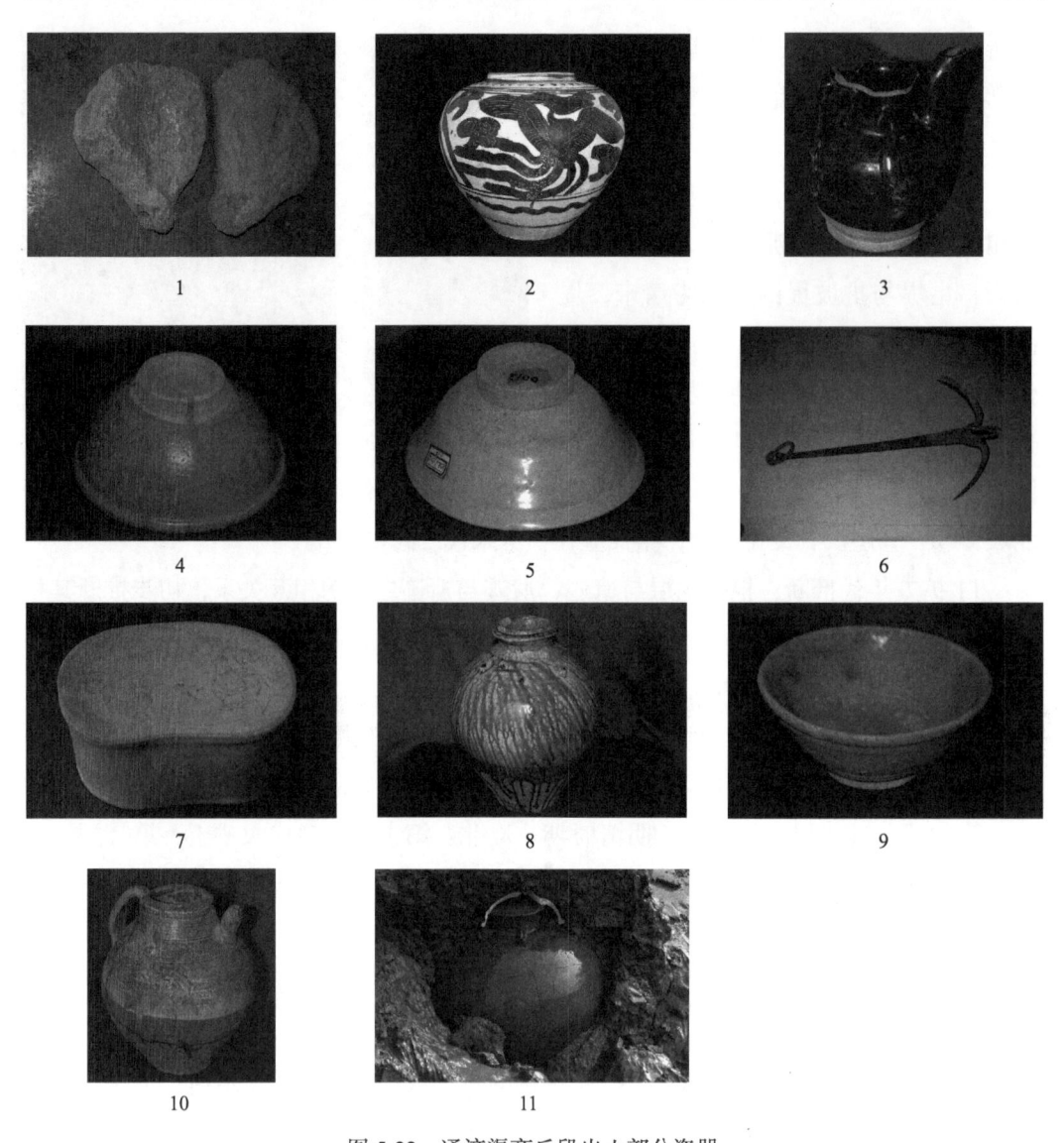

图 5-22　通济渠商丘段出土部分瓷器
1. 济阳镇出土耢石　2. 宋褐花瓷瓮　3. 宋黑釉执壶　4. 宋青瓷碗　5. 宋青釉瓷碗　6. 宋铁锚
7. 宋婴戏白瓷枕　8. 唐黄釉瓷瓶　9. 唐黄釉瓷碗　10. 唐黄釉执壶　11. 唐四系小口瓮

治河清淤技术——"木龙狭河"建筑遗迹，是建筑在堤岸用于固定木龙的桩基础，它的发现为研究我国北宋时期大运河治水技术提供了宝贵资料。

第五，在大堤北侧河道发现有分布密集的树木桩印痕，很可能是"木龙狭河"治水法留在河道的木龙遗迹，为进一步挖掘大运河的文化内涵具有重要价值。

大运河文化是中国历史文化的重要组成部分，中国大运河是世界上唯一一个为确保国家粮食运输安全，以达到稳定政权、维持帝国统一的目的，由国家投资开凿和管理的巨大水利工程体系。它是解决中国南北社会发展和自然资源不平衡的重要措施，它实现了在我国广大国土范围内南北资源和物产的大跨度调配,沟通了国家的政治中心与经济中心,促进了不同地域间的经济、文化交流,在国家统一、政权稳定、经济繁荣、文化交流和科技发展等方面发挥了不可替代的作用。

第三节 唐宋商丘古城

一、唐代宣武军城

据清康熙四十四年《商丘县志·城池》记载,唐德宗建中(780—783年)年间,商丘古城为宣武军城,城有三个部分组成。唐穆宗长庆二年(822年)宣武叛将李齐攻宋州,陷南城,刺使高承简保北二城,与贼战却之,唐懿宗咸通十年(869年),徐贼庞勋,袭宋州,陷南城,刺使周处冲。守北城以拒贼。

二、宋代南京城

清康熙四十四年《商丘县志》记载:"宋为南京城,城周十五里四十步,东二门:南曰延和,北曰昭仁;西二门:南曰顺城,北曰回銮,南一门,曰宗礼;北一门,曰静安。内为宫城,周二里三百六十步,门曰重熙、颁庆。京城中有隔城,门二:东曰承庆、西曰祥辉。东有关城(东西外城也),周二十五里八十三步,东、南、北各有一门。"

第四节 张 巡 祠

张巡祠原位于商丘古城南七里,是为了纪念唐安史之乱(755年)中,睢阳守将、御史中丞、真源(今太康)令张巡、睢阳太守许远而建,故称张巡祠。祀张巡、许远,以南霁云、雷万春、姚訚、贾贲配,六人同死于安史之乱。唐至德中(756—757年)祀张巡,许远,以南霁云配,世人称之为双庙,不久增配雷万春、贾贲,称为五王庙。宋大观(1108—1109年)中增配姚訚为六人,称"协忠庙"。历代先后追封张巡为忠烈侯、许远为忠义侯、南霁云为忠壮侯、雷万春为忠勇侯、贾贲为忠济侯、姚訚为忠褒侯,又称"六忠祠",金代毁于兵火。元代至元(1260—1294年)年间重建于睢阳城中。元代以后多次被毁,或迁建,或重建。现仅存清康熙四十年(1703年)重修六忠祠过厅、拜殿各一座,过厅西阔三间,进深两间,单檐硬山顶。为弘扬民族文化,振奋民族精神,满足海内外人士怀念、凭吊、祭祀张巡的心愿。商丘地方政府于1990年4月在张巡殉难处重建张巡祠,即我们现在看到的商丘古城南门外的张巡祠,新祠占地总面积40700平方米,南北长方形,长370,宽110米,坐北朝南,由南向北依次为山门、大殿、陵墓等，大殿面阔七间，进深三间，琉璃瓦覆顶，为仿唐代重檐歇山式建筑，整座祠庙显得庄严肃穆，气势宏伟（图5-23）。

图5-23 张巡祠

第五节 八 关 斋

八关斋位于商丘古城南关外路西，为一处仿唐式（山门、大殿）、仿清式（碑亭）建筑群，坐南面北，主要建筑有山门、碑亭、大殿、古井、小碑亭、假山等，均为现代仿古新建。八关斋内现存明代《宋州八关斋会报德记》石幢一通，残为两段，这里是唐代开元（宋名宝荣，又名隆兴）寺旧址，碑亭内立的是1993年仿制碑，大殿内的为旧碑（图5-24、图5-25）。

图5-24 八关山门

《宋州八关斋会报德记》石幢，青石质，八棱形，石幢高2.67米。每面宽0.5米，唐颜真卿撰书，全文983字，残为两段，一部分缺失，一部分文字脱落，文革期间收入商丘博物馆保存，2003年运回八关斋保存展示。

《宋州八关斋会报德记》碑文记述了唐代李豫大历七年（公元772年）五月八日在宋州城（今睢阳区）南开元寺，

图5-25　八关斋石经幢局部

举行斋会的缘起，田神功的资质、美德及在安史之乱中的战功和经历，文章着重介绍了田神功的孝行及建斋中吏民踊跃捐输的情形及斋会的盛况。

八关斋会是佛教的一种宗教仪式，信奉的人认为举行这种斋会能为人禳灾祈福，宋州八关斋会是为河南节度观察史、省知事兼御大夫、汴州刺史、上柱国信都郡王田神功重病，累月方愈而举行的。田神功原为安（禄山）史（思明）部将，安禄山发动叛乱后，田神功反正归唐。安史之乱中，田曾两次解睢阳之围，使全城免遭屠戮。因此睢阳吏民无不感念其盛德。这次斋会就是为田神功因现沉疴顿起，以资庆贺而示报德举行的，斋会盛况空前，宋州刺史徐向等官吏为了逢迎田神功，邀请1000名僧人赴斋会，接着州、县官吏，富豪乡绅，连续设会，饭僧数千，一时佛饭香供摆满郊野；经声佛号尽夜不息；善男信女，四方云集。为此特请年事已高的著名书法家颜真卿撰书《宋州八关斋会报德记》，将歌颂田神功的活动记录下来，勒石纪念刻成八棱石幢，置于开元寺东侧，石幢初称颜鲁公碑，因碑文所记是八关斋会的佛事，后人便逐渐将此碑以及存放碑的地方都称为八关斋了。（附：《宋州八关斋会报德记》，《归德府志》卷三十三《古迹略》第446—448页。）

颜真卿宋州八关斋会报德记

夫德之所感，瀹（音yue，康熙四十四年《商丘县志》为"沦"）骨髓而非深，诚之所至，去神明而何远。有唐大历壬子岁（唐代宗李豫的第四个年号，公元772年），宋州八关斋会者，此都人士，众文武将吏，朝散大夫使持节宋州诸军事、行宋州刺史兼侍御史、本州团练守捉使、赐紫金鱼袋徐向等，奉为河南节度观察使、开封府议同三司、太子太师、左右仆射、知省事兼御史大夫、汴州刺史、上柱国信都郡王田公顷疾良已之所建也。公名神功，冀州南宫人。禀元和之粹灵，膺（据康熙四十四年《商丘县志》为"应"）期运以杰出。含弘厚下，正直率先。起孝而德感生人，竭忠而精贯白日，和众必资于宽筒，安人务在于抚柔。况乎武艺绝伦，英谋沉秘，所向而前无强敌，日新而学有缉熙。故能奠天子之邦，郁苍生之望有日矣。安史构逆，公以平卢节将佐今右仆射李公忠臣，收沧州，攻相州，拒杏园，守陈留，许叔冀降而陷焉。思明惧忠臣图已，令公佐南德信，随刘从谏收江淮，至宋州欲袭李铣。公斩德信，走从谏，遂并其众而报焉。肃宗大悦，拜公鸿胪卿。再袭敬釭于郓州，加中丞。讨刘展于润州，斩平之，迁徐州刺史。明年拜淄青节度使。属侯希逸自平卢至，公以州让之。时宋州刺史李岑为贼所围，副元帅李光弼请公讨平之，拜御史大夫，加开府兖郓节度使。破法子营，又讨敬釭，釭归顺。史朝义闻之，奔下博，投范阳，自缢死。广德元年，授户部尚书，封信都郡王。上幸陕，公首末扈从，都知六军兵马，每食宿公皆躬自省视。上感焉，方委以政事，公涕泣固辞而止。二年拜汴宋节度，迁兵部。大历二年加公右仆射，封母清河张氏为赵国太夫人，妻信安郡王褘女为凉国夫人。太夫人慈和勤俭，睦于亲党。公性纯孝，居常不离左右，阅读书史。或时疾病，公辄累月不茹荤，家中礼忏不绝，仍造崇夏、弘圣二寺，以祈福佑。五年兼左仆射，知省事，加太子太师。公德厚量深，劳谦重慎。功既高而心益下，位弥大而礼益恭。故远无不怀，迩无不肃。今夏四月忽婴热疾，沉顿累旬，积善降祥，勿药遄喜。鹰犬之玩，悉皆弃舍，郡帅感焉，无复弋猎。四履之内，感怀欢忻，睢阳之人，踊跃尤甚。乃咨于州将曰："昔我公之陷贼也，至敝邑而首诛德信；李岑之见围也，破其党而克保城池。是即我公大造于敝邑也。微我公之救恤，则皆死于锋镝，入于煎熬矣，尚何能保完家室，嬉戏乡井者乎？不资斋明，何以报德？"徐君悦而从之。来岁五月八日，首以俸钱三十万，设八关大会，饭千僧于开元伽蓝，将佐争承，惟恐居后。已而州县官吏长史苗藏实等，设一千五百人为一会；镇遏团练官副使孙琳等，设五百人为一会，耆寿百姓张烈等，设五千人为一会，法筵等供，仄塞于郊垧；赞呗香花，喧填于昼夜。其余乡村聚落，来往舟车，闻风而靡，督自勤荦，惠而怀胥懋者，又不可胜数矣。非夫美政淳深，德风汪濊，则何以感人若此其至者乎？真卿等叨接好仁，饱承余烈，睹兹美盛，益觍求蒙。若不垂诸将来，则记事者奚述！

唐代睢阳地处隋唐大运河要冲，是由中原通向江南的门户之地，地理位置非常重要。唐肃宗至德二年（757年），安禄山死后，其子安庆绪派部将尹子琦率同罗、突厥、奚等部族精锐兵力与杨朝宗联合，共十几万人，进攻睢阳。面对强敌，张巡、许远激励将士固守，从早至午，接战20余次，士气不衰。许远自以才能不及张巡，推张巡为主帅，而自己管筹集军粮和战争物资。张巡任主帅后首先清除了内部叛将田秀荣，然后率军出城主动袭击叛军,将叛军打得大败而逃,并缴获了大批车马牛羊。张巡把这些战利品都分给了将士,自己分毫不要。这次大捷之后,朝廷拜张巡为御史中丞;许远为侍御史;姚訚为吏部郎中。

同年五月,正是麦熟时节,叛军在城外收麦以充军粮,张巡在城上看到后,集结士兵,擂鼓做出欲战的样子。叛军见状立刻停止收麦待战。这时,张巡止住擂鼓,让军士做出休息的样子,叛军见状放松了警惕。张巡抓住时机命南霁云率军大开城门突然冲出,直捣尹子琦大营,斩将拔旗。与此同时,有叛军大将率一千余骑兵直逼城下招张巡投降。张巡在城上一边与敌将答话,一边暗命勇士几十人手持钩、陌刀、强弩从城上吊下潜入无水的护城壕中,趁城外叛军依仗人多势众并不戒备时,勇士们奋勇杀出,叛军猝不及防损伤了很多人马。

又有一日,张巡手下大将雷万春在城头巡视,叛军看到,一起放箭,雷万春一不留神,脸上中了六箭。但为安定军心,岿然不动。令狐潮以为张巡又是拿个什么木头人来骗他,叫来探子一打听,大惊,在城下对张巡说道:"向见雷将军,方知足下军令矣,然其如天道何!"张巡回答:"君未识人伦,焉知天道!"命令将士出城猛冲,令狐潮忙逃,守军俘获叛将十四名,杀死一百多人,大获胜利。

但叛军一直把睢阳围的紧紧围住,城外的叛军越聚越多,城里的守军越打越少,到后来只剩下一千六百多人。还断了粮食,士兵们连树皮、茶叶和纸张都吃,一个接一个饿倒。无奈之下,张巡只好派南霁云带领三十名骑兵重出重围,向临淮(今江苏睢宁西北)守将贺兰进明借兵。

贺兰进明害怕叛军,不愿出兵救睢阳。但他爱惜南霁云勇猛,召集手下设宴招待南霁云,想留下南霁云为自己所用。南霁云知道贺兰进明不肯借兵,哪里有心吃饭?他咬下自己一个手指,流着眼泪说自己未能完成使命,留下根手指作为来此的见证。南霁云离开临淮,又从别处借兵三千,回到睢阳。被叛军发现,一场血战之后,才进了睢阳。张巡和许远知道没有借到兵,两人反复商量后,认为睢阳乃江淮屏障。为阻止叛军南下,唯有死守睢阳。城里粮食没了,就吃树皮、战马、麻雀、老鼠。城中将士和百姓明知道守下去毫无希望,但仍坚持到最后。到十月中旬,在瘟疫和饥荒严重又没有外援的恶劣情况下,守城的将士们已失去战斗力,眼睁睁地看着叛军翻墙入城,终因寡不敌众,睢阳城陷落。

张巡、许远、南霁云、雷万春等人宁死不屈,均被尹子奇杀害。但尹子奇也在之后不几天便被唐军打败,全军覆没,尹子奇被杀示众。十二月,天下暂告平定,唐肃宗追封死难的功臣。后来,到唐僖宗时,又将张巡、许远、南霁云的画像移入凌烟阁,供后人祭奠。

第六节 永城侯岭唐代木船

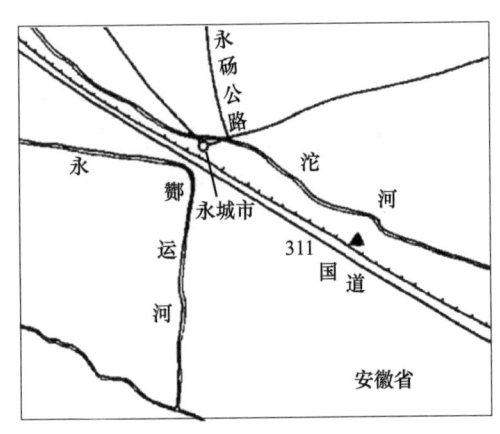

图 5-26 永城唐代木船出土位置图

该船位于河南永城市东 9 千米，311 国道北侧的侯岭乡乡政府约 20 米处（图 5-26），此处原是隋唐大运河通济渠故道。1996 年 4 月，永城市人民政府在拓宽永宿（永城至安徽宿州）公路时发现。经河南省文物局批准，同年 5 月 17 日至 30 日，商丘市文物工作队在永城市文物部门的配合下对该沉船进行抢救性发掘，历时 13 天。

该船船艏朝东，方向为 120°。船北舷距地表深 4.1 米，南舷距地表深 3.66 米。船体位于第 8 层下。"船身东南高，西北低，从南向北倾斜，现存东西长 24 米、南北宽 5 米多，船体内深约 1.4 米。主要由船艏、船艉、船舱、船舷和船底组成。保存基本完整，唯中间偏南部分因船身倾斜残破较甚，船艏上部已残缺，两舷板保存较完整，但南舷东半部已脱落船体，伸向船外（图 5-27）。船底较平坦。船舱呈方形（艉部因深入公路之下无法发掘）。据钻探测量，最宽处在中间，底宽 2.3 米。两端渐收，至船艉处向上倾斜，整个平面近似柳叶形。船底板共由 8 块木板组成，表面曾涂漆，底下附二重木板，至舷处附三重木板。船底板厚 7.5 厘米，其余二重分别厚 4 和 3.5 厘米。船底由 7 块木板接合而成，板最宽 40 厘米，最窄 12 厘米。连接方法采用搭接式，以榫卯方式扣合。用枣核形钉或吊形钉钉合，缝隙塞以麻丝和香油灰捣成的黏合物，钉距一般 9—10 厘米，最大 11、最小 5 厘米。船底部中央有修补现象，船板纹路清晰，木质较细。船底龙骨在船底之上，从船艏至船艉，南北向并列放置。现存龙骨 22 根，从船舷的孔口推算原应有 31 根龙骨，这 31 根龙骨将整个船分隔成 33 个舱。各舱大小不

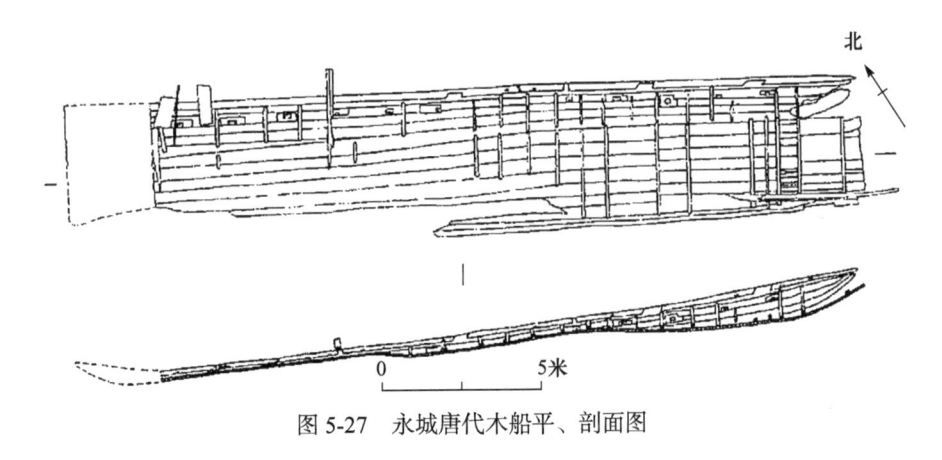

图 5-27 永城唐代木船平、剖面图

一，尾舱空间最大，达 2.88 米，第 4 舱空间最小，只有 0.24 米宽。龙骨两端插进船舷的榫口处呈弓形，上下高 0.08、厚 0.07 米，长约 0.8 米，有部分断面呈方柱形。船艄船艏的挡浪板及甲板已不存在，仅存船艄底部及舷板。底部较平，与船底构成斜角，前端宽 2、后端宽 2.4、长 0.64 米。在拆船中发现船艄的底板与船身的底板是一块板。船舷南船舷的东下半部分残，并已伸出船外，这可能是因为船体倾斜后抛出船外所至。现仅存一根船舷顶部的半截木头，是用原木劈成两半而成。船北舷保存较完整，其顶部亦为一圆木劈开的一半。半圆木的下面连接舷顶，该木长 10.37、宽 0.13、厚 0.22 米。北舷顶共由两个圆木搭接而成，顶表面在东 1.4 米处刻一木槽，该槽宽 6、深 4 厘米，木槽内插有船甲板伸进的木板，该木槽至船底距离 0.7 米。北船舷除顶部半截木之外，共有 5 块木板搭接而成，最大的木板东西长 6.3、宽 0.4、厚 0.75 米，最小的长 5、宽 0.18、厚 0.035 米。北船舷近底部有安龙骨木梁的刻槽，东边的 6 米处有梯形刻槽，该槽东西长 23、深 7 厘米，槽内又有一方形槽，长 9 宽 7 厘米………"[①] 这次发掘共清理遗物 80 余件，其中船内及船上淤泥内出土有瓷器、陶器、铜钱等。器形有三彩注子 3 件、三彩盆 1 件、三彩方壶 1 件、瓷罐 2 件、釉陶碗 2 件、陶盆 3 件、陶器盖 1 件、瓷碟 1 件、瓷碗 16 件、陶丸 1 件、核桃 5 粒、开元通宝 1 枚。船底下出土 30 件，有瓷器、2 件釉陶器及铜钱、竹席、柳条框等。开元通宝 1 枚、柳条框 1 件、竹席 1 件子母口瓷盆 1 件、陶器盖 1 件、瓷碗 14 件、瓷盆 11 件（图 5-28、图 5-29）。

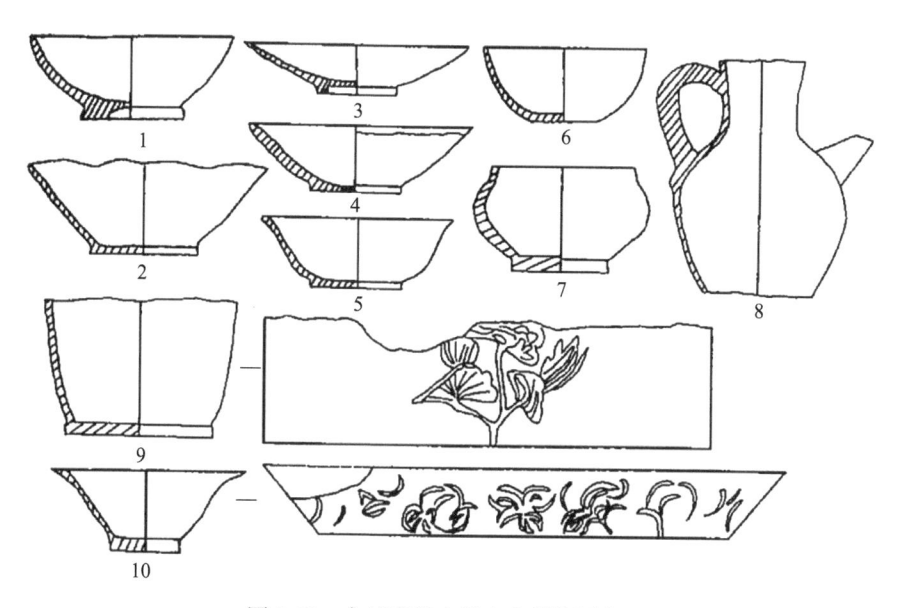

图 5-28 永城唐代木船出土器物图之一

1. 釉陶碗（EH：13） 2. B 型瓷碗（EH：10） 3. 瓷碟（EH：15） 4. 瓷碗（EH：9） 5. E 型瓷盆（EH：47） 6. C 型瓷盆（EH：45） 7. 三彩盆（EH：16） 8. 三彩注子（EH：24） 9. 瓷罐（EH：19） 10. A 型瓷碗（EH：6）

---

① 商丘市文物工作队：《河南永城市侯岭唐代木船》，《考古》2001 年第 3 期。

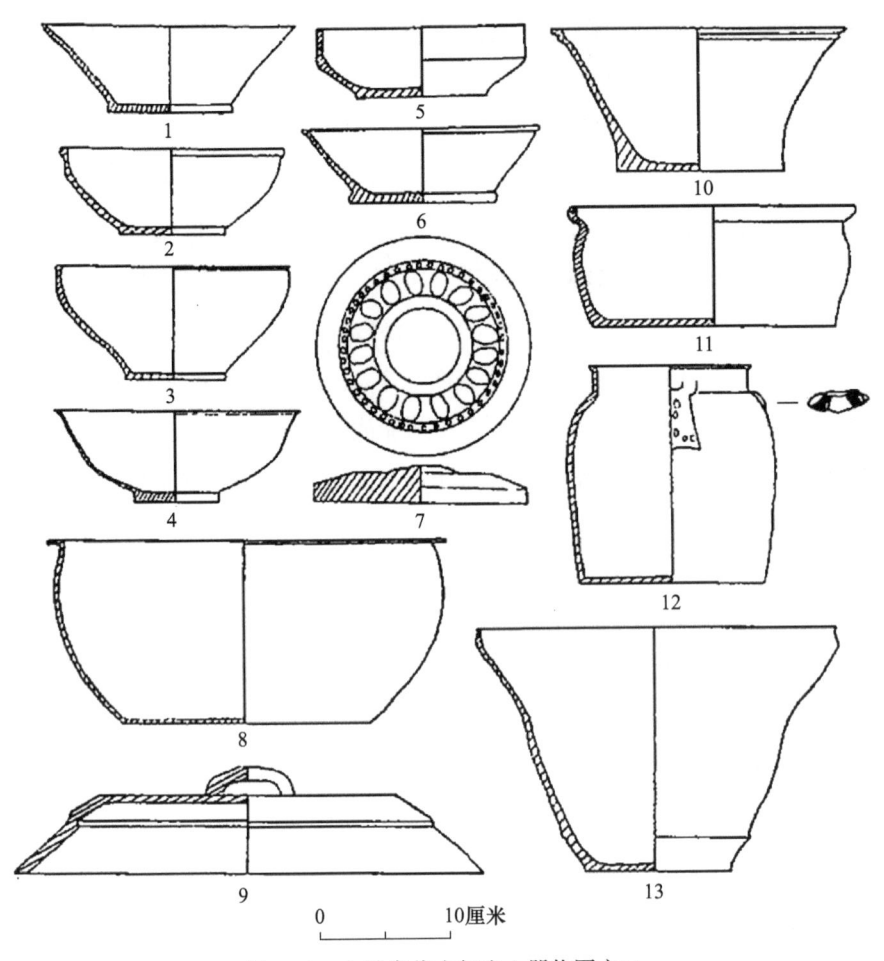

图 5-29　永城唐代木船出土器物图之二
1—4. 瓷碗（EH：36、34、1、35）　5. B 型瓷盆（EH：41）　6. A 型瓮盆（EH：39）
7、9. 陶器盖（EH：33、20）　8、10、11. 陶盆（EH：22、32、18）　12. 瓷罐（EH：21）
13. 瓷盆（EH：31）（3、8—12. 船内及以上堆积出土器物，余为船下出土器物）

发掘者根据船内出土文物及其他现象综合分析，认为该船的年代为唐代初年。该船因位于大运河通济渠内，时代又在唐代初年，所以这一发现就显得特别重要，首先从船体结构及船内出土遗物看，该船是一条商业运输船，复原后的船体长 25.4、宽 5、深 1.5 米，分 33 个舱。这在内河航运是较大型船，是豫东、也是大运河通济渠段的首次发现，是研究大运河航运的宝贵材料，也是研究唐初木船结构形制的重要资料[①]。

第七节　圣寿寺塔

圣寿寺塔位于睢县城西南 22.5 千米闫庄村。1963 年被公布为河南省重点文物保护

---

① 商丘市文物工作队：《河南永城市侯岭唐代木船》，《考古》2001 年第 3 期。

单位，2006年被公布为全国重点文物保护单位。

该塔为平面呈六角型的九层密檐式砖塔，塔高19.25米，第一层有斗拱，伸蚂蚱头的正心枋，南面辟有半圆形卷门，内为六角型塔心室，室内上部实心，用叠涩砖层收砌成六角型钻心尖藻井，塔身南面第六、八层辟有圭形小门，其他无门。塔身第一至六层的外壁嵌砌有281块佛像砖，佛像为坐像，个别的有头光，佛像造型各异，栩栩如生。圣寿寺塔由于建筑结构奇特，外部建筑雄伟壮观，造型优美别致，经古建筑专家鉴定为宋塔。

圣寿寺占地20余亩，建筑在一块高出地面丈余的土岗上。据目睹过圣寿寺的老人回忆，寺院头门3间，中间为穿堂门，东西两间塑有高2米多手持矛戈武器的对视把门将军4尊，过头门十多米是一座八角琉璃殿，面积约40平方米，其建筑非常精美，再往里是二殿，二殿约长12米，深8米，高6米，殿内塑有大型神像3尊，另有小型神像10多尊，二殿东西有廊进入后院，后院中间为大殿。大殿长约25米，深12米，高约15米。大殿内东墙塑罗汉9尊，西墙塑罗汉9尊，中间正对大门塑有3尊大型佛像及十多尊仆工雕塑。山门、八角琉璃殿、二殿、大殿在一中轴线上，两侧各有厢房数十间，其中西南角建有娘娘庙3间，白玉阁3间。院内有石碑一块，高约3米，有碑座。东西厢房两侧为跨院，其中东院有钟楼一间，西院有鼓楼一间，是一处完整的建筑群。1940年前后惨遭破坏，仅剩下圣寿寺塔（图5-30）。

图5-30 圣寿寺塔

第八节 崇法寺塔

崇法寺塔位于永城老城东北隅烈士陵园内，1963年6月20日被河南省人民政府公布为重点文物保护单位。2006年被国务院公布为全国重点文物保护单位。

崇法寺塔因位于崇法寺而得名，寺庙已不存。寺建于唐代以前，塔建于北宋绍圣元年（1094年），绍圣五年落成。

该塔为九级楼阁式砖塔，通高34.6米，底座周长24米，直径7.7米，平面呈八角形.塔身自下而上逐层叠涩内收，略呈优美的抛物线形，整塔由塔基、塔身、塔刹三部分组成（图5-31）。

塔基用青砖筑砌，上端内置木箍一周，基下有长方形覆斗式顶地宫，现存须弥座式供台及盛装舍利的石匣。第一层正向四面辟圭形门，门上饰栏额、普柏枋及门簪等。其余四面为古钱和龟背纹假窗间相使用。转角处为瓜楞形倚柱，柱础施铺地莲花。二至九层均正向四面辟圭形门。二层、三层余面饰假窗，门窗两侧饰黄绿釉佛像砖，造型为一佛一弟子，二层以上转角处为半圆形倚柱。塔身各层均施有腰檐、平座、以仰莲承托腰檐，斗拱承接平座，间相用之，其手法十分活泼生动。塔身内外共镶嵌砖、石雕塔铭6块，记载了修塔时间及施主姓名等，镶嵌佛像砖652块。塔内结构综合了其多个古塔的建筑手法于一身，将穿心式、回廊式、方形辟内折上式、八角形壁内折上式等糅合在一起，成混合结构，是宋塔中的一个优秀作品。在踏步面上、伏地梁、角梁等地方用石料代替其他宋塔中的相应木构件的手法，与明代塔有相同之处，有着承前启后的作用。塔刹由覆钵、七重相轮、宝盖及宝瓶组成，给人一种刺破云天的感觉。

图5-31　崇法寺塔

该塔整体设计别具匠心，建筑材料及建筑工艺精良，混合型结构富有变化，结合了南、北方造塔艺术的优点，为宋代砖塔中的一个特殊范例，有很高的艺术和科学价值。

第九节　睢县犁岗宋代砖室墓

2003年2月睢县平岗镇犁岗村村民在村东坑塘取土时发现2座砖室墓，报经河南省文物主管部门批准，同年2月25至3月2日，商丘市文物工作队在睢县文物部门的配合下，对墓葬进行了抢救性发掘[①]。二墓东西并列，西侧的编号为犁岗一号墓；东侧的编号为犁岗二号墓。二墓间距约0.3米。均坐北朝南，二墓结构基本相同，均有青

---

① 郑清森：《商丘的考古发现与初步研究》，中国广播电视出版社，2005年，第239页。

砖砌筑的甬道和墓室两部分组成，发现时顶部已被破坏，墓室平面近方形，直壁，室内壁饰砖浮雕图案，棺床室位于墓室北侧，青砖铺地，四角攒尖顶，甬道为拱形券顶。一号墓墓室东西长1.75、南北宽1.55米，现存高1.87米。二号墓长宽均为1.66米，墓室壁前部残存0.38米，后部高1.76米。两座墓葬内部结构相同，均为砖砌墓室，在墓室内壁饰高浮雕加阴线刻图案，四角有角柱，柱下有柱础，上部饰斗拱。浮雕高出壁面2—3厘米，图案内容有门窗、桌椅、条几、箱柜、灯架、食盒、酒壶、酒杯、剪刀、熨斗等反映墓主日常生活用品和场景（图5-32），具有十分浓厚的生活气息。

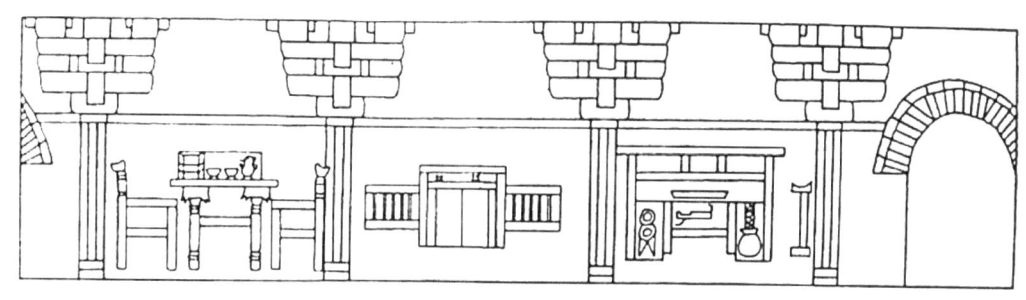

图5-32　一号墓内壁砖砌斗拱和浮雕图案展开线图

发掘者根据墓葬的形制结构，与其他地区同类型墓葬的对比研究认为这两座墓葬的年代为北宋中期，推断墓主人身份为当时的富户或小地主阶层。睢县犁岗北宋墓的发现非常重要，尽管已遭局部破坏，但墓室结构还保留基本完整，尤其是墓室雕刻装饰图案的发现，反映了当时下层社会的丧葬习俗和经济情况，特别是民用家具的情况，生活用具情况。北宋时期，商丘在全国地位特殊，为国之陪都，文化发达，经济繁荣，这一发现为了解商丘宋代经济文化提供了难得的资料。

第十节　民权牛牧岗唐宋时期的文化遗存

2007年9—12月，郑州大学历史学院考古系在民权牛牧岗遗址发掘中，发现丰富的唐宋时期的文化遗存，有遗迹和遗物。[①]唐宋时期的遗迹22处，主要为灰坑，少量灰沟、陶窑、灶。灰坑18座，依照坑口形状分为：圆形、椭圆形、长方形三类。口径（长、宽）多在100—200厘米之间，坑壁未见明显加工痕迹，坑底一般较平坦。

灰沟1座（G2），位于ⅠT0806西部，方向15°，平面长条形，口部长290、宽22、底部长240、宽22厘米。口部距地表深210厘米，上部已残，深35厘米，直壁，底部南端为平地，北端呈阶梯状，底、壁为砖砌（图5-33），沟内出土碎砖块和青黄色釉粗瓷片。

---

① 郑州大学历史学院考古系张国硕、赵俊杰：《民权牛牧岗与豫东考古》，科学出版社，2013年，第91页。

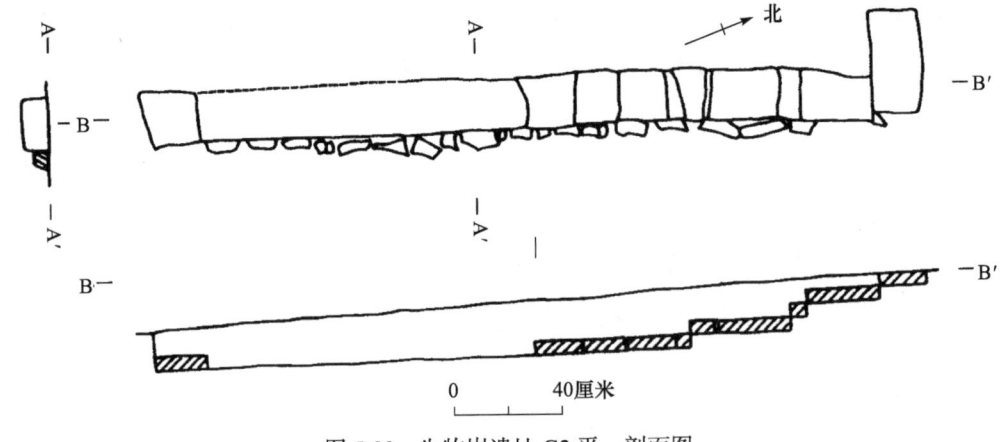

图 5-33 牛牧岗遗址 G2 平、剖面图

灶 1 座（Z3），位于ⅠT0906 东北部，方向 15°，平面略呈椭圆形，发掘时仅清理了探方内暴露部分，南北长 16—52、东西长 40—60 厘米。火膛长方形，长约 45、宽 20—24、深约 24 厘米。灶壁为红褐色烧土，质硬，壁微斜。灶已塌陷，结构情况不详（图 5-34）。陶窑 1 座，位于ⅣT1201 中东部，方向 270°，总长 180、宽 100 厘米，窑深 135 厘米，窑前工作面近圆形，土质较硬，致密，包含有灰烬、红烧土颗粒。未发现火门，火膛残存部分近圆形，直径 100 厘米，内有大量白色灰烬。火道斜长条形，长 40、宽 30 厘米，火道两侧及底部均有因火烧而成的红烧土，其他情况不详。

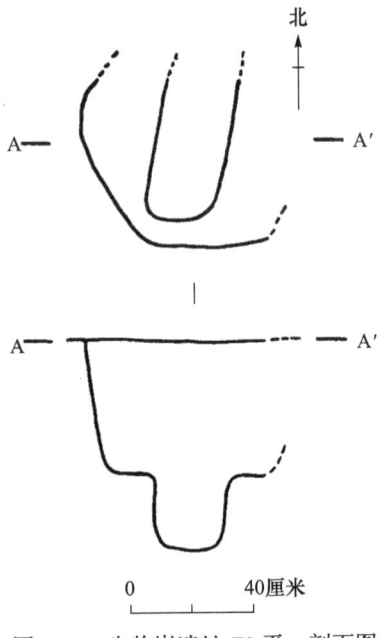

图 5-34 牛牧岗遗址 Z3 平、剖面图

遗物主要有瓷器、陶器。瓷器器形有白釉瓷盏、瓷碗、瓷杯。黄釉瓷罐，酱褐色釉瓷罐瓶，酱釉瓷瓶。陶器有泥质素面陶塞、陶象棋子、白陶围棋子（图5-35—图5-37）。

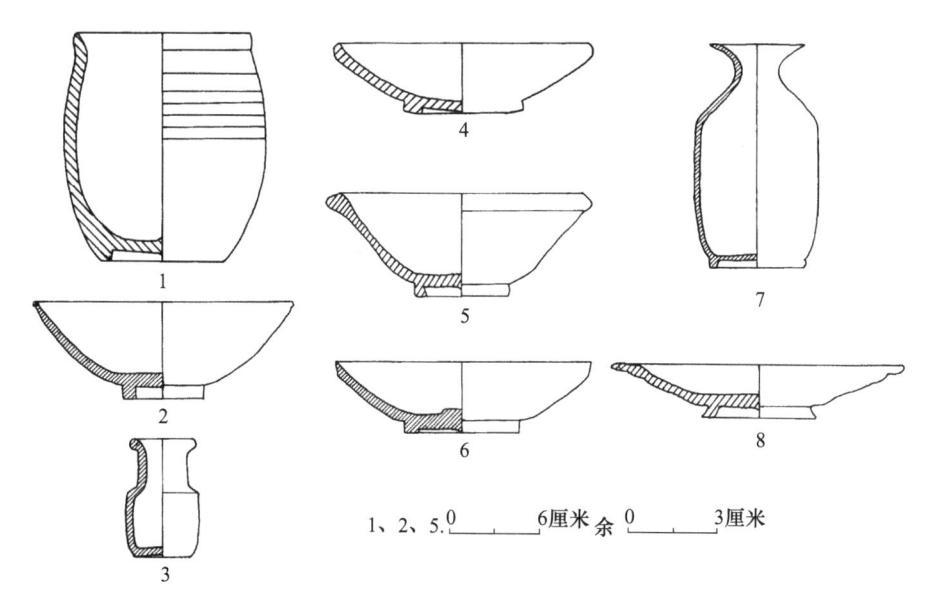

图 5-35　牛牧岗遗址唐宋时期瓷器
1. 罐（IT1201③∶2）　2、5. 碗（IT0606⑤∶2、IT0605③∶2）　3. 罐瓶（IT1201③∶3）
4、6、8. 盏（IT0905⑤∶2、IT1201③∶4、IT0706⑦∶1）　7. 瓶（IT1006③∶2）

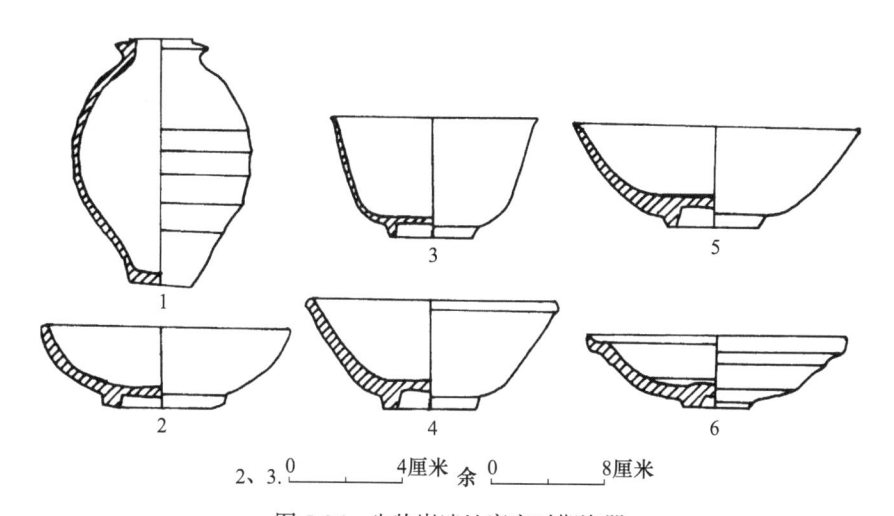

图 5-36　牛牧岗遗址唐宋时期瓷器
1. 瓶（IT1006③∶3）　2、6. 盏（IT1201④∶19、IT0705④∶1）　3. 杯（IT0806④∶5）
4、5. 碗（H9∶2、IT1201④∶18）

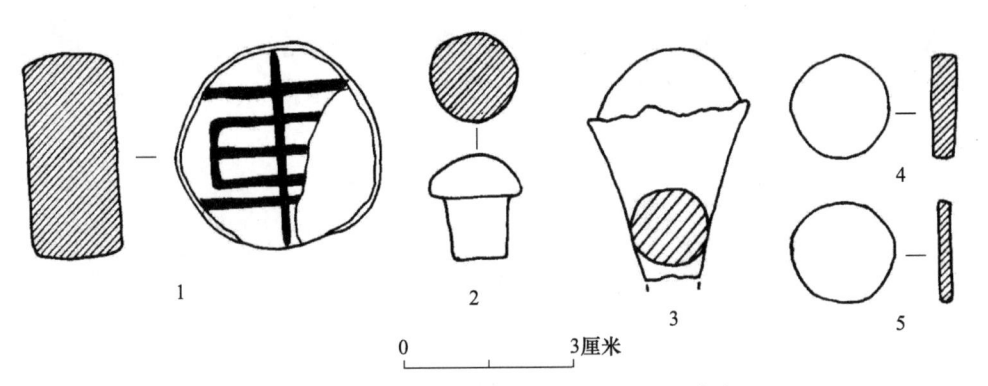

图 5-37 牛牧岗遗址出土唐宋时期陶棋子与陶塞
1. 象棋子（IT1006④：2） 2、3. 塞（IT0706⑥：3、IT1201③：5）
4、5. 围棋子（ⅣT1201④：1、IT0605⑤：2）

第六章　金元明清时期的商丘考古

金元明清时期商丘称归德府，五代后唐同光元年（923年），唐庄宗将宣武军改为归德军，始得名归德。建炎四年（金天会八年，公元1130年），金朝所扶持的伪齐皇帝刘豫将宋朝南京（今河南商丘）降为归德府，是归德府设置之始（《宋史·列传第二百三十四·叛臣上》）。元朝，为归德府，属河南布政使司。明太祖洪武元年（1368年），降府为州，属开封府。明朝嘉靖二十四年（1545年）六月，归德州复升为府，始置商丘县，府领一州：睢州，八县：商丘县、宁陵县、鹿邑县、永城县、虞城县、考城县、柘城县、夏邑县。清朝，沿明制，仍为归德府，属河南省。府治、州治、县治均在今商丘古城。商丘古城保存较好，由城廓、城湖、砖城及城内街道建筑组成。归德府城墙现为全国重点文物保护单位。

由于商丘历史上长期受黄河泛滥淤积影响，历史文化遗存被深买于地下，考古工作做的较少，这一时期的考古发现也不多，比较重要的有中美联合考古队调查发现的明代睢阳城及古睢水、睢县明代墓、虞城金代石棺墓等。

第一节　虞城金代石棺墓

虞城金代石棺墓位于虞城县沙集乡柳行村前陈楼村民组南约200米的杨大河北岸，2014年11月，村民取土时发现，接报后虞城县文化局立即向商丘市文物局进行汇报，11月22—24日市文物局委派市文物工作队对墓葬进行抢救性清理。

该墓距地表深约3米，为一砖室墓，早年遭破坏严重，砖室壁仅存墓室后部一部分，残高0.8米，砌筑墓室青砖长27、宽13、厚4厘米。墓室内用青砖铺地，铺地砖长35、宽17、厚6厘米。墓室内清理青石棺一具，棺南侧立一四棱石柱，石柱下有石座，顶部扣一龟形青石板，石座侧出土一枚铜镜。石棺长2.1、前端宽0.9、后端宽0.65米。棺内深前端34、后端36厘米，石棺前后端壁厚6，侧壁厚9厘米。前挡板刻有门窗，侧面有一透气孔。棺盖上部为半圆弧形，棺身外侧满施阴线刻花卉纹样（图6-1—图6-4）。

图 6-1 石棺（前立面、侧面）

图 6-2 石棺刻画纹饰局部

图 6-3 龟形石盖板、石柱础

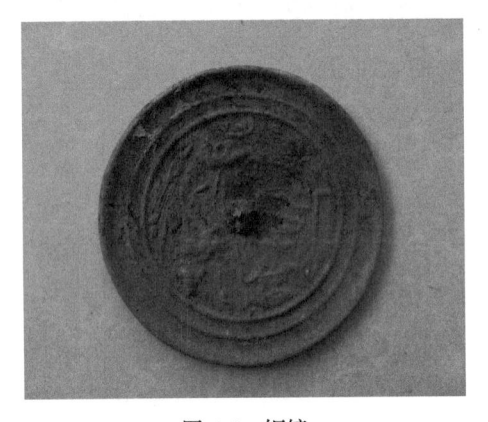

图 6-4 铜镜

发掘者根据墓葬形制、出土铜镜、使用石棺等综合分析，认为该墓年代为辽金时期进入中原的少数民族的墓葬。该墓位于杨大河北侧临近，杨大河是当时黄河夺淮入海的主要水路之一，航运一度相当繁忙，这里距营廓镇很近，很可能有杨大河航运码头。此墓葬是商丘地区首次发现少数民族墓葬，它的发现对研究金兵入主中原后的葬制葬俗具有重要意义[①]。

第二节 夏邑元代石塔

夏邑县大圣寺元代石塔位于夏邑县北约 13 千米李集镇张庄村大圣寺东南侧。石塔建于元代大德元年，2001 年元月，当地群众在此取土时发现。据史志记载，大圣寺在明代以前称大圣院，是夏邑境内一座具有相当规模的寺院，千余年来，寺院香火极盛。

---

① 根据参加发掘者虞城县博物馆馆长刘海燕记录整理、修改。

20世纪六七十年代，寺院被毁，近年来，当地群众又募资在原址重建大圣寺，寺院坐北朝南，大殿为仿古歇山式建筑。

大圣寺塔塔体较小，现存残高240厘米，全部以青石雕凿砌迭而成，为单层石结构塔，整个塔座在一块不规则的石板之上，塔基为双层须弥座，束身为八角形，雕花有莲花等各种图案，座上有三层石雕仰莲承托塔身，塔身为鼓形，上有六角飞檐塔顶（图6-5、图6-6），塔身上镌刻"归德府夏邑县长仁乡纪村大圣寺院""宏教大师僧判之塔"以及立塔人，大圣院住持明监大师等十多个僧人名字，立塔时间"大德元年十月初一日立""石匠张林、石宽"等铭文计68字（图6-7）。此外又在塔之南侧34厘米发现一金大定十四年（1174年）残碑一通，为重修大圣院捐资碑。碑文记载：元祐六年（1091年），大定二十年（1180年）至泰和八年（1208年）十一月间，其间大圣院内佛、神像被损坏的情况，以及施主名王宝及刘大伯等十九人捐资重修，匠人谢义。虽大部分文字残缺，但该碑的出土，将大圣寺历史向前推至北宋时期，对研究宋元时期佛教文化提供了实物资料，是迄今为止豫东地区唯一发现元代喇嘛塔的寺院。2006年11月被商丘市人民政府公布为第二批重点文物保护单位。2008年6月被河南省人民政府公布第五批省级文物保护单位。

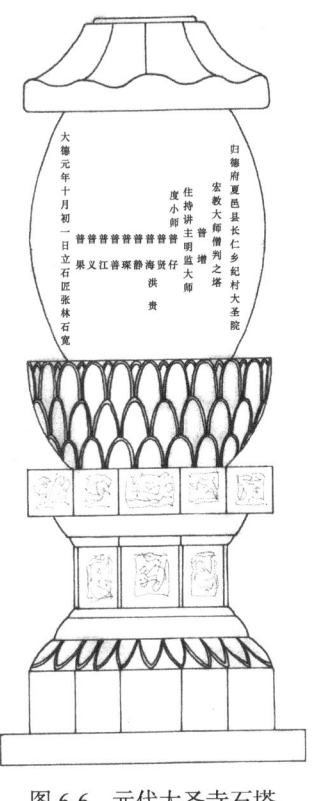

图6-5　元代大圣寺石塔　　图6-6　元代大圣寺石塔正立面线图　　图6-7　元代大圣寺石塔塔身局部

第三节　睢阳古城与古睢水

一、睢阳古城

睢阳古城是20世纪90年代中美联合考古队钻探调查宋国故城时发现的，位于今商丘古城南侧。1996年秋至1997年春考古队在追索宋国故城南墙东段过程中，在距今老南关村（已被拆迁）址西北约300米大堌堆近地表处钻探到与宋国故城城墙不同的城墙夯土，这些夯土中夹杂宋国故城城墙夯土块、白灰、晚期瓷片，随判定"上部的晚期夯土当是东周以后代城墙的墙体，早晚夯土界线浅的离地表3.5米，深的则可达9.5米，晚期墙土在两头离地表很浅或露出地表，一二十年前曾经为两个堌堆。"[①]

城址平面近方形，南墙位于老南关西北大堌堆向东至周台村东北，叠压在宋城城墙上，是利用了早期东周城墙东段修建而成，全长1165米；东墙是由南墙东端周台村东北向北直到距今商丘县城东南160米处伸入南墙下，全长1490米；西墙是由老南关西北大堌堆向北延伸，直到今商丘古城西南角向西约370米的城湖中，就是该城的西北角，全长1500米；北墙由护城湖中的西北角顺今商丘古城南墙向东直到东墙伸入南墙下相交点，这段城墙大部分压在今商丘古城南墙下，全长1160米（图6-8、图6-9）。

该城城墙的顶部宽15米（图6-10），东墙大部和西墙下没有早期城墙夯土，它们的根基比早期东周城墙的根基略浅，离地表10米左右。"从城墙夯土包含物看，底部出土物比较单纯，除东周及更早的陶片外，主要只有汉代前后的砖块和陶片，也零星见有瓷片；而城墙上部则较杂乱，出有不同时代的瓷片，土质也很杂，不但含有早期城墙的夯土块，还有晚期黄泛的泥沙。结合这些不同的特征，可以推断这一城址的始建年代应该早于北宋，而以后不断有修复和改造。由于没有发掘材料，很难作细分和确定具体的年代范围，特别是始建年代。"[②] 根据钻探结果，睢阳城城墙周长5400米，面积1.78平方千米，稍大于今商丘古城（面积1.18平方千米）。发掘者结合清康熙四十四年《商丘县志》记载，今商丘古城始建于明弘治十六年（1503年），旧城于明弘治十五年圮于水患，新城南门为旧城北门故址，推断该城址应是明弘治十五年被洪水冲毁的旧城。

[①] 中国社会科学院考古研究所、美国哈佛大学皮保德博物馆：《豫东考古发掘报告："中国商丘地区早商文明探索"野外勘查与发掘》，科学出版社，2018年，第344页。

[②] 中国社会科学院考古研究所、美国哈佛大学皮保德博物馆：《豫东考古发掘报告："中国商丘地区早商文明探索"野外勘查与发掘》，科学出版社，2018年，第346页。

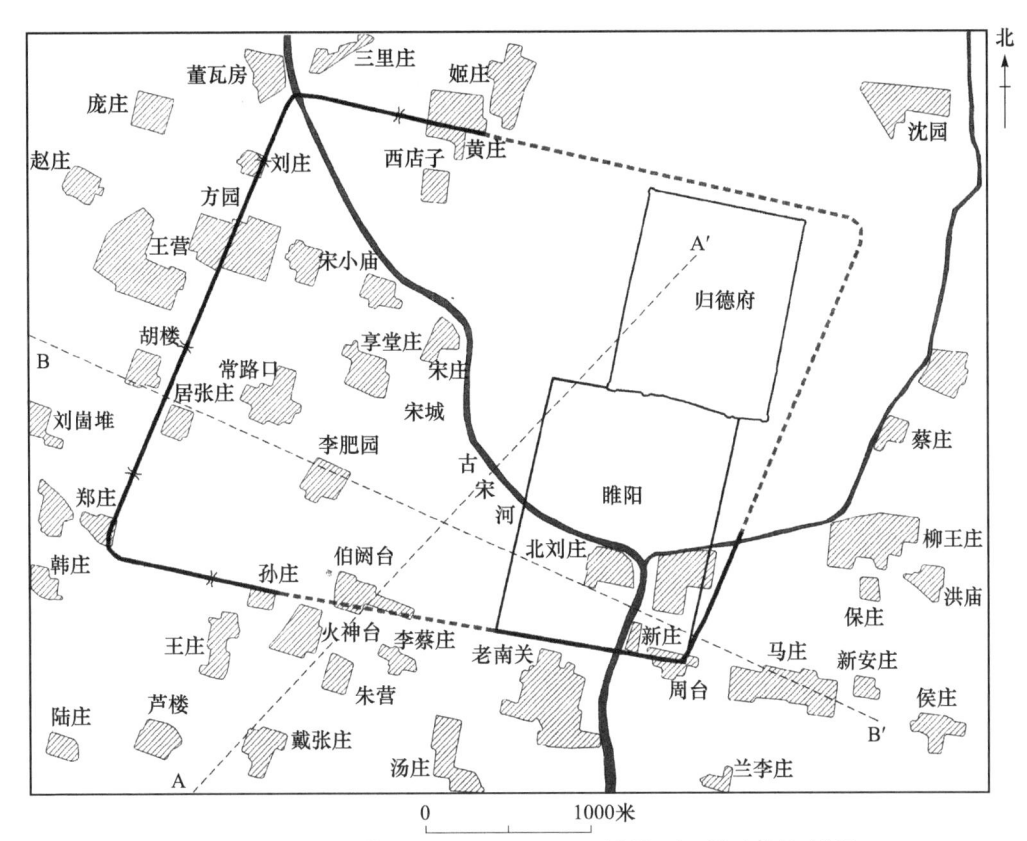

第六章　金元明清时期的商丘考古 ·249·

注：A-A′、B-B′地层剖面位置(见图6-9、图6-10)；图中显示各时期古城相对位置，宋城之实线为保存完好的城墙，虚线为破坏严重，保存较差，夯土埋藏深，甚至缺乏明显的遗留。宋城西墙南段和南墙西段Ⅰ至ⅩⅣ为钻探横剖面位置

图 6-8　老南关古城遗址位置图

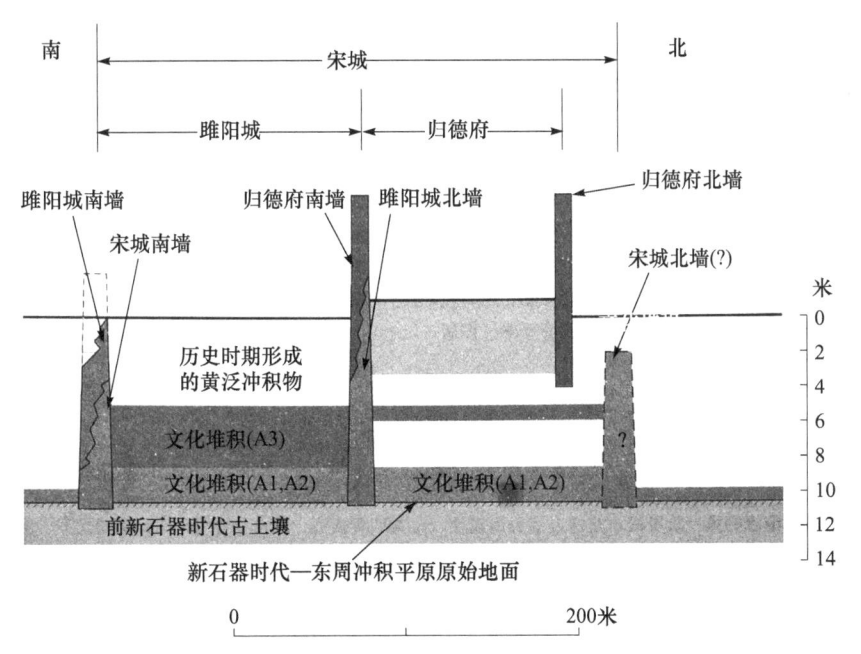

图 6-9　老南关古城址宋城、睢阳城、归德府城之地层关系

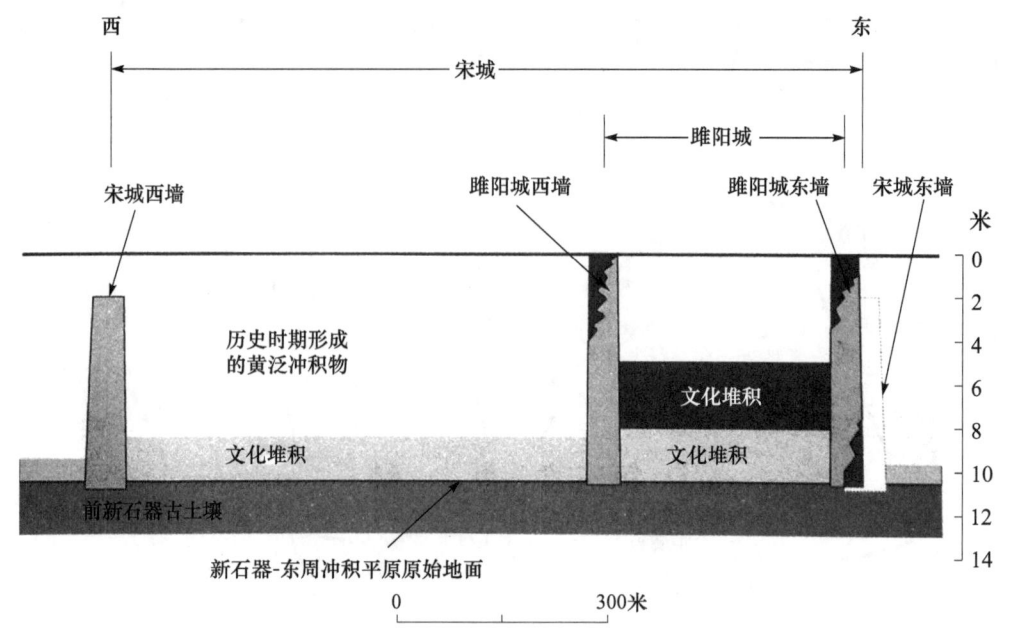

图 6-10　老南关古城址宋城、睢阳城之地层关系
(中国社会科学院考古研究所、美国哈佛大学皮保德博物馆：《豫东考古发掘报告：
"中国商丘地区早商文明探索"野外勘查与发掘》，科学出版社，2017年，第345页)

二、古　睢　水

古睢水也是20世纪90年代中美联合考古队钻探调查宋国故城时发现的。古睢水是黄河南范夺淮入海的主要分流河道之一，位于睢阳古城南，方向东西向略偏西北东南。中美联合考古队通过钻探资料结合磁力仪测试结果，判定在老南关指南的戴张庄和刘官庄一线历史早期应大的古河道。考古队结合桑钦《水经》、郦道元《水经注》等记载断定这条古河道就是古睢水。《归德府志》记载，这条河道在"元至元中淤"。嘉靖年间曾经疏浚，但不久又复成平陆。

第四节　明清归德府城

一、概　　述

这里说的明清归德府城是指明代弘治十六年至嘉靖三十七年建设的并经清代维修、重建的归德府城。即我们现在看到的商丘古城。明弘治十五年以前的古城因黄河水患被大冲毁淹没，清乾隆十九年《归德府志·灾祥》记载："弘治十五年夏六月，河决入城，廨舍荡然。"清康熙四十四年《商丘县志·灾祥》记载："孝宗宏（弘）治十五年夏六月，河决入城，公私廨（官吏办公的地方）舍，荡然无余。"清乾隆十九年《归德府志·方舆沿革表》记载："弘治十五年（1502年）旧治圮于河，十六年迁于今治。"《明史·地理志三》："归德府，商丘倚，旧治在南，弘治十五年圮于河，十六年九月迁于今治。"

明清归德府城始建于明弘治十六年（1503年）九月，整体向北迁一城，以旧城北墙为新城南墙，直到明嘉靖三十七年（1558年）才最后修建完工。历时55年。

明清归德府城，平面布局外圆内方，外城平面近圆形，内城（砖城），平面呈方形。"外圆内方，堪舆所谓'钱形'金戈之象也。"（清康熙四十四年《商丘县志》）

明清归德府城有外城、城湖、内城（砖城）、城内街道、衙署、商铺、民居、学舍等部分组成。（城郭）外城、城湖、内城、城内街道至今基本保留了明代时期的建筑风格，是我国北方地区现存的明代府一级古城中风格保留比较好的，尤其是外圆内方，所谓钱形金戈之象的平面布局。大面积的城湖水面是我国北方古城中很少见的。下面对古城各部分进行详细介绍。

二、城　墙

（一）外城墙（土城墙、又称城郭）

明清归德府外城墙，又称土城墙、城郭、护城堤，始建于明代嘉靖年间，清康熙四十四年《商丘县志》记载："城堤距城1里许，围十六里，阔二丈，地阔六丈一尺。明嘉靖间，巡抚都御使魏有本檄（古代文书的一种，如檄文，古代用于晓喻、征召、声讨等的文书。特指声讨敌人叛逆的文书）。知州李应奎筑。"

明末农民起义军进逼商丘，四方村民逼乱于城中。清康熙四十四年《商丘县志·城池》载："（明崇祯）十五年（1642年）春三月二十六日。贼（封建统治者仇恨农民起义军，称之为贼）以百万逼宋，攻一昼夜，西南门溃，贼遂入，杀戮官吏、士民近二十万人……自贼破城，而平其外部之半，而复为堤。然宋邻黄河，所虞者不独寇也。……又外城东、西、北及东南、西南、西北有七门焉，宜塞之，而人行其上如堤之道路，即黄河冲决，缓急亦有可恃矣"。

从《商丘县志》记载看，商丘古城外城墙，不仅有军事防御的作用，防止外敌入侵，还有防御黄河水患的作用。外城墙平面布置之所以是圆形，主要是防御黄河水患的冲击。城墙外侧弧形表面可以缓解水患的冲击压力，有效防止水害。事实证明，商丘古城墙的修建确实起到了保护古城的作用。清乾隆十九年《归德府志·建置略上》引明《李嵩护城堤记》载："城故有护堤，然庳（低、矮意）薄，环隍（无水的战壕）而近。久之坏为田。嘉靖丙申（1536年），河决大溃，荡我郭庐，几壑我城。……庚子春

（1540年）都御使余姚浅斋魏公，有本自大理被命抚河南，时嵩待禁桓，与魏公言堤障水便，公抚然是之……堤四面环郭门，周十有六里，高视城之半，厚倍之，上树之柳，不数月而工竣……岁复大水，周辑由于树杪，平野悉为津汇。然竟赖是堤以忘患。"

商丘古城外城墙平面近圆形，位于护城湖外，绕城湖一周，城门已不复在，大部分地段城墙保存尚好，部分墙段的形状不明显，表现为高出附近地约2米余的土岗。南、东、西部城墙位于古城外环城路基上，东北、北、西北部多数压于现在建筑下，西北部堤上还植有茂密的林木（图6-11）。现存土城墙最高约3米，顶宽约5米，基址宽约15米。

图6-11　归德府土城墙西墙南段

（二）砖城墙

商丘古城城墙始建于明弘治十六年（公元1503年）。清康熙四十四年《商丘县志·城池》载："（商丘古城）弘治十五年（公元1502年；弘治，明孝宗朱祐樘年号）圮于水，正德六年（1511年）重筑，乃徙而北之，今南门即北门故址也。知州杨泰修，周冕继之，始克竣事。围七里二分五厘共一千三百四丈二尺五寸，高二丈，顶阔二丈，址阔三丈。八年，知州刘信建四门外楼四座，及东南门内楼二座，其在新北者尚缺。嘉靖三十四年，知府王有为补足之，又增置角楼四，敌台一十三，警铺三十二。三十七年，巡抚都御使章焕檄知府陈学夔包以砖，门四，东宾阳，西垤泽，南拱阳，北拱辰；水门二：一在南门东，知州王范建；一在南门西，指挥梅旻建。国朝康熙二十六年，知县周宗义重修，复建门楼。"至此，归德府城与我们现在看到的商丘古城基本上完全相同。只是每座城门外的瓮城已不复存在。瓮城的门都向一侧开，所以归德城有四门八开之说（图6-12—图6-17）。

图 6-12　归德府城南门

图 6-13　归德府城南门

图 6-14　古城南墙东段

图 6-15　归德府城西墙北段

图 6-16　归德府城西墙南段

图 6-17　归德府城西门

新中国成立后，商丘古城曾一度遭到不同程度的破坏，特别是在20世纪六七十年代期间，商丘古城墙与全国其他古城一样遭到严重破坏，城内外各类建筑物、构筑物几乎不受限制地建设，外城廓大部分被夷为平地，城湖被蚕食，内城墙的土城北市民拆除建房，城内大量代表文化的明清四合院被拆除，勉强保留下来的也被改作他用，以红砖、红瓦为主要建筑材料的各类现代建筑成为主流建筑，古城彻底没了昔日风采。

1976年后，特别是改革开放以来，商丘古城迎来了科学保护的春天，1987年商丘被国务院命名第一批全国历史文化名城，2006年归德府城墙被国务院公布为第六批全国重点文物保护单位。由次以来，在上级文物主管部门的关心支持下，中共商丘历届市委、市政府对古城保护都高度重视。

2013年下半年以来，商丘市区两级党委、政府进一步加大商丘古城的保护力度，在有计划迁出城内党委、政府机关、企事业单位的同时，大力度拆除了沿古城墙内侧一周、宽约50米的近现代违章建筑，恢复历史时期的古城面貌。违章建筑拆除后，暴露出了现在还保留的明清夯土城墙，从现状观察，只有南墙夯土墙保留最好，但也还是遭晚期破坏严重，现存土墙主要是贴近外砖墙部分，高度0—5米不等，基宽3—4米。南墙南门以东保存最好，以马面内侧为例：夯土墙现高约5米，基宽约8米。

三、城内街道及里居

明清归德府城内街道呈棋盘式布局，共有街道90条（康熙四十四年《商丘县志》载有街道93条，"化字一街、二街，仁字街重列"，故实应为90条，图6-18）。

据康熙四十四年《商丘县志》记载，大愚首为城之中心，隅首之东出宾阳门，城内街道有：义字一、二街；隅首之西稍北西出垤泽门，有泽字一、二、三街；隅首之南出拱阳门有元字一、二、三、四街；隅首之北出拱辰门有礼字一、二、三、四街；义字街向南出的街道，府前有宣化街；稍东有文场一、二、三、四街；再向东有凤池一、二、三、四街；再向东有睢阳一、二、三、四街，义字街向北出的街道，府东有义字三、四、五街，东边有孝字一、二、三街，府后有节字一、二、三街；泽字街向南出的街道有教字一街；亨字一、二、三、四街，稍西有化字一、二街；利字一、二街；再向西有仁字一街；贞字一、二、三街；泽字街之北出者有教字二街，稍西有化字一、二、三、四街，再向西有仁字一、二、三、四街。

元字街向东出的街有孝行一、二、三街；稍南有正人一、二、三街，再向南有君子一、二街，最南排为仁义东巷。

元字街之向西出的街道，北有老字一、二、三街；稍南有仁和一、二、三街，再向南有利字三、四街，再南有礼义一、二街，最南有仁义西巷。

礼字街向东的街道，南有廉字一、二、三街，稍北有信字一、二、三街，再向北有忠字一、二街，再向北有第字一、二街。

礼字街向西出的街道，南有训字一、二街，稍北有习字一、二街，最北为顺城一、二街，又沿城内侧四周俗名皆曰马道，今孝字街、睢阳街，即东马道；仁字街、贞字街，即西马道；仁义巷东西即南马道，第字街，顺城街即北马道。

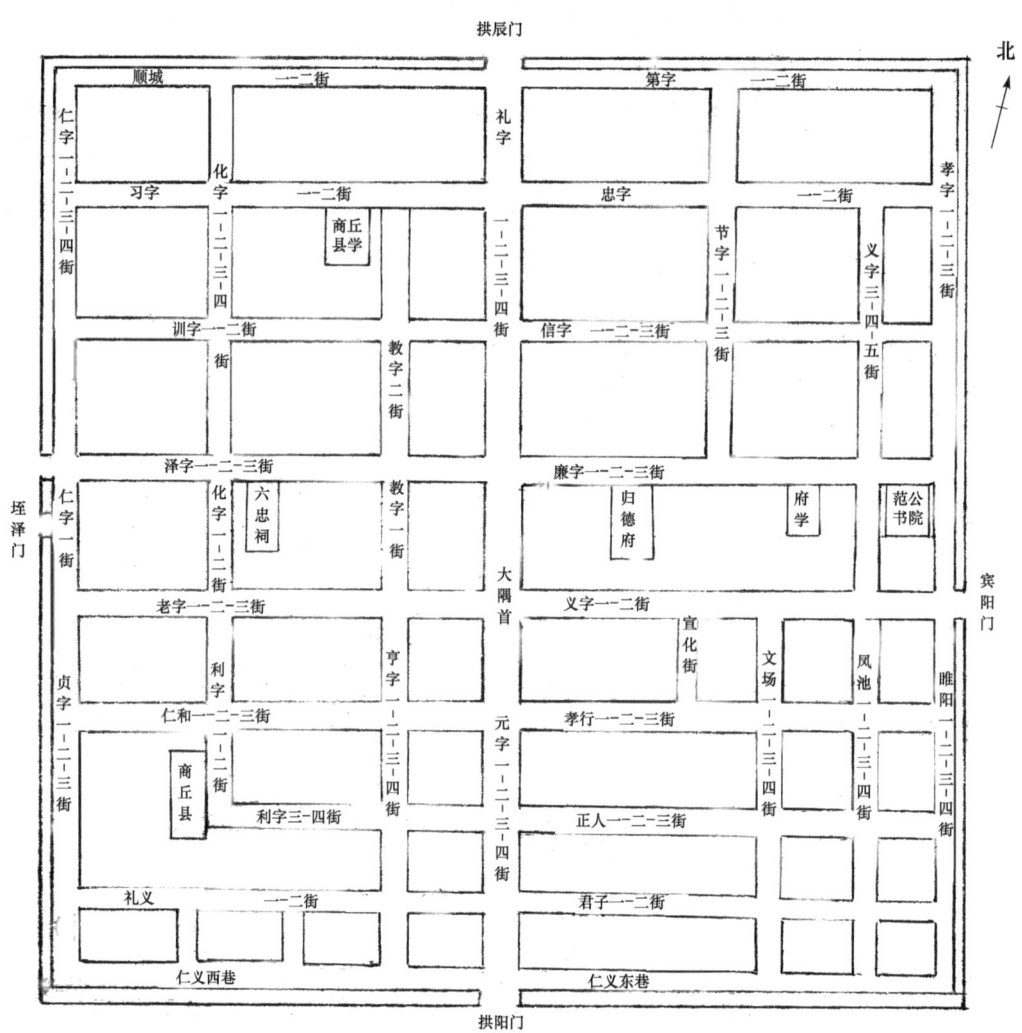

注：依据清康熙四十四年《商丘县志城图封域》复原清代归德府城街道平面示意图
多一条仁字街，多两条化字街，实为90条街道

图 6-18 清代归德府城复原图

四、城　　湖

　　商丘古城城湖位于砖城墙外，距砖城墙3—10米不等，绕砖城一周是由早期城池发展而来。明代弘治十六年修建归德府城时，城池窄小，据清乾隆十九年《归德府志·建置略上·城池》记载："池距城丈余，阔五丈二尺，深二丈。"后来在明清两代使用的过程中，一是蓄水防洪的需要。例如清乾隆年间，商丘连遭暴雨，豫东一片泽国，城内积水通过水门排入城湖，保护了古城安全；二是战争防卫的需要。例如，明末李自成起义攻打归德府城，城郭破坏大半，护城河面积的扩大，可以有效地保护古城安全。城湖面积逐步扩大，到清末民国时期，城湖已扩大到目前的规模，但民国至解放后相当一个时期对古城环境疏于管理，在砖城与城郭之间大量建设民房，破坏城湖水面。为了还归德府城湖的本来面目，商丘县人民政府拆除了古城南门外，东门外，西门外及城墙外其他地段的违章建筑，重修了南门大桥。近年来对城湖进行了全面清淤整治。尤其是2000年清淤整治东南城湖工作力度最大，在南城湖东侧中发现数处宋至明清时期的墓葬，两座明清时期的水井，出土大量唐宋以后的历史文物。其中，在东南城湖中出有数百个排放整齐的明代小口尖底瓶，这些发现在一定程度上反映了古城历史的文化积淀。清理了湖内淤泥，用石条对湖坡进行了硬化处理，堤岸广植垂柳或其他花卉树种。湖水清澈见底，微风吹过，湖面碧波荡漾与高耸的青灰色古城墙相映生辉，是我国北方古城中少见的美丽景色。清淤后人的城湖水面宽广，水深约5米左右，东、北、西三面稍窄，宽约0.5千米左右。城南湖面宽约1千米，几小岛散布于湖中，其中城湖东北有1处、西北城湖1处、南城湖西侧1处、南城湖东侧1处（图6-19—图6-21）。

图 6-19　城湖（东门北部）

图 6-20　南城湖东侧

图 6-21　东北城湖湖心岛

五、城内古民居

（一）城内古民居概述

商丘古城内古民居以四合院为主。四合院是我国古代北方传统的建筑形式，老北京人把四合院叫作"四合房"，顾名思义，就是"四面都用房子围合起来"的住宅。中国传统住宅有很多都是围合的建筑形式，统称为"合院住宅"，四合院是其中最典型的一种。

"合院住宅"在我国起源很早，陕西省岐山县凤雏村有一片西周时期留下的住宅遗址，分为前后两个院子，四面都有房子围合。现代学者根据先秦的文献推断，这所合院的大门前有影壁，前一个院子的正房是前堂，主要用于举行宴会及礼仪活到；后一个院子的正房是后院，用作主人日常起居，东西两侧的房子分别给家中其他成员居住。

整个住宅的形式已经很清楚地把内外区分开，并且显示出家庭内部的等级秩序。

东汉画像砖上有四合院建筑的形式。魏晋南北朝以后，合院建筑已经发展成为中国北方主流的住宅形式。明清以来，中国传统四合院住宅趋于高度成熟，并且在不同的地区形成特色鲜明的地域风格。

在商丘，不仅在归德府城内盛行四合院建筑，在农村也几乎全部为合院建筑。在正房（农村称堂屋）前建东西房，大门建有门楼，门楼后有影壁，正房、东西房、门楼间用围墙连接，中间为庭院，中间庭院为全家人的户外运动场所。

在新中国成立初期，商丘古城内还保留很多四合院建筑，大多数在20世纪六七十年代被破坏。现在保存相对较好的是穆氏四合院，其次是侯氏故居等。

（二）典型民居介绍

1. 穆氏四合院

穆氏四合院位于商丘古城内中山东二街路南（今睢阳区政府院内，图6-22）。四合院是商丘古城内具有传统特色的居民，也是我国北方地区有代表性的传统民居。北京是也保留有很多四合院建筑，是我国传统民居的精华。四合院是一种封闭性建筑群，由门楼（或倒座房），正房（农村称"堂屋"东西房、围墙组成。门楼、东西房、正房是间用高高的围墙连接，中间有露天庭院。形成一个与外界隔绝的相对独立空间。这种建筑布局形成，从西周时期算起，到目前为止，在我国已经存在了3000多年。

图6-22 穆氏四合院大门

穆家是明清时期商丘古城里的"七大户"之一，穆家四合院是商丘古城内重多四合院中最具代表性的一处，一宅三院五门照，座北面南，原有房舍八十余间，现存的四合院和后楼院计二十八间，中宅院正堂屋五间，进深一间，明三暗五，前出后包青砖墙，小灰瓦覆顶，五脊六兽，墙壁四角用石条石板垫包，房中巨木雕刻，玲珑剔透。

前有过厅三间，东西厢房各三间，形成方正的四合院格局（图6-23、图6-24）。堂、厢、厅组合主次分明。所有门窗均为木质，图案花纹雕刻精美，装饰精巧秀丽，后楼四合院与此类同。

图6-23　穆氏四合院前院

图6-24　穆氏四合院前院东房抬梁出头彩绘

正如前面所讲，四合院是我国已存在了3000余年，文化内涵积淀深厚，民族特色鲜明，是我国建筑史上一朵奇葩，是我国劳动人民智慧的结晶，具有十分重要的历史价值，已列入历史文化遗存保护的范围（图6-25—图6-30）。

2. 侯氏故居

侯氏故居位于商丘古城内刘隅首东侧，包括前院壮悔堂和后院侯恂故居两部分。壮悔堂是明末才子侯方域读书处，包括杂庸堂、翡翠楼、过厅等。现在仅存后院和前后院间的过庭，前院在20世纪六七十年代被破坏。

侯方域，字朝宗，生于明万历四十六年（1618年），卒于清顺治十一年（1655年）是明代天启崇祯年间户部尚书（相当于现在的国家民政部长）侯恂的次子，祖父侯执蒲是明嘉靖、万历年间的太常寺卿，可谓宦官之家。侯方域自幼聪明过人，六七岁时开始读"四书五经"，明崇祯十二年（1639年），年方二十二岁的侯方域第一次到南方

图 6-25　前院檐下砖雕八仙图

图 6-26　前院正房与东跨院正房垂脊走兽图

图 6-27　后院东西配房木格窗

图 6-28　后院正房柱础石

图 6-29　后院过厅

图6-30 后院及主楼

应试，结识了江南名士陈贞慧，参加了爱国组织"复社"，指点江山，抨击时政，在当时影响很大，有"复社四公子"之称。又结识了秦淮八艳之一的歌妓李香君，在李香君的住处媚香楼定情结亲。清代戏剧家孔尚任的名剧《桃花扇》就是写侯方域与李香君的爱情故事。公元1640年，二十三岁的侯方域从金陵回到商丘，与当时商丘的著名文人贾开宗等成立了雪苑六君子诗文社，影响很大。清顺治九年（1652年）三十五岁的侯方域自感郁郁不得志，回想起一生坎坷遭遇，除诗之外一无所获，悔恨交加，给自己的书房取名"壮悔堂"，这就是"壮悔堂"的由来。侯方域的诗文作品有《壮悔堂文集》《四忆堂诗集》等。

壮悔堂，坐北朝南而阔5间，进深一间，两层硬山式建筑，青砖灰瓦，始建于清初，保存基本完好（图6-31、图6-32）。杂庸堂、翡翠楼是十几年前重建，过厅是面阔三间的硬山式建筑，檐垫板上的木刻保存基本完好，雕刻内容主要有葡萄、人物、动物、花卉等。

图6-31 壮悔堂大门照片

侯询故居位于壮悔堂北侧，现存后院正房、东西配房，西跨院正房。后院正房面阔五间两层楼房，东西配房为面阔三间的单层建筑，西跨院正房为面阔三间的单层建筑，全部为青砖小灰瓦覆顶的硬山式建筑（图6-33）。

图 6-32　壮悔堂主楼

图 6-33　侯氏故居后院及主楼

六、明清归德府学

府学，中国古代官府词汇，具体指中国古代的官办教育机构、官职称谓、府学学等，这里讲的明清归德府官办学校。

"学校"一词源于民国时期，辛亥革命后，教育部公布新学制，"学堂"一律改称学校，沿用至今。官办学校在我国起源很平，西周时期我国学校称"辟雍"，是少数奴隶主贵族读书的场所。从孔子时起开始出现私人办学、收徒传艺，古代的学校称为庠、序、学、校、塾等。在开始产生时，并不是专门的教育机构，而兼为习射、养老的场所。西汉时期学校分为中央和地方两种，中央设太学，相当于今天的大学。地方上置学宫。唐代的办学达到了极盛时期，学校分类更细，明清时的学校基本是承袭隋唐的，但由于科举发展，使学校成为科举制度的附庸和装饰品。清末，开始兴办近代教育，光绪二十八年（1902年）的《钦定学堂章程》中称学校为学堂。到1907年，新式学堂遍设各地。

商丘古代私办和官学都很发达，北宋应天书院属当时全国四大书院之首。明清归德府学建筑还保留有大成殿和明伦堂两处建筑。大成殿是府学祭祀孔子的场所。

（一）大成殿

大成殿位于商丘古城大隅首东二街路北，原商丘市二高院内（图6-34）。大成殿是明清归德府文庙的主体建筑，是祭祀我国大教育家孔子的场所，又称大成至圣殿，之所以称大成殿，是缘于孟子称孔子为大成至圣先师，祭孔子的大殿就称为大成殿。大成殿面阔七间，进深三间，绿色琉璃瓦覆顶，单檐歇山式建筑，九脊六兽。殿内正中塑孔子像，两侧有颜渊、曾参、孔伋、孟轲像和七十二贤牌位。分春秋两次祭祀。

图6-34 大成殿照片

大成殿在元初始建时为三楹，元仁宗延祐四年（1317年）增至五楹。元末毁于兵火，明初重建，明弘治十五年归德府被黄河水淹没。明万历元年（1573年）在现址新建，后有多次重修。清康熙四十四年《商丘县志·祠祀》载："文庙：在县学左，明万历元年，知县何希周建。本朝顺治六年，知县胡扬俊，康熙四十三年，知县刘德昌俱重修。"原有戟门、东西庑，殿前有棂星门、泮池、名宦祠、乡贤祠。后有敬一亭，启圣祠，教谕室等建筑，现仅存大成殿。

（二）明伦堂

明伦堂位于大成殿西南侧50米，是明清两代归德府学的主体建筑，是府学明纲常、伦礼教的场所，明正德年间知州刘信所建，面阔五间，进深三间，单檐歇山顶，灰色小瓦覆顶（图6-35）。

图6-35　明伦堂照片

孔子是我国古代著名的教育家，儒学为孔子首创，儒学思想在我国历史上影响巨大，秦汉以来，我国历代官办学校都有祭孔子的场所，称文庙，这是我国全国各地都在建有文庙的原因，明伦堂是商丘明清两代归德府学的地方，大成殿是归德府学祭祀孔子的场所，这两处是商丘市目前保存的为数不多的明代建筑，对研究商丘教育史、古建筑史等都有很重要的价值，是河南省重点文物保护单位。

第五节　明清黄河故道

为了解商丘境内黄河故道大堤的结构、修建和使用情况，商丘市文物局报请河南省文物局批准，邀请河南省文物考古研究所（院）于2009年8—9月选择在位于商丘市梁园区李庄乡蒙墙寺村内的明清黄河大堤南堤进行考古试掘，为了尽量减少对大堤的破坏，发掘地点选择在蒙墙寺村北向北交通路口东侧故堤断面进行，以现有故堤断面清理，下挖深度约3米，探沟长约20余米，共清理出河堤高约6米的断面，从河堤断面看，大堤筑建全是人工堆筑作业，没有经过夯打，土质黄灰花夹杂淤泥块，土质硬度一般，包含物极少，偶见晚期瓷片。"没想到大堤的内部结构这么清晰，这对于揭示明清时期黄河大堤加固、加高的次数和过程，具有非常重要的价值。"在发掘现场，河南省文物考古研究院刘海旺院长兴奋地告诉记者，通过此次发掘，确定明清黄河大堤高12米，其间经过了十几次加固，并且都是人工作业。这是我国历史上第一次对黄河故道、黄河大堤进行考古发掘。据文献记载，明代中期，黄河流经商丘区域的河道已经逐渐固定下来，而黄河大堤从建造至今已有280年的历史。通过这次考古发掘，可以真实地了解到当时劳动人民治理黄河时的艰辛。此次对明清黄河大堤的考古发掘工作，对研究黄河水文史有着非常重要的价值。为黄河故道的保护提供了基础材料。

第六节　梁园区吴楼清代墓

吴楼清代墓地位于商丘市区西19千米的梁园区水池铺乡吴楼村西农田（图6-36），商登高速公路从墓地穿过，修建高速公路时发现该墓地，河南省文物考古研究院在商丘市文物工作队配合下，于2014年3—5月组织技术人员对墓地进行了发掘，在高速占地范围发现3座墓葬，编号M1、M2、M3，三墓成品字形排列，M1在北面，M2、M3位于南边，这次发掘了M1、M2。

M1规模较大，由墓上封土、墓室、墓前祭祀场地和神道四部分组成。封土位于淤积层之下，封土堆东西长26米、南北宽25米，中部高1.1米，面积约650平方米，底部经过夯打。砖砌墓室，南北长4.8、深1.4、东西总宽9.3米，方向18°，墓室平均分为五室（图6-37），五室间有长方形壁孔相通（应是供各室死者来往的黄泉道），室顶部用4块石板横向平盖。墓室南部为祭祀场，场地近长方形，东西宽19、南北场29米。场地北部有砖砌长方形祭台，祭台南1.5米有1石香炉，香炉两侧各有1葫芦形

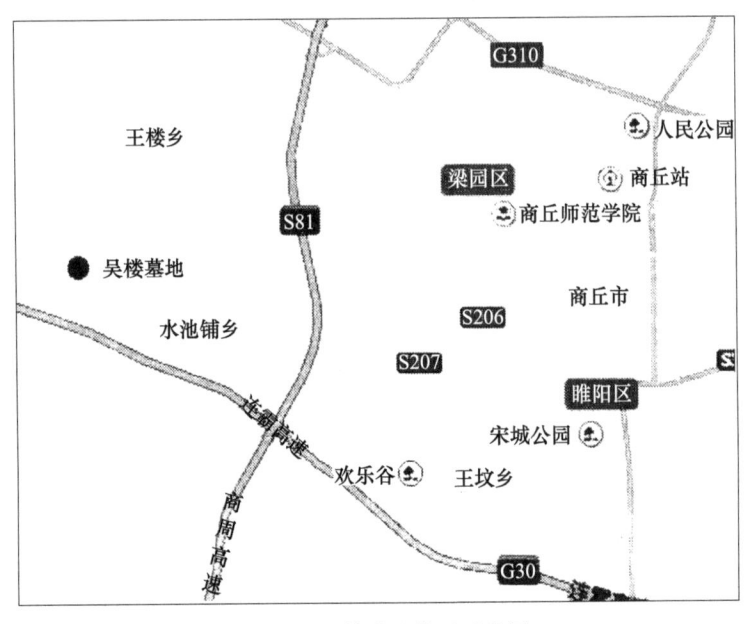

图6-36　吴楼墓地位置示意图

石烛台。香炉及烛台均有方形底座，下铺青砖，祭祀场表面密布当时行人留下的深陷脚印遗迹。神道位于祭祀广场南侧，探明南北长50米，宽14米。在神道西侧近广场端清理出一赑屃形石座，赑屃头部残损，石赑屃座下部出土砖瓦、瓦当等物。石座南12.3米处清理石马一匹，马首无存，臀部亦受到破坏（图6-38）。经钻探知，其东8米处发现石马座，石马前探出2对石像生座，相隔13米左右。

图6-37 吴楼M1全景

由于该墓地曾经遭到大规模破坏并被盗扰，M1内仅清理出两枚铜钉状器物。在早年墓葬被破坏时，村民从墓内挖出石墓志4方，现找到3方，其中两方的文字已经漫漶不清，另一方文字清晰，阴线刻"诰封淑人庞氏墓志铭"九字。

M2规模较小，长3.6、宽2.8米，方向与M1相同，均是18°，墓内埋葬两棺，棺内各有1具人骨架，骨架保存较差，墓内出土两枚铜钱[①]。

图6-38 石马

---

① 摘自河南省文物考古研究院2014年《文物考古年报》。

第七章 结　　语

　　商丘地处豫东，原本是丘陵岗地，拥有肥沃的黑土地，史书记载，梁孝王居天下膏腴之地。北宋以后的700余年间，由于长期遭受黄河泛滥淤积，形成了现在看到的一望无际的大平原，永城市北约30千米的芒砀山（西汉梁王的家族墓地），是豫东仅有的一处面积十几平方千米的小山群。

　　由于黄河泛滥淤积影响，历史时期的地形地貌被黄河泛滥泥沙所覆盖，文化遗存也被深深地掩埋于茫茫黄沙之下。根据二十世纪九十年代中美联合考古队钻探调查，在商丘古城一带，西周时期的古地面距现在地表11米以下。商丘古城南关大运河码头遗址附近，北宋时期的古地面也在现在地平面下6米多，这为豫东考古工作带来极大困难。

　　随着近代考古学的兴起和殷商文化研究的不断深入，吸引了很多，也正在逐步吸引更多考古学家来到豫东开展考古调查工作，取得了很多阶段性成果，这里简要回顾商丘近百年来的考古史，作为全书的结语。

　　商丘近代科学考古工作肇始于20世纪30年代，至今已走过80余年的光辉历程，像全国其他地方的考古工作一样，从起步，到经历了艰难岁月，当然也走过辉煌。商丘考古发展史大概分为这样几个阶段。一、高起点起步。标志是1936年1月，河南古迹研究会李景聃的豫东考古调查。二、发展阶段。时间是1959—1975年，这一阶段只有一些零星的工作，是田野考古工作在商丘逐步进入的时期。三、第一次大规模集中考古调查和发掘，也是新中国成立以来，商丘第一次集中开展的田野考古工作。时间节点为1976—1990年。四、第一次中美联合在豫东商丘地区田野考古调查和发掘，也是新中国成立以来第一次大规模持久的中外联合在中国进行的以研究中国古代史为对象的田野考古合作项目。时间为1990—2000年。五、新世纪的商丘考古工作，突出工作是大运河通济渠商丘段的考古调查和成功申报世界文化遗产。

第一阶段，商丘田野考古工作的起步（1936年）

　　1936年1月，河南古迹研究会李景聃一行三人，为寻找殷商文化源头，来到商丘永城进行考古调查，找到三处先秦时期的古文化遗址，重点对商丘永城造律台黑堌堆曹桥三处遗址进行了考古发掘，通过这次发掘，对于商丘龙山时期的文化面貌有了初步认识，这为后来进行的王油坊遗址的大规模考古发掘奠定了基础，开启了豫东商丘考古新纪元[①]。

第二阶段，商丘田野考古工作的发展（1959—1975年）

这一阶段商丘的考古工作主要是抢救性发掘一部分古代墓葬，分别是永城塌上村汉画像石墓；保安山3号墓；鄌城汉代画像石墓，特别是鄌城汉代画像石墓的发现和发掘，为研究商丘汉代画像石提供了重要资料，该墓是四室并排埋葬的大型砖石混作的汉墓，出土画像石数十块，画像内容丰富。

1961年，河南省博物馆发掘了位于永城东北约23千米的塌上村汉画像石墓（编号：M1、M2），出土东汉早期画像石多块。

1971年12月，芒山镇（原称公社）修建石灰厂时，在永城芒砀山保安山2号墓西北约200米处发现一座汉墓（后来被编为保安山3号墓），出土玉衣片588枚，另有玉璧等文物[②]。

1973年12月18日至1974年1月15日，河南省博物馆发掘永城鄌城东汉画像石墓，是一处4墓合茔，砖石混作的大型汉墓，4墓共有29个耳室，出土汉代画像石57块，是目前商丘境内出土画像石最多的一座汉墓[②][③]。

第三阶段，开始集中展开考古发掘与调查工作（1976—1990年）

是新中国成立以来，商丘第一次大规模考古调查和发掘，也是第一次集中开展的田野考古工作。

这一阶段的标志性工作是1976、1977年中国社会科学院考古研究所河南一、二队，在商丘地区文物管理委员会的配合下，第一次在商丘境内辖县进行大规模考古调查。

1976年底到1977年末，先后三次在商丘地区各县调查古代文化遗址，共发现龙山文化遗址17处，殷商遗址15处，周代遗址15处其他时代遗址和墓葬14处。发掘了永城王油坊、黑塌堆遗址、柘城孟庄商代遗址、商丘县坞墙遗址。1978年发掘了睢县周龙岗遗址[④]。王油坊遗址位于河南省永城市西约30千米的鄌城镇王油坊村东北角浍河西岸（东距浍河250米），是一处塌堆形遗址，遗址约100米×100米，现存文化层一般厚约3米，1936年李景聃豫东调查时发现，中国社会科学院考古研究所河南二队、商丘地区文物管理委员会于1977年分春秋两季对该遗址进行发掘，共发掘面积800余平方米。这次发掘的主要是龙山文化遗存，出土大量生活用具、生产工具等，分上、

[①] 李景聃：《豫东商丘永城调查及造律台黑塌堆曹桥三处小发掘》，《中国考古学报》，商务印书馆，1947年。
[②] 河南省商丘市文物管理委员会、河南省文物考古研究所、永城市文物管理委员会阎根齐主编：《芒砀山西汉梁王墓地》，文物出版社，2001年，第76页。
[③] 河南省文物考古研究所、永城市文物旅游管理局：《永城黄土山与鄌城汉墓》，大象出版社，2010年，第95页。
[④] 中国社会科学院考古研究所河南二队、商丘地区文物管理委员会：《1977年豫东考古纪要》，《考古》1981年第5期。

中、下年代紧密相连的三个文化层，经 ^{14}C 测定，年代距今 4500—4300 年。[1]

1979 年 4 月和 9 月，永城市文管会发掘位于永城西北约 20 千米的太丘中学的两座汉墓，编号：一、二号汉代画像石墓。出土画像石块及其他文物。

1981 年 3 月，柘城县文物部门在柘城孟庄遗址发现郑州二里岗期（商代前期）三件青铜器，分别是铜鼎、铜瓬、铜斝。这三件青铜器的出土证明孟庄遗址是商代前期商丘境内比较重要商人聚落遗址[2]。1981 年 11 月，文物部门发掘了位于柘城县西关邵园乡邵园村北的一座汉代墓，墓葬为多室砖圈砌筑，出土有水晶、琥珀、金串珠、玛瑙蚌珠等文物，其中出土一枚铜质子母印章，印文为"许瓒印信"，据此判断该墓主人为东汉柘城县令许瓒夫妇[3]。1982 年 2 月，商丘地区文管会在宁陵县华堡乡前华岗村东 100 米发掘一艘明代木货船，出土有腰刀、象棋盘等一批文物[4]。

1983 年 3 月，商丘地区文管会、虞城县图书馆联合发掘位于虞城县王集乡王集村的汉代土坑竖穴石椁墓，出土陶器 10 余件[5]。

1983 年 5 月，商丘地区文管会、夏邑县图书馆发掘夏邑县郭店乡杨楼村汉墓，出土空心砖及陪葬陶器等[6]。

1985 年 5 月，永城市条河乡鱼山村民在鱼山附近挖掘出 64 枚楚国布币[7]。

1986 年春，商丘地区文化局组织商丘博物馆、永城市文管会对芒砀山僖山开山采石，在山顶东部发现的一座汉墓进行抢救性发掘（编号为僖山一号墓），出土金缕玉衣一套（现藏河南博物院）及玉、铜、陶、铁质文物 1000 余件[8]。

1988 年 4 月，商丘地区文化局组织专业技术人员对夏邑吴家寺遗址进行抢救性发掘，共发掘墓葬 38 座，其中 6 座汉代石椁墓，出土西汉时期画像石 7 块，画像内容有常青树、鸟、绶带穿璧[9]。

1988 年 9—11 月，北京大学考古学系、商丘地区文管会的配合下，发掘了夏邑清凉山遗址，发掘面积 150 平方米。出土大量新石器时代、商代文物[10]。

---

[1] 中国社会科学院考古研究所河南二队、商丘地区文物管理委员会：《河南永城王油坊遗址发掘报告》，《考古学集刊·5》，中国社会科学出版社，1987 年。
[2] 张河山：《河南柘城心闷寺遗址发现商代青铜器》，《考古》1983 年第 6 期。
[3] 商丘地区文化局：《商丘名人名胜》，中州古籍出版社，1986 年。
[4] 商丘地区文管会：《宁陵县华岗出土明代木船》，《中原文物》1983 年第 2 期。
[5] 商丘地区文管会、虞城县图书馆《虞城王集西汉墓》，《中原文物》1984 年 1 期。
[6] 商丘地区文管会、夏邑县图书馆：《夏邑杨楼春秋两汉墓发掘简报》，《中原文物》1986 年 1 期。
[7] 张志清：《永城县出土楚国布币》，《中原文物》1987 年 1 期。
[8] 孙明：《永城芒山发现汉代梁国王室墓葬》，《中国文物报》1986 年 10 月 31 日第 1 版。
[9] 商丘地区文化局：《河南夏邑吴庄石椁墓》，《中原文物》1990 年 1 期。
[10] 北京大学考古学系、商丘地区文管会：《河南夏邑清凉山遗址发掘报告》，《考古学研究·四》，科学出版社，2000 年。

第七章 结 语

1989年河南省文物研究所（今河南省文物考古研究院）发掘夏邑三里堌堆遗址，该遗址位于夏邑县城关镇三里庄村北，遗址面积7000平方米，文化层厚约5米，1989年春季的发掘揭露面积100平方米，发现龙山、岳石、商、春秋、汉等几个时期的地层堆积，出土大量商代遗物，时代大致在郑州二里岗期至商代晚期，是商丘境内包含商文化的一处重要遗址[①]。

1989年9月，中国汉画学会在商丘召开成立大会，来自全国各高校、科研院所的近百位汉画研究及考古界的学者，包括当时全国著名的红学大家冯其庸等知名学者出席会议，是全国汉画学界第一次盛会，与会学者在会议研讨的同时对商丘境内出土的汉代画像石刻进行了实地查看，一致认为：商丘出土汉代画像石，出土地点集中（主要分布于永城、夏邑两个县市），雕刻技法多是采用剔地浅浮雕、阴线刻或两者结合的手法，线条疏朗明快。画像内容以反应神仙思想的珍禽异兽为主，反映现实生活的车骑出行、楼阁人物等的极少。与全国其他汉画像石相比较地域特征鲜明，正式命名为"商丘汉画像石"，从此，中国汉画大家族又增加一名新成员。

1989至1990年，商丘市文物工作队发掘永城芒砀山柿园汉墓，该墓主室顶部、南壁及西壁发现大面积彩色壁画，顶部保存最好，是目前我国考古发现面积最大西汉墓室壁画。在墓道一处钱币窖藏坑出土西汉半两钱近万斤，墓道底部地面出土数十件陶俑、大量车马明器，资料发表于《芒砀山西汉梁王墓地》。

第四阶段，中外联合考古取得新进展（1990—2000年）

1991年春，永城市文物工作队抢救性发掘保安山2号墓顶部陪葬坑，该坑位于2号墓顶部中心偏南处，为一处不规则长方形竖穴石坑，东西长3.4、南北宽2.65、深2.5米。出土遗物1800余件，主要是实用西汉鎏金车马器，还有一部分铜铁兵器、生活用具及其他器物。典型器物有"孝园"文字筒瓦、"梁后园"铜印，这两件文物对于判定墓主人至关重要，因为诸梁王中谥"孝"的只有刘武一人，由此参照其他文献记载，可以认定这里就是梁孝王及其妻子李后的墓园[②]。

1991至1994年河南省文物研究所（今河南省文物考古研究院）发掘永城芒砀山保安山2号墓、保安山陵寝基址，2号墓是一座"斩山作椁，穿石为藏"的大型崖洞墓，平面为中字形，东西长210米，面积1600平方米，容积6500立方米，该墓规模庞大，结构复杂，凿制精细，由东西2个墓道，从东山坡墓道进入山体凿空为室，东西全场210米，其间经3个甬道、前厅、前室、后回廊、34个耳室，到西山坡出山，构成巨大的地下建筑群，东墓道、3个甬道堆满塞石，是目前全国罕见的大型汉代石室墓。发

---

① 张志清：《夏邑县三里堌堆新石器时代至汉代遗址》，《中国考古学年鉴·1990年》，文物出版社，1991年。
② 河南省商丘市文物管理委员会、河南省文物考古研究所、永城市文物管理委员会阎根齐主编：《芒砀山西汉梁王墓地》，文物出版社，2001年，第43页。

掘时，该墓早已被盗掘一空，仅在部分室内出土陶器残片、铜车马器、兵器、铁器、石器等[①]。

该墓的价值不仅在于它是目前全国考古发现汉代规模最大的石崖墓，还在于精到的凿制技术，很多耳室间距极小（低于10厘米），能保证均匀开凿相邻两室而不凿穿，反映了当时极高的开凿技术，或者说当时已经有了测量方向的器具，否则要开凿这么大规模的地下建筑群是很难想像的，该墓的发掘对研究汉代建筑技术提供了重要资料。

保安山陵寝基址位于保安山一、二号墓之间东侧，是两墓共用的寝园。1992年9月至1994年7月，河南省文物考古研究院在商丘文物部门的配合下进行发掘，遗址平面呈长方形，南北长110米、东西宽60米，面积6600平方米。在长方形园墙包围内发现各类遗迹40处，其中院落6处，房基9座，殿、堂遗迹2处，窖穴3座，排水明、暗沟、道7条灶及火膛7个，回廊1处，石台阶5座[②]。1995年8—10月，报请河南省文物管理局批准，商丘地区文物工作队抢救性发掘了僖山二号墓，该墓位于僖山顶部西侧，与1986年发掘的一号墓（出土套金缕玉衣）东西相距约50米，墓室结构与一号墓相同，均由长方形单室和长条形墓道组成，石条砌筑墓室，顶部为小平顶两面坡式，由于发掘时被盗，仅出土少量玉衣片、玉器、陶片等，但在墓室壁发现刻字53处，分为：刻石工匠姓名、刻石日期、墓室部位尺寸、刻画符号、刻画数字[③]。1999年10至12月河南省文物研究所抢救性发掘永城芒砀山黄土山二号墓，该墓位于芒山镇西南约1千米的黄土山顶部北侧，是一座墓道北向的大型崖洞墓，由墓道、甬道、前庭、车马室、和主室构成，墓葬全长52.70米，最宽处12.8米，室内最高处5.10米，总面积230平方米，总容积680立方米。出土大量实用青铜器、陶器等文物1200余件，是目前芒砀山汉墓群中，单墓出土实用器文物最多的一座。塞石上发现刻字、朱书600余字[④]。

1990—2000年，中美联合考古队在商丘进行大范围考古调查和发掘工作，发掘了虞城马庄遗址、商丘县高辛镇潘庙遗址、柘城李庄（山台寺）遗址，发现了两周时期的宋国都城城墙，对城墙进行了局部解剖发掘。这也是新中国成立以来第一次大规模持久的中外联合在中国进行的以研究中国古代史为对象的田野考古合作项目。

虞城马庄遗址位于虞城县西南沙集乡东南约2千米的马庄村，1994年10月至11月28日中美联合考古队对该遗址进行发掘，发掘面积203平方米，发现有：马庄第五

[①] 河南省商丘市文物管理委员会、河南省文物考古研究所、永城市文物管理委员会阎根齐主编：《芒砀山西汉梁王墓地》，文物出版社，2001年，第81页。

[②] 河南省文物考古研究所编：《永城西汉梁国王陵与寝园》，中州古籍出版社，1996年，第23页。

[③] 河南省商丘市文物管理委员会、河南省文物考古研究所、永城市文物管理委员会阎根齐主编：《芒砀山西汉梁王墓地》，文物出版社，2001年，第277页。

[④] 河南省文物考古研究所、永城市文物旅游管理局：《永城黄土山与酂城汉墓》，大象出版社，2010年，第13页。

层遗存（早于龙山文化）、龙山文化、商文化、战国文化、汉文化和明清文化的地层堆积。这一次的最重要的发现是"马庄第五层遗存"，它的遗存有遗迹、遗物和墓地墓葬，遗迹有居住遗迹和灰坑，遗物有陶器、石器、骨角牙蚌器。陶器有鼎、釜、盆、豆、钵、罐、缸、瓶、盏、器盖；石器有石钺等；另外有蚌镰、牙饰骨器、鹿角等。墓地共发现墓葬23座，所有墓葬均没有发现墓圹，葬式为仰身直肢，没有发现葬具。分为单独埋葬、叠葬（多具骨架叠放在一起埋葬），发掘者认为这是马庄墓地最大的特点。墓葬随葬品有：陶鼎、钵、瓤、尊、牙饰、石钺。"马庄第五层遗存"墓葬年代经碳14测定为公元前3700—3300年，成果发表在《豫东考古报告》[①]。商丘潘庙遗址位于商丘县（睢阳区）南约20千米的高辛镇西北角潘庙村西南，1994年4月5日—5月17日中美联合考古队对该遗址进行发掘，发掘面积200平方米。发现有马庄类型史前文化遗存、龙山、岳石、东周和汉代、宋明几个时期的文化遗存。出土大量陶器等文物遗存，大大丰富了豫东考古资料[②]。柘城李庄（山台寺）遗址位于柘城县西约10千米，申桥乡东北2.5千米的李庄村北，遗址东西长80米，南北长90米，面积7000余平方米。1995年春至1997年春中美联合考古队在李庄遗址进行为期2年半的考古发掘，共开探方（沟）12个，总计发掘面积398平方米。发现有龙山文化、岳石文化、商周文化遗存，主要是龙山文化遗存。

龙山文化遗存遗迹有：夯土台基、房址、栅栏、水井、牛坑、窑址、灰坑、灶址和墓葬等。

夯土台基两座，一号台基平面呈长方形锥体，剖面呈梯形，台面东西长15.5米南北宽约5米，面积约72平方米。底长18米，宽约7米，方向93°。台基现存高度约1米，坡长1米左右。根据在台基北、西、东三面边沿发现有密集柱洞看，台基上原有建筑物，根据地层叠压关系可以确认，该夯土台基是山台寺龙山文化遗址最早的遗存。二号夯土台基，北距一号台基约10米，东西长约16米，南北宽5米，夯土筑城，台基高约1米。一、二号台基形状相同、面积相当、层位关系、距地表深度基本相同，两者又基本平行，据此推测他们是同一时期的建筑。

房址9座。保存较好的有5座，其中1座是圆形的，其他为长方形的。圆形房址编号F4。东西直径连墙4.75米，室内直径4米面积约13平方米。方形单间两座，编号：F3、F5。F3东西宽3.6米、南北残长3.85米。F5东西长4.1米南北宽仅0.9—1.1米。方形多间房址2座，编号F1、F2。F1为两间建筑，两室面积：西室南北长4.15

---

① 中国社会科学院考古研究所、美国哈佛大学皮保德博物馆：《豫东考古报告："中国商丘地区早商文明探索"野外勘查与发掘》，科学出版社，2017年，第23页。
② 中国社会科学院考古研究所、美国哈佛大学皮保德博物馆：《豫东考古报告："中国商丘地区早商文明探索"野外勘查与发掘》，科学出版社，2017年，第244页。

米，东西现宽3—3.2米；东室南北长约如西室，东西现宽1.6米。F2是由6间相邻的居室组成的一组排房式的建筑群，东西全长22米，南北进深4—4.8米，各间大小不等。

发现水井一座（编号H36），井口为圆形，直径1.7米，深4.2米，井口四角各有一个柱洞，推测在井口之上原先也许盖有锥形井亭之类建筑。

发现牛坑一座（编号H39），牛坑的形状呈长圆形，东西长约3.8米，南北宽3.3米，深0.8米。坑底作锅底状。坑口距地表2米。坑内清理出互相叠压的9个牛骨架和一个鹿的上颌骨。

山台寺龙山文化遗物发现丰富，有陶器、玉石器、骨角器、蚌器。出土陶器残片数以万计，复原各类陶容器265件，计有：鼎、鬲、甑、釜、鬲、鬶、盉、深腹罐、小口高领罐、子母口罐、双耳罐缸、盂、盆、刻槽器、钵、碗、豆、壶、高柄杯、觚器盖等。玉石器152件，其中玉器3件。器形有：斧、锛、凿、钺、刀、镞、刮削器、研磨器、钻、纺轮、环等。骨角器117件。器形有属于生产工具的：斧、铲、凿、镞、锥、镖、梭、刀柄等，也有属于生活用具的笄、匕和装饰品。蚌器26件，器形有：铲、刀、镰、锯、镞、锥、环①。

山台寺龙山文化的年代，经碳十四测定及树轮校正：在公元前2200年至公元前1600年之间。

1996—1997年中美联合考古队在商丘古城附近钻探发现宋国故城遗址，发掘报告称之为"老南关古城"，古城平面为圆角平行四边形，其中东墙（位于归德府城东侧）长2805米、西墙长3010米、北墙（位于归德府城北侧）长3555米、南墙长3550米，周长12920米。面积为10.5平方千米。

总体看来，西部城墙保存较好，而由于后期建城东部很多地段没能保存下来或保存很差，西墙大部、南墙和北墙西段都保存较好，城墙顶部距离地表浅的不足1米，宽度大部在12至15米，底部宽25米，东周时期的古地面距地表深10米左右，城墙下有1—2米的墙基槽，城墙外侧有城壕或城湖的存在。在郑庄水渠剖量到的城墙夯层厚11—13厘米，夯窝为圆形，直径7厘米左右，夯土颜色以深灰花、深褐灰花为主，也有浅黄灰花色。

关于古城的年代，报告认为："结合大规模钻探的结果，我们知道城址主体堆积是东周时期，根据文献记载，商丘是诸侯国宋国的所在地，如今探明的城址位置又恰好与文献所指春秋时宋国古城相合，而且城址的规模与列国都城也相称，因此我们可以

---

① 中国社会科学院考古研究所、美国哈佛大学皮保德博物馆：《豫东考古报告："中国商丘地区早商文明探索"野外勘查与发掘》，科学出版社，2017年，第83-243页。

相信发现的城址应该是春秋时代的宋国故城……C 块（下层）夯土中包含的陶片虽然很少，但是这些陶片的时代，晚于当地的龙山文化，似乎与二里头文化的年代相近，出有极个别遗物会到商代，再没有比这更晚的遗物，因此我们不能排除它的始建年代可以到商代或者更早。"[①]

第五阶段，新世纪的商丘考古（2000 年至今）

这一阶段的考古工作除了配合基本建设的文物勘探调查外主要是郑州大学历史学院考古系在商丘进行的田野考古调查和民权牛牧岗考古发掘工作、商丘市文物局组织的大运河商丘段的考古调查发掘工作以及河南省文物考古研究院在商丘地方文物部门配合的大运河考古发掘和申遗工作。

> "2002 年 11 月 7 日至 12 月 16 日，郑州大学历史学院考古系为进一步了解商丘地区夏商时期考古学文化的面貌与特征，特别是先商文化和岳石文化在该地区的分布状况，同时结合学术界久讼不决的"南亳"问题的考察，在陈旭先生指导下，作为研究生田野考古实习，我们对以往该地区调查或试掘过、且面积较大有调查价值的 24 处新石器至夏商时期遗址进行了重点复查。调查结果表明，24 处遗址中包含有仰韶文化遗存者 3 处，大汶口文化遗存 5 处，龙山文化遗存 23 处，岳石文化遗存 9 处，先商文化遗存 5 处，早商晚期（指白家庄期）遗存 6 处，晚商遗存 18 处以及东周至汉代遗存 22 处。"[②]

2006 年春，郑州大学历史学院考古系对民权牛牧岗、睢县周龙岗遗址进行专题调查，采集到部分龙山文化及少量先商文化、商文化遗物。在 2006 年调查得基础上，2007 年 9 至 12 月，郑州大学历史学院考古系发掘了民权牛牧岗遗址，共开挖探方 15 个，揭露面积 375 平方米。发现仰韶文化、龙山文化、下七垣文化、二里岗文化、殷墟文化、春秋时期文化战国时期文化、西汉时期墓葬、唐宋时期文化等遗存。2008 年 11 月，郑州大学历史学院考古系张国硕教授带队，一行 5 人对牛牧岗遗址的周边区域进行考古调查，成果发表在《民权牛牧岗与豫东考古》[③]。

2007 年 7、8 月间，商丘市文物局为了运河申遗准备工作，组织全市文物干部，分成 6 个工作组，第一次全面调查大运河商丘段，基本理清了大运河商丘段的埋藏情况。据调查资料：大运河商丘段全长 199.7 千米，西部从开封杞县入商丘睢县境，向流经商丘市的睢县、宁陵、梁园区、睢阳区、虞城县、夏邑县永城市，从永城侯岭乡进入安

[①] 中国社会科学院考古研究所、美国哈佛大学皮保德博物馆：《豫东考古报告："中国商丘地区早商文明探索"野外勘查与发掘》，科学出版社，2017 年，第 321-343 页。
[②] 郑州大学历史学院考古系：《豫东商丘地区考古调查简报》，《华夏考古》2005 年第 2 期
[③] 郑州大学历史学院考古系张国硕、赵俊杰：《民权牛牧岗与豫东考古》，科学出版社，2013 年。

徽濉溪境，河道一般宽度50米左右，这与史书记载相一致。永成老城、鄢阳、夏邑会亭、济阳、商丘老南关、宁陵、睢县城北等处为疑似运河码头。

2011年11、12月，河南省文物考古研究院组织人员，在夏邑县文物部门的配合下，对夏邑县济阳镇大运河段进行重点调查和考古发掘。发掘点位于济阳镇西月300米的S325线北侧的运河北堤，开探方（沟）4条，发掘面积约200平方米，利用路沟挖剖面两处，发现明代大堤面清晰的车辙印痕，宋代大堤面清晰分布密集的行人脚印、动物蹄印、因干旱形成的地裂现象。还发现三个不同时期的大堤堆积。

2011年至2013年河南省考古研究院报经国家文物局批准，在济阳镇东约200米的刘铺村西大运河河道进行考古发掘，发掘面积2000余平方米，同时对济阳镇进行全面钻探调查，资料显示：济阳镇段河道宽约150米，大堤顶部宽约30米，河道中心最深处距地表9米。在南堤北坡发现分布密集的行人脚印、动物蹄印等遗迹，在探沟1南堤北坡发现一处长方形建筑基槽，经水利专家辨认，属于宋代发明的"木龙狭河"水利工程遗迹。在南堤外侧顺河堤方向宽约16米的宋代道路，这印证了史书记载大运河堤为官道，堤外有道路的史实。通过对大堤局部解剖发现在南堤外筑有护坡堤，这证明当时利用河道清淤土加筑大堤的情况（发掘报告正在编写中）。

在2007年调查的基础上，2008至2009年初，商丘市文物局组建运河码头考古工作队，对大运河商丘古城南关码头遗址进行钻探调查，经过7个月艰苦工作，确定了大运河商丘古城南关码头遗址的位置和范围。

大运河北岸码头遗址位于叶园村武庄自然村，目前发现有砖石结构和夯土结构两类，砖石结构部分顶部距地表深5—5.5米，下部距地表深8米，东西长（沿河岸）约150米，从河口向外（北）宽52米。发现几处向河道内伸出的部分，伸出部分长约40余米。截止到2008年12月底，发现北岸码头及附属建筑遗存面积245000平方米，东西长700米，南北宽（从河口向外）300余米，文化遗存距地表5—11米不等。南岸码头遗址位于叶园村大郭庄自然村，东西长700米，南北宽200余米，总面积168000平方米。

在前期钻探调查的基础上，为了进一步搞清这段大运河的基本情况，考古工作者在位于北岸码头西段开挖一条探沟，发掘工作从2008年12月初开始，2009年1月中旬结束，发掘暴露码头面积约120平方米，探沟内发现倒塌房屋两处、烧火灶一处、长6米余、宽0.40米、厚0.045米的木船板一块。出土一枚'熙宁元宝'（北宋铜钱）、两枚骨制骰子，骰子上的红色还很鲜艳，大量北宋砖瓦陶瓷片，还有部分唐代瓷片。这一段码头面是用黑灰色黏土、白灰、料礓石等夯土筑而成。从出土文物判断，这一段码头遗址上层的年代属于北宋。

2010至2014年河南省文物考古研究院组织由副院长刘海旺任领队的考古工作队，

第七章 结　语

对大运河商丘古城南关码头遗址进行为期多年的考古调查和发掘。总发掘面积5000余平方米，基本弄清了这段河道的位置走向、结构情况，重点发掘了运河北堤的凸堤。

2011年10月至2012年1月考古发掘本次发掘位于武庄村南。发掘探方区域南北长50米，东西宽约40米，面积2000平方米。清理出的河岸面距地表深4.2—5.2米。目前已清理出的河岸高度最高约5米（有约4米尚需进一步清理），均为夯土筑建，夯土内砖、瓦、陶器、瓷器等遗物碎片十分丰富。不同时期的河岸清理出有不同的遗迹，如砖砌排水道等。

2012年3月至2012年6月考古发掘，本次发掘位于武庄村南，在2011年发掘的基础上向东扩方。发掘探方区域南北长60米，东西宽约42米，面积2500平方米。清理出的河岸面距地表深4.2—5.2米。目前已清理出的河岸高度最高约5米，均为夯土筑建，夯土内砖、瓦、陶器、瓷器等遗物碎片十分丰富。不同时期的河岸清理出有不同的遗迹。

文献中关于商丘古城南运河区域已有记述，可与考古发现比较。

《水经注疏·卷二十四·睢水》："睢水又东迳睢阳县故城南。……睢水于城之阳，积而为逢洪陂。陂之西南有陂，又东合明水。水上承城南大池，池周千步，南流会睢，谓之明水，绝睢注涣。"这里的逢洪陂或南大池是与睢水相连通的湖泊，位于睢阳城南。

《元和郡县图志·河南道·宋州》："州城，古阏伯之墟，契孙相土亦都于此。春秋为宋国都。汉梁孝王广睢阳城七十里，开汴河，后汴水经州城南。"

《太平寰宇记·卷十二·宋州》："睢水在县南五里。《水经》云：睢、涣二水出浪宕渠。《春秋·僖公十九年》：宋襄公用鄫子于次睢。杜预注曰：睢水受汴东经陈留、梁、谯、沛、彭城入泗，睢水又东经睢阳故城南，积而为蓬洪泽。"

北宋时人刘山老（字野夫，青州人，政和中，人传其寿一百四十五岁，云有道术）在其《满庭芳》词中有词句："洛阳，花看了，归来帝里，一事全无。又还与瓠羹，再作门徒。蓦地思量下水，浪网上、芦席横铺。呵呵笑，睢阳门外，有个大南湖。"从词句的上下承接意思看，作者从首都东京汴梁乘舟顺水而下，至当时的应天府（睢阳故城）南门外，流连于与运河相通的南大湖。

北宋熙宁五年十月五日晚，日本僧人成寻从台州府开始北行，经扬州溯汴河前往五台山参佛，行至南京应天府，其在日记中记到："……至南京大桥南，停船宿。……大桥上并店家灯火，大千万也。伎乐之声，遥闻之。……六日天晴。辰时，曳船，从桥下过。店家买卖，不可记尽。经二里，至次大桥外，停船。梢公宿积干姜取上市头了，五十石许上了。于宿州卅石许上市了。"

与文献记载相吻合，考古勘探中提取出了异常丰富的遗物，这是较为少见的。考古发掘所见的夯筑河岸地层中，包含了极为丰富的砖、瓦、陶器瓷器等遗物，特别是碎瓦块数量众多，可见当时运河沿岸历史上房屋建筑很多，生活居住的人也较多。从清理出的河岸堆积看，此处的运河沿用历史较长。

关于遗存年代。

从两次发掘出土的各类遗物综合情况判断，目前经清理揭露的河岸的时代大致属于唐宋时期，最晚不会晚于金代，这与文献中关于商丘南运河历史的记载相吻合。至于是否存在早于唐代的遗存，尚有待于进一步的考古发掘才能确定。

关于遗存的性质。

目前发掘清理出的遗存有两种形态，2008年底至2009年初发掘清理的遗存应为河岸码头遗址，有建筑遗迹、灶遗迹等，出土的较长木板，可用作上下船的踏板。2011年底清理出的河岸遗存也是码头遗址的一部分；其遗存面前后高差有1米，推测有可能属于建桥突堤的一部分；至于其较为准确的性质判断，有待于进一步考古工作才能确定。

关于遗址的其他价值。

商丘地区尽管区域历史文化遗产资源丰富，但由于受自然地理条件的制约，考古工作开展相对较少。目前已有的考古工作成果，对研究该区域自全新世早期以来的地层堆积、夏商至宋金时期的历史面貌、黄河在该区域的泛滥历史等，都具有重要意义，也为该区域历史文化遗产的保护和可持续发展提供了科学的实物资料[①]。

上述两处运河遗址考古调查和发掘，为申遗工作提供了丰富翔实的考古材料支撑。2014年6月通济渠商丘南关段、夏邑段正式列入世界文化遗产名录。

---

① 本节大运河南关码头遗址相关的发掘与结论引自河南省考古研究院的考古汇报材料，作者注。